Künzel
Thieß

Rechnungswesen
für Tourismus und Reiseverkehr

Künzel
Thieß

Rechnungswesen
für Tourismus und Reiseverkehr

Merkur
Verlag Rinteln

Wirtschaftswissenschaftliche Bücherei für Schule und Praxis
Begründet von Handelsschul-Direktor Dipl.-Hdl. Friedrich Hutkap †

Verfasser:

Dipl.-Hdl. **Beatrix Künzel**

Dipl.-Hdl. **Rainer Thieß,** Oberstudienrat

6. Auflage 2011

© 2003 by MERKUR VERLAG RINTELN

Gesamtherstellung:
MERKUR VERLAG RINTELN Hutkap GmbH & Co. KG, 31735 Rinteln

E-Mail: info@merkur-verlag.de
            lehrer-service@merkur-verlag.de
Internet: www.merkur-verlag.de

ISBN 978-3-8120-**0496-1**

Vorwort

Das Buch ist ein umfassendes, übersichtlich strukturiertes **Lehr- und Arbeitsbuch,** das in allen Bereichen der Aus- und Weiterbildung touristischer Berufe verwendet werden kann.

Seine Besonderheit ist die starke **Praxisorientierung.** So werden beispielsweise Veranstaltungen nicht wie herkömmlich auf Verrechnungskonten, sondern praxisgerecht und logisch auf Erfolgskonten gebucht.

Die Lernfelder 5, 6 und 11 des **neuen KMK-Rahmenlehrplanes für Tourismuskaufleute (Kaufleute für Privat- und Geschäftsreisen)** werden voll abgedeckt. Darüber hinaus werden weitere Gebiete der Buchführung und insbesondere des **Controllings** praxisnah und verständlich vermittelt. Das Buch enthält **2 Beleggeschäftsgänge,** darunter einen komplexen Geschäftsgang, der alle relevanten Buchungen, den Jahresabschluss, die betriebliche Auswertung und die Verknüpfung zur Kostenrechnung umfasst.

Die im Lernfeld 5 geforderten **kaufmännischen Rechenverfahren** (Prozent- und Währungsrechnung) werden gesondert behandelt.

Neu sind außerdem die Ausführungen zu **Netto-Flugtickets** und **Serviceentgelten** sowie zu **Datenschutz und Datensicherheit.**

Die Einführung in die **Kosten- und Leistungsrechnung** wurde vollständig überarbeitet und wird praxisnah und leicht verständlich dargestellt.

Die mit dem **Bilanzrechtsmodernisierungsgesetz** (kurz: BilMoG) einhergehenden Änderungen wurden eingearbeitet.

Stockelsdorf, Lübeck im Herbst 2011   **Die Verfasser**

Inhaltsverzeichnis

II. Geschäftsprozesse erfolgsorientiert steuern (Lernfeld 6)

III. Den Jahresabschluss vorbereiten und auswerten (Lernfeld 11)

Anhang

I. Geschäftsprozesse erfassen und analysieren (Lernfeld 5)

1 Das betriebliche Rechnungswesen

1.1 Aufgaben des Rechnungswesens

In jedem Reisebüro kommt es – wie in allen anderen Unternehmen auch – täglich zu einer Vielzahl von Vorgängen, die Wertbewegungen auslösen. Unter bestimmten rechtlichen und wirtschaftlichen Voraussetzungen müssen diese erfasst, verarbeitet, gespeichert, überwacht und ausgewertet werden.

Diese Aufgaben übernimmt das **betriebliche Rechnungswesen,** das die notwendigen Zahlen und Daten zur Verfügung stellen soll, um folgende Funktionen zu erfüllen:

Dokumentations-funktion	Der Gesetzgeber fordert, dass alle Geschäftsfälle, die das Vermögen, das Kapital oder den Erfolg eines Unternehmens verändern, lückenlos, chronologisch und sachlich geordnet aufgezeichnet werden müssen. Geschäftsfälle müssen sich in ihrer Entstehung und ihrer Abwicklung nachvollziehen lassen.
Informations- und Rechenschafts-legungsfunktion	Sowohl die Geschäftsleitung und die Unternehmenseigner (intern) als auch z.B. Kapitalgeber, Steuerbehörden, Betriebsprüfer und Mitarbeiter (extern) haben ein Interesse an einem umfassenden Bild über die Vermögens- und Ertragslage des Unternehmens. Informationen kann man aus dem gesetzlich vorgeschriebenen Jahresabschluss gewinnen.
Kontrollfunktion	Ein modernes und aussagefähiges betriebliches Rechnungswesen muss ständig die Wirtschaftlichkeit des Leistungsprozesses und die Zahlungsfähigkeit des Unternehmens überprüfen.
Planungs- und Dispositions-funktion	Die aufbereiteten Zahlen sollen in Verbindung mit zu erwartenden Entwicklungen die Grundlage für unternehmerische Planung und Disposition sein. Die Qualität der bereitgestellten Zahlen hat großen Einfluss auf die Qualität der unternehmerischen Entscheidungen.

1.2 Teilbereiche des Rechnungswesens

Eine sachgerechte Erfüllung dieser verschiedenen Aufgabenbereiche hat zu einer Aufteilung des betrieblichen Rechnungswesens in vier Teilbereiche geführt:

Betriebliches Rechnungswesen unterteilt in			
Buchführung[1]	**Kosten- und Leistungsrechnung**	**Statistik**	**Planung**
unternehmensbezogene Zeitraum- und Zeitpunktrechnung	betriebsbezogene Stück- und Gesamtrechnung	Vergleichsrechnung	Vorschaurechnung

---

1 Auch Geschäfts- oder Finanzbuchhaltung genannt.

Diese Teilbereiche dürfen nicht unabhängig voneinander gesehen werden. Es besteht vielmehr ein sehr enger Zusammenhang zwischen den einzelnen Teilen.

➤ **Buchführung:** In dem wohl wichtigsten Teilbereich des betrieblichen Rechnungs-wesens werden alle Geschäftsfälle planmäßig, lückenlos und ordnungsgemäß auf-gezeichnet (gebucht). Deswegen kann die Buchführung jederzeit einen Überblick über das Vermögen und die Schulden des Unternehmens geben. Außerdem wird hier der Erfolg eines Unternehmens (Gewinn oder Verlust) ermittelt. Sie liefert das Zahlen-material für die anderen Bereiche des betrieblichen Rechnungswesens, dient als Grundlage für die Besteuerung des Unternehmens und ist Beweismittel bei Rechts-streitigkeiten.

➤ **Kosten- und Leistungsrechnung:**[1] Sie erfasst den betriebsbedingten Werteverzehr (Kosten) und den betriebsbedingten Wertezuwachs (Leistungen) und ermittelt aus ihrer Gegenüberstellung das Betriebsergebnis (Ergebnis, das aus der eigentlichen betrieblichen Tätigkeit entstanden ist). In der Kosten- und Leistungsrechnung werden Preise kalkuliert und betriebliche Prozesse werden hinsichtlich ihrer Rentabilität und ihrer Wirtschaftlichkeit kontrolliert.

➤ **Statistik:** Die Zahlen der Kosten- und Leistungsrechnung und der Buchführung wer-den besonders aufbereitet und ausgewertet (Tabellen, Grafiken usw.), damit Zeit-vergleiche oder Betriebsvergleiche durchgeführt werden können.

➤ **Planung:** Die Planungsrechnung ist eine Vorschaurechnung. Mithilfe des vergangen-heitsbezogenen Zahlenmaterials der anderen Teilbereiche des Rechnungswesens werden hier zukünftige betriebliche Entwicklungen vorhergesagt und mit sogenannten Sollzahlen versehen. Bei einem nachträglichen Vergleich mit den tatsächlichen Istzah-len können Abweichungen erkannt und deren Ursachen ermittelt werden. Die Planungsrechnung wird optimalerweise in die Kosten- und Leistungsrechnung inte-griert.

Zusammenfassung

➤ **Teilbereiche des Rechnungswesens sind:**
- Buchführung
- Kosten- und Leistungs-rechnung
- Statistik
- Planung

➤ **Aufgaben des Rechnungswesens sind:**
- Dokumentationsfunktion
- Informations- und Rechenschafts-legungsfunktion
- Kontrollfunktion
- Planungs- und Dispositionsfunktion

ÜBUNGSAUFGABEN

1. Nennen und beschreiben Sie kurz die einzelnen Teilbereiche des betrieblichen Rech-nungswesens!

2. Erläutern Sie die Stellung der Buchführung im Rahmen des Rechnungswesens!

---

1 Siehe Teil II (Geschäftsprozesse erfolgsorientiert steuern) in diesem Buch.

2 Buchführung

2.1 Aufgaben der Buchführung

Die **Hauptleistung** eines Reisebüros ist die **Vermittlung** und die **Veranstaltung** von Reisen. Als **Nebenleistung** führen Reisebüros häufig auch sogenannte Handelswaren, die ohne Be- oder Verarbeitung weiterverkauft werden (z. B. Stadtführer, Reisevideos, Taschen).

In Zusammenhang mit der Leistungserstellung fallen eine Vielzahl von Tätigkeiten an, die

- ➤ zu einer **Veränderung von Vermögen und/oder Schulden** führen,
- ➤ zu **Geldeinnahmen** oder **Geldausgaben** führen,
- ➤ **Wertezuwachs** (Ertrag) oder **Werteverzehr** (Aufwand) bedeuten.

So werden beispielsweise Rechnungen beglichen, Gehälter überwiesen, die Miete abgebucht, Handelswaren verkauft, Reisen vermittelt, ein neuer Reisebus angeschafft oder Provisionen vereinnahmt. Diese Tätigkeiten nennt man **Geschäftsfälle** (buchführungspflichtige Ereignisse). Jedem gebuchten Geschäftsfall muss ein **Beleg** zugrunde liegen. Belege sind Rechnungen, Bankauszüge, Quittungen, Gutschriften u. Ä. Ist kein **Fremdbeleg** vorhanden, muss ein **Eigenbeleg** erstellt werden. Wichtig ist, dass man anhand des Beleges den Geschäftsfall, das Datum und den Betrag nachvollziehen kann.

> Die Buchführung ist die vollständige, geordnete, richtige und zeitgerechte Aufzeichnung aller Geschäftsfälle eines Unternehmens aufgrund von Belegen.

Vollständig bedeutet in diesem Zusammenhang, dass alle Vermögensgegenstände und Schulden sowie alle Aufwendungen und Erträge einzeln aufzuzeichnen sind. So darf man z. B. ein Bankguthaben nicht mit einem Bankkredit oder Zinsaufwendungen nicht mit Zinserträgen verrechnen.

Die **Ordnung** bezieht sich auf die Buchungsweise in Grund- und Hauptbuch. So sind die Buchungen im Grundbuch zeitlich geordnet und im Hauptbuch sachlich geordnet (nach Konten) vorzunehmen.

Bei der **Richtigkeit** geht es um eine wahrheitsgemäße Darstellung des Vorgangs und des Betrages.

Mit **zeitgerecht** ist eine chronologische und zeitnahe Erfassung der Geschäftsfälle gemeint. Kassenbewegungen müssen täglich aufgezeichnet werden.

> Die Buchführung erfüllt also folgende Aufgaben:
>
> - Sie erfasst die Bestände von Vermögensteilen und Schulden.
> - Sie zeichnet alle Veränderungen vollständig, geordnet, richtig und zeitgerecht auf.
> - Sie ermittelt den Erfolg eines Unternehmens (Gewinn oder Verlust).
> - Sie liefert das Zahlenmaterial für die anderen Bereiche des Rechnungswesens (Preiskalkulation, Wirtschaftlichkeitskontrolle, Statistik usw.).
> - Sie ist die Berechnungsgrundlage für die Unternehmenssteuern.

- Sie dient dem Schutz der Gläubiger.
- Bei Rechtsstreitigkeiten mit Kunden, Lieferern, Banken und Behörden kann sie wichtiges Beweismittel sein.

2.2 Gesetzliche Grundlagen der Buchführung

Da Buchführung nicht nur ein wichtiges Informations- und Kontrollinstrument des Unternehmens ist, sondern auch unerlässlich ist für die Ermittlung der Besteuerungsgrundlage, gibt es sowohl handelsrechtliche als auch steuerrechtliche Vorschriften zur Buchführung.

Handelsrechtliche Vorschriften findet man im Handelsgesetzbuch (HGB),[1] im Aktiengesetz (AktG), im GmbH-Gesetz (GmbHG) und im Genossenschaftsgesetz (GenG), **steuerrechtliche Vorschriften** in der Abgabenordnung (AO), dem Einkommensteuergesetz (EStG), dem Körperschaftsteuergesetz (KStG), dem Umsatzsteuergesetz (UStG) sowie in den entsprechenden Steuerrichtlinien und Steuerdurchführungsverordnungen.

Das **dritte Buch des HGB** (§§ 238 – 340 HGB) bildet die Grundlage für die Rechnungslegung. Es ist in fünf Abschnitte unterteilt und gliedert sich wie folgt:

1. Abschnitt: Vorschriften für alle Kaufleute	**HGB**
1.1 Buchführung, Inventar	§§ 238 – 241 a
1.2 Eröffnungsbilanz, Jahresabschluss	§§ 242 – 256
1.2.1 Allgemeine Vorschriften	§§ 242 – 245
1.2.2 Ansatzvorschriften	§§ 246 – 251
1.2.3 Bewertungsvorschriften	§§ 252 – 256 a
1.3 Aufbewahrung und Vorlage	§§ 257 – 261
1.4 Landesrecht	§§ 262 – 263
2. Abschnitt: Ergänzende Vorschriften für Kapitalgesellschaften	
2.1 Jahresabschluss und Lagebericht	§§ 264 – 289
2.1.1 Allgemeine Vorschriften	§§ 264 – 265
2.1.2 Bilanz	§§ 266 – 274 a
2.1.3 Gewinn- und Verlustrechnung	§§ 275 – 278
2.1.4 Anhang	§§ 284 – 288
2.1.5 Lagebericht	§ 289 a
2.2 Konzernabschluss und Konzernlagebericht	§§ 290 – 315 a
2.3 Prüfung	§§ 316 – 324 a
2.4 Offenlegung, Prüfung durch den Betreiber des elektronischen Bundesanzeigers	§§ 325 – 329
2.5 Verordnungsermächtigung für Formblätter	§ 330
2.6 Straf- und Bußgeldvorschriften; Ordnungsgelder	§§ 331 – 335 b

---

1 Die für die Rechnungslegung wichtigen Paragrafen des HGB sind im Anhang zu finden.

Buchführungspflicht

Nach § 238 Abs. 1 HGB ist jeder Kaufmann verpflichtet, Bücher zu führen und in diesen seine Handelsgeschäfte und die Lage seines Vermögens nach den Grundsätzen ordnungsmäßiger Buchführung ersichtlich zu machen.

> Kaufmann ist, wer ein Handelsgewerbe betreibt (§ 1 Abs. 1 HGB).

Nicht zur Buchführung verpflichtet sind wegen fehlender Kaufmannseigenschaften Freiberufler und andere selbstständig Tätige sowie Einzelkaufleute, die nicht im Handelsregister eingetragen sind und an den Abschlussstichtagen von zwei aufeinanderfolgenden Geschäftsjahren **keine** der folgenden Grenzen überschreiten (§ 241 a HGB):

Jahresumsatz mehr als 500 000,00 Euro[1] oder **Jahresgewinn** mehr als 50 000,00 Euro

Die Gewinnermittlung erfolgt hier im Rahmen einer Einnahmen-Überschuss-Rechnung nach § 4 Abs. 3 EStG.

Pflicht zur Aufstellung von Inventar und Bilanz

> „Jeder Kaufmann hat zu Beginn seines Handelsgewerbes seine Grundstücke, seine Forderungen und Schulden, den Betrag seines baren Geldes sowie seine sonstigen Vermögensgegenstände und Schulden anzugeben. Er hat demnächst für den Schluss eines jeden Geschäftsjahrs ein solches Inventar aufzustellen." (§ 240 HGB)

> „Der Kaufmann hat zu Beginn seines Handelsgewerbes und für den Schluss eines jeden Geschäftsjahrs einen das Verhältnis seines Vermögens und seiner Schulden darstellenden Abschluss (Eröffnungsbilanz, Bilanz) aufzustellen." (§ 242 HGB)

2.3 Grundsätze ordnungsmäßiger Buchführung (GoB)

Buchführung muss so beschaffen sein, dass sie einem **sachverständigen Dritten** (z. B. Steuerberater, Betriebsprüfer, Banken) innerhalb einer **angemessenen Zeit** einen Überblick über die **Geschäftsfälle** und über die **Lage des Unternehmens** vermitteln kann (§ 238 HGB, § 145 AO).

---

1 Im Folgenden durch den Währungscode EUR ersetzt.

2 Künzel, Thieß - ISBN 978-3-8120-0496-1

Aus dieser Vorschrift wird ersichtlich, dass der Buchführungspflichtige sich an bestimmte allgemein anerkannte und sachgerechte Normen zu halten hat, den **„Grundsätzen ordnungsmäßiger Buchführung" (GoB)** und mit Einführung der EDV-gerechten Buchführung die **„Grundsätze ordnungsmäßiger DV-gestützter Buchführungssysteme (GoBS)**.

Die GoB haben den Charakter grundlegender Ordnungsvorschriften, die zur Auslegung und Ergänzung gesetzlicher Buchführungsvorschriften herangezogen werden. Sie sind teilweise als handels- oder steuerrechtliche Vorschriften kodifiziert worden. Ihre Quellen sind die betriebliche Praxis, die Rechtsprechung und Verbandempfehlungen und -richtlinien.

Es ist **Aufgabe** der GoB, Gläubiger vor falschen Informationen zu schützen und zum Zweck der Besteuerung bestimmte einheitliche Normen zu setzen.

Generell muss die Buchführung in einer lebenden Sprache (Finanzamt kann eine deutsche Übersetzung verlangen) angefertigt werden, wobei verwendete Ziffern, Buchstaben und Symbole eindeutig sein müssen. Aufzubewahren ist sie in Deutschland. Der Jahresabschluss ist in Deutsch und in EUR aufzustellen.

Die wesentlichen Grundsätze ordnungsmäßiger Buchführung (GoB) sind

➤ Grundsatz der Klarheit und Übersichtlichkeit

- Die Organisation der Buchführung muss klar und übersichtlich sein.
- Zweckmäßige Gliederung des Jahresabschlusses.
- Sämtliche Vermögensteile und Schulden sowie Aufwendungen und Erträge sind einzeln aufzuzeichnen (Verrechnungsverbot).
- Änderungsverbot: Bei Veränderungen muss der ursprüngliche Eintrag eindeutig vom neuen Eintrag zu unterscheiden sein (generelles Radierverbot).

➤ Belegprinzip

- Keine Buchung ohne Beleg!
- Buchungen müssen anhand der Belege jederzeit nachvollziehbar sein.
- Fortlaufende Nummerierung und ordnungsmäßige Belegaufbewahrung.

➤ Ordnungsgemäße Erfassung aller Geschäftsfälle

- Buchungen müssen vollständig, richtig, zeitgerecht und geordnet vorgenommen werden.
- Kasseneinnahmen und Kassenausgaben müssen täglich aufgezeichnet werden.

➤ Ordnungsgemäße Aufbewahrung

- Buchungsbelege, Bücher und Aufzeichnungen, Inventare, Eröffnungsbilanzen, Jahresabschlüsse und die verwendeten Buchführungsprogramme müssen **10 Jahre** geordnet aufbewahrt werden.
- Jahresabschlüsse und Eröffnungsbilanzen müssen in ausgedruckter Form aufbewahrt werden.

- Alle anderen Buchführungsunterlagen können auf Datenträgern (z.B. CD) oder Bildträgern (Mikrofilm) aufbewahrt werden, wobei sichergestellt sein muss, dass diese Daten in ihrem Originalzustand jederzeit wieder lesbar gemacht werden können.
- Handels- und Geschäftsbriefe sind **6 Jahre** aufzubewahren.

Werden trotz Buchführungspflicht keine Bücher geführt oder werden die Bücher mit sachlichen oder formellen Mängeln geführt, kann das zu einer **Schätzung der Besteuerungsgrundlagen** sowie zu **Geld- und Freiheitsstrafen** führen. Denn nur eine ordnungsgemäße Buchführung besitzt Beweiskraft.

Zusammenfassung

> **Buchführung**

Die Buchführung ist die vollständige, geordnete, richtige und zeitgerechte Aufzeichnung aller Geschäftsfälle eines Unternehmens aufgrund von Belegen.

> **Wichtige GoB**
- Grundsatz der Klarheit und Übersichtlichkeit
- Belegprinzip
- Ordnungsgemäße Erfassung aller Geschäftsfälle
- Ordnungsgemäße Aufbewahrung

ÜBUNGSAUFGABEN

1. Erklären Sie, warum die Buchführung für Geschäftsleitung, Eigentümer, Banken, Finanzamt, Mitarbeiter und Gerichte von Interesse sein kann!

2. Die Buchführung eines Reisebüros soll Geschäftsfälle erfassen. Welche der folgenden Tätigkeiten sind keine Geschäftsfälle? Begründen Sie!
   a) Abschluss eines Kaufvertrages über eine EDV-Anlage.
   b) Überweisung des Kaufpreises der EDV-Anlage.
   c) Der Buchhalter verkauft seinen privaten Pkw an einen Geschäftsfreund.
   d) Ein Kunde bucht eine Pauschalreise.
   e) Die Büromiete wird vom Konto abgebucht.
   f) Für den Bahnbereich stellen wir eine neue Fachkraft ein.
   g) Ein Kunde leistet eine Anzahlung.
   h) Ein Kunde kauft einen Flugschein und bezahlt bar.

3. Ein modernes Buchführungsmärchen:
   Vor nicht allzu langer Zeit lebte ein Reisebürobesitzer namens Paschke. Kurz nachdem er einen Buchhalter für sein Büro eingestellt hatte, entließ er selbigen wieder. Seine Begründung lautete: „Verschwendung von Arbeitszeit, Papier und Stiften aufgrund des täglichen Zahlengeschreibsels."

Von nun an lebte Herr Paschke glücklich und zufrieden und machte seine Buchhaltung selbst. Damit er fürs Wochenende ein bisschen Bargeld mitnehmen konnte, schrieb er freitags immer auf, wie viel in der Kasse war. Er sammelte sämtliche Belege unterteilt nach Größe in drei verschiedenen Schuhkartons. Und immer wenn seine Frau ihren Bridgeabend hatte (zweimal jährlich), rechnete er alle Belege zusammen und übertrug es in sein Notizbuch. Damit nicht jeder seine Aufzeichnungen lesen konnte, schrieb Paschke alles in Latein und rechnete in PATAS – das waren Paschke-Taler. Ein Euro entsprach 3 PATAS.

Nur zu seinem Geburtstag am 29. Februar, da wollte Paschke es ganz genau wissen. Er machte seine „Bilanz". Dabei malte er rot, was ihm gehörte und grün, was ihm nicht gehörte. Wo er sich nicht ganz sicher war, da nahm er den Bleistift. Dankbar war er auch für die Erfindung von Tipp-Ex, womit er nie sparte, wenn er sich verschrieb. Umweltbewusst, wie Paschke war, warf er sämtliche Belege gleich nach Aufstellung der Bilanz in die Altpapiertonne. Seine Stammtischkumpels dienten als Zeugen. Sie unterschrieben die Bilanz, damit auch alles seine Richtigkeit hat. Und aufbewahrt hat er seine Bilanz auch. Genau so lange, bis die neue Bilanz fertig war – im Handschuhfach seines Wagens.

Und wenn kein Betriebsprüfer vom Finanzamt gekommen ist, dann bucht Paschke noch heute ...

Gegen welche GoB hat Paschke verstoßen?

3 Inventur, Inventar, Bilanz

3.1 Inventur

Zu Beginn seines Handelsgewerbes (bei Gründung oder Übernahme), zum Schluss eines jeden Geschäftsjahres[1] und bei Auflösung oder Verkauf des Unternehmens muss der Kaufmann eine Inventur durchführen. D.h., er muss seine Vermögensgegenstände und seine Schulden einzeln nach Art, Menge und Wert erfassen und aufzeichnen.

Die Tätigkeit des Erfassens nennt man **Inventur,** den Zeitpunkt an dem die Inventur durchgeführt wird **Inventurstichtag**. Die Inventur ist also eine **Bestandsaufnahme** von Vermögen und Schulden zu einem bestimmten **Zeitpunkt**. Sie kann grundsätzlich auf zwei verschiedene Arten vorgenommen werden:

> **Körperliche Inventur:** Körperliche Vermögensteile werden durch Zählen, Messen, Wiegen oder geeignete Schätzverfahren erfasst und in EUR bewertet. Hierzu zählen z.B. Grundstücke, Fuhrpark, Betriebs- und Geschäftsausstattung, Waren und der Bargeldbestand.[2]

---

1 Ein Geschäftsjahr darf nicht mehr als 12 Monate betragen (§ 240 Abs. 2 HGB), muss aber nicht deckungsgleich mit dem Kalenderjahr sein.

2 Wird eine Anlagenkartei geführt, kann auf eine körperliche Bestandsaufnahme bei beweglichen Gegenständen des Anlagevermögens verzichtet werden.

➤ **Buchinventur**: Alle nicht körperlichen Vermögensteile und Schulden (z. B. Forderungen aus Lieferungen und Leistungen, Bankguthaben, Darlehen, Verbindlichkeiten aus Lieferungen und Leistungen) werden anhand von Aufzeichnungen und Belegen wertmäßig ermittelt.

Nach dem Zeitpunkt der Inventur unterscheidet man folgende **Inventurverfahren**:

Stichtagsinventur	zeitverschobene Inventur	permanente Inventur	Stichprobeninventur
§ 240 Abs. 1, 2 HGB	§ 241 Abs. 3 HGB	§ 241 Abs. 2 HGB	§ 241 Abs. 1 HGB

➤ **Stichtagsinventur**. Das herkömmliche Inventurverfahren ist die **Stichtagsinventur**. Hierbei muss die Aufnahme insbesondere der Gegenstände des Vorratsvermögens zeitnah zum Bilanzstichtag erfolgen (in der Regel innerhalb von 10 Tagen vor oder nach dem Bilanzstichtag). Bestandsveränderungen zwischen Bestandsaufnahme und Bilanzstichtag müssen anhand von Belegen und Aufzeichnungen ordnungsgemäß berücksichtigt werden. Die Stichtagsinventur ist mit einem großen Arbeits- und Zeitaufwand verbunden und führt häufig zu einer Unterbrechung der Betriebstätigkeit.

➤ **Zeitverschobene Inventur**. Bei der **zeitverschobenen Inventur** kann die jährliche Bestandsaufnahme ganz oder teilweise im Zeitraum von drei Monaten vor und zwei Monaten nach dem Bilanzstichtag durchgeführt werden.

Der Bestand, der nach Art und Menge in einem gesonderten Verzeichnis festgehalten wird, muss dann nur wertmäßig mittels ordnungsmäßiger Buchführung auf den Bilanzstichtag fortgeschrieben bzw. zurückgerechnet werden.[1]

Wertfortschreibung	Wertrückrechnung
Wert des Bestandes am Inventurstichtag + Wert der Zugänge – Wert der Abgänge = Wert des Bestandes am Bilanzstichtag	Wert des Bestandes am Inventurstichtag + Wert der Abgänge – Wert der Zugänge = Wert des Bestandes am Bilanzstichtag

➤ **Permanente Inventur**. Bei der **permanenten Inventur** kann die körperliche Inventur zu beliebigen Zeitpunkten während des Geschäftsjahres erfolgen, zweckmäßigerweise möglichst dann, wenn der Lagerbestand eher klein ist. Voraussetzung ist, dass durch die Anwendung eines den Grundsätzen ordnungsmäßiger Buchführung entsprechendes Verfahren gesichert ist, dass Art, Menge und Wert der Vermögensgegenstände jederzeit festgestellt werden können (Lagerbuchführung). Einmal jährlich muss durch eine körperliche Bestandsaufnahme geprüft werden, ob das in den Lagerbüchern ausgewiesene Vermögen auch tatsächlich vorhanden ist.

➤ **Stichprobeninventur**. Bei der **Stichprobeninventur** ermittelt man den Warenbestand nach Art, Menge und Wert mithilfe anerkannter mathematisch-statistischer Verfahren aufgrund von Stichproben.

---

1 Eine permanente oder zeitverschobene Inventur ist nach R 5.3 Abs. 3 EStR nicht zulässig:
– für Bestände, bei denen durch Schwund, Verdunsten, Verderb, leichte Zerbrechlichkeit oder ähnliche Vorgänge ins Gewicht fallende unkontrollierbare Abgänge eintreten, es sei denn, dass diese Abgänge aufgrund von Erfahrungssätzen schätzungsweise annähernd zutreffend berücksichtigt werden können;
– für Wirtschaftsgüter, die – abgestellt auf die Verhältnisse des jeweiligen Betriebs – besonders wertvoll sind.

3.2 Inventar

Das **Inventar** ist das **ausführliche Bestandsverzeichnis,** in das alle in der Inventur ermittelten Vermögensteile und Schulden nach Art, Menge und Wert eingetragen werden.

Ein **Inventar** besteht aus drei Teilen:

A. Vermögen
B. Schulden
C. Ermittlung des Reinvermögens

Zwar gibt es für das Inventar keine Gliederungsvorschriften, wohl aber für die Bilanz. Und da das Inventar die Grundlage für die Bilanz bildet, hat die Praxis bestimmte Regeln für das Inventar übernommen.

Vermögen

Das **Vermögen** wird unterteilt in **Anlagevermögen** und **Umlaufvermögen. Zum Anlagevermögen** gehören alle Vermögensteile, die dazu bestimmt sind, **langfristig** (dauernd) dem Unternehmen zu dienen. Sie sind die Grundlage der betrieblichen Tätigkeit. Hierzu zählen z.B. Grundstücke, Bauten, Fuhrpark, Betriebs- und Geschäftsausstattung.

Das **Umlaufvermögen** dagegen besteht aus Vermögensteilen, die dem Geschäftsbetrieb nur **vorübergehend** dienen und sich in ihrem Bestand ständig verändern. Hierzu gehören Wirtschaftsgüter, die zur Veräußerung, Verarbeitung oder zum Verbrauch angeschafft oder hergestellt worden sind, wie z.B. Heizöl- und Treibstoffbestände, Waren, Forderungen aus Lieferungen und Leistungen,[1] Bank- und Postbankguthaben und Kassenbestände.

Geordnet wird das Vermögen nach der **Liquidität** (Flüssigkeit), d.h. nach der Möglichkeit, wie schnell die Vermögensteile zu Geld zu machen sind. Dabei werden zuerst die weniger liquiden Vermögensteile (z.B. Grundstücke) aufgeführt und zuletzt die bereits liquiden Vermögensgegenstände (z.B. Kassenbestand und Bankguthaben).

Schulden

Bei den **Schulden** (auch Fremdkapital oder Verbindlichkeiten genannt) unterscheidet man **langfristige Schulden** und **kurzfristige Schulden,** die nach ihrer Fälligkeit geordnet werden.

Langfristige Schulden sind Schulden, deren Laufzeit mindestens vier Jahre betragen. Hierzu zählen z.B. die Hypotheken und die Darlehen. Beispiele für kurzfristige Schulden sind Kontokorrentkredite, Verbindlichkeiten aus Lieferungen und Leistungen,[2] Verbindlichkeiten gegenüber dem Finanzamt und erhaltene Kundenanzahlungen.

---

1 Forderungen aus Lieferung und Leistung entstehen, wenn ein Kunde eine Lieferung oder eine Leistung von uns erhält, die er erst zu einem späteren Zeitpunkt bezahlen muss (Zahlungsziel). Die Ausgangsrechnung (AR) an unseren Kunden ist der dazugehörige Beleg.

2 Verbindlichkeiten aus Lieferung und Leistung entstehen, wenn wir eine Lieferung oder Leistung mit einem Zahlungsziel erhalten. Die Eingangsrechnung (ER) unseres Lieferanten ist der dazugehörige Beleg.

Ermittlung des Reinvermögens

Im dritten Teil des Inventars wird das **Reinvermögen (Eigenkapital)** ermittelt. Das Reinvermögen ist das Vermögen, das dem Unternehmer bleibt, wenn er seine gesamten Schulden bezahlt hat. Eine andere Bezeichnung für Reinvermögen ist Eigenkapital. Es ist das Kapital, das der Unternehmer selbst ins Unternehmen eingebracht hat, das sein Eigen ist. Zum Reinvermögen kommt man, wenn man von der Summe des Vermögens die Summe der Schulden abzieht.

Das Inventar wird in **Staffelform** erstellt. In einer Vorspalte werden die Werte der einzelnen Vermögensteile und Schulden erfasst, in einer Hauptspalte werden diese zusammengefasst.

Zusammenfassung

➤ **Inventur** ist die mengen- und wertmäßige **Bestandsaufnahme** aller Vermögensteile und Schulden zu einem bestimmten Zeitpunkt.

➤ **Inventar** ist ein ausführliches **Bestandsverzeichnis**, das alle Vermögensteile und Schulden nach Art, Menge und Wert zu einem bestimmten Zeitpunkt (Inventurstichtag) ausweist.

➤ Das Inventar besteht aus drei Teilen:

   – **Vermögen,** unterteilt in Anlage- und Umlaufvermögen und geordnet nach der Liquidität.

   – **Schulden,** unterteilt in langfristige und kurzfristige Schulden, geordnet nach der Fälligkeit.

   – Ermittlung des **Eigenkapitals** (Reinvermögen) als Differenz aus der Summe des Vermögens und der Summe der Schulden.

INVENTAR			
des Reisebüros Baltic Reisen, Lübeck, für den 31. Dezember … (in EUR)			
A. **VERMÖGEN**			
I. **Anlagevermögen**			
1. Grundstücke und Bauten			
a) Schillerstr. 10		500 000,00	
b) Goethestr. 23		300 000,00	800 000,00
2. Fuhrpark			
a) Bus Magirus		60 000,00	
b) VW-Bus		40 000,00	
c) Pkw „Passat"		10 500,00	110 500,00
3. Betriebs- und Geschäftsausstattung lt. bes. Verzeichnis			50 000,00
II. **Umlaufvermögen**			
1. Betriebsstoffe			
a) Dieselkraftstoff		4 000,00	
b) Heizöl		2 000,00	
c) Schmiermittel		1 000,00	7 000,00
2. Warenvorräte lt. bes. Verzeichnis			3 500,00
3. Forderungen			
a) Schröder, T.		5 200,00	
b) Lühr, B.		2 750,00	
c) Iser, S.		1 920,00	9 870,00
4. Kassenbestand			1 250,00
5. Bankguthaben			
a) Sparkasse Hamburg		12 000,00	
b) Commerzbank		4 600,00	16 600,00
6. Postbankguthaben			2 000,00
Summe des Vermögens			**1 000 720,00**
B. **SCHULDEN**			
I. **Langfristige Schulden**			
1. Hypotheken			100 000,00
2. Darlehen			
a) Deutsche Bank		140 000,00	
b) Commerzbank		160 000,00	300 000,00
II. **Kurzfristige Schulden**			
1. Verbindlichkeiten			
a) TUI		23 000,00	
b) Lufthansa		14 000,00	
c) Hotel Atlas		3 000,00	40 000,00
2. Kundenanzahlungen			7 350,00
Summe der Schulden			**447 350,00**
C. **ERMITTLUNG DES EIGENKAPITALS**			
Summe des Vermögens			1 000 720,00
– Summe der Schulden			447 350,00
= Eigenkapital (Reinvermögen)			**553 370,00**

1. Unterscheiden Sie zwischen Inventur und Inventar!

2. Worin unterscheiden sich körperliche Inventur und Buchinventur? Nennen Sie für jede Inventurart Beispiele!

3. Erklären Sie die permanente Inventur! Welche Vorteile hat diese Methode?

4. a) Ordnen Sie die folgenden Vermögensteile und Schulden dem folgenden Schema zu!

   b) Ordnen Sie innerhalb des Schemas nach der Liquidität und der Fälligkeit!

Anlagevermögen	Umlaufvermögen	langfristige Schulden	kurzfristige Schulden

   1. Bankguthaben   b

   2. Waren   b

   3. Darlehen   c

   4. Gebäude   a

   5. Verbindlichkeiten aus Lief. u. Leist.   d

   6. Beteiligung an anderen Unternehmen   c

   7. Kundenanzahlungen   d

   8. Postbankguthaben   b

   9. Verbindlichkeiten gegenüber dem Finanzamt   d

  10. Betriebs- und Geschäftsausstattung   a

  11. Forderungen aus Lief. u. Leist.   b

  12. Betriebsstoffe   b

  13. Kassenbestand   b

  14. Wertpapiere als Kapitalanlage   b

  15. Fuhrpark   a

  16. Hypotheken   c

5. Erstellen Sie nach den folgenden Angaben ein ordnungsgemäßes Inventar für das Reisebüro „Rumpeltours" in Berlin zum 31.12.20.. (in EUR):

Bankguthaben	a)	Commerzbank	4 300,00
	b)	Raiffeisenbank	9 600,00
Fahrzeuge	a)	Mercedes Bus	120 000,00
	b)	Magirus Bus	22 000,00
	c)	VW Polo	10 500,00
Betriebsstoffe	a)	Dieselkraftstoff	3 900,00
	b)	Heizöl	1 400,00
	c)	Schmierstoffe	750,00
unbebautes Grundstück			450 000,00

Waren lt. bes. Verzeichnis		14 000,00
Beteiligung an der Tegeler-See-Schifffahrtsgesellschaft		35 000,00
Betriebs- und Geschäftsausstattung (BGA)		101 000,00
Hypothek		210 000,00
Forderungen lt. bes. Verzeichnis		18 000,00
Verbindlichkeiten	a) TUI	29 000,00
	b) Alltours	17 450,00
	c) Lufthansa	8 000,00
Darlehen	a) Berliner Bank	55 000,00
	b) TUI	28 000,00
Postbankguthaben		1 420,00
Kundenanzahlungen		7 380,00
Kassenbestand		1 600,00
Lufthansa-Aktien		40 000,00
Gebäude	a) Parkstr. 122	600 000,00
	b) Hansaplatz 5	380 000,00

3.3 Bilanz

Da ein Inventar ein ausführliches Bestandsverzeichnis ist, kann es je nach Größe des Unternehmens sehr umfangreich und damit auch unübersichtlich sein.

Deshalb verlangt der Gesetzgeber in § 242 HGB von jedem, der zur Buchführung verpflichtet ist, auf Grundlage des Inventars eine **Bilanz** zu erstellen. Die Bilanz muss wie das Inventar zu Beginn eines Handelsgewerbes sowie für den Schluss eines jeden Geschäftsjahres erstellt werden.[1]

Die Bilanz ist eine **kurzgefasste Gegenüberstellung** von Vermögen und Kapital in **Kontenform**.[2] Sie soll es dem Bilanzleser ermöglichen, mit „einem Blick" das Vermögen, das Eigenkapital und das Fremdkapital zu erfassen.

Die Vermögensgegenstände und Schulden, die im Inventar einzeln nach Art, Menge und Wert ausgewiesen sind, werden in der Bilanz zu größeren Gruppen zusammengefasst und nur noch mit dem **Wert** ausgewiesen (Mengenangaben entfallen).

Das Wort Bilanz kommt aus dem Italienischen; „bilancia" heißt Waage. Vermögen und Kapital werden in Form einer Waage gegenübergestellt.

---

1 Man spricht hier von Eröffnungs- und Schlussbilanz.
2 Das T-Konto ist die allgemein übliche Grundlage der kaufmännischen Buchführung.

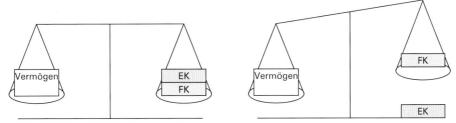

Die Bilanz im Gleichgewicht.

Eine Bilanz im Ungleichgewicht kann (darf) bei richtiger Anwendung der Buchführungsregeln nicht vorkommen.[1]

Für die Gliederung der Handelsbilanz der Einzelkaufleute und Handelsgesellschaften ist lediglich bestimmt, dass das Anlage- und das Umlaufvermögen, das Eigenkapital, die Schulden sowie die Rechnungsabgrenzungsposten gesondert auszuweisen und **hinreichend aufzugliedern** sind (§ 247 Abs. 1 HGB). Aber als Erleichterung der Abschlussarbeiten ist es empfehlenswert, eine tiefer gegliederte Ordnung einzuhalten. **Kapitalgesellschaften** haben ihre **Handelsbilanz** gem. § 266 HGB zu **gliedern**.

---

1 Streng genommen handelt es sich bei einer Bilanz nicht um eine Waage, da sie nicht aus dem Gleichgewicht kommen kann (darf).

Bilanzgliederungsvorschlag nach § 266 HGB[1]

A. Anlagevermögen

I. Immaterielle Vermögensgegenstände

1. Selbst geschaffene gewerbliche Schutzrechte und ähnliche Rechte und Werte;
2. Konzessionen, gewerbliche Schutzrechte und ähnliche Rechte und Werte sowie Lizenzen an solchen Rechten und Werten;
3. Geschäfts- oder Firmenwert.

II. Sachanlagen

1. Grundstücke, grundstücksgleiche Rechte und Bauten einschließlich der Bauten auf fremden Grundstücken;
2. technische Anlagen und Maschinen;
3. andere Anlagen, Betriebs- und Geschäftsausstattung.

III. Finanzanlagen

1. Anteile an verbundenen Unternehmen;
2. Ausleihungen an verbundene Unternehmen;
3. Beteiligungen;
4. Wertpapiere des Anlagevermögens.

B. Umlaufvermögen

I. Vorräte

1. Roh-, Hilfs- und Betriebsstoffe;
2. unfertige Erzeugnisse, unfertige Leistungen;
3. fertige Erzeugnisse und Waren.

II. Forderungen und sonstige Vermögensgegenstände

1. Forderungen aus Lieferungen und Leistungen;
2. sonstige Vermögensgegenstände.

III. Wertpapiere

IV. Kassenbestand, Bundesbankguthaben, Guthaben bei Kreditinstituten und Schecks

C. Rechnungsabgrenzungsposten

D. Aktive latente Steuern

E. Aktiver Unterschiedsbetrag aus Vermögensverrechnung

A. Eigenkapital

I. Gezeichnetes Kapital

II. Kapitalrücklagen

III. Gewinnrücklagen

IV. Gewinnvortrag/Verlustvortrag

V. Jahresüberschuss/Jahresfehlbetrag

B. Rückstellungen

1. Rückstellungen für Pensionen und ähnliche Verpflichtungen;
2. Steuerrückstellungen;
3. sonstige Rückstellungen.

C. Verbindlichkeiten

1. Anleihen, davon konvertibel;
2. Verbindlichkeiten gegenüber Kreditinstituten;
3. erhaltene Anzahlungen auf Bestellungen;
4. Verbindlichkeiten aus Lieferungen und Leistungen;
5. Verbindlichkeiten aus der Annahme gezogener Wechsel und der Ausstellung eigener Wechsel;
6. Verbindlichkeiten gegenüber verbundenen Unternehmen;
7. Verbindlichkeiten gegenüber Unternehmen, mit denen ein Beteiligungsverhältnis besteht;
8. sonstige Verbindlichkeiten, davon aus Steuern, davon im Rahmen der sozialen Sicherheiten.

D. Rechnungsabgrenzungsposten

E. Passive latente Steuern

---

1 Aus didaktischen Gründen sind einige Positionen zusammengefasst.

Aus dem Inventar des Baltic Reisen Reisebüros ergibt sich folgende Bilanz (in EUR):

Aktiva	Bilanz des Reisebüros Baltic Reisen 31. Dez. ..		Passiva	
I. Anlagevermögen		**I. Eigenkapital**		553 370,00
1. Grundstücke und Bauten	800 000,00	**II. Fremdkapital**		
2. Fuhrpark	110 500,00	1. Hypotheken		100 000,00
3. Betriebs- u. Geschäftsausst.	50 000,00	2. Darlehen		300 000,00
II. Umlaufvermögen		3. Verbindlichkeiten		40 000,00
1. Betriebsstoffe	7 000,00	4. Kundenanzahlungen		7 350,00
2. Waren	3 500,00			
3. Forderungen	9 870,00			
4. Kassenbestand	1 250,00			
5. Bankguthaben	16 600,00			
6. Postbankguthaben	2 000,00			
	1 000 720,00			1 000 720,00

Ort, Datum   Unterschrift

Die äußere Form der Bilanz ist ein **T-Konto**. Die linke Seite heißt **Aktiva**. Hier steht das **Vermögen** des Unternehmens unterteilt in **Anlage- und Umlaufvermögen** und geordnet nach der **Liquidität**. Die rechte Seite heißt **Passiva**. Auf dieser Seite steht das **Kapital** des Unternehmens unterteilt in **Eigen- und Fremdkapital** und geordnet nach der **Fälligkeit**. Da das Eigenkapital als Saldo aus Vermögen und Fremdkapital gebildet wurde, müssen die **Bilanzsummen** der beiden Seiten gleich groß sein. Für Kapitalgesellschaften ist die Gliederung der Bilanz gesetzlich vorgeschrieben. Durch die schräge Linie auf der Passivseite (**„Buchhalternase"**) werden Freiräume entwertet. Inventar und Bilanz müssen 10 Jahre aufbewahrt werden.

Für jede Bilanz gilt:

Aktiva	=	Passiva
Vermögen	=	Passiva
Kapital	=	Eigenkapital + Fremdkapital
Vermögen	=	Anlagevermögen + Umlaufvermögen

Hieraus lassen sich u. a. folgende **Bilanzgleichungen** ableiten:

Vermögen	=	Eigenkapital + Fremdkapital
Eigenkapital	=	Vermögen – Fremdkapital

Die **Passivseite** gibt Auskunft über die einzelnen **Vermögensquellen**. Sie beantwortet die Frage: „Wo ist das Kapital hergekommen?" mit „Vom Unternehmer selbst (Eigenkapital)" oder mit „Das hat er sich geliehen (Fremdkapital)". Sie zeigt also die **Mittelherkunft**, auch **Finanzierung** genannt.

Auf der **Aktivseite** wird ersichtlich wofür das aufgebrachte Kapital verwendet wurde (**Vermögensformen**). Es ist die Seite der **Mittelverwendung**, auch **Investierung** genannt.

Vermögen und Kapital kann man sich wie zwei Seiten einer Münze vorstellen. Obwohl die Seiten Kopf und Zahl unterschiedlich aussehen, sind sie im Wert gleich. So bildet auch die Bilanz betriebliche Werte, die nur einmal vorhanden sind, auf zweifache Weise ab.

Beispiel: Ein Unternehmer möchte einen Reisebus kaufen. Der Reisebus kostet 90 000,00 EUR. 50 000,00 EUR bringt der Unternehmer aus seinem Privatvermögen ein, für den Rest muss er bei der Bank ein Darlehen aufnehmen. Stark vereinfacht würde seine Bilanz folgendermaßen aussehen:

Aktiva		**Bilanz**	Passiva
Fuhrpark	90 000,00	Eigenkapital	50 000,00
		Fremdkapital	40 000,00

Die Passivseite zeigt, wo die Mittel für den Reisebus hergekommen sind (Finanzierung). Die Aktivseite zeigt, wofür diese Mittel verwendet wurden (Investierung).

3.4 Erfolgsermittlung durch Eigenkapitalvergleich

Eine Aufgabe der Buchführung ist es, den **Erfolg (Gewinn oder Verlust)** des Unternehmens am Jahresende zu ermitteln. Diese Erfolgsermittlung kann auf zwei Arten stattfinden. Zum einen kann der Erfolg als Saldo des **GuV-Kontos** ermittelt werden (s. Kapitel 5). Eine andere Möglichkeit der Erfolgsermittlung ist der **Vergleich des Eigenkapitals** am **Ende** des Geschäftsjahres mit dem Eigenkapital am **Anfang** des Geschäftsjahres.

Beispiel: Das Baltic Reisen Reisebüro weist in seiner Eröffnungsbilanz zum 01.01.20.. ein Eigenkapital von 500 000,00 EUR aus. In der Schlussbilanz zum 31.12.20.. beträgt das Eigenkapital a) 570 000,00 EUR bzw. b) 490 000,00 EUR.

	Eigenkapital am Ende des Jahres	570 000,00 EUR
−	Eigenkapital am Anfang des Jahres	500 000,00 EUR
=	**Kapitalmehrung**	**70 000,00 EUR**

	Eigenkapital am Ende des Jahres	490 000,00 EUR
−	Eigenkapital am Anfang des Jahres	500 000,00 EUR
=	**Kapitalminderung**	**− 10 000,00 EUR**

Ob diese Kapitalveränderungen den Erfolg des Unternehmens wiedergeben, hängt vom Einlage- bzw. Entnahmeverhalten des Unternehmers ab.

Hat der Unternehmer während des Geschäftsjahres **Privatentnahmen**[1] getätigt, haben diese das Eigenkapital vermindert. Diese Kapitalminderung beruht aber nicht auf unternehmerischer Tätigkeit. Folglich muss sie zum Ergebnis hinzuaddiert werden.

---

1 Entnahmen sind alle Wirtschaftsgüter (Barentnahmen, Waren, Erzeugnisse, Nutzungen und Leistungen), die der Unternehmer aus dem Betrieb für sich oder für andere betriebsfremde Zwecke entnommen hat.

Auf der anderen Seite müssen **Privateinlagen**, die der Unternehmer dem Unternehmen zugeführt hat und die somit nicht aus der betrieblichen Tätigkeit hervorgegangen sind, wieder abgezogen werden.

Beispiel: Während des Geschäftsjahres hat der Inhaber des Baltic Reisen Reisebüros Entnahmen von insgesamt 30 000,00 EUR und Einlagen von insgesamt 40 000,00 EUR getätigt. Wie hoch war der Erfolg des Reisebüros im abgelaufenen Geschäftsjahr?

Eigenkapital am 31. 12. 20..	570 000,00 EUR	490 000,00 EUR
− Eigenkapital am 01. 01. 20..	500 000,00 EUR	500 000,00 EUR
= Kapitalmehrung bzw. -minderung	70 000,00 EUR	− 10 000,00 EUR
+ Privatentnahme	30 000,00 EUR	30 000,00 EUR
− Privateinlage	40 000,00 EUR	40 000,00 EUR
= Gewinn bzw. Verlust	60 000,00 EUR	− 20 000,00 EUR

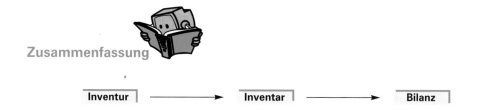

Zusammenfassung

Inventur ⟶ Inventar ⟶ Bilanz

Zu Beginn seines Handelsgewerbes und am Schluss eines jeden Geschäftsjahres muss der Kaufmann eine Bilanz erstellen. Grundlage für die Erstellung der Bilanz ist das Inventar, das die Zahlen der Inventur wiedergibt.

Unterschiede zwischen Inventar und Bilanz:

Inventar	Bilanz
➢ Staffelform	➢ Kontenform

➢ Vermögen und Schulden werden untereinander aufgeführt
  A. Vermögen
  B. Schulden
  C. Eigenkapital
	➢ Gegenüberstellung von Vermögen und Kapital
	
	Aktiva Passiva
	Anlagevermögen Eigenkapital
	Umlaufvermögen Fremdkapital
	Bilanzsumme Bilanzsumme

➢ Angabe aller Mengen- und Wertpositionen	➢ Zusammenfassung einzelner Vermögensteile und Schulden zu Bilanzposten, nur Wertangabe
➢ ausführlich und unübersichtlich	➢ kurzgefasst und übersichtlich
➢ es gibt keine gesetzlichen Gliederungsvorschriften	➢ es gibt gesetzliche Gliederungsvorschriften (vgl. § 247 und § 266 HGB)

Aktiva	Bilanz	Passiva
Vermögen Vermögensformen Mittelverwendung Investierung	Kapital Vermögensquellen Mittelherkunft Finanzierung	

Hieraus ergeben sich folgende **Bilanzgleichungen**:

$$\text{Vermögen} = \text{Kapital}$$
$$\text{Vermögen} = \text{Eigenkapital} + \text{Fremdkapital}$$
$$\text{Eigenkapital} = \text{Vermögen} - \text{Fremdkapital}$$
$$\text{Fremdkapital} = \text{Vermögen} - \text{Eigenkapital}$$

Der **Erfolg** ergibt sich als Unterschiedsbetrag zwischen dem **Eigenkapital am Ende** und dem **Eigenkapital am Anfang** des Geschäftsjahres vermindert um den Wert der **Privateinlagen** und vermehrt um den Wert der **Privatentnahmen.** Ist der Erfolg positiv, handelt es sich um einen **Gewinn**, ist er negativ, handelt es sich um einen **Verlust.**

INVENTAR des Reisebüros Baltic Reisen, Lübeck, für den 31. Dezember ... (in EUR)

A.	**VERMÖGEN**		
I.	**Anlagevermögen**		
	1. Grundstücke und Bauten		
	a) Schillerstr. 10	500 000,00	
	b) Goethestr. 23	300 000,00	800 000,00
	2. Fuhrpark		
	a) Bus Magirus	60 000,00	
	b) VW-Bus	40 000,00	
	c) Pkw „Passat"	10 500,00	110 500,00
	3. Betriebs- und Geschäftsausstattung lt. bes. Verzeichnis		50 000,00
II.	**Umlaufvermögen**		
	1. Betriebsstoffe		
	a) Dieselkraftstoff	4 000,00	
	b) Heizöl	2 000,00	
	c) Schmiermittel	1 000,00	7 000,00
	2. Warenvorräte lt. bes. Verzeichnis		3 500,00
	3. Forderungen		
	a) Schröder, T.	5 200,00	
	b) Lühr, B.	2 750,00	
	c) Iser, S.	1 920,00	9 870,00
	4. Kassenbestand		1 250,00
	5. Bankguthaben		
	a) Sparkasse Hamburg	12 000,00	
	b) Commerzbank	4 600,00	16 600,00
	6. Postbankguthaben		2 000,00
	Summe des Vermögens		**1 000 720,00**
B.	**SCHULDEN**		
I.	**Langfristige Schulden**		
	1. Hypotheken		100 000,00
	2. Darlehen		
	a) Deutsche Bank	140 000,00	
	b) Commerzbank	160 000,00	300 000,00
II.	**Kurzfristige Schulden**		
	1. Verbindlichkeiten		
	a) TUI	23 000,00	
	b) Lufthansa	14 000,00	
	c) Hotel Atlas	3 000,00	40 000,00
	2. Kundenanzahlungen		7 350,00
	Summe der Schulden		**447 350,00**
C.	**ERMITTLUNG DES EIGENKAPITALS**		
	Summe des Vermögens		1 000 720,00
	– Summe der Schulden		447 350,00
	= Eigenkapital (Reinvermögen)		**553 370,00**

Aktiva   **Bilanz des Reisebüros Baltic Reisen 31. Dez. ... (in EUR)**   Passiva

Aktiva		Passiva	
I. Anlagevermögen		**I. Eigenkapital**	553 370,00
1. Grundstücke und Bauten	800 000,00	**II. Fremdkapital**	
2. Fuhrpark	110 500,00		
3. Betriebs- u. Geschäftsausst.	50 000,00	1. Hypotheken	100 000,00
II. Umlaufvermögen		2. Darlehen	300 000,00
1. Betriebsstoffe	7 000,00	3. Verbindlichkeiten	40 000,00
2. Waren	3 500,00	4. Kundenanzahlungen	7 350,00
3. Forderungen	9 870,00		
4. Kassenbestand	1 250,00		
5. Bankguthaben	16 600,00		
6. Postbankguthaben	2 000,00		
	1 000 720,00		1 000 720,00

Ort, Datum   Unterschrift

33

3 Künzel, Thieß - ISBN 978-3-8120-0496-1

6. Erstellen Sie aus den Angaben zu Aufgabe 5 (Kapitel 3.2) eine ordnungsgemäße Bilanz!

7. Erstellen Sie für das Reisebüro „Weiß", Lübeck, aus folgenden Angaben (in EUR) eine ordnungsgemäße Bilanz zum 31.12. ..

Betriebsstoffvorräte	15 000,00	Waren	19 000,00
Darlehen	70 000,00	Forderungen	40 000,00
Gebäude	320 000,00	Bankguthaben	8 000,00
Fuhrpark	110 000,00	Kassenbestand	5 000,00
Hypotheken	160 000,00	Verbindlichkeiten	50 000,00
BGA	28 000,00	Eigenkapital	?

Wie hoch ist das Eigenkapital, das Fremdkapital, das Gesamtkapital, das Anlagevermögen, das Umlaufvermögen und das Gesamtvermögen?

8. Erläutern Sie kurz die Unterschiede zwischen Inventar und Bilanz!

9. Was sagt die Aktivseite der Bilanz aus, was die Passivseite?

10. Bilden Sie entsprechende Bilanzposten und ordnen Sie sie dem Anlagevermögen, Umlaufvermögen, Eigenkapital, kurzfristigen Fremdkapital und langfristigen Fremdkapital zu:

a) Schreibtisch

b) Dieselkraftstoffvorrat

c) offene Rechnung eines Kunden

d) Eingangsrechnung (ER) eines Veranstalters

e) Hypothek

f) Reisevideos

g) EDV-Anlage

h) Überziehungskredit

i) Kundenanzahlung

j) Reisebus

k) Tageseinnahme

l) Kapitaleinlage eines Gesellschafters

11. Prüfen Sie, welche der folgenden Aussagen falsch sind! Begründen Sie!

a) Die Aktivseite der Bilanz gibt Auskunft über die Mittelverwendung.

b) Die Inventur ist das ausführliche Bestandsverzeichnis aller Vermögensteile und Schulden eines Unternehmens.

c) Das Anlagevermögen ist die Grundlage der betrieblichen Tätigkeit.

d) Inventare und Bilanzen müssen 10 Jahre aufbewahrt werden.

e) Wenn man vom Vermögen das Eigenkapital abzieht, erhält man das Fremdkapital eines Unternehmens.

f) Grundlage für die Aufstellung des Inventars ist die Bilanz.

g) Verbindlichkeiten entstehen, wenn wir eine Lieferung oder Leistung erhalten.

h) Kapital, das ein Gesellschafter ins Unternehmen einbringt nennt man Eigenkapital.

12. Das Eigenkapital des Reisebüros Fiehm beträgt 500 000,00 EUR, das Fremdkapital 400 000,00 EUR. Das Umlaufvermögen hat einen Wert von 295 000,00 EUR. Wie hoch ist das Anlagevermögen?

13. Das Eigenkapital der Reisebüros Westphal, Hamburg, hatte zum 01.01.20.. einen Wert von 368 830,00 EUR. Am 31.12.20.. betrug es 428 740,00 EUR. Während des Geschäftsjahres wurden 45 000,00 EUR als Privatentnahme und 69 000,00 EUR als Privateinlage gebucht. Ermitteln Sie den Erfolg durch Kapitalvergleich!

14. Vom Reisebüro Bredow, Berlin, sind folgende Werte bekannt: Das Gesamtvermögen zum 31.12.20.. betrug 1 304 000,00 EUR, das Fremdkapital 591 000,00 EUR. Am 01.01.20.. betrug das Eigenkapital 789 000,00 EUR. Die Privateinlagen des Geschäftsjahres beliefen sich auf 55 000,00 EUR, die Privatentnahmen auf 75 000,00 EUR. Ermitteln Sie den Erfolg durch Kapitalvergleich!

15. Das Reisebüro Ines Skibbe hat am Anfang des Geschäftsjahres ein EK von 680 000,00 EUR. Am Ende des Geschäftsjahres betragen die Vermögensteile 985 000,00 EUR und die Schulden 150 000,00 EUR. Während des Geschäftsjahres sind als Privatentnahmen 36 000,00 EUR und als Einlagen 20 000,00 EUR gebucht worden. Ermitteln Sie den Erfolg durch Kapitalvergleich!

4 Bestandskonten

Die Bilanz zeigt die Zusammensetzung des Vermögens und des Kapitals eines Unternehmens zu einem bestimmten Zeitpunkt (Bilanzstichtag). Jeder Geschäftsfall verändert diese Zusammensetzung. Aufgabe der Buchführung ist es, diese Veränderungen zu erfassen.

4.1 Wertveränderungen in der Bilanz

Ein Reisebüro weist in der Bilanz zum 31.12.20.. folgende Werte aus (in EUR):

Aktiva		Bilanz	Passiva
Fuhrpark	100 000,00	Eigenkapital	80 000,00
Forderungen	5 000,00	Darlehen	15 000,00
Bank	8 000,00	Verbindlichkeiten	18 000,00
	113 000,00		113 000,00

In der Buchhaltung dieses Reisebüros sind folgende Geschäftsfälle zu erfassen:

1. Ein Kunde begleicht eine ausstehende Rechnung in Höhe von 2 000,00 EUR durch Banküberweisung.

2. Eine Verbindlichkeit gegenüber einem Veranstalter von 8 000,00 EUR wird in ein langfristiges Darlehen umgewandelt (Umschuldung).

3. Kauf eines Reisebusses auf Ziel,[1] Wert 50 000,00 EUR.

4. Verbindlichkeiten gegenüber einem Veranstalter in Höhe von 4 000,00 EUR werden durch Banküberweisung beglichen.

---

1 Aus didaktischen Gründen vorerst ohne Umsatzsteuer.

Aus der obigen Bilanz lässt sich folgendes Schema erstellen, in dem die Änderungen der Bilanzposten durch die Geschäftsfälle erfasst werden:

Aktiva			Bilanz in EUR				Passiva
Fuhrpark	Forde-rungen	Bank	Σ	Σ	EK	Darlehen	Verbind-lichkeiten
100 000,00	5 000,00	8 000,00	113 000,00	113 000,00	80 000,00	15 000,00	18 000,00
	↓	↓					
100 000,00	① 3 000,00	① 10 000,00	113 000,00	113 000,00	80 000,00	15 000,00	18 000,00
						↓	↓
100 000,00	3 000,00	10 000,00	113 000,00	113 000,00	80 000,00	② 23 000,00	② 10 000,00
↓			↓	↓			↓
③ 150 000,00	3 000,00	10 000,00	163 000,00	163 000,00	80 000,00	23 000,00	③ 60 000,00
	↓	↓	↓	↓			↓
150 000,00	3 000,00	④ 6 000,00	159 000,00	159 000,00	80 000,00	23 000,00	④ 56 000,00

In der ersten Zeile stehen die Anfangsbestände aus der Bilanz, in der zweiten bis fünften Zeile sind die Veränderungen der Bilanzposten durch die Geschäftsfälle erfasst. Man kann erkennen, dass jeder Geschäftsfall immer mindestens zwei Posten der Bilanz berührt und dass die Bilanzsumme auf beiden Seiten immer gleich groß ist. Hieraus ergeben sich vier Arten von Bilanzveränderungen:

> **Aktivtausch:** Ein Aktivposten nimmt zu, ein anderer Aktivposten nimmt ab. Die Bilanzsumme verändert sich nicht.

> **Passivtausch:** Ein Passivposten nimmt zu, ein anderer Passivposten nimmt ab. Auch hier bleibt die Bilanzsumme unverändert.

> **Aktiv-Passiv-Mehrung:** Sowohl ein Aktiv- als auch ein Passivposten nimmt zu. Die Bilanzsumme erhöht sich um den gleichen Betrag (Bilanzverlängerung).

> **Aktiv-Passiv-Minderung:** Sowohl ein Aktiv- als auch ein Passivposten nimmt ab. Die Bilanzsumme verringert sich um den gleichen Betrag (Bilanzverkürzung).

Um einen Geschäftsfall der entsprechenden Bilanzveränderung zuordnen zu können, muss man sich immer folgende Fragen stellen:

> Welche Posten der Bilanz werden durch den Geschäftsfall berührt?
> Was sind das für Posten? Aktiv- und/oder Passivposten?
> Wie verändert sich jeder Posten?
> Welche Bilanzveränderung liegt vor?

Geschäfts-fall	Welche Posten werden berührt?	Was sind das für Posten?	Wie verändern sich die Posten?	Welche Bilanzverän-derung liegt vor?
1	Forderungen	Aktiv	nimmt ab	Aktivtausch
	Bank	Aktiv	nimmt zu	
2	Verbindlichkeiten	Passiv	nimmt ab	Passivtausch
	Darlehen	Passiv	nimmt zu	
3	Fuhrpark	Aktiv	nimmt zu	Aktiv-Passiv-Mehrung
	Verbindlichkeiten	Passiv	nimmt zu	
4	Bank	Aktiv	nimmt ab	Aktiv-Passiv-Minderung
	Verbindlichkeiten	Passiv	nimmt ab	

ÜBUNGSAUFGABEN

1. Die Bilanz des Reisebüros „Sonnenschein" weist zum 31.12.20.. folgende Bilanz-werte (in EUR) aus:

BGA	98 000,00	Eigenkapital	?
Waren	6 800,00	Darlehen	35 000,00
Forderungen	15 400,00	Verbindlichkeiten	28 000,00
Kasse	5 400,00		

Stellen Sie sich für jeden der Geschäftsfälle folgende Fragen:

Geschäfts-fall	Welche Posten werden berührt?	Was sind das für Posten?	Wie verändern sich die Posten?	Welche Bilanzverän-derung liegt vor?

Stellen Sie anschließend die Veränderungen der Bilanzposten in einem Bilanz-schema dar!

1. Barverkauf einer gebrauchten EDV-Anlage   2 400,00 EUR
2. Eine kurzfristige Verbindlichkeit wird in einen langfristigen Kredit umgewandelt   4 000,00 EUR
3. Wir kaufen Reiseliteratur auf Ziel   1 800,00 EUR
4. Wir bezahlen eine Lieferantenrechnung bar   3 000,00 EUR
5. Ein Kunde begleicht eine Rechnung bar   2 300,00 EUR

2. Nennen Sie zu jeder Bilanzveränderung einen Geschäftsfall und erklären Sie die Wir-kung auf die Bilanzsumme!

4.2 Auflösung der Bilanz in Bestandskonten

Eine Bilanz besteht in der Regel aus mehr als sechs Bilanzposten und es fallen täglich eine Vielzahl von Geschäftsfällen an. Die Aufzeichnung dieser Geschäftsfälle in einer Bilanz oder einem Bilanzschema (s. o.) wäre mit überflüssiger Schreibtätigkeit verbunden und wäre zudem sehr unübersichtlich. Aus diesem Grund wird die Bilanz in einzelne Konten aufgelöst.

Der Begriff „Konto" kommt aus dem Italienischen und wird mit „Rechnung" übersetzt. Jeder einzelne Bilanzposten wird über ein separates Konto „abgerechnet". Die für den Unterricht am häufigsten gebrauchte Form ist das T-Konto.

Soll   Kasse   Haben

Ein Konto besteht aus zwei Seiten. Die linke Seite ist die **Sollseite,** die rechte die **Haben-seite.** Jeder Posten der Bilanz bekommt nun ein eigenes Konto. Dabei unterscheidet man nach den Seiten der Bilanz **Aktivkonten und Passivkonten.** Da auf diesen Konten die durch Inventur ermittelten und in der Bilanz erfassten Bestände und die Veränderungen der Bestände gebucht werden, nennt man sie auch **Bestandskonten.** Zu Beginn eines Geschäftsjahres wird jedes Konto **eröffnet,** indem man den **Anfangsbestand** (AB) aus der Bilanz vorträgt. Auf aktiven Bestandskonten steht der AB auf der Sollseite, auf passiven Bestandskonten auf der Habenseite.

Beispiel: Die Bilanz des vorhergehenden Beispiels wird in sechs Konten zerlegt. Es wird also für jeden Bilanzposten eine Einzelabrechnung geschaffen. Die Anfangs-bestände werden vorgetragen.

Aktiva		Bilanz	Passiva
Fuhrpark	100 000,00	Eigenkapital	80 000,00
Forderungen	5 000,00	Darlehen	15 000,00
Bank	8 000,00	Verbindlichkeiten	18 000,00
	113 000,00		113 000,00

Aktivkonten   **Passivkonten**

Soll	Fuhrpark	Haben	Soll	Eigenkapital	Haben
AB	100 000,00			AB	80 000,00

Soll	Forderungen	Haben	Soll	Darlehen	Haben
AB	5 000,00			AB	15 000,00

Soll	Bank	Haben	Soll	Verbindlichkeiten	Haben
AB	8 000,00			AB	18 000,00

4.3 Buchen von Geschäftsfällen und Abschluss der Konten

Nachdem die Konten eröffnet wurden, können die laufenden Geschäftsfälle erfasst (gebucht) werden. Dazu muss man sich einprägen, auf welcher Seite des Kontos eine **Mehrung (Zugang)** bzw. eine **Minderung (Abgang)** des Bestands gebucht wird. Immer dort, wo der AB steht, nimmt der Bestand des Kontos zu. Auf der gegenüberliegenden Seite nimmt er ab.

Soll	Aktivkonto	Haben		Soll	Passivkonto	Haben
AB	Minderung			Minderung	AB	
Mehrung					Mehrung	

Um einen Geschäftsfall zu buchen, müssen die gleichen Überlegungen wie bei der Bilanzveränderung angestellt werden. Zusätzlich muss man sich jetzt noch klarmachen, auf welcher Seite des Kontos der Geschäftsfall gebucht werden muss. Die Geschäftsfälle waren folgende:

1. Ein Kunde begleicht eine ausstehende Rechnung in Höhe von 2000,00 EUR durch Banküberweisung.

2. Eine Verbindlichkeit gegenüber einem Veranstalter von 8000,00 EUR wird in ein langfristiges Darlehen umgewandelt (Umschuldung).

3. Kauf eines Reisebusses auf Ziel, Wert 50000,00 EUR.

4. Verbindlichkeiten gegenüber einem Veranstalter in Höhe von 4000,00 EUR werden durch Banküberweisung beglichen.

Geschäfts-fall	Welche Konten werden berührt?	Was sind das für Konten?	Wie verändern sie sich?	Auf welcher Seite muss gebucht werden?	
1	Forderungen	Aktiv	Minderung		Haben
	Bank	Aktiv	Mehrung	Soll	
2	Verbindlichkeiten	Passiv	Minderung	Soll	
	Darlehen	Passiv	Mehrung		Haben
3	Fuhrpark	Aktiv	Mehrung	Soll	
	Verbindlichkeiten	Passiv	Mehrung		Haben
4	Bank	Aktiv	Minderung		Haben
	Verbindlichkeiten	Passiv	Minderung	Soll	

Man kann erkennen, dass jeder Geschäftsfall **doppelt** gebucht wird. Eine Buchung wird im Soll vorgenommen, die **Gegenbuchung,** die vom Betrag her identisch ist, im Haben. Bei der Buchung in den Konten wird immer das Gegenkonto angegeben.

Soll	Fuhrpark	Haben	Soll	Eigenkapital	Haben
AB 100 000,00				AB	80 000,00
Verbindlichk. 50 000,00					

Soll	Forderungen	Haben	Soll	Darlehen	Haben
AB 5 000,00	Bank	2 000,00		AB	15 000,00
				Verbindlichk.	8 000,00

Soll	Bank	Haben	Soll	Verbindlichkeiten	Haben
AB 8 000,00	Verbindlichk.	4 000,00	Darlehen 8 000,00	AB	18 000,00
Forderung 2 000,00			Bank 4 000,00	Fuhrpark	50 000,00

Sind alle laufenden Geschäftsfälle gebucht, werden die **Konten abgeschlossen**. Die Vorgehensweise ist dabei immer die gleiche:

> **Addition** der wertmäßig größeren Seite (bei Aktivkonten i.d.R. die Sollseite, bei Passivkonten i.d.R. die Habenseite).
> **Übertragen** der Summe auf die wertmäßig kleinere Seite.
> **Ermitteln** des Saldos (= Differenz aus Soll- und Habenseite), **eintragen** des Saldos auf die wertmäßig kleinere Seite.

Beispiel:

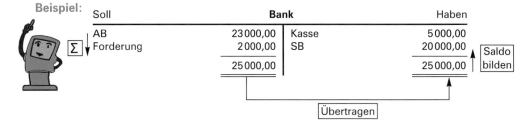

Soll	**Bank**		Haben	
AB	23 000,00	Kasse	5 000,00	
Forderung	2 000,00	SB	20 000,00	Saldo bilden
	25 000,00		25 000,00	

Übertragen

Im ersten Beispiel ist die Sollseite des Bankkontos die wertmäßig größere Seite (25 000,00 > 5 000,00). Die Summe wird auf der Sollseite erfasst und auf die Habenseite übertragen. Dort wird der Saldo gebildet (25 000,00 – 5 000,00 = 20 000,00) und eingetragen. Wenn man sich noch einmal klar macht, was in diesem Konto steht, kommt man zu folgendem Resultat:

Durch die Inventur wurde ein Bestand von 23 000,00 EUR ermittelt, der Anfangsbestand. Dann hat ein Kunde eine Forderung durch Banküberweisung beglichen, was zu einer Zunahme des Bankkontos um 2 000,00 EUR auf 25 000,00 EUR führte. Eine Barabhebung verminderte das Bankguthaben um 5 000,00 EUR auf 20 000,00 EUR. Dieser Saldo von 20 000,00 EUR ist der Schlussbestand, das was nach den Zu- und Abnahmen vom Anfangsbestand noch übrig geblieben ist. Die Schlussbestände sämtlicher Bestandskonten bilden die Bilanz zum Jahresende, die Schlussbilanz. Sie wird unverändert zur Eröffnungsbilanz des neuen Geschäftsjahres.[1]

---

1 Grundsatz der Bilanzidentität: Schlussbilanz zum Ende des Geschäftsjahres ist identisch mit der Eröffnungsbilanz des nächsten Geschäftsjahres.

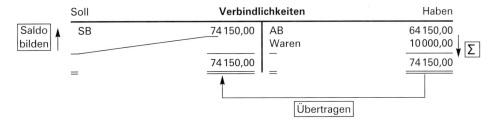

Bei passiven Bestandskonten ist die Vorgehensweise identisch: Ermittlung der Summe der wertmäßig größeren Seite. Übertragung der Summe auf die wertmäßig kleinere Seite. Bildung des Saldos auf der wertmäßig kleineren Seite.

Die kontenmäßige Darstellung unseres Beispiels von S. 38 sieht folgendermaßen aus:

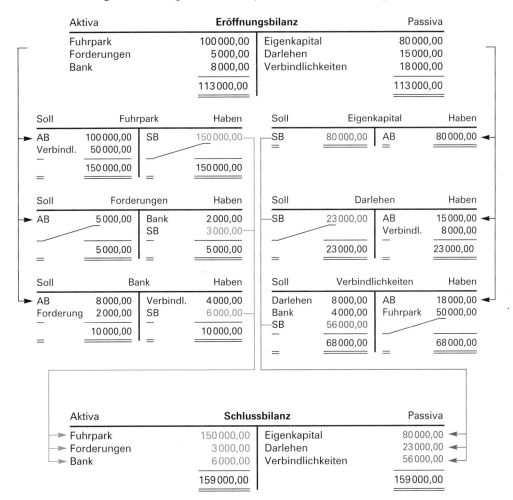

Aus der Eröffnungsbilanz werden die Bestandskonten eröffnet, indem die Anfangsbestände der Aktivkonten im Soll, die der Passivkonten im Haben vorgetragen werden. Die laufenden Geschäftsfälle verändern immer zwei[1] Konten. Dabei wird in einem Konto auf der Sollseite gebucht, die Gegenbuchung findet in einem anderen Konto im Haben statt. Beim Eintrag ins Konto nennt man immer das Gegenkonto.

> Wichtig: Keine Buchung ohne Gegenbuchung.

Der Abschluss der Konten erfolgt immer nach dem gleichen Muster: Addition der wertmäßig größeren Seite, Übertragen der Summe auf die wertmäßig kleinere Seite, Bilden des Saldos. Dieser Saldo stellt bei den Bestandskonten den Schlussbestand dar, der dann in die Schlussbilanz zum Geschäftsjahresende eingeht.

Zusammenfassung

Aktiva	Bilanz	Passiva
Aktivkonten		Passivkonten

Soll	**Aktivkonten**	Haben	Soll	**Passivkonten**	Haben
Anfangsbestand	− Minderungen		− Minderungen		Anfangsbestand
+ Mehrungen	Schlussbestand		Schlussbestand		+ Mehrungen

Bevor man einen Geschäftsfall buchen kann, muss man sich immer folgenden Fragen stellen:

> ➤ Welche Konten werden durch den Geschäftsfall berührt?
> ➤ Was sind das für Konten? Aktiv- und/oder Passivkonten?
> ➤ Wie verändert sich das Konto? Nimmt es zu oder ab?
> ➤ Auf welcher Seite muss gebucht werden?

Abschluss der Konten immer nach gleichem Schema:

> ➤ Summe der wertmäßig größeren Seite bilden.
> ➤ Summe auf die wertmäßig kleinere Seite übertragen.
> ➤ Auf der wertmäßig kleineren Seite Saldo bilden und eintragen.

---

1 Später auch mehr als zwei Konten.

3. Buchen Sie folgende Vorgänge auf dem Aktivkonto „Kasse" (in EUR) und ermitteln Sie den Schlussbestand!

1. Dezember	Anfangsbestand	14 000,00
3. Dezember	Ein Kunde bezahlt bar	4 500,00
5. Dezember	Wir zahlen eine Lieferantenrechnung bar	3 200,00
5. Dezember	Wir zahlen den Fensterputzer bar	200,00
8. Dezember	Ein Mitarbeiter bekommt einen Vorschuss	1 000,00
12. Dezember	Ein Kunde leistet eine Anzahlung	2 500,00
14. Dezember	Wir verkaufen ein Flugticket	890,00
16. Dezember	Privatentnahme des Inhabers	1 500,00
18. Dezember	Wir kaufen Briefmarken	100,00

4. Buchen Sie folgende Vorgänge auf dem Passivkonto „Verbindlichkeiten" (in EUR) und ermitteln Sie den Schlussbestand!

1. April	Anfangsbestand	26 900,00
4. April	Kauf eines Pkw auf Ziel	35 000,00
5. April	Überweisung einer Lieferantenrechnung	9 800,00
10. April	Umwandlung einer Lieferantenrechnung in ein Darlehen	15 000,00
25. April	Kauf von Waren auf Ziel	3 000,00
30. April	Wir begleichen eine Rechnung durch Banküberweisung	10 300,00

5. Erklären Sie die Buchungsregeln in einem aktiven Bestandskonto!

6. Erklären Sie die Buchungsregeln in einem passiven Bestandskonto!

7. Erläutern Sie die Vorgehensweise beim Abschluss eines Kontos!

8. Die Eröffnungsbilanz des Reisebüros „Viktoria" sieht folgendermaßen aus:

Aktiva		Eröffnungsbilanz		Passiva
Fuhrpark	98 000,00	Eigenkapital		97 000,00
BGA	45 000,00	Darlehen		50 000,00
Forderungen	14 500,00	Verbindlichkeiten		34 000,00
Kasse	6 500,00	Kundenanzahlung		12 000,00
Bank	29 000,00			
	193 000,00			193 000,00

Geschäftsfälle:

1. Ein Kunde zahlt bar an   1 900,00 EUR

2. Wir kaufen einen Reisebus auf Ziel   45 000,00 EUR

3. Wir verkaufen unseren alten Reisebus gegen Bankscheck   12 000,00 EUR

4. Umwandlung einer kurzfristigen Verbindlichkeit in ein Darlehen   20 000,00 EUR

5. Wir tilgen eine Darlehensschuld durch Banküberweisung   14 000,00 EUR

6. Barabhebung von unserem Konto   15 000,00 EUR

7. Wir kaufen neue Möbel bar   18 000,00 EUR

8. Ein Kunde überweist den Rechnungsbetrag   3 600,00 EUR

a) Stellen Sie sich zunächst für jeden Geschäftsfall folgende Fragen:

Geschäfts-fall	Welche Konten wer-den berührt?	Was sind das für Konten?	Wie verändern sie sich?	Auf welcher Seite muss gebucht werden?
				Soll o. Haben

b) Buchen Sie dann auf den Konten!

c) Schließen Sie die Konten ab und stellen Sie eine Schlussbilanz auf!

9. Folgende Anfangsbestände des Reisebüros Hagelstein (in EUR) liegen vor:

Grundstücke u. Bauten	290 000,00	Bank	17 900,00
Fuhrpark	150 000,00	Hypothek	190 000,00
BGA	87 000,00	Darlehen	56 000,00
Waren	12 000,00	Verbindlichkeiten	42 700,00
Forderungen	31 500,00	Kundenanzahlung	3 950,00
Kasse	11 300,00	Eigenkapital	?

Geschäftsfälle:

1. Bareinzahlung auf unser Bankkonto   5 000,00 EUR

2. Überweisung einer Lieferantenrechnung   6 850,00 EUR

3. Ein Kunde macht eine Baranzahlung   1 100,00 EUR

4. Wir kaufen einen neuen Schreibtisch auf Ziel   1 350,00 EUR

5. Ein Kunde begleicht seine Rechnung durch Banküberweisung   3 680,00 EUR

6. Wir kaufen ein Grundstück und bezahlen mit einer Hypothek   50 000,00 EUR

7. Wir überweisen die Tilgungsrate eines Darlehens   6 000,00 EUR

8. Umwandlung einer Verbindlichkeit in ein Darlehen   16 500,00 EUR

a) Stellen Sie die Eröffnungsbilanz auf!

b) Tragen Sie die Anfangsbestände auf die einzelnen Konten vor!

c) Buchen Sie die Geschäftsfälle auf den Konten!

d) Schließen Sie die Konten ab!

e) Erstellen Sie eine Schlussbilanz!

4.4 Eröffnungsbilanz- und Schlussbilanzkonto

Der Begriff **doppelte Buchführung** deutet darauf hin, dass etwas in **zweifacher Weise** getan wird. Man hat in dem obigen Beispiel gesehen, dass jeder Geschäftsfall doppelt gebucht wird, einmal im Soll eines Kontos, einmal im Haben eines anderen Kontos. Daraus ergibt sich ein sehr wichtiger Grundsatz der doppelten Buchführung:

> Keine Buchung ohne Gegenbuchung!

Dieser Grundsatz wurde bei der Buchung der Anfangs- und der Schlussbestände verletzt. Der Eintrag in das entsprechende Konto ist eine Buchung, eine dazugehörige Gegenbuchung fehlt. Damit dieses System der Doppik nicht durchbrochen wird, bedient man sich zweier Hilfskonten, die nur dafür da sind, die Gegenbuchungen der Anfangs- und Schlussbestände aufzunehmen.

Für die Gegenbuchung der Anfangsbestände benötigen wir das **Eröffnungsbilanzkonto** (EBK). Da die Anfangsbestände der aktiven Bestandskonten im Soll gebucht werden, muss die Gegenbuchung im EBK auf der Habenseite erfolgen. Umgekehrt müssen die Anfangsbestände der passiven Bestandskonten im EBK im Soll gegengebucht werden. Daraus folgt, dass das EBK wie ein **Spiegelbild der Eröffnungsbilanz** aussieht. Es ist allerdings keine Bilanz mit den Seitenbezeichnungen Aktiva und Passiva, sondern ein Konto mit der Seitenbezeichnung Soll und Haben.

Aktiva		Eröffnungsbilanz		Passiva
Fuhrpark	100 000,00	Eigenkapital		80 000,00
Forderungen	5 000,00	Darlehen		15 000,00
Bank	8 000,00	Verbindlichkeiten		18 000,00
	113 000,00			113 000,00

Soll		Eröffnungsbilanzkonto		Haben
Eigenkapital	80 000,00	Fuhrpark		100 000,00
Darlehen	15 000,00	Forderungen		5 000,00
Verbindlichkeiten	18 000,00	Bank		8 000,00
	113 000,00			113 000,00

Für die Gegenbuchung der Schlussbestände benötigen wir das Hilfskonto **Schlussbilanzkonto** (SBK). Da die Schlussbestände der aktiven Bestandskonten i. d. R. im Haben und die der passiven Bestandskonten im Soll gebucht werden, müssen die Gegenbuchungen auf der entgegengesetzten Seite erfolgen. Damit sieht das Schlussbilanzkonto genauso aus wie die Schlussbilanz.

Soll	Schlussbilanzkonto		Haben
Fuhrpark	150 000,00	Eigenkapital	80 000,00
Forderungen	3 000,00	Darlehen	23 000,00
Bank	6 000,00	Verbindlichkeiten	56 000,00
	159 000,00		159 000,00

Aktiva	Schlussbilanz		Passiva
Fuhrpark	150 000,00	Eigenkapital	80 000,00
Forderungen	3 000,00	Darlehen	23 000,00
Bank	6 000,00	Verbindlichkeiten	56 000,00
	159 000,00		159 000,00

Damit sind nun folgende Schritte notwendig, um **von der Eröffnungsbilanz zur Schlussbilanz** zu kommen:

➤ Eröffnung der aktiven und passiven Bestandskonten über das Eröffnungsbilanzkonto.

➤ Buchen der laufenden Geschäftsfälle auf den entsprechenden Konten einmal im Soll, einmal im Haben; Gegenkonto angeben.

➤ Abschluss der Konten durch Ermittlung der Schlussbestände, Gegenbuchung auf dem Schlussbilanzkonto.

➤ Aufstellen der Schlussbilanz.

Die kontenmäßige Darstellung unseres obigen Beispiels sieht nun wie folgt aus:

Aktiva	Eröffnungsbilanz		Passiva
Fuhrpark	100 000,00	Eigenkapital	80 000,00
Forderungen	5 000,00	Darlehen	15 000,00
Bank	8 000,00	Verbindlichkeiten	18 000,00
	113 000,00		113 000,00

Hauptbuch

Soll	Eröffnungsbilanzkonto		Haben
Eigenkapital	80 000,00	Fuhrpark	100 000,00
Darlehen	15 000,00	Forderungen	5 000,00
Verbindlichkeiten	18 000,00	Bank	8 000,00
	113 000,00		113 000,00

Soll	Fuhrpark		Haben		Soll	Eigenkapital		Haben
AB	100 000,00	SB	150 000,00		SB	80 000,00	AB	80 000,00
Verbindl.	50 000,00				=		=	
	150 000,00		150 000,00					
=		=						

Soll	Forderungen		Haben		Soll	Darlehen		Haben
AB	5 000,00	Bank	2 000,00		SB	23 000,00	AB	15 000,00
		SB	3 000,00				Verbindl.	8 000,00
	5 000,00		5 000,00			23 000,00		23 000,00
=		=			=		=	

Soll	Bank		Haben		Soll	Verbindlichkeiten		Haben
AB	8 000,00	Verbindl.	4 000,00		Darlehen	8 000,00	AB	18 000,00
Forderung	2 000,00	SB	6 000,00		Bank	4 000,00	Fuhrpark	50 000,00
					SB	56 000,00		
	10 000,00		10 000,00			68 000,00		68 000,00
=		=			=		=	

Soll	Schlussbilanzkonto		Haben
Fuhrpark	150 000,00	Eigenkapital	80 000,00
Forderungen	3 000,00	Darlehen	23 000,00
Bank	6 000,00	Verbindlichkeiten	56 000,00
	159 000,00		159 000,00

Aktiva	Schlussbilanz		Passiva
Fuhrpark	150 000,00	Eigenkapital	80 000,00
Forderungen	3 000,00	Darlehen	23 000,00
Bank	6 000,00	Verbindlichkeiten	56 000,00
	159 000,00		159 000,00

Zusammenfassung

Das System der Doppik erlaubt **keine Buchung ohne Gegenbuchung**. Damit es nicht verletzt wird, müssen zwei neue Konten eingeführt werden:

> ➤ Das Hilfskonto „Eröffnungsbilanzkonto" nimmt die Gegenbuchungen der Anfangsbestände auf. Es sieht aus wie das Spiegelbild der Eröffnungsbilanz.
> ➤ Das Hilfskonto „Schlussbilanzkonto" nimmt die Gegenbuchungen der Schlussbestände auf. Es sieht aus wie die Schlussbilanz.

4.5 Der Buchungssatz

Das **Hauptbuch** enthält alle für die Buchführung erforderlichen **Konten**. Auf diesen Konten werden die Geschäftsfälle in **sachlicher Ordnung** gebucht (z.B. alle Bareinnahmen oder -ausgaben auf dem Kassenkonto).

Neben den Buchungen im Hauptbuch muss bei der doppelten Buchführung aber auch jeder Geschäftsfall im sogenannten **Grundbuch** (auch **Journal** oder **Tagebuch** genannt) gebucht werden. Im Grundbuch werden die Geschäftsfälle nicht nach einer sachlichen, sondern vielmehr nach einer **zeitlichen Ordnung** (chronologisch) in Form von **Buchungssätzen** erfasst.

Grundbuch				
Buchungsdatum	Belegnummer	Buchungssatz	Soll	Haben

Buchungssätze sind kurze, präzise **Anweisungen**, auf welchem Konto auf der Soll- bzw. der Habenseite zu buchen ist.

Die **allgemeine Form** eines Buchungssatzes ist immer folgende:

SOLL an HABEN

Das bedeutet, dass der Buchungssatz immer zuerst das Konto nennt, auf dem im Soll gebucht wird. Dann kommt das Wort „an" und danach das Konto, auf dem im Haben gebucht wird.

Beispiel: Wir kaufen einen Schreibtisch auf Ziel, Wert 1500,00 EUR.

BGA **an** Verbindlichkeiten   1500,00 EUR

Grundlage der Buchungssätze sind die einzelnen **Belege**. Auf den Belegen wird eine **Vorkontierung** in Form eines **Buchungsstempels** vorgenommen. So ein Buchungsstempel enthält mindestens die Soll- und Habenkonten, die Soll- und Habensummen, das Buchungsdatum und das Namenskürzel des Buchenden.

Konto	Soll	Haben
	.	
Gebucht:		

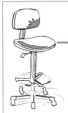

BÜROMÖBEL KRUSE

Schulweg 6 · 23456 Heiden · Telefon 04567 53627 · Fax 04567 53628

RECHNUNG

An: Reisebüro Baltic Reisen
    Hamburger Str. 17
    23532 Lübeck

Lieferung an: Reisebüro Baltic Reisen
              Hamburger Str. 17
              23532 Lübeck

12345	12.06.20..			
RECHNUNGS–NR.	**RE–DATUM**	**LIEFERSCHEIN-NR.**	**LS-DATUM**	**USt-DATUM**
6652				
KUNDEN-NR.	**AUFTRAGS-NR.**	**AUFTRAGSDATUM**	**VERSANDART**	**FOB**

Stück	Art.-Nr.	Bezeichnung	Preis	Gesamtpreis
1	2564	Schreibtisch	1 500,00 EUR	1 500,00 EUR
		ER # 45		

Konto	Soll	Haben
BGA	1 500,00	
Verbindl.		1 500,00
Gebucht: 15.06.20.. C.K.		

Nettobetrag:	
MWSt in %:	
Versandkosten:	
Eilzuschlag:	
Gesamtbetrag:	1 500,00 EUR

Bankverbindung: Ihre Bank Ort, BLZ 909 900 99, Kto.-Nr. 123 456 789, St.-Nr. 23456789

Nach § 14 Absatz 4 UStG muss eine Rechnung folgende Angaben enthalten: Name und Anschrift des leistenden Unternehmers und des Leistungsempfängers, Steuernummer, Ausstellungsdatum, Rechnungsnummer, Menge und Art der gelieferten Gegenstände oder Leistungen, Zeitpunkt der Lieferung oder sonstigen Leistung oder der Vereinnahmung des Entgelts, das nach Steuersätzen aufgeschlüsselte Entgelt sowie jede im Voraus vereinbarte Minderung sowie den anzuwendenden Steuersatz. Aus Gründen der Übersichtlichkeit sind nicht alle diese Teile in den Übungsbelegen enthalten.

4 Künzel, Thieß - ISBN 978-3-8120-0496-1

Für die Eingangsrechnung würde sich folgender Eintrag im Grundbuch ergeben:

Grundbuch				
Buchungsdatum	Belegnummer	Buchungssatz	Soll	Haben
15.06.20..	ER 45	BGA	1 500,00	
		an Verbindlichk.		1 500,00

Für die Banküberweisung am 19. Juni 20.. zum Ausgleich der Rechnung:

Grundbuch				
Buchungsdatum	Belegnummer	Buchungssatz	Soll	Haben
19.06.20..	BA 365	Verbindlichk.	1 500,00	
		an Bank		1 500,00

Nun kann es auch sein, dass durch einen Geschäftsfall mehr als zwei Konten berührt werden. Dann muss ein **zusammengesetzter Buchungssatz** gebildet werden. Wichtig hierbei ist, dass die Summe der Sollbuchungen der Summe der Habenbuchungen entsprechen muss.

Beispiel: Ein Kunde begleicht eine Rechnung über 1 200,00 EUR mit einem Bankscheck über 800,00 EUR und 400,00 EUR in bar.

Die Vorgehensweise ist immer die gleiche:

1. Frage: Welche Konten werden durch den Geschäftsfall berührt?

Antwort: Bank, Kasse, Forderungen.

2. Frage: Was sind das für Konten?

Antwort: Alle drei Konten sind Aktivkonten.

3. Frage: Wie verändern sich die Konten?

Anwort: – Bank wird mehr.

  – Kasse wird mehr.

  – Forderungen werden weniger.

4. Frage: Auf welcher Seite des jeweiligen Kontos wird die Veränderung gebucht?

Anwort: – Bank nimmt auf der Sollseite um 800,00 EUR zu.

  – Kasse nimmt auf der Sollseite um 400,00 EUR zu.

  – Forderungen nehmen auf der Habenseite um 1 200,00 EUR ab.

50

Der Buchungssatz nennt immer das Konto oder die Konten zuerst, in dem (denen) im Soll gebucht wird, dann das Wörtchen „an" und dann das Konto oder die Konten, in dem (denen) im Haben gebucht wird.

Buchungssatz	Soll	Haben
Bank	800,00	
Kasse	400,00	
an Forderungen		1 200,00

Die Summe der Sollbuchungen entspricht der Summe der Habenbuchungen.

Zusammenfassung

Im Grundbuch werden die Geschäftsfälle in zeitlicher Reihenfolge in Form von **Buchungssätzen** erfasst.

Voraussetzung für die Erfassung ist ein Beleg: **Keine Buchung ohne Beleg!**

Buchungssätze sind **Buchungsanweisungen,** die immer zuerst das Konto nennen, in dem im Soll gebucht wird, dann das Wort „an" und dann das Konto, in dem im Haben gebucht wird.

> Soll an Haben

Bei **zusammengesetzten Buchungssätzen** können auf einer oder auf beiden Seiten mehrere Konten angesprochen werden. Wichtig: Die Summe der Sollbuchungen muss genauso groß sein wie die Summe der Habenbuchungen.

ÜBUNGSAUFGABEN

Für Buchungssätze benutzen Sie bitte immer folgendes Schema:

Buchungssatz	Soll	Haben
Sollkonto	Summe	
an Habenkonto		Summe

10. Bilden Sie zu folgenden Geschäftsfällen die Buchungssätze!

    a) Kauf eines Schreibtisches gegen Bankscheck   590,00 EUR

    b) Ein Kunde begleicht eine Rechnung durch Banküberweisung   6 200,00 EUR

    c) Wir begleichen eine Rechnung durch Postbanküberweisung   1 300,00 EUR
       und bar   400,00 EUR

d) Kauf eines Reisebusses auf Ziel   100 000,00 EUR

e) Tilgung einer Darlehensrate   500,00 EUR

f) Barverkauf von Waren   250,00 EUR

g) Umwandlung einer kurzfristigen Verbindlichkeit in ein Darlehen 5 600,00 EUR

h) Wir verkaufen einen gebrauchten Pkw gegen Bankscheck 9 000,00 EUR

 und gegen Postbankscheck   1 000,00 EUR

i) Wir zahlen die Tageseinnahmen auf unser Bankkonto ein 6 300,00 EUR

j) Ein Kunde leistet eine Anzahlung bar   500,00 EUR

11. Nennen Sie den Geschäftsfall, der zu dem jeweiligen Buchungssatz passt!

a) Bank an Kasse   f) Darlehen an Bank

b) Fuhrpark an Verbindlichkeiten g) Kasse an Postbank

c) Bank an Forderungen   h) Waren an Verbindlichkeiten

d) Verbindlichkeiten an Darlehen i) Grundstücke an Hypothek

e) Kasse an BGA

12. Das Reisebüro Sparakowski, München, hat durch Inventur folgende Bestände ermittelt:

Grundstücke und Bauten	110 000,00	Waren	75 000,00
Verbindlichkeiten	92 000,00	BGA	105 000,00
Darlehen	160 000,00	Kundenanzahlung	14 000,00
Bankguthaben	56 000,00	Forderungen	22 000,00

Geschäftsfälle:

1. Barabhebung vom Bankkonto   15 000,00 EUR

2. Warenverkauf auf Ziel   7 000,00 EUR

3. Kauf einer EDV-Anlage gegen Bankscheck   3 500,00 EUR

4. Ein Kunde begleicht eine Forderung durch Banküberweisung 4 000,00 EUR

 und bar   2 000,00 EUR

5. Verkauf einer gebrauchten Ladeneinrichtung auf Ziel 13 200,00 EUR

6. Darlehenstilgung durch Banküberweisung   5 000,00 EUR

7. Barkauf eines Faxgerätes   1 500,00 EUR

8. Umwandlung einer kurzfristigen Verbindlichkeit

 in ein Darlehen   4 000,00 EUR

9. Wir begleichen eine Verbindlichkeit durch Banküberweisung 2 900,00 EUR

10. Barkauf von Waren   1 800,00 EUR

a) Eröffnen Sie die Konten über das EBK!

b) Buchen Sie die laufenden Geschäftsfälle in Grund- und Hauptbuch!

c) Schließen Sie die Konten über das SBK ab!

5 Buchen auf Erfolgskonten

Alle Geschäftsfälle, die bisher gebucht wurden, veränderten entweder das Vermögen und/oder das Fremdkapital, nicht aber das Eigenkapital. Nun ist der eigentliche Betriebszweck eines Unternehmens aber i.d.R. die **Erzielung eines Gewinns.** In Kapitel 3.5 wurde festgestellt, dass sich in einer betrieblich bedingten Eigenkapitaländerung der Erfolg eines Unternehmens widerspiegelt. Ein positiver Erfolg ist ein Gewinn, ein negativer Erfolg ein Verlust.

5.1 Aufwendungen und Erträge

Beispiel: Das Reisebüro Baltic Reisen bezahlt die Gehälter der Angestellten in Höhe von 4 600,00 EUR durch Banküberweisung.

Wie bei jedem Geschäftsfall muss man sich als Erstes folgende Frage stellen: Welche Konten werden durch den Geschäftsfall berührt?

Das Bankkonto, ein aktives Bestandskonto, wird um 4 600,00 EUR vermindert. Wenn ein Aktivkonto vermindert wird, dann muss entweder ein anderes Aktivkonto zunehmen (Aktivtausch) oder ein Passivkonto muss ebenfalls vermindert werden (Aktiv-Passiv-Minderung). In unserem Fall wird kein anderer Vermögensposten erhöht und die Schulden werden auch nicht weniger. Folglich muss das **Eigenkapital weniger** werden. Bei Geschäftsfällen, die zu einer betrieblich bedingten Verminderung des Eigenkapitals führen, spricht man von **Aufwendungen** (Werteverzehr).

Buchungssatz	Soll	Haben
Eigenkapital	4 600,00	
an Bank		4 600,00

Beispiel: Das Reisebüro Baltic Reisen erhält für die Vermittlung einer Reise vom Veranstalter eine Provision von 200,00 EUR überwiesen.

Das Bankkonto nimmt um 200,00 EUR zu. Es gibt kein anderes Aktivkonto, das durch diesen Geschäftsfall abnimmt und auch keine Schulden, die dadurch mehr werden. Was sich verändern muss, ist das **Eigenkapital.** Da es sich **erhöht**, spricht man von einem **Ertrag** (Wertezuwachs).

Buchungssatz	Soll	Haben
Bank	200,00	
an Eigenkapital		200,00

5.2 Erfolgskonten als Unterkonten des Eigenkapitalkontos

Eine unmittelbare Buchung der Aufwendungen und Erträge auf dem Eigenkapitalkonto wäre sehr **unübersichtlich**. Außerdem würde es eine **Erfolgsanalyse** (wo ist der Erfolg entstanden, wie hat er sich verändert usw.) erschweren. Deshalb bucht man Aufwendungen und Erträge auf **Erfolgskonten**. Erfolgskonten werden unterteilt in **Aufwands- und Ertragskonten**. Für jede Aufwands- und Ertragsart wird ein gesondertes Konto eingerichtet, z. B.:

Aufwandskonten	Ertragskonten
➤ Löhne und Gehälter	➤ Erlöse für eigene Reiseveranstaltungen
➤ Raumkosten	➤ Erlöse aus der Vermittlung
➤ Bürosachkosten	➤ Zinserträge
➤ Kommunikationskosten	➤ Mieterträge
➤ Steuern, Beiträge, Versicherungen und Gebühren	
➤ Werbekosten	
➤ Vertretungskosten	
➤ Kfz-Kosten	
➤ Abschreibungen	
➤ Zinsaufwendungen	

Erfolgskonten sind **Unterkonten des Eigenkapitalkontos**. Man bucht auf ihnen wie auf dem EK-Konto. Da das EK-Konto ein passives Bestandskonto ist, werden Aufwendungen, die das EK vermindern, im Soll gebucht und Erträge, die das EK erhöhen, im Haben:

Soll	Eigenkapital	Haben
Abgänge		Anfangsbestand
Schlussbestand		Zugänge

Soll	Aufwandskonto	Haben	Soll	Ertragskonto	Haben
Aufwand					Ertrag

Beispiel: Die Bank schreibt uns Zinsen gut, 342,00 EUR.

Buchungssatz	Soll	Haben
Bank	342,00	
an Zinserträge		342,00

Beispiel: Barkauf von Büromaterial, 123,00 EUR.

Buchungssatz	Soll	Haben
Bürosachkosten	123,00	
an Kasse		123,00

5.3 Abschluss der Erfolgskonten über das GuV-Konto

Für den Abschluss der Erfolgskonten wird noch ein neues Konto eingeführt, und zwar das

Gewinn- und Verlustkonto (GuV-Konto).

Das GuV-Konto ist ein Sammelkonto. Es sammelt die Salden der Erfolgskonten.

Abschluss der Aufwandskonten: GuV-Konto an Aufwandskonto.

Abschluss der Ertragskonten: Ertragskonto an GuV-Konto.

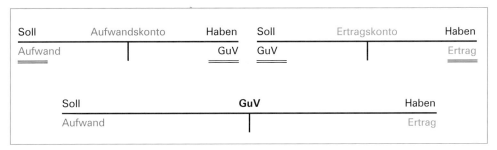

Auf der Sollseite des GuV-Kontos stehen alle Aufwendungen, die das Unternehmen in einem bestimmten Zeitraum getätigt hat, auf der Habenseite alle Erträge. Bildet man nun den Saldo des GuV-Kontos, so erhält man den Erfolg des Unternehmens.

Aufwendungen > Erträge = Verlust

Aufwendungen < Erträge = Gewinn

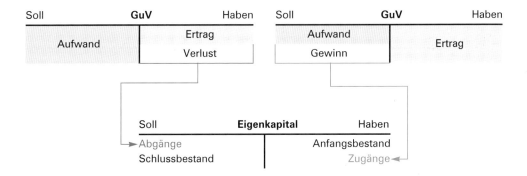

Da die Erfolgskonten Unterkonten des EK-Kontos sind und die Salden der Erfolgskonten auf dem GuV-Konto gesammelt werden, muss nun das **GuV-Konto wieder über das EK-Konto abgeschlossen werden,** damit sich der Kreis wieder schließt. Sind die Aufwendungen größer als die Erträge, dann hat das Unternehmen einen **Verlust** gemacht. Ein Verlust bedeutet die Verminderung des Eigenkapitals. Als Buchungssatz für den Abschluss des GuV-Kontos ergibt sich also: **Eigenkapital an GuV-Konto.**

Umgekehrt kommt es zu einem **Gewinn,** wenn die Erträge größer sind als die Aufwendungen. Ein Gewinn erhöht das Eigenkapital. Der Buchungssatz lautet: **GuV-Konto an Eigenkapital.**

Für unser obiges Beispiel gilt also:

Buchungssatz	Soll	Haben
Zinserträge an GuV	342,00	342,00
GuV an Bürosachkosten	123,00	123,00
GuV an Eigenkapital	219,00	219,00

Soll	Bürosachkosten		Haben		Soll	Zinserträge		Haben
Kasse	123,00	GuV	123,00		GuV	342,00	Bank	342,00

Soll		GuV		Haben
Bürosachkosten	123,00	Zinserträge		342,00
Eigenkapital	219,00			
	342,00			342,00

Soll		Eigenkapital		Haben
SBK	100 219,00	AB		100 000,00
		GuV		219,00
	100 219,00			100 219,00

Zusammenfassung

Aufwendungen vermindern das Eigenkapital, **Erträge** erhöhen das Eigenkapital.

Gebucht werden Aufwendungen und Erträge auf den sog. **Erfolgskonten,** die in Aufwands- und Ertragskonten unterschieden werden. Erfolgskonten sind **Unterkonten** des EK-Kontos. Aufwendungen werden im Soll, Erträge im Haben gebucht.

Das **GuV-Konto** ist ein Sammelkonto, auf dem die Salden der Aufwands- und Ertragskonten gegengebucht werden. Im GuV-Konto kann man auf einen Blick den **Erfolg des Unternehmens** erkennen. Ein Saldo auf der Sollseite des GuV-Kontos bedeutet einen **Gewinn,** ein Saldo auf der Habenseite einen **Verlust.**

Das GuV-Konto wird über das Eigenkapitalkonto abgeschlossen.

Aktiva		Bilanz			Passiva

Soll	Aktivkonto	Haben
AB		Abgänge
Zugänge		SB

Soll	Passivkonto	Haben
Abgänge		AB
SB		Zugänge

S	Aufwandskonto	H
Aufwand		Saldo GuV

S	Ertragskonto	H
Saldo GuV		Ertrag

Soll	GuV	Haben
Aufwandskonten		Ertragskonten
Saldo Gewinn		Saldo Verlust

ÜBUNGSAUFGABEN

1. Das Reisebüro Tonn, Berlin, hat zum 31.12. folgende Inventurwerte in EUR ermittelt:

Gebäude	370 000,00	Verbindlichkeiten	25 000,00
Darlehen	160 000,00	Forderungen	16 000,00
BGA	65 000,00	Waren	10 000,00
Postgiroguthaben	6 500,00	Bank	17 000,00
Kasse	5 000,00	Eigenkapital	?
Hypothek	100 000,00	Kundenanzahlung	1 500,00

Es kommt zu folgenden Geschäftsfällen:

1. Kauf eines Fotokopierers auf Ziel	3 000,00 EUR
2. Die Mietzahlung unseres Mieters wird unserem Bankkonto gutgeschrieben	1 500,00 EUR
3. Postgiroüberweisung der Gehälter	4 600,00 EUR
4. Eine Gruppe bucht eine selbst veranstaltete Tagesfahrt und zahlt bar	6 500,00 EUR
5. Darlehenstilgung durch Banküberweisung	5 000,00 EUR
6. Ein Kunde begleicht eine Forderung durch Banküberweisung	1 300,00 EUR
7. Die Telefongebühren werden von unserem Konto abgebucht	300,00 EUR
8. Die Bank schreibt uns Zinsen gut	450,00 EUR
9. Wir kaufen Briefmarken bar	50,00 EUR
10. Ein Kunde zahlt seine Reise mit einem Scheck an	550,00 EUR
11. Wir begleichen die Rechnung für eine Zeitungsanzeige mit einem Postscheck	200,00 EUR
12. Barkauf von Büromaterial	190,00 EUR

a) Erstellen Sie eine ordnungsgemäße Eröffnungsbilanz!

b) Tragen Sie die Anfangsbestände vor und bilden Sie die Eröffnungsbuchungssätze!

c) Buchen Sie die Geschäftsfälle in Grund- und Hauptbuch!

d) Schließen Sie die Konten ab (Buchungssätze nicht vergessen)!

e) Wie hoch ist der Erfolg?

2. Bilden Sie die Buchungssätze zu folgenden Geschäftsfällen!

1. Die Bank schreibt uns Zinsen gut	200,00 EUR
2. Barkauf von Büromaterial	240,00 EUR
3. Eingangsrechnung des Fensterputzers	229,68 EUR
4. Barverkauf einer selbst veranstalteten Tagesfahrt, Reisepreis	69,60 EUR
5. Abbuchung der Telefonrechnung	400,20 EUR
6. Eingangsrechnung der Gebäudeversicherung	597,00 EUR
7. Barkauf von Briefmarken	51,00 EUR
8. Unser Mieter überweist die Miete auf unser Bankkonto	1 450,00 EUR

3. Die Aufwendungen eines Reisebüros betragen 45 690,00 EUR, die Erträge 76 830,00 EUR. Wie hoch ist der Erfolg? Wie lautet der Abschlussbuchungssatz für das GuV-Konto?

4. Beantworten Sie folgende Fragen!

1. Über welches Konto werden Erfolgskonten abgeschlossen?

2. Was ist das für ein Konto?

3. Wie lautet der Buchungssatz für den Abschluss eines Ertragskontos?

4. Warum werden Aufwendungen im Soll gebucht?

5. Erfolgskonten sind Unterkonten von welchem Konto?

6. Warum sind Erfolgskonten Unterkonten?

7. Über welches Konto wird das GuV-Konto abgeschlossen?

8. Wie lautet der Abschlussbuchungssatz des GuV-Kontos, wenn die Erträge kleiner sind als die Aufwendungen?

5. Wie lauten die Geschäftsfälle zu folgenden Buchungssätzen?

1. Bank an Zinserträge

2. Bürosachkosten an Kasse

3. Forderungen an Erlöse Veranstaltungen

4. Löhne an Bank

5. Raumkosten an Bank

6. Kfz-Kosten an Verbindlichkeiten

6. Wie lauten die Geschäftsfälle zu den folgenden fünf Buchungssätzen?

	Buchungssatz	Geschäftsfall
1	Fuhrpark an Verbindlichkeiten	
2	Bürosachkosten an Kasse	
3	Bank an Kasse	
4	Kasse an Erlöse für Waren	
5	Bank an Forderungen	
6	Gehälter an Bank	

7. Wie lauten die Buchungssätze zu den folgenden sieben Geschäftsfällen?

	Geschäftsfall	Soll-konto	Haben-konto	Soll EUR	Haben EUR
1	Barverkauf eines gebrauchten Geschäftswagens 1 000,00 EUR				
2	800,00 EUR Bargeld (Wechselgeld) wird vom Bankkonto abgehoben				
3	Aufnahme eines Darlehens bei der Bank in Höhe von 55 000,00 EUR				
4	Verkauf eines gebrauchten PCs auf Ziel im Wert von 700,00 EUR				
5	Unser Bankkonto wird mit 500,00 EUR Zinsen belastet.				
6	Barkauf von Büromaterial 120,00 EUR				
7	Verkauf von Waren auf Rechnung in Höhe von 4 500,00 EUR				

6 Die Umsatzsteuer

Aus methodischen Gründen wurden die Geschäftsfälle bisher ohne Umsatzsteuer gebucht. Aber nach § 1 UStG unterliegen die Umsätze, die folgende Tatbestände erfüllen, der deutschen Umsatzsteuer:

1. **Lieferungen** und sonstige **Leistungen,**
   - die ein **Unternehmer**
   - im **Inland**
   - gegen **Entgelt**
   - im **Rahmen seines Unternehmens** ausführt
2. sowie der Eigenverbrauch[1] bzw. **unentgeltliche Wertabgaben** im Inland,
3. die **Einfuhr** von Gegenständen **aus Drittländern**
4. und der **innergemeinschaftliche Erwerb.**

Zu den **steuerbefreiten** Umsätzen zählen nach § 4 UStG unter anderem:

- ➤ innergemeinschaftliche Lieferungen,
- ➤ der Export in Nicht-EU-Staaten (Drittländer),
- ➤ die Umsätze im Geld- und Kreditwesen,
- ➤ die Umsätze von Versicherungen (hier: Versicherungsteuer),
- ➤ der Kauf und Verkauf von Immobilien (hier: Grunderwerbsteuer),
- ➤ die Vermietung und Verpachtung von Grundstücken, Geschäfts- und Wohngebäuden,
- ➤ die Vermittlung grenzüberschreitender Beförderungen von Personen mit Luftfahrzeugen oder Seeschiffen,
- ➤ Vermittlung von Umsätzen, die ausschließlich im Drittlandsgebiet bewirkt werden,
- ➤ die unmittelbar dem Postwesen dienenden Umsätze der Deutschen Post AG.

Bemessungsgrundlage für die Berechnung der Umsatzsteuer ist das **vereinbarte Entgelt,** der sog. Nettopreis. Auf diese Bemessungsgrundlage wird der jeweils **geltende Steuersatz** angewandt. Der Regelsteuersatz beträgt zzt. **19 %,** der ermäßigte Steuersatz für Umsätze, die in § 12 UStG genannt werden (z.B. Lebensmittel, Bücher, Beherbergungsleistungen) **7 %.** Nettopreis zuzüglich Umsatzsteuer ergibt den Bruttopreis.

---

1 Durch Anpassung des deutschen UStG an die 6. EG-Richtlinie zum 1. April 1999 wurde der Tatbestand des Eigenverbrauchs namentlich ersetzt durch den Tatbestand der unentgeltlichen Wertabgaben. Dieser deckt sich inhaltlich größtenteils mit dem bisherigen Begriff des Eigenverbrauchs (s. Kapitel 7).

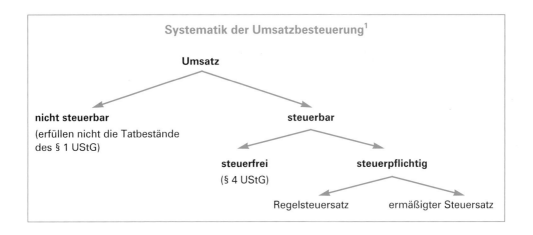

Systematik der Umsatzbesteuerung[1]

Umsatz

nicht steuerbar
(erfüllen nicht die Tatbestände
des § 1 UStG)

steuerbar

steuerfrei
(§ 4 UStG)

steuerpflichtig

Regelsteuersatz   ermäßigter Steuersatz

EXKURS: Berechnung des Netto- und des Bruttowertes sowie der Umsatzsteuer

Beispiel: Wir kaufen einen Schreibtisch für netto 1 000,00 EUR zuzüglich 19 % USt (190,00 EUR).

1. Berechnung der Umsatzsteuer aus dem Bruttowert

$$\text{USt} = \frac{\text{Bruttowert}}{100 + \text{USt-Satz}} \cdot \text{USt-Satz} \qquad 190{,}00 = \frac{1\,190{,}00}{119} \cdot 19$$

2. Berechnung des Nettowertes aus dem Bruttowert

$$\text{Nettowert} = \frac{\text{Bruttowert}}{100 + \text{USt-Satz}} \cdot 100 \qquad 1\,000{,}00 = \frac{1\,190{,}00}{119} \cdot 100$$

3. Berechnung der Umsatzsteuer auf den Nettowert

$$\text{USt} = \text{Nettowert} \cdot \frac{\text{USt-Satz}}{100} \qquad 190{,}00 = 1\,000{,}00 \cdot \frac{19}{100}$$

6.1 Das Wesen der Umsatzsteuer

Bevor Waren dem Endverbraucher zum Kauf angeboten werden, durchlaufen die meisten einen **mehrstufigen Warenweg:** von der Urerzeugung über die Weiterverarbeitung hin zu Groß- und Einzelhändler bis zum Endverbraucher. Auf jeder dieser Stufen wird das Produkt „mehr wert". An dieser **Mehrwertschöpfung** will der Staat beteiligt werden – mit der **Mehrwertsteuer** (Umsatzsteuer). Die Last der Umsatzsteuer soll der Endverbraucher tragen, nicht die Unternehmen. Sie wirkt also wie **eine Verbrauchsteuer** (Endverbraucher zahlt die Steuer) und stellt für die Unternehmen einen **erfolgsneutralen Posten** dar (weder Aufwand noch Ertrag).

---

1 Aus didaktischen Gründen wird im Folgenden nicht zwischen nicht steuerbaren und steuerfreien Leistungen unterschieden, weil beides zum gleichen Ergebnis führt.

Der Mehrwert, der sich als **Differenz zwischen Verkaufspreis und Einkaufspreis** ergibt, soll besteuert werden. Die Umsatzsteuer auf diesen Mehrwert muss der Unternehmer seinem Kunden in Rechnung stellen, vereinnahmen und an das Finanzamt abführen. Damit nicht immer erst der Mehrwert ausgerechnet werden muss, bedient man sich des sogenannten **Vorsteuerabzugs.** Als **Vorsteuer** (VSt) bezeichnet man die ausgewiesene Umsatzsteuer auf den **Eingangsrechnungen**, die der Unternehmer an den Vorlieferanten bezahlen musste. Da der Unternehmer nicht Träger der Umsatzsteuer-Last sein soll, kann er sich die bereits bezahlte Steuer vom Finanzamt wiederholen. Die Vorsteuer ist also eine **Forderung gegenüber dem Finanzamt.** Auf der anderen Seite stellt der Unternehmer auf den **Ausgangsrechnungen** an seinen Kunden die **Umsatzsteuer** (USt) für den gesamten Warenwert und nicht nur für den Mehrwert in Rechnung. Diese Umsatzsteuer ist eine **Verbindlichkeit gegenüber dem Finanzamt.** Saldiert man die Umsatzsteuer mit der Vorsteuer, erhält man die **Zahllast.** Die Zahllast ist dann die Umsatzsteuer auf den Mehrwert. Voraussetzung ist, dass die Umsatzsteuer auf allen Rechnungen für Unternehmer offen ausgewiesen wird.

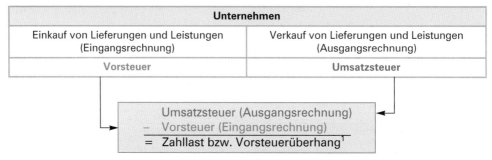

Unternehmen	
Einkauf von Lieferungen und Leistungen (Eingangsrechnung)	Verkauf von Lieferungen und Leistungen (Ausgangsrechnung)
Vorsteuer	Umsatzsteuer

Umsatzsteuer (Ausgangsrechnung)
− Vorsteuer (Eingangsrechnung)
= Zahllast bzw. Vorsteuerüberhang[1]

Beispiel: 1. Der Urerzeuger liefert Rohstoffe im Wert von 100,00 EUR zuzüglich 19 % USt (19,00 EUR) an die weiterverarbeitende Industrie. Da der Urerzeuger keinen Vorlieferanten hat, entspricht der Mehrwert, der auf dieser Stufe des Warenweges entstanden ist, dem Warenwert von 100,00 EUR. Die Zahllast (USt − VSt) beträgt 19,00 EUR und muss ans Finanzamt abgeführt werden. Er stellt diese Umsatzsteuer aber dem Weiterverarbeiter in Rechnung und bekommt sie von ihm bezahlt. Sie ist für ihn erfolgsneutral.

2. Der Weiterverarbeiter verkauft seine hergestellten Waren für 250,00 EUR zuzüglich 19 % USt (47,50 EUR) an den Großhändler. Der Mehrwert, der auf der Stufe der Weiterverarbeitung entstanden ist, beträgt 150,00 EUR, nämlich 250,00 EUR − 100,00 EUR. Die Zahllast in Höhe von 28,50 EUR ist durch das Saldieren der USt (47,50 EUR) und der VSt (19,00 EUR) entstanden. Sie entspricht 19 % des Mehrwertes. 47,50 EUR bekommt er vom Großhändler, 19,00 EUR musste er an den Urerzeuger bezahlen, die Differenz von 28,50 EUR ist eine Verbindlichkeit gegenüber dem Finanzamt.

---

1 Von Zahllast spricht man, wenn die USt größer ist als die VSt (Verbindlichkeit gegenüber dem Finanzamt), von Vorsteuerüberhang, wenn die VSt größer ist (Forderung gegenüber dem Finanzamt).

3. Der Einzelhändler kauft die Waren für 340,00 EUR zuzüglich 64,60 EUR
   USt beim Großhändler und verkauft sie für 400,00 EUR plus 76,00 EUR
   USt an den Endverbraucher. Der Großhändler muss 17,10 EUR (64,60
   EUR – 47,50 EUR) ans Finanzamt überweisen und der Einzelhändler
   11,40 EUR.

4. Der Endverbraucher muss an den Einzelhändler insgesamt 476,00 EUR
   bezahlen. Davon 400,00 EUR für die Waren und 76,00 EUR USt. Er kann
   keine Vorsteuer abziehen und trägt somit die gesamte Umsatzsteuer-
   Last. Die Summe der einzelnen Zahllasten (19,00 EUR + 28,50 EUR +
   17,10 EUR + 11,40 EUR) entspricht dem Umsatzsteuer-Betrag, den der
   Endverbraucher bezahlen muss.

Umsatz-stufe	Eingangsrechnung	Ausgangsrechnung	Mehrwert	USt	VSt	Zahllast
Urerzeu-gung		Warenwert 100,00 + 19 % USt 19,00 = Verkaufspreis 119,00	100,00 – 0,00 = **100,00**	19,00	0,00	19,00 – 0,00 = **19,00**
Weiter-verarbei-tung	Nettopreis 100,00 + 19 % USt 19,00 = Einkaufspreis 119,00	Warenwert 250,00 + 19 % USt 47,50 = Verkaufspreis 297,50	250,00 – 100,00 = **150,00**	47,50	19,00	47,50 – 19,00 = **28,50**
Groß-händler	Nettopreis 250,00 + 19 % USt 47,50 = Einkaufspreis 297,50	Warenwert 340,00 + 19 % USt 64,60 = Verkaufspreis 404,60	340,00 – 250,00 = **90,00**	64,60	47,50	64,60 – 47,50 = **17,10**
Einzel-händler	Nettopreis 340,00 + 19 % USt 64,60 = Einkaufspreis 404,60	Warenwert 400,00 + 19 % USt 76,00 = Verkaufspreis 476,00	400,00 – 340,00 = **60,00**	76,00	64,60	76,00 – 64,60 = **11,40**
Kunde	Nettopreis 400,00 + 19 % USt 76,00 = Einkaufspreis 476,00		Σ **400,00**			Σ 76,00

Auf die voraussichtliche Umsatzsteuerschuld des Kalenderjahres muss der Unternehmer
einmal im Jahr eine **Vorauszahlung** leisten. Im laufenden Jahr muss er bis zum 10. Tag
nach Ablauf des Voranmeldezeitraums[1] eine selbst zu berechnende **Voranmeldung** auf
einem amtlichen Vordruck abgeben und eine entsprechende Vorauszahlung leisten. Ist
nach einer Schonfrist von drei Tagen die Umsatzsteuerschuld nicht gezahlt worden, wird
ein Säumniszuschlag fällig.

Die endgültige Veranlagung der Umsatzsteuer-Schuld wird einmal pro Jahr anhand einer
Umsatzsteuer-Jahreserklärung vorgenommen.

---

1 Je nach Höhe der Umsatzsteuer-Schuld des Vorjahres ist der Voranmeldezeitraum der Kalendermonat oder das Kalender-
  vierteljahr.

Zusammenfassung

> **Steuerpflichtiger** ist der **Unternehmer.** Er schuldet die Umsatzsteuer für seine Umsätze dem Finanzamt. Da die Umsatzsteuer für ihn aber erfolgsneutral sein soll, wälzt er sie auf den Leistungsempfänger ab.

> Ist der **Leistungsempfänger** ebenfalls Unternehmer, kann er die ihm in Rechnung gestellte Umsatzsteuer als **Vorsteuer abziehen.** Er kann sie in seiner Steueranmeldung mit der Umsatzsteuer, die er dem Finanzamt für seine Umsätze schuldet, verrechnen.

> Die gesamte Steuerlast trägt der **Endverbraucher,** der nicht zum Vorsteuerabzug berechtigt ist.

> **Zahllast** ist der Saldo aus USt und VSt, wenn die USt wertmäßig größer ist als die VSt. Sie ist eine Verbindlichkeit gegenüber dem Finanzamt. Ist die VSt wertmäßig größer als die USt, so spricht man von einem **Vorsteuerüberhang,** einer Forderung gegenüber dem Finanzamt.

> Eine **Vorauszahlung** ist bis zum 10. Tag nach Ablauf des Voranmeldezeitraums an das Finanzamt abzuführen.

6.2 Buchen der Umsatzsteuer beim Einkauf

Beispiel: Das Reisebüro Baltic Reisen kauft für seine Reiseboutique 30 Handtücher zum Warenwert von 180,00 EUR auf Ziel. Es erhält folgende Eingangsrechnung:

Warenwert	180,00 EUR
19 % USt	34,20 EUR
Rechnungsbetrag	214,20 EUR

Da es sich hier um eine Eingangsrechnung handelt, nehmen die Waren um den Wert von 180,00 EUR zu. Die ausgewiesene Umsatzsteuer auf einer Eingangsrechnung bedeutet für das Reisebüro Vorsteuer. Das Reisebüro muss den Betrag an den Lieferanten bezahlen, denn der will ja nicht nur den Warenwert von 180,00 EUR, sondern den gesamten Rechnungsbetrag von 214,20 EUR. Es kann sich die Vorsteuer aber vom Finanzamt wiederholen, da sie eine Forderung gegenüber dem Finanzamt darstellt. Und genauso wie das Konto Forderungen aus Lieferungen und Leistungen ist auch das **Konto Vorsteuer** ein **aktives Bestandskonto,** das im Soll zunimmt.

Buchungssatz	Soll	Haben
Waren	180,00	
Vorsteuer	34,20	
an Verbindlichkeiten		214,20

Kontenübersicht:

Soll	Waren	Haben		Soll	Verbindlichkeiten	Haben
Verbindl. 180,00					Waren/ VSt	214,20

Soll	VSt	Haben
Verbindl. 34,20		

6.3 Buchen der Umsatzsteuer beim Verkauf

Beispiel: Eine Reisegruppe ist ganz begeistert von den soeben eingetroffenen Handtüchern und kauft die 30 Stück zum Preis von 240,00 EUR zuzüglich 19% Umsatzsteuer von 45,60 EUR auf Ziel.

Die Reisegruppe erhält von uns folgende Rechnung:

Warenwert	240,00 EUR
19% USt	45,60 EUR
Rechnungsbetrag	285,60 EUR

Für uns ist diese Ausgangsrechnung ein Beleg, der eine Buchung erforderlich macht. Der Warenbestand vermindert sich um 240,00 EUR. Wir verlangen von unserem Kunden aber zuzüglich zum Warenwert die Umsatzsteuer darauf. Diese müssen wir ans Finanzamt abführen. Es ist für uns also eine Verbindlichkeit gegenüber dem Finanzamt. Und genauso wie das Konto Verbindlichkeiten aus Lieferungen und Leistungen ist auch das **Konto Umsatzsteuer** ein **passives Bestandskonto**, das im Haben zunimmt.

Buchungssatz	Soll	Haben
Forderungen	285,60	
an Waren		240,00
an Umsatzsteuer		45,60

5 Künzel, Thieß - ISBN 978-3-8120-0496-1

Kontenübersicht:

Soll	Forderungen	Haben		Soll	Waren	Haben
Waren/ USt 285,60					Forderung 240,00	

Soll	USt	Haben
	Forderung 45,60	

6.4 Vorsteuerabzug und Ermittlung der Zahllast

Zur Erinnerung: Die Mehrwertsteuer ist eine Steuer, die auf den Mehrwert, der in einer Produktionsstufe entsteht, gezahlt werden muss. Der Mehrwert ergibt sich als Differenz aus Nettoverkaufspreis abzüglich Nettoeinkaufspreis.

	Nettoverkaufspreis	240,00 EUR
−	Nettoeinkaufspreis	180,00 EUR
=	Mehrwert	60,00 EUR

Die Mehrwertsteuer (19 % von 60,00 EUR) beträgt folglich 11,40 EUR.

Damit nicht immer der Mehrwert errechnet werden muss, bedient man sich des **Vorsteuerabzugs.** Alle Eingangsrechnungen weisen Vorsteuer aus (Forderungen gegenüber dem Finanzamt), alle Ausgangsrechnungen Umsatzsteuer (Verbindlichkeiten gegenüber dem Finanzamt). Bildet man die **Differenz aus Umsatzsteuer und Vorsteuer,** erhält man den an das Finanzamt abzuführenden Betrag, die **Zahllast.**[1] Dieser entspricht den 19 % Umsatzsteuer auf den Mehrwert.

	Umsatzsteuer	45,60 EUR
−	Vorsteuer	34,20 EUR
=	Zahllast	11,40 EUR

Buchungstechnisch ermittelt man die Zahllast folgendermaßen: Am Ende des Voranmeldezeitraums schließt man das Konto Vorsteuer ab. Der Saldo, der dabei gebildet wird, wird auf dem Konto Umsatzsteuer gegengebucht. Im Konto Umsatzsteuer stehen jetzt die Forderungen gegenüber dem Finanzamt auf der Sollseite und die Verbindlichkeiten gegenüber dem Finanzamt auf der Habenseite. Wird nun dieses Konto abgeschlos-

---

1 Ist die Vorsteuer größer als die Umsatzsteuer, nennt man den Betrag Vorsteuerüberhang. Dieser wird vom Finanzamt erstattet.

sen, ergibt sich als Saldo die Zahllast, also das, was tatsächlich ans Finanzamt abgeführt werden muss.

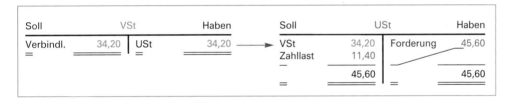

Soll	VSt		Haben
Verbindl.	34,20	USt	34,20
=		=	

Soll	USt		Haben
VSt	34,20	Forderung	45,60
Zahllast	11,40		
	45,60		45,60
=		=	

Für den Abschluss des Kontos Vorsteuer ergibt sich folgender Buchungssatz:

Buchungssatz	Soll	Haben
Umsatzsteuer	34,20	
an Vorsteuer		34,20

Da die Zahllast bis spätestens zum 10. des Folgemonats überwiesen werden muss, ergibt sich in der Regel folgender Buchungssatz für den Abschluss des Kontos Umsatzsteuer:

Buchungssatz	Soll	Haben
Umsatzsteuer	11,40	
an Bank		11,40

Für den Fall, dass die Zahllast zum Bilanzstichtag ermittelt wird (z. B. 31. 12.), muss sie als „Sonstige Verbindlichkeit" passiviert werden. Dann würde der Buchungssatz lauten:

Buchungssatz	Soll	Haben
Umsatzsteuer	11,40	
an Schlussbilanzkonto		11,40

Nehmen Sie einmal an, die gebuchte Vorsteuer würde 45,60 EUR betragen und die gebuchte Umsatzsteuer nur 34,20 EUR. Wie wären die Konten abzuschließen?

Hier müsste zuerst das USt-Konto abgeschlossen werden und der Saldo auf dem VSt-Konto gegengebucht werden. Der Saldo des VSt-Kontos würde dann den Vorsteuerüberhang ausweisen, der entweder vom Finanzamt erstattet wird oder am 31.12. als „Sonstige Forderung" zu aktivieren ist.

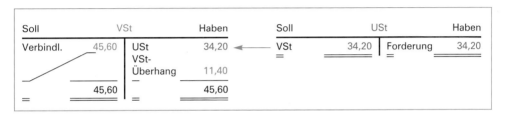

Soll	VSt		Haben
Verbindl.	45,60	USt	34,20
		VSt-Überhang	11,40
	45,60		45,60
=		=	

Soll	USt		Haben
VSt	34,20	Forderung	34,20
=		=	

Buchungssatz für den Abschluss des USt-Kontos:

Buchungssatz	Soll	Haben
Umsatzsteuer	34,20	
an Vorsteuer		34,20

Buchungssatz für die Gutschrift des Finanzamtes auf unserem Bankkonto:

Buchungssatz	Soll	Haben
Bank	11,40	
an Vorsteuer		11,40

Alternativ: Aktivierung des Vorsteuerüberhangs am 31.12.

Buchungssatz	Soll	Haben
Schlussbilanzkonto	11,40	
an Vorsteuer		11,40

Zusammenfassung

> Das Konto **Vorsteuer** ist ein aktives Bestandskonto. Es erfasst die Umsatzsteuer aus den Eingangsrechnungen als Forderung gegenüber dem Finanzamt.

> Das Konto **Umsatzsteuer** ist ein passives Bestandskonto. Es erfasst die Umsatzsteuer aus den Ausgangsrechnungen als Verbindlichkeit gegenüber dem Finanzamt.

> Für die buchhalterische Ermittlung der **Zahllast** wird das Konto Vorsteuer über das Konto Umsatzsteuer abgeschlossen. Der Saldo, der sich dann auf dem USt-Konto ergibt, ist die Zahllast.

> Die Zahllast muss bis zum 10. des Folgemonats abgeführt werden. Zum Bilanzstichtag ist sie zu passivieren.

> Sollte die Vorsteuer größer sein als die Umsatzsteuer, wird das USt-Konto über das VSt-Konto abgeschlossen. Der Saldo, der sich dann auf dem VSt-Konto ergibt, ist ein Vorsteuerüberhang, der vom Finanzamt erstattet wird. Zum Bilanzstichtag ist ein Vorsteuerüberhang zu aktivieren.

1. Entscheiden Sie, ob folgende Umsätze der USt unterliegen! Begründen Sie Ihre Entscheidung!

   a) Ein Reisebüroinhaber verkauft auf dem Flohmarkt seine Briefmarkensammlung für 20,00 EUR.

   b) Ein Friseur schneidet die Haare und verlangt dafür 17,00 EUR.

   c) Die Oma schenkt ihrem Enkelkind eine alte Kette im Wert von 100,00 EUR.

   d) Frau Deckwerth schließt eine Versicherung ab.

   e) Ein Reisebüro verkauft einen gebrauchten Reisebus.

   f) Herr Albrecht verkauft seinen gebrauchten privaten Pkw.

   g) Die Unternehmerin Meiborg macht in ihrem Urlaub einen Töpferkurs in Tunesien und verkauft dort die hergestellten Vasen auf dem Markt.

   h) Die Angestellte eines Reisebüros kauft bei der Post Briefmarken für ihr Büro.

   i) Außerdem kauft sie Putzmittel im nahe gelegenen Supermarkt.

   j) Der Fensterputzer putzt die Fenster des Büros und des Privathauses.

   k) Das Reisebüro bezahlt die Büromiete.

2. Wiederholungsfragen

   a) Was versteht man unter dem Begriff „Mehrwert"?

   b) Was ist eine Zahllast, was ein Vorsteuerüberhang?

   c) Wie hoch ist der allgemeine Umsatzsteuersatz, wie hoch der ermäßigte?

   d) Nennen Sie Beispiele für umsatzsteuerfreie Lieferungen und Leistungen!

   e) Zu welchem Termin muss eine USt-Vorauszahlung geleistet werden?

   f) Wie ermittelt man die Zahllast?

   g) Wie werden die Konten Vorsteuer und Umsatzsteuer zum 31.12. abgeschlossen?

3. Zeigen Sie am Schema eines mehrstufigen Warenweges die Höhe des Mehrwertes, der USt, der VSt und der Zahllast, wenn folgende Vorgänge vorliegen:

   a) Urerzeuger A liefert Rohstoffe an ein weiterverarbeitendes Unternehmen B für 3 000,00 EUR zuzüglich 19 % USt.

   b) Das weiterverarbeitende Unternehmen B liefert die von ihm hergestellten Erzeugnisse an den Großhändler C. Der Wert der Waren beträgt 5 000,00 EUR zuzüglich 19 % USt.

   c) Der Einzelhändler D kauft die Waren vom Großhändler C für 6 500,00 EUR zuzüglich USt. Er verkauft sie an den Endverbraucher E für 10 000,00 EUR zuzüglich 19 % USt.

4. Das Reisebüro kauft Reiseliteratur für brutto 273,92 EUR. In diesem Betrag sind 7 % USt enthalten. Ermitteln Sie den Nettobetrag und die enthaltene Umsatzsteuer!

5. Bilden Sie die Buchungssätze zu folgenden Geschäftsfällen:

a)	Barkauf von Waren, netto	1 000,00 EUR
b)	Kauf eines Reisebusses auf Ziel, brutto	714 000,00 EUR
c)	Kauf von Büromaterial, bar, netto	200,00 EUR
d)	Banküberweisung einer Anzeigenwerbung, brutto	406,00 EUR
e)	Zieleinkauf eines Schreibtisches für netto	800,00 EUR
f)	Wir begleichen die Rechnung des Fensterputzers per Bankscheck, Rechnungsbetrag	178,50 EUR
g)	Die Telefonrechnung wird von unserem Konto abgebucht Rechnungsbetrag	142,80 EUR
h)	Eingangsrechnung einer Kfz-Reparatur, netto	1 250,00 EUR

6. Bilden Sie die Buchungssätze zu folgenden Geschäftsfällen:

a)	Barverkauf einer gebrauchten EDV-Anlage, netto	2 000,00 EUR
b)	Zielverkauf eines gebrauchten Reisebusses, brutto	95 200,00 EUR
c)	Wir verkaufen eine selbst veranstaltete Tagesfahrt an eine Reisegruppe von 20 Personen auf Ziel. Reisepreis pro Person inklusive USt	23,80 EUR
d)	Aus unserer Reiseboutique verkaufen wir eine Strandtasche bar, Warenwert	12,00 EUR
e)	Wir verkaufen zwei Reisevideos bar, netto	18,00 EUR
f)	Banküberweisung der USt-Zahllast	1 400,00 EUR

7. Die Reiseboutique hat im Monat März insgesamt Waren im Wert von 90 000,00 EUR verkauft. Eingekauft wurden Waren im Wert von 65 000,00 EUR. Es gilt der allgemeine Steuersatz. Buchen Sie den Einkauf, den Verkauf und ermitteln Sie die Zahllast zum 31. 03. in Grund- und Hauptbuch!

8. Zum 31. 12. weisen das VSt-Konto und das USt-Konto folgende Beträge in EUR aus:

Soll	VSt	Haben	Soll	USt	Haben
34 600,00		5 900,00		12 500,00	53 000,00

Schließen Sie die Konten in Grund- und Hauptbuch ab! Was ist mit dem Saldo am 31. 12. zu tun?

9. Zum 31. 12. weisen das VSt-Konto und das USt-Konto folgende Beträge aus:

Soll	VSt	Haben	Soll	USt	Haben
128 000,00		18 500,00		90 600,00	155 000,00

Schließen Sie die Konten in Grund- und Hauptbuch ab! Was ist mit dem Saldo am 31. 12. zu tun?

10. Richtig oder falsch?

a) Die Vorsteuer erhöht den Gewinn des Unternehmens.

b) Die Umsatzsteuer trägt der Endverbraucher.

c) Umsatzsteuer und Vorsteuer sind durchlaufende Posten.

d) Die Vorsteuer stellt eine Forderung gegenüber dem Lieferanten dar.

e) Die Zahllast ist die Differenz aus Umsatzsteuer und Vorsteuer, wenn die Umsatzsteuer größer ist als die Vorsteuer.

f) Ein Vorsteuerüberhang wird spätestens bis zum 10. des Folgemonats vom Finanzamt erstattet.

g) Der Mehrwert ist die Differenz zwischen dem Bruttoverkaufspreis und dem Bruttoeinkaufspreis.

h) Zum 31.12. ist die Zahllast zu passivieren, ein Vorsteuerüberhang ist zu aktivieren.

i) Der Abschluss des Vorsteuerkontos erfolgt immer über das Umsatzsteuerkonto.

j) Für Reisevideos gilt der ermäßigte Steuersatz von 7 %.

k) Die Vermittlungsprovision ist umsatzsteuerfrei.

11. Das Reisebüro Büge, Dortmund, weist zum 01.01. folgende Anfangsbestände in EUR auf:

Verbindlichkeiten	57 300,00	Fuhrpark	128 200,00
Bank	28 630,00	Umsatzsteuer	12 350,00
Forderungen	34 200,00	BGA	90 610,00
Darlehen	85 000,00	Kasse	9 100,00
Kundenanzahlungen	8 450,00	Waren	10 350,00

Es kommt zu folgenden Geschäftsfällen:

1. Eingangsrechnung für eine Zeitungsannonce, brutto — 297,50 EUR
2. Banküberweisung der Büromiete — 1 900,00 EUR
3. Die Bank schreibt uns Zinsen gut — 2 500,00 EUR
4. Überweisung der Zahllast vom Dezember ??
5. Ein Kunde begleicht eine offene Rechnung durch Banküberweisung — 10 250,00 EUR
6. Barkauf von Büromaterial, netto — 500,00 EUR
7. Wir verkaufen einen gebrauchten Kopierer auf Ziel, Rechnungsbetrag — 297,50 EUR
8. Ein Ehepaar bucht eine selbst veranstaltete Tagesfahrt und zahlt bar — 71,40 EUR
9. Eingangsrechnung für eine Kfz-Reparatur, netto — 2 500,00 EUR
10. Banküberweisung der Gehälter — 3 800,00 EUR
11. Zielverkauf von Waren, Rechnungsbetrag — 5 426,82 EUR
12. Barkauf von Briefmarken — 56,00 EUR

a) Buchen Sie die Geschäftsfälle in Grund- und Hauptbuch!

b) Ermitteln Sie den Erfolg!

12. Welche Geschäftsfälle liegen den folgenden Buchungssätzen zugrunde?

a) Waren und VSt an Kasse

b) Bank an Zinserträge

c) Bank an Kasse

d) Kfz-Kosten und VSt an Verbindlichkeiten

e) Forderungen an BGA und USt

f) Verbindlichkeiten an Bank

13. Buchen Sie folgenden Beleg!

Karl Herden
Büroeinrichtungen Ahrensbök

Karl Herden, Breite Str. 12, 23614 Ahrensbök

Reisebüro Baltic Reisen
Hamburger Str. 17
23523 Lübeck

Telefon: 04343 3366695
Kontoverbindungen:
Deutsche Bank (BLZ 200600 00)
Konto-Nr. 2356789

25. August 20..

Rechnung   Nr. 165/02

Art.-Nr.	Gegenstand	Menge	Preis je Einheit	Betrag in EUR
123	Bürostuhl „Sekretariat"	5	259,00	1295,00
125	Schreibtisch „Chef"	5	619,00	3095,00
288	Rollcontainer „Chef"	5	155,00	775,00
962	Computertisch „Sekretariat"	5	199,00	995,00
1002	Schreibtischunterlage	5	59,00	295,00
				6455,00
			+ 19% Umsatz-steuer	**1226,45**
			Rechnungsbetrag	**7681,45**

Lieferung frei Haus!

Vielen Dank für Ihren Auftrag
Zahlbar innerhalb 14 Tagen nach Rechnungseingang
ohne Skontoabzug.

Bitte bei Zahlungen und Schriftwechsel stets
die Rechnungsnummer mit angeben.

14. Buchen Sie folgenden Beleg!

MC Martin Cöln

Papier und Bürobedarf
Schmiedestr. 4
26807 Kiel
Tel.: 04321 24456

Reisebüro Baltic Reisen
Hamburger Str. 17
23523 Lübeck

Rechnung   12. März 20..

Nr.	Artikel	Menge	Einzelpreis	Gesamtpreis
1	Kopierpapier	100	3,50 EUR	350,00 EUR
2	Druckerpatronen	20	30,00 EUR	600,00 EUR
USt 19 % 180,50 EUR		Gesamt netto 950,00 EUR	Rechnungsbetrag **1 130,50 EUR**	

Bankverbindung: Sparkasse Kiel
                  Konto-Nr. 123459 – BLZ 100 555 00
                  Überweisung innerhalb von 8 Tagen rein netto.

15. Buchen Sie folgenden Beleg!

Quittung

EUR

Betrag *618,80*

Nr.   inklusive *19* % MwSt./Betrag

Betrag in Worten   *Sechshundertachtzehn* ----------------

von   *Reisebüro Baltic Reisen*

für   *Werbeprospekte*

                                                    dankend erhalten

Datum/Ort   *12. September 20.., Lübeck*

Buchungsvermerke   Stempel/Unterschrift des Empfängers

                          Röhrich

7 Privatentnahmen und Privateinlagen

7.1 Das Privatkonto

Bei der Erfolgsermittlung durch Kapitalvergleich[1] wurde bereits darauf hingewiesen, dass sich das Eigenkapital im Laufe des Geschäftsjahres nicht nur durch Aufwendungen und Erträge, sondern auch durch Privateinlagen und Privatentnahmen verändern kann.

> **Privatentnahmen:** Eine Privatentnahme liegt vor, wenn der Unternehmer Wirtschaftsgüter (z. B. Geld, Waren), Leistungen oder Nutzungen für **private (außerbetriebliche) Zwecke** aus dem Unternehmen entnimmt.

Privatentnahmen **mindern das Eigenkapital** und stellen **vorweggenommenen Gewinn** dar.

Entnahme von Wirtschaftsgütern:

> Der Unternehmer entnimmt Bargeld aus der Kasse.

> Der Unternehmer überweist seine private Lebensversicherung vom Geschäftskonto.

> Der Unternehmer entnimmt einen Pkw aus dem Unternehmen für die private Nutzung.

Leistungsentnahme:

> Die Beschäftigung eines im Betrieb angestellten Arbeitnehmers für Arbeiten im privaten Wohnhaus des Unternehmers.

Nutzungsentnahme:

> Die Benutzung eines Geschäfts-Pkws für private Fahrten.

> **Privateinlagen:** Ebenso kann der Unternehmer Wirtschaftsgüter **aus seinem Privatvermögen** dem Unternehmen zuführen. Man spricht dann von Privateinlagen, die das Vermögen und das Eigenkapital erhöhen.

Aus Gründen der Übersichtlichkeit, werden die Privatentnahmen und die Privateinlagen nicht direkt auf dem Eigenkapitalkonto gebucht, sondern auf dem **Unterkonto „Privat".**

Da das Eigenkapitalkonto ein passives Bestandskonto ist, muss auf dem Unterkonto Privat genauso gebucht werden wie auf dem EK-Konto. Der **Abschluss** des Privatkontos erfolgt dann **über das EK-Konto.** Abschlussbuchungssätze:

Entnahmen < Einlagen: Privat an EK
Entnahmen > Einlagen: EK an Privat

Soll	**Eigenkapital**	Haben
Minderungen		Anfangsbestand
Schlussbestand		Mehrungen

Soll	**Privat**	Haben
Entnahmen		Einlagen

---

[1] Siehe Kap. 3.4.

Beispiel: 1. Der Inhaber entnimmt Bargeld für private Zwecke 100,00 EUR.

2. Der Inhaber bringt seinen Privat-Pkw ins Geschäftsvermögen ein, Zeitwert 9 000,00 EUR.

Buchungssatz	Soll	Haben
Privat	100,00	
an Kasse		100,00
Fuhrpark	9 000,00	
an Privat		9 000,00

Soll	**Privat**		Haben
Kasse	100,00	Fuhrpark	9 000,00
Eigenkapital	8 900,00		
	9 000,00		9 000,00
=		=	

Soll	**Eigenkapital**		Haben
		AB	10 000,00
		Privat	8 900,00

7.2 Umsatzsteuer bei privaten Entnahmen

Seit dem 01.04.1999 heißt der umsatzsteuerrechtliche **Eigenverbrauch** einer Lieferung oder sonstigen Leistung gleichgestellte **unentgeltliche Wertabgabe.**

Er umfasst

> die private Entnahme von Gegenständen,[1]
> die private Leistungsentnahme und
> die private Nutzungsentnahme.

Diese Tatbestände sind **umsatzsteuerpflichtig.** Der Unternehmer wird damit **anderen Endverbrauchern gleichgestellt.** Für die Nutzung von Gegenständen oder Entnahme von Waren sowie für die Leistungsentnahme gibt es ein gesondertes Ertragskonto. Wir fassen diese zusammen:

„Entnahme von Gegenständen oder sonstigen Leistungen"

---

1 Die reine Geldentnahme unterliegt nicht der USt.

Beispiel: für eine Entnahme von Gegenständen: Der Inhaber entnimmt für private Zwecke ein Reisevideo zum Nettopreis von 8,00 EUR.

Buchungssatz	Soll	Haben
Privatentnahme	9,52	
an Entnahme von Gegenständen und		
sonstigen Leistungen		8,00
an Umsatzsteuer		1,52

Beispiel: für Nutzungsentnahme: Der Geschäftswagen wird laut Fahrtenbuch zu 20 % privat genutzt. Ausbuchen des Privatanteils einer Reparaturrechnung 400,00 EUR + 76,00 EUR USt.

Buchungssatz	Soll	Haben
Privatentnahme	95,20	
an Entnahme von Gegenständen und		
sonstigen Leistungen		80,00
an Umsatzsteuer		15,20

Bei der Bewertung von Nutzungsentnahmen müssen die Gesamtkosten[1] angesetzt werden, die für das entsprechende Gut aufgewendet werden. Für die private Nutzung eines Geschäftsfahrzeuges besteht ein Wahlrecht. Die private Nutzung kann mit monatlich 1 % des Bruttolistenpreises bei Erstzulassung angesetzt werden (sog. **1 %-Regelung;** § 6 Abs. 1 Nr. 4 Satz 2 EStG) oder sie wird mit den auf die Privatfahrten entfallenden Aufwendungen angesetzt. Dazu muss dann aber ein ordnungsgemäßes **Fahrtenbuch** geführt werden.

Zusammenfassung

Privatentnahmen von Gegenständen, private Nutzung von Gegenständen des Betriebes oder private Inanspruchnahme von betrieblichen Leistungen sind **umsatzsteuerpflichtig** und vermindern das Eigenkapital. Privateinlagen erhöhen das Eigenkapital.

Das Privatkonto ist ein **Unterkonto des Eigenkapitalkontos.**

---

1 Dies sind sowohl bewegliche als auch feste (fixe) Kosten (wie Versicherung, Steuer, Garagenmiete und AfA).

1. Der Anfangsbestand des EK-Kontos beträgt 345000,00 EUR. Der Gewinn des Geschäftsjahres beträgt 67000,00 EUR. Bilden Sie die Buchungssätze zu folgenden Geschäftsfällen und schließen Sie das Privatkonto ab! Wie hoch ist der Schlussbestand des EK-Kontos?

1. Der Inhaber entnimmt 300,00 EUR für private Zwecke aus der Kasse.
2. Die Lebensversicherung wird vom Bankkonto abgebucht, 2500,00 EUR.
3. Vom Bankkonto wird die Miete der Privatwohnung überwiesen, 600,00 EUR.
4. Aufgrund einer Erbschaft zahlt der Inhaber 10000,00 EUR auf das Geschäftskonto ein.
5. Die Einkommen- und Kirchensteuervorauszahlungen in Höhe von 12600,00 EUR werden vom Geschäftskonto überwiesen.

2. Der Inhaber des Reisebüros nutzt den Geschäftswagen auch privat. Laut Fahrtenbuch beträgt der private Nutzungsanteil 30 %. Eingang einer Kfz-Rechnung über netto 590,00 EUR. Buchen Sie!

3. Die Telefonrechnung über brutto 692,46 EUR wird vom Bankkonto abgebucht. Der private Nutzungsanteil beträgt 100,00 EUR zuzüglich USt. Buchen Sie!

4. Der Inhaber schenkt seiner Tochter die Teilnahme an einer selbst veranstalteten Tagesfahrt. Die Kosten betragen 40,00 EUR zuzüglich USt. Buchen Sie!

5. Beantworten Sie folgende Fragen:

1. Welche Privatentnahmen unterliegen nicht der Umsatzsteuer?
2. Wie lautet der Buchungssatz für den Abschluss des Privatkontos, wenn
   a) die Privateinlagen > Privatentnahmen,
   b) die Privateinlagen < Privatentnahmen sind?
3. Was versteht man unter der privaten Inanspruchnahme sonstiger Leistungen?
4. Wie errechnet man den privaten Kfz-Nutzungsanteil?
5. Warum ist die Entnahme von Waren für private Zwecke umsatzsteuerpflichtig?
6. Wie verändert eine Entnahme von Gegenständen und sonstigen Leistungen den Erfolg des Unternehmens?
7. Wie wirkt sich eine Privatentnahme auf den Erfolg aus?

6. Für das Reisebüro Mirow liegen folgende Inventurwerte in EUR vor:

Grundstücke und Bauten	600000,00	Eigenkapital	?
Fuhrpark	75000,00	Darlehen	150000,00
BGA	87000,00	Verbindlichkeiten	47000,00
Waren	4000,00	Umsatzsteuer	12400,00
Forderungen	22000,00		
Bankguthaben	36000,00		
Kasse	7500,00		

Es kommt zu folgenden Geschäftsfällen, die in Grund- und Hauptbuch gebucht werden sollen:

1. Überweisung der USt-Zahllast.
2. Banküberweisung der Miete für den Betrieb 2400,00 EUR, für das Privathaus 2650,00 EUR.
3. Barkauf von Büromaterial, netto 145,00 EUR.
4. Verkauf eines Reisevideos für brutto 20,42 EUR gegen bar.
5. Barentnahme des Inhabers, 350,00 EUR.
6. Ein Kunde überweist eine offene Rechnung in Höhe von 4230,00 EUR.
7. Die Bank schreibt uns Zinsen gut, 560,00 EUR.
8. Zielkauf eines Kopierers, netto 3400,00 EUR.
9. Zielverkauf eines gebrauchten Reisebusses für 20000,00 EUR zuzüglich USt.
10. Privatentnahme mehrerer Handtücher aus unserer Reiseboutique, Warenwert 140,00 EUR.
11. Überweisung der Gehälter, 5600,00 EUR.

Schließen Sie die Konten ab! Wie hoch ist der Erfolg des Unternehmens?

7. Die Bilanz des Reiseveranstalters Menke-Tours, Hamburg, hat zum 31.12.20.. folgende Werte in EUR vorliegen:

Bank	25000,00	Darlehen	50000,00
Kasse	4000,00	Fuhrpark	157000,00
Verbindlichkeiten	19000,00	BGA	70000,00
Waren	8000,00	Forderungen	12000,00
Kundenanzahlung	2000,00	Betriebsstoffe	5500,00

1. Rücküberweisung einer Kundenanzahlung auf dessen Bankkonto, da durch Nichterreichen der Mindestteilnehmerzahl die Reise nicht zustande gekommen ist,   200,00 EUR.
2. Banküberweisung der Gehälter   2560,00 EUR
3. Barkauf von Büromaterial, Rechnungsbetrag   178,50 EUR
4. Zielverkauf eines gebrauchten Reisebusses, netto   21500,00 EUR
5. Zieleinkauf von Heizöl, netto   1600,00 EUR
6. Entnahme von Waren für privaten Zwecke, Warenwert   1500,00 EUR
7. Die Rechnung für die Reparatur unseres Kopierers geht ein, Rechnungsbetrag   327,25 EUR
8. Für den Druck unserer Kataloge bezahlen wir bar   1666,00 EUR
9. Die Bank schreibt uns Zinsen gut   534,00 EUR
10. Überweisung eines Kunden auf unser Bankkonto zum Ausgleich einer AR   4950,00 EUR

a) Bilden Sie die Buchungssätze!

b) Führen Sie die Erfolgs- und die Umsatzsteuerkonten!

c) Ermitteln Sie den Erfolg und die Zahllast!

8. Die Bilanz der ABC-Reisen, Hamburg, hat zum 31.12.20.. folgende Werte in EUR vorliegen:

Bank	15 000,00	Darlehen	150 000,00
Kasse	4 000,00	Gebäude	157 000,00
Verbindlichkeiten	49 000,00	BGA	70 000,00
Waren	8 000,00	Forderungen	12 000,00
Fuhrpark	107 000,00		

Geschäftsfälle:

1. Barabhebung von unserem Konto	2 000,00 EUR
2. Wir überweisen Gehälter	2 300,00 EUR
3. Wir kaufen Waren bar, netto	3 000,00 EUR
4. Die Bank schreibt uns Zinsen gut	570,00 EUR
5. Zielverkauf gebrauchter Kopierer, netto	9 500,00 EUR
6. Banküberweisung einer Lieferantenrechnung	4 200,00 EUR
7. Unser Kunde begleicht eine Rechnung per Banküberweisung	8 000,00 EUR
8. Erhalt einer Rechnung für eine Werbeanzeige, brutto	214,20 EUR
9. Wir überweisen Zinsen für unser Darlehen	1 100,00 EUR
10. Kauf eines Pkws auf Ziel, brutto	29 750,00 EUR
11. Entnahme von Waren für private Zwecke, netto	2 000,00 EUR
12. Verkauf eines gebrauchten Reisebusses auf Ziel, brutto	41 650,00 EUR

a) Erstellen Sie eine ordnungsgemäße Bilanz!

b) Bilden Sie die Buchungssätze zu den Eröffnungsbuchungen und zu den laufenden Geschäftsfällen!

c) Führen Sie die Erfolgs- und die Umsatzsteuerkonten und schließen Sie diese ab (Buchungssätze)!

d) Ermitteln Sie den Erfolg und die Zahllast!

8 Organisation der Buchführung

8.1 Der Kontenrahmen

Da die Buchführung so beschaffen sein muss, dass sich ein sachverständiger Dritter in einer angemessenen Zeit einen Überblick über die Lage des Unternehmens verschaffen kann, muss sie nach allgemein anerkannten Grundsätzen organisiert sein. Um die Vielzahl der benötigten Konten in eine bestimmte Ordnung zu bringen, wurden für **unterschiedliche Branchen** (z.B. Industrie, Handwerk, Hotel, Großhandel, Reisebüros) und Unternehmensformen Kontenrahmen definiert. Weit verbreitet sind die Spezialkontenrahmen **SKR 03** und **SKR 04**, sog. **DATEV**-Kontenrahmen (Rechenzentrum der steuerberatenden Berufe). Für Reisebüros gibt es außerdem den **DRV-Kontenrahmen.**

Die **Aufgabe der Kontenrahmen** ist es, die Buchführung möglichst einheitlich in einem vorgegebenen **Kontenordnungssystem** und **EDV-gerecht** zu organisieren. Hierdurch werden Zeit- und Betriebsvergleiche vereinfacht.

8.1.1 Aufbau des Kontenrahmens

Jeder Kontenrahmen ist in **zehn Kontenklassen** unterteilt. Er enthält sämtliche Konten mit den dazugehörigen **Kontennummern**, die in der jeweiligen Branche vorkommen können. Die Zuordnung der einzelnen Konten zu den Kontenklassen kann grundsätzlich nach zwei verschiedenen Prinzipien erfolgen, dem **Prozessgliederungsprinzip** und dem **Abschlussprinzip**. Beim Prozessgliederungsprinzip wird die Reihenfolge der Kontenklassen nach dem Betriebsablauf bestimmt, beim Abschlussgliederungsprinzip nach der gesetzlich vorgeschriebenen Gliederung des Jahresabschlusses (Bilanz, GuV-Rechnung).

Prozessgliederungsprinzip (z.B. Reisebüro)		Abschlussgliederungsprinzip (z.B. Industrie)	
Konten-klasse	Bezeichnung	Konten-klasse	Bezeichnung
0	Anlage- und Kapitalkonten	0	Anlagevermögen
1	Finanz- und Privatkonten	1	Umlaufvermögen
2	Abgrenzungskonten	2	Eigenkapital
3	Verrechnungskonten	3	Fremdkapital
4	Betriebliche Aufwendungen	4	Betriebliche Erträge
5	Wareneinsatz- und Bestandskonten	5	Betriebliche Aufwendungen
6	Vorräte	6	Betriebliche Aufwendungen
7	Umsatzkonten	7	Weitere Erträge und Aufwendungen
8	Erlöskonten	8	frei
9	Abschlusskonten	9	Abschlusskonten

Jede dieser Kontenklassen kann in 10 Kontengruppen gegliedert werden. Innerhalb der Kontengruppen unterteilt man weiter in Kontenarten und Kontenunterarten. Ausgedrückt wird das Ganze durch die vierstellige Kontonummer.

Die Kontonummer **8410** sagt aus:

Kontenklasse	**8**	= Erlöskonten
Kontengruppe	**84**	= Erlöse Flugverkehr
Kontenart	**8410**	= Erlöse Flugverkehr, steuerfrei

Bei der Bildung der Buchungssätze müssen nun nicht mehr die Konten genannt werden, sondern es reichen die Kontonummern.

8.1.2 Kontenplan

Der Kontenrahmen enthält alle Konten, die in einer Branche benötigt werden könnten. Für den Gebrauch im einzelnen Unternehmen wird ein **individueller Kontenplan** auf Grundlage des Kontenrahmens erstellt. Dieser Kontenplan enthält dann nur noch die Konten, die tatsächlich in dem jeweiligen Unternehmen benötigt werden.

Zusammenfassung

Die systematische Ordnung der Konten in einem Kontenrahmen ermöglicht

➤ einen Überblick über die geführten Konten,
➤ einen Zeitvergleich der Unternehmensentwicklung,
➤ einen Betriebsvergleich und
➤ ist Grundlage für die EDV-Buchhaltung.

ÜBUNGSAUFGABEN

1. Beantworten Sie folgende Fragen:
   1. Worin unterscheiden sich Kontenrahmen und Kontenplan?
   2. Welche Aufgaben erfüllt ein Kontenrahmen?
   3. Welche Prinzipien unterscheidet man, nach denen ein Kontenrahmen aufgebaut werden kann?

2. Zu welcher Kontenklasse gehören folgende Konten:

   – Eigenkapital – Kommunikationskosten – Verrechnung Vermittlung DB/BAHN
   – Kasse – GuV – außerordentliche Aufwendungen
   – Vorsteuer – Umsätze Flug (steuerfrei) – Aufwendungen f. bezogene Waren
   – Warenvorräte – BGA – Erlöse eigene Veranstaltungen

6 Künzel, Thieß - ISBN 978-3-8120-0496-1

3. Bilden Sie die Buchungssätze mit Kontennummern!

1. Barkauf von Büromaterial, netto	250,00 EUR
2. Ein Kunde begleicht eine Rechnung durch Banküberweisung	1 600,00 EUR
3. Bareinzahlung auf unser Postbankkonto	3 000,00 EUR
4. Tilgung eines Darlehens	5 000,00 EUR
5. Die Bank schreibt uns Zinsen gut	400,00 EUR
6. Barauszahlung der Gehälter	2 000,00 EUR

4. Welche Geschäftsfälle liegen folgenden Buchungssätzen zugrunde?

1. 0800/1900	3. 1200/1400	5. 4300, 1550/1100
2. 0230, 1550/1600	4. 1600/1000	6. 8700/9200

8.2 Belegorganisation

Einer der wichtigsten Grundsätze der ordnungsmäßigen Buchführung ist: **Keine Buchung ohne Beleg!** Durch den Beleg ist die Richtigkeit der Buchung jederzeit nachprüfbar.

Je nachdem, ob die Belege im eigenen Unternehmen ausgestellt wurden oder ob sie von außen ins Unternehmen gelangt sind, unterscheidet man Eigen- und Fremdbelege, wie z. B.

Belegarten	
Fremdbelege (externe Belege)	**Eigenbelege (interne Belege)**
➤ Eingangsrechnungen ➤ Quittungen ➤ Kontoauszüge ➤ Gutschriftanzeigen ➤ Begleitbriefe zu erhaltenen Schecks oder Wechseln ➤ Frachtbriefe	➤ Ausgangsrechnungskopien ➤ Materialentnahmescheine ➤ Lohn- und Gehaltslisten ➤ Quittungen ➤ Belege über Privatentnahmen ➤ Kopien von Begleitbriefen zu Schecks und Wechseln ➤ Belege zu vorbereitenden Abschluss-buchungen und zu Abschlussbuchungen ➤ Notbelege (Ersatzausfertigungen für verlorene Originalbelege)

Zur **Belegbearbeitung** gehören:

➤ **Überprüfung der Belege auf sachliche und rechnerische Richtigkeit.** Gehören mehrere Belege zu einem Geschäftsfall (z. B. Bankauszug und Überweisungs-durchschrift), ist zu bestimmen, welcher Beleg der Buchungsbeleg ist, damit Mehr-fachbuchungen vermieden werden.

➤ **Belegsortierung und Nummerierung.** Die Belege sind chronologisch nach Beleg-datum (Ausstellungs- oder Eingangsdatum) in Buchungskreisen (z. B. Kasse, Bank, ER, AR) zu sortieren und fortlaufend zu nummerieren.

> **Vorkontierung der Belege.** Früher war es üblich, in einem Buchungsstempel auf jedem Beleg eine Vorkontierung vorzunehmen, indem die Soll- und Habenkonten, die Beträge und das Buchungsdatum eingetragen wurden. Aus Zeitgründen verzichtet man heute häufig auf „überflüssige" Angaben, vermerkt lediglich Konto und Gegenkonto und ggf. den USt-Schlüssel. Es ist auf jeden Fall erforderlich, dass von dem Beleg auf die Buchung und von der Buchung auf den Beleg verwiesen wird.

> **Buchen** der Belege in Grund- und Hauptbuch.

> **Belegablage und Aufbewahrung.** Die Ablage erfolgt chronologisch nach Buchungskreisen, z.B. in unterschiedlich farbigen Ordnern. Dann müssen die Belege 10 Jahre ordnungsgemäß aufbewahrt werden. Werden die Belege auf Datenträger gespeichert, ist eine jederzeitige Wiedergabe sicherzustellen.

8.3 Bücher der Buchführung

Da die Buchführung einen Überblick über die Geschäftsfälle und die Lage des Unternehmens verschaffen soll, muss jeder Geschäftsfall in der doppelten Buchhaltung sowohl zeitlich als auch sachlich geordnet erfasst werden. Deshalb wird jeder Geschäftsfall im Grundbuch und im Hauptbuch gebucht und gegebenenfalls durch Nebenaufzeichnungen ergänzt.

8.3.1 Grundbuch

Im Grundbuch (Journal, Tagebuch) werden Geschäftsfälle in **zeitlicher** (chronologischer) Reihenfolge in Form von **Buchungssätzen** erfasst. Außerdem müssen, damit eine Buchung nachvollziehbar ist, das Buchungsdatum und die Belegnummer angegeben werden. Hier erhält man den Überblick über die Geschäftsfälle. Im zeitlichen Ablauf werden erfasst:

> Eröffnungsbuchungen,
> laufende Buchungen,
> vorbereitende Abschlussbuchungen,
> Abschlussbuchungen.

Grundbuch						
Beleg-datum	Beleg-nummer	Buchungssatz	Kontierung		Betrag	
			Soll	Haben	Soll	Haben
...						
12.03...	BA 345	Überweisung von TUI	1200	8100	200,00	200,00
12.03...	QU 561	Büromaterial	4300	1000	100,00	119,00
...			1550		19,00	

Wie im Grundbuch gebucht wird, bestimmt die Buchführungsform. So gibt es die Form der **Durchschreibebuchführung** oder die Form der **Übertragungsbuchführung**. Allerdings sind beide Formen von der **EDV-Buchführung** weitgehend abgelöst worden.

8.3.2 Hauptbuch

Im Hauptbuch werden die Geschäftsfälle **sachlich** geordnet gebucht, d. h., sie werden einzelnen **Konten** zugewiesen. So werden alle Barvorgänge auf dem Konto „Kasse" gebucht, alle Gehaltszahlungen auf dem Konto „Gehälter" usw. Dadurch erhält man einen Überblick über die Lage des Unternehmens. Die Buchung auf Konten erfolgt unter der Angabe des Buchungsdatums, der Belegnummer, eines Buchungssatzes, des Gegenkontos sowie des Betrages.

8.3.3 Nebenbücher

Abhängig von der Art und dem Umfang der Buchführung sind nähere Erläuterungen in verschiedenen Nebenbüchern notwendig.

> **Kassenbuch:** Tägliche Aufzeichnung der Bareinnahmen und -ausgaben.

> **Kontokorrentbuch** (Geschäftsfreundebuch): Jeder kreditnehmende oder kreditgebende Geschäftsfreund (Debitor, Kreditor) bekommt ein eigenes Konto, auf dem die einzelnen Forderungen oder Verbindlichkeiten gebucht werden.

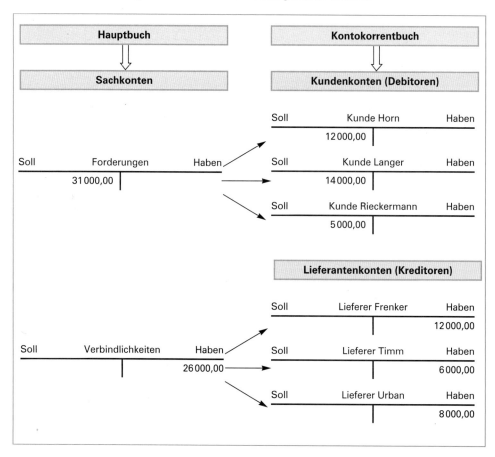

➤ **Lohn- und Gehaltsbuchhaltung**: Jeder Arbeitnehmer erhält ein separates Lohnkonto, auf dem alle persönlichen Daten, sämtliche Bezüge und Abzüge aufgezeichnet werden.

Beispiel für ein Gehaltskonto:
Persönliche Daten aus der Lohnsteuerkarte: Name, Steuerklasse, Religion, Kinder usw.

Monat	Jan.	Feb.	März	Summe
Bruttogehalt				
+ Sonstige Zahlungen (Weihnachts-/Urlaubsgeld, Fahrgeld etc.)				
+ Vermögenswirksame Leistungen				
= **Steuerpflichtiges Bruttogehalt**				
− Lohnsteuer				
− Solidaritätszuschlag				
− Kirchensteuer				
− Krankenversicherungsanteil				
− Pflegeversicherungsanteil				
− Rentenversicherungsanteil				
− Arbeitslosenversicherungsanteil				
= **Gesetzliches Nettoentgelt**				
− Vermögenswirksame Leistungen				
− Vorschüsse, Abschläge etc.				
= **Auszahlungsbetrag**				

➤ **Anlagenbuchhaltung**: Hier wird die art-, mengen- und wertmäßige Zusammensetzung des Anlagevermögens dokumentiert. Jeder Anlagegegenstand erhält in einer Anlagenkartei eine eigene Karteikarte, auf der die Anschaffungskosten, Zeitpunkt der Anschaffung, die Nutzungsdauer, die Abschreibungsbeträge, der Restbuchwert usw. ausgewiesen sind.

Anlagenkarteikarte

für: Sapora Kopierer KL 501

Fibu Konto	025	Geräte-Nr.	0-2145-DX-4
Lfd.-Nr.	1	Kostenstelle	145
		Abteilung	Vertrieb

Anschaffungskosten	1 600,00 EUR	Anschaffungsdatum	12.04.20..
Nebenkosten	0,00 EUR	Nutzungsdauer	6 Jahre
geplanter Restwert	0,00 EUR		

Jahr	AfA-Satz	AfA-Betrag	Restwert	kumulierte AfA

Das Wirtschaftsgut wird linear abgeschrieben.
Der AfA-Betrag wird nicht auf volle Euro-Beträge gerundet.

➤ **Lagerbuchhaltung**: Erfassung der Lagerbestände sowie deren Veränderungen.

➤ **Wechselbuch**: Aufzeichnung der Schuld- und Besitzwechsel mit Angaben über Laufzeit, Aussteller und Bezogenen.

Zusammenfassung

Bei Belegen unterscheidet man zwischen **Eigen- und Fremdbelegen**.

Die **Belegbearbeitung** umfasst prüfen, sortieren, nummerieren, vorkontieren, buchen, ablegen, aufbewahren der Belege.

Grundbuch	Erfassung der Geschäftsfälle in zeitlicher Reihenfolge in Form von Buchungssätzen.
Hauptbuch	Erfassung der Geschäftsfälle in sachlicher Ordnung auf Konten.
Nebenbücher	Dienen der näheren Erläuterung einzelner Konten.

5. Ordnen Sie folgende Belege nach Eigen- und Fremdbeleg:

   a) Gehaltsabrechnung

   b) Quittung des Fensterputzers

   c) Eingangsrechnung für eine Autoreparatur

   d) Kopie einer Ausgangsrechnung an einen Kunden

   e) Bankauszug

   f) Begleitschreiben für einen versendeten Scheck

   g) Gutschriftanzeige unseres Lieferers für beschädigte Waren

6. Bringen Sie folgende Belegarbeiten in die richtige Reihenfolge:

   a) Buchen in Grund- und Hauptbuch

   b) Nummerieren

   c) Prüfen auf Richtigkeit

   d) Aufbewahren

   e) Sortieren

   f) Ablegen

   g) Vorkontieren

7. Worin unterscheiden sich Grund- und Hauptbuch?

8. Nennen Sie fünf Nebenbücher und beschreiben Sie kurz deren Aufgaben!

9 Geschäftsfälle im Warenverkehr

9.1 Warenkonten

Die Haupttätigkeit eines Reisebüros ist die Vermittlung und die Veranstaltung von Reisen. Darüber hinaus kann es sich aber auch als Handelsbetrieb betätigen, der Waren ein- und verkauft. Um einen **Gewinn** mit einem **Handelsbetrieb** zu erzielen, muss der **Einkaufspreis** der Waren geringer als der **Verkaufspreis** sein. Würden aber sowohl die Warenbestände als auch die Erfolge durch die unterschiedlich hohen Preise auf einem Konto gebucht werden, würde es ein ziemliches Durcheinander geben.

 Beispiel: Das Reisebüro Baltic Reisen führt zusätzlich eine kleine Reiseboutique, in der unter anderem Badehosen verkauft werden. Aus dem letzten Jahr sind noch 5 Badehosen zu einem Einkaufspreis von 10,00 EUR übrig geblieben. Außerdem kauft das Reisebüro noch einmal 10 Badehosen ebenfalls zu je 10,00 EUR dazu. Es verkauft 6 Badehosen zu 15,00 EUR das Stück.

Würden alle Geschäftsfälle auf dem aktiven Bestandskonto Waren gebucht werden, würde es folgendes Aussehen haben:

Soll		Waren	Haben
AB	50,00	Verkauf	90,00
Einkauf	100,00	SB	60,00
	150,00		150,00

Nach Abschluss des Kontos ergibt sich ein Schlussbestand von 60,00 EUR. Da jede Badehose 10,00 EUR gekostet hat, müssen also noch sechs Badehosen vorhanden sein. Bei der Inventur zeigt sich dann aber, dass noch 9 Badehosen im Bestand sind:

Anfangsbestand	5 Stück
+ Einkauf	10 Stück
− Verkauf	6 Stück
= Schlussbestand	9 Stück

Bei neun Badehosen zu 10,00 EUR müsste aber ein Bestand im Wert von 90,00 EUR vorhanden sein.

Wie man sieht, kann man **Bestände** und **Erfolge** nicht so einfach miteinander **vermischen.** Dadurch, dass der Verkaufspreis der Badehosen höher ist als der Einkaufspreis, entsteht ein Gewinn. Wir benötigen also neben dem Bestandskonto auch Erfolgskonten. Die Buchungen, die wir oben vorgenommen haben, können so nicht beibehalten werden.

Soll		Waren	Haben
AB	50,00	Verkauf	90,00
Einkauf	100,00	SB	60,00
	150,00		150,00

Wir benötigen vielmehr das sog. „dreigeteilte Warenkonto", das aus einem Bestands-, einem Aufwands- und einem Ertragskonto besteht. Auf dem Bestandskonto Warenvorräte werden der Anfangsbestand und der Schlussbestand, der durch eine Inventur ermittelt werden muss, gebucht.[1] Der Saldo, der sich bei Abschluss des Warenvorratskontos ergibt, ist die Bestandsveränderung, also die Menge der Waren, die vom Lager verkauft wurde oder die ins Lager gegangen ist. Dieser Saldo wird auf dem Konto „Aufwendungen für bezogene Waren" gegengebucht. Außerdem werden auf dem Konto „Aufwendungen für bezogene Waren" alle Einkäufe zum Einkaufspreis gebucht. Der Saldo des Aufwandskontos ergibt die Menge der verkauften Waren, bewertet zum Einkaufspreis, den sog. Wareneinsatz. Auf dem Konto „Erlöse Warenverkauf" erfasst man den Verkauf der Waren zum Verkaufspreis. Beide Konten werden über das GuV-Konto abgeschlossen. Den Saldo aus Wareneinkauf und -verkauf nennt man Roherfolg (Rohgewinn oder Rohverlust).

Soll	Warenvorräte	Haben		Soll	SBK	Haben
AB	SB (lt. Inventur)		→Warenvorräte			
Bestandserhöhung	Bestandsminderung					

Soll	Aufwend. für Waren	Haben		Soll	Erlöse Warenverkauf	Haben
Einkäufe	Bestandserhöhung		Saldo GuV		Verkäufe	
Bestandsminderung	Saldo GuV					

Soll	GuV	Haben
Aufw. Waren	Erlöse Waren	
Rohgewinn		

Für das obige Beispiel gilt nun Folgendes:

1. Geschäftsfall: ER über 10 Badehosen zu netto 100,00 EUR.

Buchungssatz	Soll	Haben
(5100) Aufwendungen für Waren	100,00	
(1550) Vorsteuer	19,00	
an (1600) Verbindlichkeiten		119,00

2. Geschäftsfall: Barverkauf von 6 Badehosen zu netto 90,00 EUR.

Buchungssatz	Soll	Haben
(1000) Kasse	107,10	
an (8800) Erlöse Warenverkauf		90,00
an (1720) USt		17,10

---

[1] Bei einer bestandsorientierten Buchung würden auch die Einkäufe auf dem Warenvorratskonto gebucht werden. Wir gehen hier aber davon aus, dass die eingekauften Waren auch schnell wieder verkauft werden und buchen die Einkäufe deshalb gleich über das Aufwandskonto.

3. Geschäftsfall: Ermittlung des Schlussbestandes laut Inventur und Abschluss der Konten.

Buchungssatz	Soll	Haben
(9300) SBK an (6100) Warenvorräte	90,00	90,00
(6100) Warenvorräte an (5100) Aufwendungen für Waren	40,00	40,00
(9200) GuV an (5100) Aufwendungen für bezogene Waren	60,00	60,00
(880) Erlöse Warenverkauf an (9200) GuV	90,00	90,00

Soll	**Warenvorräte**		Haben	Soll	**SBK**		Haben
AB	50,00	SB (lt.		Waren-	90,00		
Bestands-		Inventur)	90,00 →	vorräte			
erhöh.	40,00						
—							
	90,00		90,00				
=		=					

Soll	**Aufwend. für Waren**		Haben	Soll	**Erlöse Warenverkauf**		Haben
Verbindl.		Warenvorr.	40,00	GuV	90,00	Kasse (Verk.)	90,00
(Einkauf)	100,00	GuV	60,00	=		=	
—		—					
	100,00		100,00				
=		=					

Soll	**GuV**		Haben
Aufw. Waren	60,00	Erlöse Waren	90,00
Rohgewinn	30,00		
—			
	90,00		90,00
=		=	

1. a) Buchen Sie die Eingangs- und die Ausgangsrechnung!

b) Schließen Sie die Konten ab und ermitteln Sie den Rohgewinn und die Zahllast!

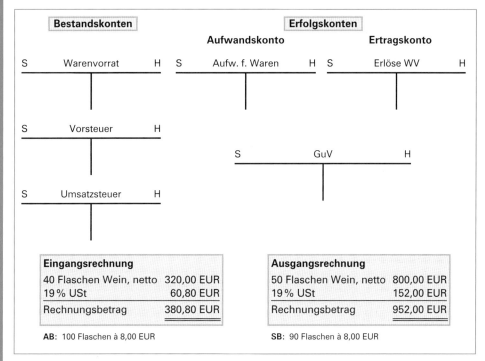

Bestandskonten	Erfolgskonten
	Aufwandskonto	Ertragskonto

S   Warenvorrat   H   S   Aufw. f. Waren   H   S   Erlöse WV   H

S   Vorsteuer   H

S   GuV   H

S   Umsatzsteuer   H

Eingangsrechnung

40 Flaschen Wein, netto	320,00 EUR
19 % USt	60,80 EUR
Rechnungsbetrag	380,80 EUR

AB: 100 Flaschen à 8,00 EUR

Ausgangsrechnung

50 Flaschen Wein, netto	800,00 EUR
19 % USt	152,00 EUR
Rechnungsbetrag	952,00 EUR

SB: 90 Flaschen à 8,00 EUR

2. Die Firma COOL RUNNINGS hat noch folgende Geschäftsfälle zu buchen:

1. Banküberweisung der Monatsmiete für Büro-, Lager-
und Verkaufsräume   3 300,00 EUR

2. Banküberweisungen für Gehälter   7 500,00 EUR

3. Barzahlung der Tankrechnung für den Lieferwagen inklusive
19 % USt   357,00 EUR

4. Die Bank belastet unser Konto mit Überziehungszinsen   300,00 EUR

5. Die örtliche Tageszeitung schickt eine Rechnung für
eine Werbeanzeige, netto   500,00 EUR

6. Die Rechnung der Stadtwerke Lübeck für Strom und Gas wird
von unserem Bankkonto abgebucht, brutto   1 547,00 EUR

7. Einem Großkunden liefern wir 50 Paar Schuhe mit einem
Listenpreis von 60,00 EUR je Paar. Buchen Sie die entsprechende Rechnung!

8. Kauf von 1 600 Paar Schuhen auf Ziel
Einstandspreis je Paar, netto   38,50 EUR

9. Verkauf von 1 500 Paar Schuhen an verschiedene Kunden bar
   Verkaufspreis je Paar, netto   72,00 EUR
10. Unser Großkunde begleicht unsere Rechnung zu Geschäftsfall 7
    durch Banküberweisung.
11. Wir bezahlen die Rechnung unseres Lieferanten (Geschäftsfall 8)
    durch Banküberweisung
12. Bareinnahmen werden auf das Bankkonto eingezahlt   98 000,00 EUR

Abschlussangaben:

– Der Anfangsbestand an Waren beträgt 41 500,00 EUR, der Schlussbestand an Waren beträgt 44 250,00 EUR lt. Inventur.
– Die übrigen Buchbestände stimmen mit der Inventur überein.

a) Buchen Sie die Geschäftsfälle in Grund- und Hauptbuch und nehmen Sie den Abschluss der Waren- und der Steuerkonten vor!

b) Wie hoch ist der Roherfolg?

c) Wie hoch ist die Zahllast?

9.2 Arten von Preisnachlässen und ihre Buchung beim Wareneinkauf

Nach § 253 HGB sind alle Vermögensteile, also auch Waren, zu ihren **Anschaffungskosten** zu erfassen. Zu den Anschaffungskosten gehören alle Aufwendungen, die geleistet werden, um einen Vermögensgegenstand zu erwerben und ihn in einen betriebsbereiten Zustand zu versetzen, auch die *Nebenkosten* und die nachträglichen Anschaffungskosten. **Anschaffungspreisminderungen** sind abzusetzen.

Anschaffungskosten werden nach folgendem Schema berechnet:

Anschaffungspreis	Listenpreis ohne USt
– Anschaffungspreisminderungen	z. B. Rabatte, Boni, Skonti
+ Anschaffungsnebenkosten	z. B. Transport, Versicherung, Verpackung
= **Anschaffungskosten**	

9.2.1 Sofortnachlässe

Sofortnachlässe sind Nachlässe, die sofort bei oder vor der Rechnungsstellung gewährt werden. Sie vermindern den Anschaffungspreis einer Ware und werden in der Buchhaltung nicht gesondert erfasst. Gebucht wird nur der verminderte Einkaufspreis (Anschaffungskosten).

Beispiel: Wir kaufen für unsere Reiseboutique 200 rote T-Shirts zum Nettoeinkaufspreis von 9,95 EUR pro Stück auf Ziel. Unser Lieferant gewährt uns 10 % Rabatt.

Listeneinkaufspreis (200 · 9,95 EUR)	1 990,00 EUR
– 10 % Rabatt	199,00 EUR
	1 791,00 EUR
+ 19 % USt	340,29 EUR
Rechnungsbetrag	2 131,29 EUR

Buchungssatz	Soll	Haben
(5100) Aufwendungen für Waren	1 791,00	
(1550) Vorsteuer	340,29	
an (1600) Verbindlichkeiten		2 131,29

9.2.2 Rücksendungen an den Lieferanten

Werden Waren, deren Eingangsrechnung bereits gebucht wurde, an den Lieferanten zurückgeschickt, muss eine Stornobuchung in Höhe der Rücksendung vorgenommen werden. Eine Stornobuchung bedeutet, dass der ursprüngliche Buchungssatz umgekehrt werden muss.

Beispiel: Beim Auspacken der oben bestellten T-Shirts stellen wir fest, dass Waren im Wert von 500,00 EUR falsch geliefert wurden. Wir senden diese falschen Waren an unseren Lieferanten zurück und erhalten dafür eine Gutschrift.

Nettowert	500,00 EUR
+ 19 % USt	95,00 EUR
Bruttowert	595,00 EUR

Anschaffungskosten der Waren sinken und damit sinkt auch die Bemessungsgrundlage für die USt.

Insgesamt sinken auch die Verbindlichkeiten.

Buchungssatz	Soll	Haben
(1600) Verbindlichkeiten	595,00	
an (1550) Vorsteuer		95,00
an (5100) Aufwendungen für Waren		500,00

Soll	Aufw. f. Waren		Haben
Verbindl.	1791,00	Verbindl.	500,00

Soll	Vorsteuer		Haben
Aufw. f. Waren 340,29		Aufw. f. Waren	95,00

Soll	Verbindlichkeiten		Haben
Aufw. f. Waren 595,00		Aufw. Waren	2 131,29

9.2.3 Skonti, Boni, Preisnachlässe

Auf Rechnungen findet man häufig folgende Zahlungsbedingung: **„Zahlbar innerhalb von 10 Tagen mit 3 % Skonto oder in 30 Tagen rein netto".** Das bedeutet, dass der Lieferant insgesamt ein Zahlungsziel von 30 Tagen setzt. Er gewährt dem Kunden einen **Kredit** für diesen Zeitraum. Dafür kalkuliert er **Zinsen** in seinen Verkaufspreis ein. Für den Fall, dass der Kunde diesen Kredit aber nicht in Anspruch nimmt und schon innerhalb der ersten 10 Tage die Rechnung begleicht, muss er auch keine Zinsen für einen Kredit bezahlen. Der Skonto ist also eine **Zinsvergütung** dafür, dass der Kunde vorzeitig die Rechnung bezahlt. Ein Skonto dient dem Kunden als Anreiz für eine rechtzeitige Zahlung.

Es stellt sich nunmehr die Frage, ob sich eine vorzeitige Zahlung mit Skontoabzug überhaupt lohnt.

Beispiel: Wir kaufen Handelswaren für netto 1000,00 EUR auf Ziel und erhalten 3 % Skonto bei Zahlung innerhalb von 10 Tagen, sonst innerhalb von 30 Tagen ohne Abzug. Der Skonto beträgt also 30,00 EUR.

Das ist nun nicht unbedingt ein großer Betrag. Dabei ist aber zu bedenken, dass sich diese 3 % nur auf die 20 Tage zwischen dem 10. und dem 30. Tag beziehen. Umgerechnet auf ein Jahr ergibt sich folgender Jahreszinssatz:

$$p \% = \frac{Z \cdot 360}{K \cdot t} = \frac{30,00 \cdot 360 \text{ Tage}}{970,00 \cdot 20 \text{ Tage}} = 0,5567 = 56 \%$$

Ein Jahreszinssatz von 56 % macht deutlich, wie sinnvoll es ist, einen Skonto in Höhe von 3 % in Anspruch zu nehmen.

Ein Skonto stellt eine **nachträgliche Minderung der Anschaffungskosten** dar und könnte direkt auf dem Konto Aufwendungen für Waren gebucht werden. Zur besseren Übersicht und zur Vereinfachung der Kalkulation ist es aber sinnvoll und üblich, die erhaltenen Skonti auf einem **Unterkonto „Erhaltene Nachlässe"** zu buchen.[1]

---

[1] Je nach Bedarf wird in der Praxis nicht nur ein Unterkonto, sondern mehrere verwendet, wie z.B. erhaltenen Skonti, erhaltenen Boni, Preisnachlässe usw.

Beispiel: Einkauf von Waren auf Ziel, Warenwert 5 000,00 EUR zuzüglich 950,00 EUR USt. Banküberweisung 10 Tage später unter Abzug von 3 % Skonto.

Warenwert	5 000,00 EUR
+ 19 % USt	950,00 EUR
Rechnungsbetrag	5 950,00 EUR
− 3 % Skonto	178,50 EUR
Überweisungsbetrag	5 771,50 EUR

Der Skonto vermindert nachträglich die Anschaffungskosten. Damit vermindert sich auch die Bemessungsgrundlage für die Vorsteuer. Folglich muss die Vorsteuer korrigiert werden. Die 178,50 EUR sind der Bruttoskonto, der sich in 150,00 EUR Nettoskonto und 28,50 EUR Vorsteuerkorrektur zerlegen lässt.

1. Geschäftsfall: Wareneinkauf

Buchungssatz	Soll	Haben
(5100) Aufwendungen für Waren	5 000,00	
(1550) Vorsteuer	950,00	
an (1600) Verbindlichkeiten		5 950,00

2. Geschäftsfall: Banküberweisung und Skontoabzug

Buchungssatz	Soll	Haben
(1690) Verbindlichkeiten	5 950,00	
an (5110) Erhaltene Nachlässe		150,00
an (1550) Vorsteuer		28,50
an (1200) Bank		5 771,50

Kontenübersicht:

Soll	Aufw. f. Waren	Haben		Soll	VSt	Haben
Verbindl. 5 000,00				Verbindl. 950,00	Verbindl.	28,50

Soll	Erhaltene Nachlässe	Haben		Soll	Verbindlichkeiten	Haben
	Verbindl.	150,00		Bank/Nachlass 5 950,00	Aufw. f. Waren	5 950,00

Soll	Bank	Haben
	Verbindl.	5 771,50

Da das Konto „Erhaltene Nachlässe" ein Unterkonto des Kontos „Aufwendungen für Waren" ist, muss es über dieses Konto abgeschlossen werden. Der Saldo im Konto „Aufwendungen für Waren" zeigt dann die verminderten Anschaffungskosten.

Soll	Aufwendungen für Waren		Haben
Verbindlichkeiten	5 000,00	Erhaltene Nachlässe	150,00
		Saldo	4 850,00
	5 000,00		5 000,00

Soll	Erhaltene Nachlässe		Haben
Aufwendungen f. Waren	150,00	Verbindlichkeiten	150,00

Buchungssatz	Soll	Haben
(5110) Erhaltene Nachlässe	150,00	
an (5100) Aufwendungen für Waren		150,00

Für **erhaltene Boni** gelten die gleichen Ausführungen wie bei den Skonti. Boni, wie Treue-, Mengen-, Umsatzrabatte, **vermindern nachträglich die Anschaffungskosten** und damit auch die gebuchte **Vorsteuer**.

Gleiches gilt für die Buchung eines **Preisnachlasses aufgrund einer Mängelrüge**. Stellt sich heraus, dass die eingekaufte Ware nicht der bestellten Qualität entspricht, muss der Kunde die Ware nicht zwangsläufig zurückschicken, sondern kann einen Preisnachlass dafür aushandeln. Dieser Preisnachlass würde dann wieder den Wert der eingekauften Ware vermindern. Damit verringert sich entsprechend die Bemessungsgrundlage für die Umsatzsteuer, die folglich auch korrigiert werden muss. Außerdem nehmen auch die Verbindlichkeiten ab. Die Buchungen entsprechen den oben gezeigten Buchungen für Skonti.

Zusammenfassung

Das Warenkonto ist dreigeteilt:

➤	**Aufwendungen für Waren**	→	Aufwandskonto	→	gebucht wird der Wareneinkauf
➤	**Erlöse Warenverkauf**	→	Ertragskonto	→	gebucht wird der Warenverkauf
➤	**Warenvorräte**	→	aktives Bestandskonto	→	gebucht wird der Anfangsbestand, der Schlussbestand laut Inventur und die Bestandsveränderung

Soll	**Warenvorräte**	Haben		Soll	**SBK**	Haben
AB	SB lt. Inventur	→Warenvorräte			
Bestandserhöhung	Bestandsminderung				

Soll	**Aufw. f. Waren**	Haben
Einkäufe	Bestandserhöhung
Bestandsminderung	Saldo GuV

Soll	**Erlöse Warenverkauf**	Haben
Saldo GuV	Verkäufe

Soll	**GuV**	Haben
Aufwend. f. Waren	Erlöse Waren
Rohgewinn	

Der Saldo im GuV-Konto ist der **Rohgewinn**, der Gewinn, der nur aus Ein- und Verkauf von Waren entstanden ist.

Preisnachlässe, wie Sofortnachlässe (Rabatte), Skonti, Boni und Rücksendungen, vermindern die Anschaffungskosten und damit die Bemessungsgrundlage für die Vorsteuer.

Sofortnachlässe	Sie werden buchhalterisch nicht gesondert erfasst.
Rücksendungen	Sie werden auf dem Konto „Aufwendungen für Waren" auf der Habenseite gebucht. Außerdem muss auf der Habenseite des Vorsteuerkontos eine Korrekturbuchung vorgenommen werden.
Preisnachlässe, Skonti und Boni	Sie werden auf dem Unterkonto „Erhaltene Nachlässe" des Kontos „Aufwendungen für Waren" gebucht. „Erhaltene Nachlässe" müssen über das Konto „Aufwendungen für Waren" abgeschlossen werden. Auch hier muss eine Korrektur der Vorsteuer vorgenommen werden.

7 Künzel, Thieß - ISBN 978-3-8120-0496-1

9.3 Buchung beim Warenverkauf

9.3.1 Rücksendungen vom Kunden

Sendet ein Kunde mangelhafte oder falsch gelieferte Waren an den Verkäufer zurück, muss auch die Buchung rückgängig gemacht werden.

Beispiel: Zielverkauf von Waren, Warenwert 1 200,00 EUR zuzüglich 228,00 EUR USt. Der Kunde sendet falsch gelieferte Waren im Wert von 200,00 EUR zuzüglich 38,00 EUR USt zurück. Wir schicken ihm eine Gutschriftanzeige (Beleg).

1. Geschäftsfall: Warenverkauf

Buchungssatz	Soll	Haben
(1400) Forderungen	1 428,00	
an (1720) Umsatzsteuer		228,00
an (8800) Erlöse aus Warenverkauf		1 200,00

2. Geschäftsfall: Gutschrift an den Kunden

Buchungssatz	Soll	Haben
(8800) Erlöse aus Warenverkauf	200,00	
(1720) Umsatzsteuer	38,00	
an (1400) Forderungen		238,00

Der ursprüngliche Buchungssatz wird bei einer Stornobuchung einfach umgedreht. Die Erlöse vermindern sich, damit auch die Bemessungsgrundlage für die USt und die Forderungen werden auch weniger.

9.3.2 Skonti, Boni, Preisnachlässe

Die nachträglich gewährten Preisnachlässe mindern die Erlöse und die Umsatzsteuer. Zur besseren Übersicht werden die Erlösschmälerungen aber nicht auf dem Konto „Erlöse aus Warenverkauf", sondern auf dem Unterkonto „Erlösschmälerungen" gebucht.

Beispiel: Zielverkauf von Waren im Wert von 2 000,00 EUR zuzüglich 380,00 EUR USt. Der Rechnungsbetrag wird unter Abzug von 2 % Skonto auf unser Bankkonto überwiesen.

1. Geschäftsfall: Warenverkauf

Buchungssatz	Soll	Haben
(1400) Forderungen	2 380,00	
an (1720) Umsatzsteuer		380,00
an (8800) Erlöse aus Warenverkauf		2 000,00

2. Geschäftsfall: Banküberweisung des Kunden

Buchungssatz	Soll	Haben
(8805) Erlösschmälerungen	40,00	
(1720) Umsatzsteuer	7,60	
(1200) Bank	2 332,40	
an (1400) Forderungen		2 380,00

Abschluss des Kontos „Erlösschmälerungen" über „Erlöse Warenverkauf":

Soll	Erlöse aus Warenverkauf		Haben
Erlösschmälerung	40,00	Forderungen	2 000,00
Saldo	1 960,00		
—			
	2 000,00	=	2 000,00
=			

Soll	Erlösschmälerung		Haben
Forderung	40,00	Erlöse aus WV	40,00

Buchungssatz	Soll	Haben
(8800) Erlöse aus Warenverkauf	40,00	
an (8805) Erlösschmälerungen		40,00

Die gleichen Ausführungen gelten auch für gewährte Boni und von uns gewährte Preisnachlässe aufgrund von Mängelrügen.

Zusammenfassung

Beim Warenverkauf mindern Rücksendungen, Preisnachlässe, Boni und Skonti den Erlös und damit die Bemessungsgrundlage für die Umsatzsteuer. Es muss eine Korrekturbuchung vorgenommen werden. Für Boni und Skonti werden Unterkonten eingeführt.

Sofortrabatte, Skonti und Boni

beim Wareneinkauf

S   Aufwendungen f. Waren   H

Einkäufe vermindert um Sofortrabatte	Erhaltene Skonti
	Erhaltene Boni
	Preisnachlässe
	GuV

S   Erhaltene Nachlässe   H

	Erhaltene Skonti
	Preisnachlässe
	Erhaltene Boni

S   Vorsteuer   H

Vorsteuerbeträge aufgrund gebuchter ER	Berichtigungen f.
	Rücksendungen
	Preisnachlässe
	Skonti
	Boni

beim Warenverkauf

S   Erlöse a. Warenverkauf   H

Gewährte Skonti	Verkäufe vermindert um Sofortrabatte
Gewährte Boni	
Preisnachlässe	
GuV	

S   Erlösschmälerungen   H

Gewährte Skonti	
Preisnachlässe	
Gewährte Boni	

S   Umsatzsteuer   H

Berichtigungen f.	Umsatzsteuerbeträge aufgrund gebuchter AR
Rücksendungen	
Preisnachlässe	
Skonti	
Boni	

3. Beantworten Sie folgende Fragen:

1. Was sind Sofortrabatte und wie werden sie buchhalterisch erfasst?

2. Was versteht man unter einem Skonto?

3. Auf welchen Konten werden gewährte und erhaltene Skonti erfasst? Was sind das für Konten?

4. Was bezweckt der Lieferer mit einem Bonus?

5. Warum muss die Umsatzsteuer korrigiert werden, wenn wir einen Skonto gewähren?

4. Bilden Sie zu folgenden Geschäftsfällen die Buchungssätze und buchen Sie im Hauptbuch:

1. Zieleinkauf von Waren, Listenpreis 5 000,00 EUR abzüglich 10 % Rabatt.

2. Banküberweisung der ER abzüglich 2 % Skonto.

3. Wir erhalten am Jahresende eine Gutschriftanzeige unseres Lieferers über einen Mengenrabatt von 5 %.

Wie hoch sind die Anschaffungskosten dieser Waren? Wie hoch ist die Vorsteuer?

5. Bilden Sie zu folgenden Geschäftsfällen die Buchungssätze und buchen Sie im Hauptbuch:

1. Zielverkauf von Waren, Warenwert 4 500,00 EUR zuzüglich 19 % USt.

2. Der Kunde bekommt von uns aufgrund einer Mängelrüge eine Gutschrift von netto 450,00 EUR.

3. Der Kunde überweist den Restbetrag unter Abzug von 3 % Skonto.

Wie hoch ist der Erlös aus dem Verkauf der Ware, wie hoch die USt?

6. Bilden Sie zu folgenden Geschäftsfällen die Buchungssätze und buchen Sie im Hauptbuch:

1. Zieleinkauf von Waren, Warenwert 3 100,00 EUR zuzüglich USt.

2. Wir senden beschädigte Waren im Wert von 700,00 EUR an unseren Lieferer zurück und erhalten dafür eine Gutschrift.

3. Wir überweisen den Restbetrag von unserem Postbankkonto unter Abzug von 3 % Skonto.

Wie hoch sind die Anschaffungskosten dieser Waren? Wie hoch ist die Vorsteuer?

7. Das Unternehmen C. Fey weist zum 01.01. folgende Bestände aus:

BGA	45 000,00 EUR	Eigenkapital	196 000,00 EUR
Warenbestand	120 000,00 EUR	Verbindlichkeiten	19 000,00 EUR
Forderungen	32 000,00 EUR		
Bankguthaben	15 000,00 EUR		
Kasse	3 000,00 EUR		

Es kommt zu folgenden Geschäftsfällen, die in Grund- und Hauptbuch gebucht werden sollen:

1. Kauf von Waren auf Ziel, netto 5 000,00 EUR.
2. Banküberweisung an den Lieferer abzüglich 2 % Skonto.
3. Zielverkauf von Waren, Listenpreis 30 000,00 EUR abzüglich eines Sofortrabattes von 10 %.
4. Wir gewähren dem Kunden einen nachträglichen Mengenrabatt von 5 %.
5. Der Kunde überweist auf unser Bankkonto unter Abzug von 2 % Skonto.

Abschlussangaben:

Der Schlussbestand an Waren beträgt laut Inventur 100 000,00 EUR.

Schließen Sie die Konten ab und ermitteln Sie die Zahllast und den Erfolg!

10 Datenschutz und Datensicherheit

10.1 Datenschutz

Datenschutz (auch das Recht auf „informationelle Selbstbestimmung") bewahrt jeden Einzelnen davor, dass mit seinen persönlichen Daten Missbrauch betrieben wird. Zum Schutz der Privatsphäre soll jeder selbst entscheiden, zu welchem Zweck seine Daten verwendet werden. Personenbezogene Daten dürfen immer nur zu einem klar definierten Zweck verwendet werden. Missbrauch liegt vor, wenn diese Daten anders oder ohne Zustimmung des Betroffenen verwendet werden.

10.2 Bundesdatenschutzgesetz (BDSG)

Das Gesetz regelt den Umgang mit **personenbezogenen Daten.** Hierzu zählen z.B.

➤ Sicherstellung von Zweckbindung, Datenvermeidung und Datensparsamkeit bei der Verarbeitung personenbezogener Daten,
➤ Umsetzung der erforderlichen technischen und organisatorischen Maßnahmen zur Datensicherheit (§ 9 BDSG),
➤ Verpflichtung der Mitarbeiter auf das Datengeheimnis und Sensibilisierung durch entsprechende Schulungen (§ 5 BDSG),
➤ Führen eines Verfahrensverzeichnisses,
➤ bei Bedarf jederzeitige Auskunft an Betroffene über gespeicherte Daten (§ 19 BDSG).

Wenn mehr als 10 Personen in der EDV eines Unternehmens beschäftigt sind, ist ein Datenschutzbeauftragter zu bestellen, der sich um die Einhaltung des Gesetzes kümmert.

10.3 Datensicherheit

Ein wichtiger Grundsatz ordnungsmäßiger DV-gestützter Buchführungssysteme ist die Datensicherung. Datensicherheit schützt Hardware, Software und Daten jeder Art vor Beschädigung, Verfälschung, Verlust, Manipulation sowie davor, dass sie an Unberechtigte geraten.

Nur durch hinreichende und wirkungsvolle Sicherungsmaßnahmen kann man verhindern, dass Daten und Informationen an unbefugte Dritte gelangen, die diese schlimmstenfalls in unzulässiger Weise auswerten, speichern und weiterverwenden. Um diesem Umstand Rechnung zu tragen, ist es erforderlich, dass die Datenbestände in regelmäßigen Abständen gesichert werden. Datensicherheit schafft somit die sicherheitstechnischen und organisatorischen Voraussetzungen für wirksamen Datenschutz.

Die allgemeinen GoB sind also um die GoBS (Grundsätze ordnungsmäßiger DV-gestützter Buchführungssysteme) zu ergänzen. Dazu zählen:

- Zuverlässigkeit des Finanzbuchhaltungsprogramms,
- Nachprüfbarkeit der automatisch erzeugten Daten,
- Datensicherheit,
- ständige Wiedergabemöglichkeit der Daten.

Beispiel: **Datenerfassung**: Bei einem Kundengespräch werden die Daten eines Kunden aufgenommen.

Datenpflege: Telefonische Anfrage beim Kunden, ob die in der Kundenkartei erfasste Adresse noch aktuell ist.

Datensicherung: Regelmäßiges Herunterladen eines Updates des installierten Virenschutzprogramms aus dem Internet.

Datenschutz: Am Ende eines Beratungsgespräches wird dem Kunden ein Formular ausgehändigt, aus dem hervorgeht, welche personenbezogenen Daten über ihn gespeichert wurden. Das Einverständnis des Kunden wird durch Unterschrift bestätigt.

ÜBUNGSAUFGABEN

1. Wie verhalten Sie sich nach dem BDSG richtig, wenn Sie einen Stammdatensatz eines neuen Kunden anlegen?

   a) Da Sie die Daten bei einer Buchung brauchen, erfassen Sie seine persönlichen Daten (z. B. Geburtsdatum, Adresse) in der Kundendatei, ohne den Kunden darüber zu informieren. Sie gehen davon aus, dass der Kunde das weiß.

   b) Da die Ehefrau den Kunden eventuell auf seiner Reise begleiten soll, speichern Sie auch Informationen über die Ehefrau des Kunden, soweit der Kunde sie Ihnen auf Nachfrage nennt.

c) Am Ende des Beratungsgespräches händigen Sie Ihrem Kunden ein Formular aus, aus dem hervorgeht, welche personenbezogenen Daten Sie über ihn gespeichert haben. Das Einverständnis lassen Sie sich durch Unterschrift des Kunden bestätigen.

d) Sie wissen, dass der Kunde Reisen bei einem befreundeten Reisebüro gebucht hat. Sie erkundigen sich bei diesem Reisebüro über die Zahlungsmoral des Kunden und vermerken das entsprechend in Ihrer Kundendatei.

e) Weil Sie vergessen haben, den Kunden nach der Handynummer zu fragen, rufen Sie bei der Ehefrau an und fragen nach der Handynummer des Kunden. Diese speichern Sie in Ihrer Kundendatei.

2. Bei welchem der folgenden Vorgänge handelt es sich um die Erfassung personenbezogener Daten, auf die die Vorschriften des BDSG anzuwenden sind?

a) Sie informieren sich im Handelsregister über Gesellschafter und Geschäftsführer eines neuen Geschäftspartners.

b) Sie werten die Veröffentlichung in einer Fachzeitschrift über die Reisegewohnheiten deutscher Best Ager aus.

c) Sie erfassen und speichern die Reisepräferenzen eines Kunden.

d) Sie führen vor Ihrem Reisebüro eine anonyme Passantenbefragung über Reisegewohnheiten durch.

e) Sie werten den veröffentlichten Geschäftsbericht eines großen Reiseveranstalters hinsichtlich personalwirtschaftlicher Daten aus.

3. Prüfen Sie, welcher Sachverhalt nach § 3 (1) BDSG zutreffend ist!

> § 3 Weitere Begriffsbestimmung
> (1) Personenbezogene Daten sind Einzelangaben über persönliche oder sachliche Verhältnisse einer bestimmten oder bestimmbaren natürlichen Person (Betroffener).

a) Die Ergebnisse einer anonymen Befragung von Passanten vor dem Reisebüro sind personenbezogene Daten und unterliegen dem BDSG.

b) Die Angabe des Geburtsnamens eines Kunden gehört zu den personenbezogenen Daten.

c) Personenbezogene Daten sind auch Angaben darüber, wer Geschäftsführer einer GmbH ist.

d) Die Speicherung von Flugtarifen unterliegt dem BDSG.

e) Die Speicherung des aktuellen Ergebnisses einer Reiseanalyse über die Reisegewohnheiten der Deutschen fällt unter das BDSG.

11 Kaufmännisches Rechnen und Beleggeschäftsgang I

11.1 Prozentrechnung

Mit Brüchen kann man Anteile von einem Ganzen berechnen. Anteile, die sich auf ein Hundertstel beziehen, kommen im Alltag besonders häufig vor. Deshalb haben sie eine eigene Bezeichnung: „Prozent". Der Vorteil der Prozentrechnung ist, dass sich Zahlen unterschiedlicher Herkunft vergleichen lassen, wenn sie alle auf 100 bezogen werden. Die Prozentrechnung ist eine spezielle Form der Dreisatzrechnung (s. S. 61).

Prozente sind immer positiv und bezeichnen Anteile an einem Ganzen. Die drei Größen, um die es in der Prozentrechnung geht, sind:

➤ **Grundwert**: der Betrag, auf den sich die Prozentrechnung bezieht,

➤ **Prozentsatz**: die Zahl, die mit einem Prozentzeichen versehen wird und das Verhältnis des Prozentwertes zum Grundwert angibt,

➤ **Prozentwert**: ein Betrag, der zum Grundwert ins Verhältnis gesetzt wird; das Verhältnis wird durch den Prozentsatz ausgedrückt.

Berechnung des Prozentwertes:

$$\text{Prozentwert} = \frac{\text{Grundwert} \cdot \text{Prozentsatz}}{100}$$

Berechnung des Grundwertes:

$$\text{Grundwert} = \frac{\text{Prozentwert} \cdot 100}{\text{Prozentsatz}}$$

Berechnung des Prozentsatzes:

$$\text{Prozentsatz} = \frac{\text{Prozentwert}}{\text{Grundwert} \cdot 100}$$

Beispiel: 1. Der Verkaufspreis einer Ware beträgt 259,00 EUR. Der Händler gibt einen Rabatt von 3 %. Wie hoch ist der Betrag, der abgezogen werden kann?

$$\text{Prozentwert} = \frac{259 \cdot 3}{100} = 7,77$$

Der Rabatt beträgt 7,77 EUR.

2. Wenn ein Rabatt von 5 % einem Betrag von 8,60 EUR entspricht, wie hoch ist dann der Verkaufspreis?

$$\text{Grundwert} = \frac{8,60 \cdot 100}{5} = 172,00$$

Der Verkaufspreis beträgt 172,00 EUR.

3. Bei einem Verkaufspreis von 326,00 EUR wird ein Rabatt in Höhe von 13,04 EUR gewährt. Wie hoch ist der Prozentsatz?

$$\text{Prozentsatz} = \frac{13,04}{326 \cdot 100} = 4$$

Der Prozentsatz, der gewährt wird, ist 4 %.

Mit Prozenten werden häufig auch Gewinne und Verluste bzw. Zu- und Abnahmen bezeichnet. Dabei ist der Grundwert immer die ursprüngliche Größe. Durch Zu- oder Abnahme entsteht eine neue Größe. Die Differenz zwischen beiden ist der Prozentwert und entspricht dem dazugehörigen Prozentsatz der Zu- oder Abnahme.

Beispiel: Die Personalkosten sind von 24 000,00 EUR auf 25 500,00 EUR gestiegen. Wie hoch ist die Steigerung in Prozent?

Grundwert = 24 000

Prozentwert = Zunahme (Differenz aus 25 500 und 24 000) = 1 500

$$\text{Prozentsatz} = \frac{1 500}{24 000 \cdot 100} = 6,25$$

Die Personalkosten sind um 6,25 % gestiegen.

Beispiel: Die Personalkosten sind um 8 % auf 22 580,00 EUR gesunken. Wie hoch waren die ursprünglichen Personalkosten?

Grundwert = ursprüngliche Personalkosten

Die neuen Personalkosten sind um 8 % niedriger als die ursprünglichen (100 % – 8 % = 92 %).

92 % ist der Prozentsatz und entspricht dem Prozentwert 22 580.

$$\text{Grundwert} = \frac{22 580}{92 \cdot 100} = 24 543,48$$

Die ursprünglichen Personalkosten betrugen 24 543,48 EUR.

ÜBUNGSAUFGABEN

1. Die Zahl der Übernachtungen in einem Hotel ist um 12 % auf 2 112 gesunken. Wie hoch ist die ursprüngliche Übernachtungszahl?

2. Die Gesamtkosten des Reisebüros betrugen 589 000,00 EUR. Davon waren 145 000,00 EUR Personalkosten. Wie viel % waren das?

3. Der Listenpreis eines Autos beträgt 23 925,00 EUR. Der Kunde bekommt den Wagen für 21 054,00 EUR. Um wie viel Prozent liegt dieser Preis unter dem Listenpreis?

4. Ein Reisebus verbraucht auf 400 km 47 Liter Diesel, ein anderer Reisebus verbraucht 65,8 Liter auf 700 km. Um wie viel Prozent ist der Verbrauch eines der beiden Reisebusse niedriger als der des anderen?

5. Der Kauf eines Kopierers verteuert sich um 192,04 EUR, da die Bezahlung in Raten erfolgt. Wie hoch war der ursprüngliche Preis des Kopierers, wenn die Verteuerung 10,5 % beträgt?

6. Aus der Kosten- und Leistungsrechnung liegen folgende Werte vor:

Leistungen: 595 000,00 EUR

Kosten: 560 000,00 EUR

Die Kosten teilen sich folgendermaßen auf:

Kalkulatorische AfA 16 %

Kalkulatorische Zinsen 9 %

Kalkulatorische Miete 15 %

Personalkosten 25 %

Kfz-Kosten ?

   a) Wie hoch ist der prozentuale Anteil der Kfz-Kosten?
   b) In der Planung wurde von 24 % Anteil der Personalkosten ausgegangen. Um wie viel EUR übersteigen die Personalkosten die geplante Höhe?
   c) Als Betriebsergebnis waren 40 000,00 EUR geplant (Leistung – Kosten). Um wie viel Prozent fällt es niedriger aus?

7. Sie lesen, dass Ihr Konkurrent seinen Gewinn um 20 % auf 52 000,00 EUR steigern konnte. Wie hoch war der Vorjahresgewinn?

11.2 Währungsrechnung

Der Wechselkurs ist der Preis, zu dem inländische und ausländische Währungseinheiten getauscht werden.

Bei der in Deutschland üblichen **Mengennotierung** wird angegeben, welcher Betrag der Auslandswährung als Gegenwert für eine bestimmte Menge an Inlandswährung zu zahlen ist.

Beispiel: Bei einem Wechselkursverhältnis von 1,405 zwischen EUR und US-Dollar entspricht der Gegenwert eines Euros 1,41 US-Dollar.

Wechselkurse (Mengennotierung)			
US-Dollar	1,405	Norwegische Krone	7,4949
Britisches Pfund	0,883	Schwedische Krone	8,9514
Schweizer Franken	1,2065	Dänische Krone	7,447

Eine Übernachtung in einem Hotel in Bayern kostet pro Nacht 49,00 EUR. Wie hoch ist der Preis in US-Dollar bzw. in Schweizer Franken?

$1,00 \text{ EUR} = 1,405 \text{ US-Dollar}$

$49,00 \text{ EUR} = x \text{ US-Dollar}$

$x = \dfrac{49 \cdot 1,405}{1} = 68,85 \text{ US-Dollar}$

$1,00 \text{ EUR} = 1,2065 \text{ SFR}$

$49,00 \text{ EUR} = x \text{ SFR}$

$x = \dfrac{49 \cdot 1,2065}{1} = 59,12 \text{ SFR}$

Die Übernachtung kostet 68,85 US-Dollar oder 59,12 SFR.

Erfolgt die Feststellung des Wechselkurses durch einen festgesetzten Betrag der jeweiligen Auslandswährung, spricht man von **Preisnotierung**. Notiert z. B. der US-Dollar bei 0,7181 EUR, so bedeutet das, dass man für einen US-Dollar 0,72 EUR bezahlen muss.

Beispiel: Eine Übernachtung in einem Hotel in London kostet pro Nacht 89,00 Britische Pfund. Wie hoch ist der Preis in EUR, wenn das Pfund bei 1,14 notiert?

$1 \text{ GBP} = 1,14 \text{ EUR}$

$89 \text{ GBP} = x$

$x = \dfrac{89 \cdot 1,14}{1} = 101,46 \text{ EUR}$

Der Preis in EUR beträgt 101,46 EUR.

ÜBUNGSAUFGABEN

8. Für die gleiche Anzahl Lieferung Rucksäcke erhält „Baltic Reisen" drei Angebote, Lieferung frei Haus einschließlich Versicherung.

   1. Angebot A: aus Dänemark 57 989,10 DKK (Dänische Kronen), Kurs: 7,4345
   2. Angebot B: aus Schweden 71 012,00 SEK (Schwedische Kronen), Kurs: 8,8765
   3. Angebot C: aus Norwegen 64 375,45 NOK (Norwegische Kronen), Kurs: 8,641

   Welches Angebot ist am günstigsten?

9. Für eine Reise nach Japan wollen Sie vorher 300,00 EUR umtauschen. Der Wechselkurs für einen Euro liegt bei 108,4800 JPY. Wie viel JPY bekommen Sie?

10. In Japan wollen Sie weitere 800,00 EUR in JPY umtauschen. Der JPY notiert bei 0,0092 EUR. Wie viel JPY bekommen Sie?

11.3 Beleggeschäftsgang I

Zur Übung der erlernten Buchungstechniken wird an dieser Stelle ein einfacher Belegge-schäftsgang angeboten. Aus didaktischen Gründen wird an dieser Stelle vollständig auf reiseverkehrsspezifische Buchungen verzichtet.

> **1. Ausgangslage:**

Die bis zum 27.12.20.. gebuchten Geschäftsfälle der Firma Baltic Reisen, Holstenstr. 1, 23558 Lübeck finden ihren Niederschlag in der Saldenbilanz auf der folgenden Seite.

Für die konventionelle Buchung sind noch die Konten 9200 Gewinn- und Verlustkonto und 9300 Schlussbilanzkonto erforderlich.

Weitere Angaben zum Unternehmen:

Bankverbindungen	BLZ	Konto
Postbank AG	200 100 20	68943
Sparkasse zu Lübeck	230 501 01	201 262 486
	Tel. 0451 9445044 Fax: 0451 9445045 E-Mail: service@baltic.de	

> **2. Belegbuchungen**

Die Belege 1 – 15 sind noch zu buchen.

> **3. Abschlussangaben laut Inventur**

Die Inventur ergab die folgenden Schlussbestände:
- Hilfs- und Betriebsstoffe   250,00 EUR,
- Warenvorräte Sportartikel (19 % USt)   1 200,00 EUR,
- Warenvorräte Reiseliteratur (7 % USt)   1 100,00 EUR.

Die anderen Buchbestände stimmen mit den Inventurwerten überein.

Aufgaben:

1. Buchen Sie die Belege und die Buchungen aufgrund der Abschlussangaben zunächst auf einem Kontierungsblatt!
2. Buchen Sie den Geschäftsgang in Grund- und Hauptbuch!
3. Erstellen Sie den Jahresabschluss!

\multicolumn{4}{c}{**Summen- und Saldenliste der Sachkonten 27.12.20..**}
Konto	**Kontobezeichnung**	**Soll**	**Haben**
0100	Grundstücke und Bauten	50 600,00	0,00
0230	Fahrzeuge	80 000,00	0,00
0250	Betriebs- und Geschäftsausstattung	15 000,00	0,00
0510	Darlehen	0,00	75 000,00
0800	Eigenkapital	0,00	63 000,00
1000	Kasse	1 800,00	0,00
1100	Postbank	11 200,00	0,00
1200	Bank	14 250,00	0,00
1400	Forderungen aus Lieferungen u. Leistungen	3 500,00	0,00
1550	Vorsteuer 19 %	1 600,00	0,00
1570	Vorsteuer 7 %	140,00	0,00
1600	Verbindlichkeiten aus Lieferungen u. Leistungen	0,00	6 900,00
1720	Umsatzsteuer 19 %	0,00	3 800,00
1725	Umsatzsteuer 7 %	0,00	840,00
1900	Privatkonto	1 700,00	0,00
4000	Löhne und Gehälter	7 800,00	0,00
4200	Kommunikationskosten	2 300,00	0,00
4300	Bürosachkosten (Bürobedarf, Zeitschriften etc.)	600,00	0,00
4310	Steuern, Versicherungen, Beiträge, Gebühren	1 500,00	0,00
4320	Kfz-Kosten	12 650,00	0,00
4800	Abschreibungen auf Sachanlagen	0,00	0,00
5000	Aufwendungen für Hilfs- und Betriebsstoffe	750,00	0,00
5100	Aufwendungen für bezogene Waren (19 %)	17 000,00	0,00
5200	Aufwendungen für bezogene Waren (7 %)	2 000,00	0,00
6000	Hilfs- und Betriebsstoffe	750,00	0,00
6100	Warenvorräte (19 %)	1 000,00	0,00
6200	Warenvorräte (7 %)	500,00	0,00
8010	Erlöse aus eigenen Veranstaltungen § 25 UStG	0,00	24 000,00
8100	Erlöse Touristik Reisevermittlung	0,00	21 000,00
8800	Erlöse Warenverkauf (19 %)	0,00	26 000,00
8810	Erlöse Warenverkauf (7 %)	0,00	5 500,00
8960	Zinserträge	0,00	600,00
Summe der Salden		**226 640,00**	**226 640,00**

Libri Buchhandel GmbH
Steindamm 45, 20450 Hamburg

Firma
Baltic Reisen
Holstenstr. 1
23558 Lübeck

Kunden Nr.: D10895
Rechn.-Nr.: 12-87
Datum: 27. 12. 20..

RECHNUNG

ISBN.	Bezeichnung	Menge	E-Preis EUR	Gesamt EUR
5544-6	Türkei, Reiseführer	10	20,00	200,00
5544-7	Frankreich, Reiseführer	15	20,00	300,00
5544-8	London kompakt	40	10,00	400,00
51862	Pons Reisewörterbuch Französisch	60	5,00	300,00
				1 200,00
		7 %	MWSt	84,00
			Endbetrag	**1 284,00**

Bankverbindung:
Hamburger Sparkasse (BLZ 530 100 01) Konto 45045010

Sitz/Registergericht: Hamburg, Amtsgericht Hamburg HRB 489

Mahn Sportartikel GmbH
Großversand
Stiftstr. 1, **63065 Offenbach a.M.**

Mahn GmbH, Stiftstr. 1, 63065 Offenbach a.M.

☎ 0695 455005
Fax 0695 455006

Firma
Baltic Reisen
Holstenstr. 1
23558 Lübeck

Kunden Nr.: K276
Rechn.-Nr.: AR0212-45
Datum: 28. 12. 20..

RECHNUNG

Art.-Nr.	Bezeichnung	Menge	Stück EUR	Gesamt EUR
101	Outdoor Rucksäcke	10	40,00	400,00
312	Sonnenbrille „Traveller"	15	20,00	300,00
345	City-Roller „flash1"	5	80,00	400,00
				1 100,00
		19 %	MWSt	209,00
			Endbetrag	**1 309,00**

Bankverbindung:
Deutsche Bank (BLZ 600 200 10) Konto-Nr. 4501203

Geschäftsführerin:
Susanne Mahn

Sitz/Registergericht: Offenbach am Main, Amtsgericht Offenbach am Main HRB 489

Beleg 3

B&B   KFZ - TECHNIK GMBH

☎ 045 494949

B&B KFZ-Technik GmbH * Holzweg. 4 * 23556 Lübeck

Ihr Partner
- bei allen Pkw-Reparaturen
- Reifendienst
- DEKRA-Dienst
- Karosserie- und Lackiertechnik

Firma
Baltic Reisen
Holstenstr. 1
23558 Lübeck

Kunden Nr.:
Rechn.-Nr.:
Datum:

RECHNUNG

Art.-Nr.	Bezeichnung	Menge	E-Preis EUR	Gesamt EUR
HL-BR 200	RÜCKLICHT RECHTS ERSETZT	1,00 St	16,00	16,00
5430	RÜCKLICHT	1,00 St	59,00	59,00
5431	BIRNE: 12V 21W	1,00 St	2,40	2,40
				77,40
		19 % MWSt		14,71
			Endbetrag	**92,11**

Kleinreparaturen bis 100 Euro sind sofort bei Fahrzeugabholung ohne Abzug bar zu zahlen.
Die Ware bleibt bis zur vollständigen Bezahlung unser Eigentum.
Erfüllungsort und Gerichtsstand ist Lübeck.

Bankverbindung:
Sparkasse zu Lübeck (BLZ 230 501 01)
Konto-Nr. 7386109

Geschäftsführer:
Ralf Bohnsack
Bernd Borchers

Sitz/Registergericht: Lübeck, Amtsgericht Lübeck HRB 1439

Beleg 4

BALTIC REISEN
Holstenstraße 1, 23558 Lübeck

QUITTUNG

Datum   28. 12. 20..

Firma/Herrn/Frau

Bürobedarf

Artikel	Betrag EUR
Reiseliteratur je ein Exemplar Bildband Spanien, Portugal, Marokko, Tunesien, Ägypten, Zypern, Griechenland, Italien Stückpreis je 12,50 EUR, netto	100,00
+ 7 % USt	7,00
Gesamtbetrag	**107,00**

BALTIC REISEN
i.A. Cert Konrad e.Kfm.
Holstenstraße 1, 23558 Lübeck

Datum, Stempel, Unterschrift

Beleg 6

Büro-Center

23560 Lübeck * Rapsacker 11
☎ 0731 / 632514

QUITTUNG

Datum 28.12.20..

Bürobedarf

Computer
Computerzubehör
Diktiergeräte
Kopierer
Papier und Schreibwaren

Firma
Baltic Reisen
Holstenstr. 1
23558 Lübeck

Artikel	Betrag EUR
Xerox Kopierpapier, weiß, 80 g 10 x 500 Blatt	*45,00*
+ 19 % Umsatzsteuer	*8,55*
	53,55

Betrag dankend erhalten   *Habeck*
Datum, Stempel, Unterschrift.

Bei Irrtümern oder Umtausch bitte Quittung vorlegen

Beleg 5

Toni Schreiber
Büroeinrichtungen
Bremen

Toni Schreiber, Bahnhofstraße 14, 97070 Würzburg

Firma
Baltic Reisen
Holstenstr. 1
23558 Lübeck

Bahnhofstr. 14
28070 Bremen
Telefon: 0421 2 345567

Kontoverbindungen
Hausbank Bremen (BLZ 7 703 555 00)
Konto-Nr. 99-155 742

Rechnung

Datum 28.12.20..   Nr. 245/98

Art.-Nr.	Gegenstand	Menge	Preis je Einheit Euro	Betrag Euro
BSt	Bürostuhl „Sekretariat"	5	198,00	990,00
BT	Schreibtisch „Chef"	5	700,00	3.500,00
BRc	Rollcontainer „Chef"	5	198,00	990,00
CT	Computertisch „Sekretariat"	5	198,00	990,00
BSu	Schreibtischunterlage	5	69,00	345,00
				6.815,00
			+ 19 % Umsatzsteuer	1.294,85
			Rechnungsbetrag	**8.109,85**

Lieferung frei Haus

Vielen Dank für Ihren Auftrag
Zahlbar innerhalb 14 Tagen nach Rechnungseingang ohne Skontoabzug

Bitte bei Zahlungen und Schriftwechsel stets die Rechnungsnummer mit angeben.

113

8   Künzel, Thieß - ISBN 978-3-8120-0496-1

BALTIC REISEN

Marcel Konrad e. Kfm.

Baltic Reisen, Holstenstr. 1, 23558 Lübeck

An den
VfB Lübeck von 1919 e.V.
Herrn Springer
An der Lohmühle 15
23558 Lübeck

Holstenstraße 1
23558 Lübeck
Tel: 0451-9445044
Fax: 0451-9445045
Email: service@baltic.de

Datum 27.12.

Rechnung - Nr. **K-04-18**

Datum	Bezeichnung	Anzahl	Einzelpreis-Preis EUR	Betrag EUR
27.12.	Pons Reisewörterbuch Französisch ISBN 3-12-518621-8	25	8,00	200,00
	- 10 % Rabatt			-20,00

Warenwert EUR	USt	USt EUR	Rechnungsbetrag EUR
180,00	7 %	12,60	192,60

Vielen Dank für Ihren Auftrag!

Die Rechnung ist sofort zahlbar.

Bitte bei Zahlungen und Schriftwechsel stets die Rechnungsnummer mit angeben.

Banken:
Postbank (BLZ 200 100 20) Konto-Nr. 68943
Sparkasse zu Lübeck (BLZ 230 501 01) Konto-Nr. 201262486

Sitz/Registergericht: Lübeck, Amtsgericht Lübeck HRA 1271

Jens Paap
Kohlen - Öle - Schmierstoffe

Jens Paap, Werftstr. 12a, 23556 Lübeck

Firma
Baltic Reisen
Holstenstr. 1
23558 Lübeck

Werftstr. 12 a
23556 Lübeck
Telefon: 0451 41022

Kontoverbindungen:
Handelsbank Lübeck (BLZ 705 500 00)
Konto-Nr. 21-233 432
Sparbank Lübeck (BLZ 708 450 00)
Konto-Nr. 1925554-K12

Datum 27.12.

Rechnung   Rechnungs-Nr. 252

Lieferdatum	Bezeichnung	Menge in L.	ME	E-Preis EUR	Betrag EUR
27.12.	Schmier-mittel	1000		1,80	1.800,00

Warenwert EUR	USt	USt EUR	Rechnungsbetrag EUR
1.800,00	19 %	342,00	2.142,00

Vielen Dank für Ihren Auftrag!
Zahlbar innerhalb 30 Tagen nach
Rechnungseingang ohne Skontoabzug.

Bitte bei Zahlungen und Schriftwechsel stets die Rechnungsnummer mit angeben.

Beleg 9

Durchschrift **für Kontoinhaber**
Sparkasse zu Lübeck
BLZ 23050101

Begünstigter
Outdoor Bedarf GmbH

Konto-Nr. des Begünstigten
34678

Bankleitzahl
72093355

bei (Kreditinstitut)
Oldenburger Bank

EUR | Betrag
2320,00

Kunden-Referenznummer - noch Verwendungszweck, ggf. Name und Anschrift des Auftraggebers - (nur für Begünstigten)

Für Rechnung 78 vom 11.12.20..

Kontoinhaber
Baltic Reisen, Lübeck

Konto-Nr. des Kontoinhabers
201262486

23.12.20.. *Konrad*
Datum   Unterschrift

Beleg 10

Gutschrift

Begünstigter
Baltic Reisen

Konto-Nr. des Begünstigten
201262486

Bankleitzahl
23050101

bei (Kreditinstitut)
Sparkasse zu Lübeck

EUR | Betrag
53,50

Kunden-Referenznummer - noch Verwendungszweck, ggf. Name und Anschrift des Auftraggebers - (nur für Begünstigten)

Rechnung 12/12 vom 06.12.20.. - Reiseliteratur

Kontoinhaber
Marlies Gärtner

Konto-Nr. des Kontoinhabers
335667

23.12.20.. *Gärtner*
Datum   Unterschrift

Beleg 9 und 10

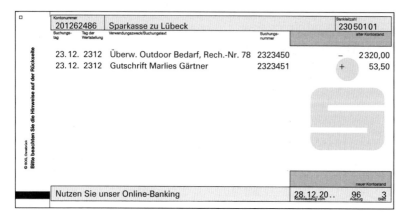

Kontonummer					Bankleitzahl	
201262486		Sparkasse zu Lübeck			230 50101	
Buchungs-tag	Tag der Wertstellung	Verwendungszweck/Buchungstext		Buchungs-nummer		alter Kontostand
23.12.	2312	Überw. Outdoor Bedarf, Rech.-Nr. 78	2323450		−	2 320,00
23.12.	2312	Gutschrift Marlies Gärtner	2323451		+	53,50

Nutzen Sie unser Online-Banking   28.12.20.. 96 3

Beleg 11

Industrie- und Handelskammer

296–ZA-005866–05

Hauptverwaltung

Baltic Reisen
Holstenstr. 1
23558 Lübeck

Am Koberg 3
23556 Lübeck
Tel.: 0451 230-0

Service-Nr. 34455675.0
Unser Zeichen: ZI-ME

Lübeck, 28.12.20..

Beitragsbescheinigung für das Jahr 20..

Folgende Beiträge sind zu zahlen

Beitrag für das Jahr 20..

800,00 EUR

IHK

Industrie- und Handelskammer

Beleg 12

```
Deutsche Post AG
23558 Lübeck
16410201     4055     20..-12-29


          **60,00 EUR


     Postwertzeichen ohne Zuschlag
```

Beleg 13

	KASSENENTNAHME		Beleg-Nr.	

Datum	Verwendungszweck	EUR
29.12.20..	private Zwecke	200,00

28.12.20..   *Konrad*

Unterschrift

Beleg 14

	EUR	**Quittung**
	Betrag	928,20
Nr. 334	inclusive **19** % MwSt./Betrag	

Betrag in Worten *Neunhundertachtundzwanzig--------------------*

von *Baltic Reisen, Holstenstr. 1, 23558 Lübeck*

für *Runderneuerung von 16 Reifen*

Reifen Scheel GmbH & Co.   dankend erhalten

Datum/Ort *23611 Bad Schwartau 29.12.20..*

Buchungsvermerke   Stempel/Unterschrift des Empfängers

J. Maschke

Beleg 15

Quittung

Minerol Aktiengesellschaft

Für *Baltic Reisen*

Menge	Produkt	EUR	cts
	SUPER PLUS bleifrei		
	SUPER bleifrei		
	BENZIN bleifrei		
	SUPER		
257,22	DIESEL	0	805
	Bruttoverkaufspreis	207	06
19%	Umsatzsteuer	33	06
	Nettoverkaufspreis		

Betrag erhalten

Lübeck, 30.12.20..

F. Freundlich

Datum, Stempel, Unterschrift

BUCHUNGSANWEISUNG

Datum: 31.12. Beleg:

	Soll		Haben	
	Konto	Betrag	Konto	Betrag
Bestandsveränderung Hilfs- und Betriebsstoffe				

BUCHUNGSANWEISUNG

Datum: 31.12. Beleg:

	Soll		Haben	
	Konto	Betrag	Konto	Betrag
Bestandsveränderung Warenvorräte mit 19% Steuersatz				

BUCHUNGSANWEISUNG

Datum: 31.12. Beleg:

	Soll		Haben	
	Konto	Betrag	Konto	Betrag
Bestandsveränderung Warenvorräte 7% Steuersatz				

12 Erfassung der speziellen Reiseverkehrsleistungen (ohne Umsatzsteuer)[1]

Das Reisebüro ist ein klassisches Dienstleistungsunternehmen. Seine Hauptaufgaben sind die Vermittlung und die Veranstaltung von Reisen. Daneben übernimmt das Reisebüro auch häufig andere Aufgaben, wie den Verkauf von Reiseliteratur und -videos, fungiert als Theater- und Konzertagentur sowie als Lotto-Toto-Annahme usw.

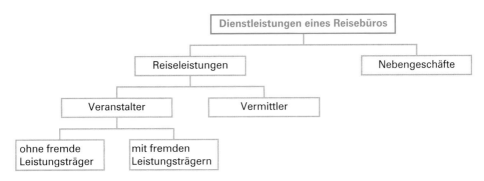

12.1 Veranstaltungen ohne fremde Leistungsträger

Ein Reisebüro, das seinen Kunden **in eigenem Namen** eine Reise anbietet, tritt als Reiseveranstalter auf. Werden die Leistungen ohne die Inanspruchnahme fremder Leistungsträger erbracht, spricht man von einer **Eigenleistung** (z. B. Beförderung im eigenen Bus, Übernachtung im eigenen Hotel, eigene Reiseleitung).

Beispiel: Das Reisebüro Baltic Reisen veranstaltet für den Kegelverein „Gut Holz" eine Tagesfahrt mit eigenem Bus zur Tulpenblüte nach Amsterdam. Der Kegelverein erhält von Baltic Reisen eine Rechnung über 600,00 EUR.

Da Baltic Reisen für diese Veranstaltung keine fremden Leistungsträger benötigt, sondern die Beförderung im eigenen Bus durchführt, handelt es sich um eine Eigenleistung. Zwischen dem Kunden und dem Reiseveranstalter ergeben sich folgende Beziehungen:

---

1 Aus didaktischen Gründen erfolgt die Darstellung der speziellen Reiseverkehrsleistungen zunächst **ohne die Umsatzsteuer.** Diese wird in Kapitel 13 hinzugefügt. Eine Ausnahme bildet die Besteuerung der Kundenanzahlungen, deren spezielle Problematik in diesem Buch jedoch nicht behandelt wird.

```
                        Vertrag im eigenen Namen
  ┌─────────────────┐ ◄──────────────────────────┐ ┌─────────────────────┐
  │   Reisebüro     │   Rechnung über 600,00 EUR  │ │       Kunde         │
  │  Baltic Reisen  │ ──────────────────────────► │ │ Kegelverein Gut Holz│
  │                 │   Zahlung von 600,00 EUR    │ │                     │
  └─────────────────┘ ◄───────────────────────────┘ └─────────────────────┘
```

Der Vertragsabschluss ist kein Geschäftsfall und löst damit auch keine Buchung aus. Die Rechnungserstellung und die Überweisung des Kunden dagegen sind Geschäftsfälle, die in der Buchhaltung des Reisebüros erfasst werden müssen.

1. Geschäftsfall: Das Reisebüro schickt dem Kunden eine Rechnung über 600,00 EUR.

Buchungssatz	Soll	Haben
Forderungen	600,00	
an Erlöse aus eigenen		
Veranstaltungen (EVA)		600,00

Das Konto Erlöse aus eigenen Veranstaltungen ist ein Ertragskonto, auf dem eigene Veranstaltungen ohne fremde Leistungsträger gebucht werden.

2. Geschäftsfall: Der Kunde überweist den Rechnungsbetrag von 600,00 EUR auf das Bankkonto des Reisebüros.

Buchungssatz	Soll	Haben
Bank	600,00	
an Forderungen		600,00

3. Abschluss der Konten:

Buchungssatz	Soll	Haben
EVA	600,00	
an GuV		600,00
SBK	600,00	
an Bank		600,00

Kontenübersicht:

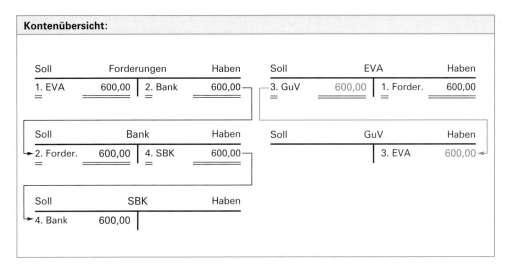

Soll	Forderungen	Haben		Soll	EVA	Haben
1. EVA	600,00	2. Bank 600,00		3. GuV 600,00		1. Forder. 600,00

Soll	Bank	Haben		Soll	GuV	Haben
2. Forder.	600,00	4. SBK 600,00				3. EVA 600,00

Soll	SBK	Haben
4. Bank	600,00	

Durch den Eingang der Zahlung auf dem Bankkonto ist das Konto Forderungen ausgeglichen. Der Saldo des Bankkontos wird über das SBK abgeschlossen. Das EVA-Konto wird als Ertragskonto über das GuV-Konto abgeschlossen. Alle Aufwendungen, die für die Veranstaltung nötig waren, wie Gehalt des Busfahrers, Benzin usw., werden in der laufenden Buchführung auf Aufwandskonten erfasst und stehen dann auf der Sollseite des GuV-Kontos. Der Saldo, der sich dann im GuV-Konto ergibt, ist der Gewinn (oder Verlust) aus dieser Veranstaltung.

12.2 Exkurs: Kundenanzahlungen

Wenn man im Reisebüro eine Reise bucht, muss man häufig einen bestimmten Prozentsatz des Reisepreises vorab als Anzahlung leisten. Dabei ist es unerheblich, um was für eine Leistung des Reisebüros es sich handelt, Veranstaltungs- oder Vermittlungsleistung. Der Rest des Reisepreises wird dann i.d.R. vom Kunden bei Abholung der Reiseunterlagen beglichen. Wird bei Buchung der Reise eine Anzahlung geleistet, liegt ein Geschäftsfall vor, der das Vermögen verändert und folglich gebucht werden muss. Für das Reisebüro entsteht durch die Anzahlung eine **Leistungsverbindlichkeit**. Es schuldet dem Kunden die Reise oder aber die Rückzahlung der Anzahlung. Entsprechend ist das Konto **„Kundenanzahlungen"** auch ein **passives Bestandskonto**. Die Kundenanzahlung wird bei Rechnungserstellung oder Abholung der Reiseunterlagen dann **verrechnet**. Weist das Konto Kundenanzahlungen am Bilanzstichtag einen Saldo aus, so ist dieser über das SBK abzuschließen.

Beispiel: Bleiben wir bei der eigenen Veranstaltung des Reisebüros Baltic Reisen für den Kegelverein „Gut Holz". Wir verändern das Beispiel nur dahingehend, dass der Kegelverein bei der Buchung eine Anzahlung von 100,00 EUR bar bezahlt.

Buchungssatz	Soll	Haben
Kasse	100,00	
an Kundenanzahlungen		100,00
Forderungen	500,00	
Kundenanzahlungen	100,00	
an EVA		600,00
Bank	500,00	
an Forderungen		500,00

12.3 Veranstaltungen mit fremden Leistungsträgern

Nicht immer wird ein Reisebüro Reisen ohne fremde Leistungsträger veranstalten können. Häufig müssen Leistungen von anderen Anbietern eingekauft werden. Diese **Vorleistungen** können ganz unterschiedlicher Natur sein, wie z. B. Beförderungsleistungen (Bus, Bahn, Flug etc.), Übernachtungs- und Verpflegungsleistungen, Reiseleitung, Eintrittskarten usw.

Auch hier bietet das Reisebüro seinen Kunden die Reise als eigenverantwortlicher Veranstalter an, d. h., es schließt mit seinen Kunden einen Vertrag in eigenem Namen ab. Zusätzlich besteht aber eine vertragliche Beziehung zwischen dem Reisebüro und dem Unternehmen, das die Vorleistung erbringt.

Beispiel: Das Reisebüro Baltic Reisen veranstaltet eine Wochenendfahrt im eigenen Bus nach Berlin. Für die Übernachtung werden Zimmer im Hotel „Berliner Bär" angemietet. An der Fahrt nehmen 30 Mitglieder eines Sportvereins teil, die einen Gesamtpreis von 4 500,00 EUR bezahlen müssen. Das Reisebüro erhält vom Hotel eine Rechnung über 1 800,00 EUR.

Man kann deutlich erkennen, dass zwischen dem Hotel und dem Kunden keine vertragliche Beziehung zustande kommt. Sollte es zu Beanstandungen bezüglich des Hotels kommen, muss sich der Kunde direkt an das Reisebüro wenden, das als Veranstalter dafür haftet.

Da es sich bei dieser Veranstaltung nicht um eine Eigenleistung handelt, sondern Vorleistungen in Anspruch genommen werden, ist der Reisepreis nicht mehr der gesamte Ertrag der Veranstaltung. Um zu diesem zu gelangen, muss man die Gesamtforderung um die Forderungen der fremden Leistungsträger kürzen. Der Unterschiedsbetrag wird als Marge bezeichnet.

Zur Buchung dieser Geschäftsfälle benötigt man ein neues Konto. Auf dem Konto **„Aufwand für eigene Reiseveranstaltungen"**[1] (AVA) erfasst man den Einkauf der Vorleistungen. Auf dem Konto **„Erlöse eigene Reiseveranstaltungen"** (EVA) erfasst man wiederum den Verkauf der Reise.[2] Beides sind Erfolgskonten, die über das GuV-Konto abgeschlossen werden.

1. Geschäftsfall: Das Hotel „Berliner Bär" schickt uns eine Rechnung über 1800,00 EUR.

Buchungssatz	Soll	Haben
AVA	1 800,00	
an Verbindlichkeiten		1 800,00

2. Geschäftsfall: Wir schicken dem Sportverein eine Rechnung über den gesamten Reisepreis von 4 500,00 EUR.

Buchungssatz	Soll	Haben
Forderungen	4 500,00	
an EVA		4 500,00

3. Geschäftsfall: Der Sportverein überweist den Reisepreis von 4 500,00 EUR auf unser Bankkonto.

Buchungssatz	Soll	Haben
Bank	4 500,00	
an Forderungen		4 500,00

4. Geschäftsfall: Wir begleichen die Hotelrechnung durch Banküberweisung.

Buchungssatz	Soll	Haben
Verbindlichkeiten	1 800,00	
an Bank		1 800,00

---

1 Früher wurde das Konto „Verrechnung eigene Veranstaltungen" (VVA) genannt. Eine Buchung auf diesem Konto stellte eine Leistungs**forderung** gegenüber dem Vorleister dar. Gebucht wurde also wie auf einem Aktivkonto. Dazu gehörte ein entsprechendes Umsatzkonto „Umsätze Veranstaltungen" (UVA), auf dem der Verkauf der Reise gebucht wurde. Eine Buchung stellte eine Leistungs**verbindlichkeit** gegenüber dem Kunden dar. Gebucht wurde wie auf einem Passivkonto. Beide Konten wurden miteinander verrechnet und die Differenz wurde auf dem Konto „Erlöse für Reiseveranstaltungen" gegengebucht. War die Reise zum Bilanzstichtag noch nicht abgeschlossen, wurde das Konto VVA aktiviert, das Konto UVA passiviert.

2 In der Praxis benötigt man diese Konten gesondert für jede Reise.

Kontenübersicht:

Soll	Bank	Haben	Soll	Forderungen	Haben
3. Forder. 4 500,00	4. Verbind. 1 800,00		2. EVA 4 500,00	3. Bank 4 500,00	

Soll	Verbindlichkeiten	Haben	Soll	EVA	Haben
4. Bank 1 800,00	1. AVA 1 800,00			2. Forder. 4 500,00	

Soll	AVA	Haben
1. Verbind. 1 800,00		

Kontenabschluss:

Die Konten AVA und EVA sind Erfolgskonten, die über das GuV-Konto abgeschlossen werden. Im GuV-Konto kann dann der Ertrag aus der selbst veranstalteten Reise mit fremden Leistungsträgern ermitteln werden. Der Ertrag ergibt sich, wenn man vom gesamten Reisepreis (EVA) die Vorleistungen (AVA) abzieht.

Buchungssatz	Soll	Haben
GuV an Aufwand für eigene Reise-veranstaltungen (AVA)	1 800,00	1 800,00
Erlöse für eigene Reise-veranstaltungen (EVA) an GuV	4 500,00	4 500,00
GuV an Eigenkapital	2 700,00	2 700,00

Kontenübersicht:

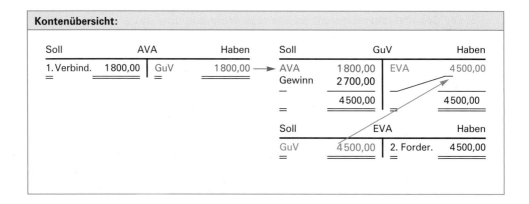

Zusammenfassung

Tritt das Reisebüro als **Veranstalter** auf, muss man bei der Buchung der Veranstaltungen unterscheiden, ob **fremde Leistungsträger** in Anspruch genommen werden oder nicht:

➤ Bei einer Veranstaltung **ohne fremde Leistungsträger** (Eigenleistung) wird der gesamte Reisepreis auf dem Ertragskonto „Erlöse eigene Veranstaltungen" **(EVA)** gebucht.

➤ Werden **fremde Leistungen** für die Veranstaltung der Reise benötigt, wird der Verkauf der Reise auf dem Konto „Erlöse eigene Veranstaltungen" **(EVA)** gebucht und der Einkauf der Vorleistungen auf dem Konto „Aufwendungen für eigene Veranstaltungen" **(AVA)** gebucht. Der Ertrag der Reise ergibt sich nach Abschluss der Konten als Saldo im GuV-Konto.

Leistet der Kunde eine Anzahlung, so ist diese auf dem Passivkonto „**Kundenanzahlungen**" zu buchen und bei Rechnungserstellung zu verrechnen.

ÜBUNGSAUFGABEN

1. Das Reisebüro Baltic Reisen veranstaltet eine Wochenendfahrt an den Rhein mit dem eigenen Bus für 290,00 EUR pro Person. Die Übernachtung erfolgt im Hotel „Loreley". Außerdem ist im Preis eine Rheinschifffahrt enthalten. Bilden Sie die Buchungssätze zu folgenden Geschäftsfällen:

 1. Familie Kopsch bucht die Reise für zwei Personen und leistet eine Anzahlung (bar) von 10 %.
 2. Das Reisebüro schickt Familie Kopsch eine Rechnung und berücksichtigt dabei die Anzahlung.
 3. Das Hotel schickt eine Rechnung über 100,00 EUR pro Person.
 4. Familie Kopsch holt die Reiseunterlagen ab und begleicht die Restforderung des Reisebüros mit einem Scheck.
 5. Die Schifffahrtsgesellschaft schickt eine Rechnung über insgesamt 110,00 EUR.
 6. Das Reisebüro überweist die Rechnungen des Hotels und der Schifffahrtsgesellschaft.

 Ermitteln Sie den Erfolg aus der Veranstaltung!

2. Wir veranstalten eine Tagesfahrt im eigenen Bus nach Potsdam zum Preis von 20,00 EUR pro Person. Bilden Sie die Buchungssätze!

 1. Lehrerin Mönter bucht für sich und ihre Klasse 20 Plätze.
 2. Auf unserem Bankkonto geht die Anzahlung von 40,00 EUR ein.
 3. Wir schicken Frau Mönter eine Rechnung über 400,00 EUR und verrechnen die Anzahlung.
 4. Frau Mönter überweist den Rechnungsbetrag.

3. Buchen Sie die Geschäftsfälle des Reisebüros Baltic Reisen in Grund- und Hauptbuch!

Anfangsbestände in EUR:

Gebäude	150 000,00	Postbank	5 600,00
Fuhrpark	90 000,00	Bank	12 900,00
BGA	57 000,00	Darlehen	211 700,00
Forderungen	25 000,00	Verbindlichkeiten	21 900,00
Kasse	14 500,00	Eigenkapital	121 400,00

1. Postbanküberweisung der Büromiete   1 200,00 EUR
2. Wir veranstalten eine Tagesfahrt nach Dresden mit Besuch der Semper Oper. Frau Utermann bucht 2 Plätze zu jeweils 150,00 EUR und bezahlt den gesamten Reisepreis bar   300,00 EUR
3. Wir tilgen einen Teil unseres Darlehens durch Banküberweisung 17 000,00 EUR
4. Barkauf von Büromaterial, brutto   238,00 EUR
5. Wir erhalten von der Oper die Rechnung über   160,00 EUR
6. Wir kaufen eine EDV-Anlage auf Ziel, netto   3 000,00 EUR
7. Banklastschrift der Telefongebühren   357,00 EUR
8. Wir überweisen den Rechnungsbetrag an die Oper   160,00 EUR
9. Ein Kunde leistet eine Anzahlung für eine von uns veranstaltete Tagesfahrt mit dem eigenen Bus in die Lüneburger Heide bar   50,00 EUR
10. Über die Restforderung schicken wir ihm eine Rechnung   50,00 EUR
11. Der Kunde überweist den Restbetrag auf unser Postbankkonto
12. Zielverkauf eines alten Reisebusses, netto   15 000,00 EUR
13. Wir erhalten die Rechnung für eine Werbeanzeige, Rechnungsbetrag   178,50 EUR

4. Welche der folgenden Aussagen ist richtig?
   a) Das Konto Kundenanzahlungen ist ein aktives Bestandskonto.
   b) Das Konto Kundenanzahlungen wird über das GuV-Konto abgeschlossen.
   c) Eine Kundenanzahlung ist eine Verbindlichkeit des Kunden gegenüber dem Reisebüro.
   d) Das Konto Kundenanzahlung wird über das SBK abgeschlossen.
   e) Das Konto Kundenanzahlung ist ein Aufwandskonto.

5. Mit welchem Buchungssatz wird das Konto AVA abgeschlossen?

12.4 Vermittlung von Reiseleistungen

Tritt ein Reisebüro gegenüber dem Kunden als Vermittler auf, dann vermittelt es Leistungen[1] von Veranstaltern, mit denen es einen sogenannten Agenturvertrag geschlossen hat. Es schließt die Verträge im Namen des Veranstalters ab, also **im fremden Namen**. Das bedeutet, dass der Kunde und der Veranstalter die Vertragspartner sind. Das Reisebüro erhält für seine Vermittlungstätigkeit vom Veranstalter eine Vergütung **(Provision)**, die der Veranstalter bereits als Kostenbestandteil in seinen Reisepreis einkalkuliert hat. Die Höhe der Provision richtet sich nach einem Prozentsatz vom Reisepreis, der im Agenturvertrag vereinbart wird.

Beispiel: Das Ehepaar Finke bucht beim Reisebüro Baltic Reisen eine Pauschalreise des Veranstalters Godewind nach Sylt für 2 000,00 EUR. Der Veranstalter schickt dem Reisebüro die Reiseunterlagen zusammen mit der Rechnung unter Berücksichtigung einer Provision von 10 %. Bei Abholung der Reiseunterlagen zahlt Herr Finke den Reisepreis mit einem Scheck.

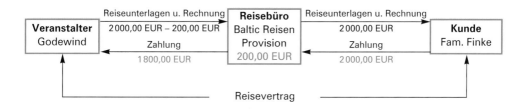

Die Konten, die man für die Vermittlungstätigkeit des Reisebüros benötigt, sind neu. Es gibt zwei Verrechnungskonten und ein Ertragskonto. Auf dem Konto **„Umsätze Vermittlung"** (UVM) wird der „Verkauf" der Reise durch das Reisebüro an den Kunden erfasst. Auf dem Konto **„Verrechnung Vermittlung"** (VVM) erfasst man die Verbindlichkeit, die das Reisebüro gegenüber dem Veranstalter hat. Auf beiden Konten wird immer der gesamte Reisepreis gebucht. Es sind sogenannte Verrechnungskonten, die sich nach Abschluss der Reise ausgleichen. Auf dem Konto **„Erlöse Vermittlung"** (EVM) wird die gesondert ermittelte Provision erfasst, die von der Verbindlichkeit gegenüber dem Veranstalter einbehalten wird.[2]

1. **Geschäftsfall:** Der Veranstalter schickt dem Reisebüro die Reiseunterlagen und die Rechnung unter Berücksichtigung einer Provision von 10 % zu.

Buchungssatz	Soll	Haben
Verrechnung Vermittlung (VVM)	2 000,00	
an Verbindlichkeiten		1 800,00
an Erlöse Vermittlung (EVM)		200,00

---

1 Diese Leistungen können Einzelleistungen sein, wie z.B. Beherbergungs-, Beförderungsleistungen, Vermittlung eines Mietwagens usw. oder mehrere Leistungen, die vom Veranstalter zu einem Paket zusammengefasst werden (Pauschalreise).

2 Rechnet der Veranstalter direkt mit dem Kunden ab, muss er die Provision gesondert an das Reisebüro überweisen.

2. Geschäftsfall: Der Kunde holt die Reiseunterlagen ab und bezahlt den Reisepreis von 2000,00 EUR mit einem Bankscheck.

Buchungssatz	Soll	Haben
Bank	2 000,00	
an Umsatz Vermittlung (UVM)		2 000,00

3. Geschäftsfall: Das Reisebüro überweist die Restforderung von 1 800,00 EUR an den Veranstalter.

Buchungssatz	Soll	Haben
Verbindlichkeiten	1 800,00	
an Bank		1 800,00

Kontenübersicht:

Soll	Bank		Haben
2. UVM	2 000,00	3. Verbind.	1 800,00

Soll	Verbindlichkeiten		Haben
3. Bank	1 800,00	1. VVM	1 800,00

Soll	VVM	Haben
1. Verbind.	2 000,00	

Soll	EVM		Haben
		1. VVM	200,00

Soll	UVM		Haben
		2. Bank	2 000,00

Kontenabschluss:

Die Konten VVM und UVM werden miteinander verrechnet. Zuerst wird das VVM-Konto abgeschlossen. Der Saldo wird auf dem UVM-Konto gegengebucht. Dann wird das UVM-Konto abgeschlossen. Da auf beiden Konten der gesamte Reisepreis gebucht wurde, gleichen sich die Konten aus. Der Ertrag aus der Vermittlung ist gesondert auf dem Ertragskonto EVM erfasst worden, das wie alle Erfolgskonten über das GuV-Konto abgeschlossen wird.

Soll	VVM	Haben	Soll	UVM	Haben
1. Verbind. 2000,00	UVM	2000,00 →VVM	2000,00	2. Bank	2000,00

Soll	EVM	Haben	Soll	GuV	Haben
GuV 200,00	1. VVM	200,00		EVM	200,00

Buchungssatz	Soll	Haben
Umsatz Vermittlung (UVM)	2000,00	
an Verrechnung Vermittlung (VVM)		2000,00
Erlöse Vermittlung (EVM)	200,00	
an GuV		200,00

Sollte am Bilanzstichtag der Verkauf der Reise schon gebucht sein, die Eingangsrechnung des Veranstalters aber noch fehlen, dann ist der Saldo des UVM-Kontos als Leistungsverbindlichkeit zu passivieren. Ist die Eingangsrechnung des Veranstalters gebucht, der Verkauf an den Kunden aber noch nicht, dann ist der Saldo des VVM-Kontos als Leistungsforderung zu aktivieren.

Buchungssatz	Soll	Haben
Umsatz Vermittlung (UVM)	2000,00	
an SBK		2000,00
Oder:		
SBK	2000,00	
an Verrechnung Vermittlung (VVM)		2000,00

9 Künzel, Thieß - ISBN 978-3-8120-0496-1

Entsprechend der vermittelten Leistung unterscheidet man in der Praxis die UVM-, VVM- und EVM-Konten wie folgt:

Umsatz Vermittlung (UVM)	Verrechnung Vermittlung (VVM)	Erlöse Vermittlung (EVM)
➤ Umsätze Touristik Reisevermittlung	➤ Verrechnung Touristik Reisevermittlung	➤ Erlöse Touristik Reisevermittlung
➤ Umsätze DB/DER-Werte	➤ Verrechnung DB/DER-Werte	➤ Erlöse DB/DER-Werte
➤ Umsätze sonstige Beförderungsausweise	➤ Verrechnung sonstige Beförderungsausweise	➤ Erlöse sonstige Beförderungsausweise
➤ Umsätze Flugverkehr	➤ Verrechnung Flugverkehr	➤ Erlöse Flugverkehr
➤ Umsätze Busverkehr	➤ Verrechnung Busverkehr	➤ Erlöse Busverkehr
➤ Umsätze sonstige Reisebürogeschäfte	➤ Verrechnung sonstige Reisebürogeschäfte	➤ Erlöse sonstige Reisebürogeschäfte

Beim **Direktinkasso** läuft der ganze Zahlungsverkehr direkt über den Veranstalter. Der Kunde überweist die Anzahlung und den Reisepreis also direkt an den Veranstalter und nicht an das Reisebüro. In diesem Fall ist der einzige Geschäftsfall, der eine Buchung im Reisebüro auslöst, die Überweisung der Provision.

Buchungssatz	Soll	Haben
Bank	200,00	
an Erlöse Vermittlung (EVM)		200,00

Zusammenfassung

Bei der Buchung von Vermittlungsleistungen benötigt man die **Verrechnungskonten** VVM und UVM. Auf dem Konto VVM werden die Eingangsrechnungen des Veranstalters gebucht, auf dem Konto UVM die Ausgangsrechnungen an die Kunden.

Das Konto VVM wird über das Konto UVM abgeschlossen, wobei sich i. d. R. kein Saldo ergibt, weil auf beiden Konten der gesamte Reisepreis gebucht wird.

Buchungssatz: **Umsatz Vermittlung (UVM)** an **Verrechnung Vermittlung (VVM)**.

Auf dem Ertragskonto **Erlöse Vermittlung (EVM)** werden die Erlöse aus der Vermittlungstätigkeit gebucht, die **Provisionen**. Diese werden meistens vom Veranstalter bei Rechnungserstellung mit dem Reisepreis verrechnet. Überweisen muss das Reisebüro dann nur noch die Restforderung des Veranstalters.

Sollte das Konto VVM oder das Konto UVM am Bilanzstichtag einen Saldo ausweisen, ist dieser zu bilanzieren.

Veranstalter

ohne fremde Leistungsträger

1. **Barverkauf einer Reise**
   Kasse an EVA

Abschlussbuchungen
EVA an GuV

Kontenübersicht

```
S    EVA    H        S    GuV    H
Saldo | Erträge           | EVA
```

mit fremden Leistungsträgern

1. **Buchung einer Reise mit Anzahlung**
   Kasse an Kundenanzahlung
2. **AR an Kunden, Verrechnung der Anzahlung**
   Forderung
   Kundenanzahlung an EVA
3. **ER eines fremden Leistungsträgers**
   AVA an Verbindlichkeiten
4. **Überweisung der ER**
   Verbindlichkeiten an Bank

Abschlussbuchungen
GuV an AVA
EVA an GuV

Kontenübersicht

```
S          AVA      H        S    AVA    GuV      H
ER fremde  | Saldo →              | EVA
Leistungs-
träger

                             S         EVA        H
                             Saldo | Verkauf
                                     der Reise
```

Vermittler

1. **Barverkauf einer Reise**
   Kasse an UVM
2. **ER des Veranstalters, Berücksichtigung der Provision**
   VVM an EVM
   an Verbindlichkeiten
3. **Banküberweisung**
   Verbindlichkeiten an Bank

Abschlussbuchungen
UVM an VVM
EVM an GuV

Kontenübersicht

```
S            VVM      H     S    UVM    H
ER Ver-  | Saldo           Saldo | Umsätze
anstalter        Ausgleich         aus VM

S            EVM      H     S    GuV    H
Saldo | Provision                 | EVM
```

6. Wir vermitteln für den Veranstalter Christoph Kolumbus eine Pauschalreise nach Amerika im Wert von 2 500,00 EUR an Herrn Pries. Der Veranstalter gewährt eine Provision von 10 %. Bilden Sie die Buchungssätze zu folgenden Geschäftsfällen, buchen Sie anschließend auf den dazugehörigen Konten und schließen Sie diese ab!

1. Herr Pries leistet bei Buchung eine Anzahlung von 250,00 EUR per Bankscheck.
2. Wir schicken Herrn Pries eine Rechnung über den Restbetrag.
3. Wir erhalten die Rechnung des Veranstalters.
4. Wir überweisen den Rechnungsbetrag des Veranstalters.

7. Bilden Sie die Buchungssätze!

1. Wir schließen für einen Kunden eine Reiseversicherung in Höhe von 35,00 EUR ab, die er bar bezahlt.
2. Barverkauf eines Flugtickets Hamburg – Paris für 400,00 EUR, Serviceentgelt 20,00 EUR.
3. Für einen Ausflug eines Kindergartens stellen wir den Bus. Rechnungsbetrag 200,00 EUR.
4. Die Versicherung schickt uns eine Rechnung und gewährt uns 15 % Provision.
5. Wir veranstalten einen Wochenendausflug nach Paris im eigenen Bus mit Übernachtung im Hotel Moulin Rouge zum Preis von 300,00 EUR pro Person. Zehn Freunde buchen die Reise und zahlen 300,00 EUR bar an.
6. Der Kindergarten überweist den Betrag von 200,00 EUR auf unser Bankkonto.
7. Die Rechnung der Fluggesellschaft geht ein.
8. Unser Reiseleiter bezahlt das Hotel Moulin Rouge vor Ort bar. Übernachtungspreis pro Person 180,00 EUR.
9. Wir überweisen die Rechnungen der Versicherung und der Fluggesellschaft.
10. Die Restzahlung der Paris-Reise geht auf unserem Konto ein.

Schließen Sie die Konten AVA, EVA, VVM, UVM und EVM ab.

8. Was ist mit dem Konto UVM zu tun, wenn am Bilanzstichtag ein Saldo darauf vorhanden ist?

9. Welche Aussage zum Konto AVA ist richtig?

a) Es ist ein Ertragskonto.
b) Es wird über das GuV-Konto abgeschlossen.
c) Es wird über das SBK-Konto abgeschlossen.
d) Hier entsteht nie ein Saldo.

10. Wie lauten die Buchungssätze für den Abschluss der folgenden Konten?

a) AVA
b) Eigenkapital
c) EVA
d) Kundenanzahlung
e) VVM
f) EVM
g) UVM

11. Wie ermittelt man den Erlös aus einer Vermittlung?

12.5 Verkauf von eigenen Veranstaltungen durch andere Reisebüros

Wird eine Veranstaltung eines Reisebüros auch von anderen Reisebüros vermittelt, dann erhält das vermittelnde Reisebüro von dem veranstaltenden Reisebüro eine Provision. Diese Provision ist für den Veranstalter ein Aufwand, der auf dem Aufwandskonto **„Vertretungskosten"** gebucht wird. Diese Vertretungskosten sind im Reisepreis enthalten.

Beispiel: Das Reisebüro Baltic Reisen veranstaltet eine Tagesfahrt ohne fremde Leistungsträger mit eigenem Bus zum Nürnberger Christkindlesmarkt. Das Reisebüro Orthen vermittelt 15 Plätze für diese Reise zum Gesamtpreis von 1 100,00 EUR. Baltic Reisen gewährt eine Provision von 10 %.

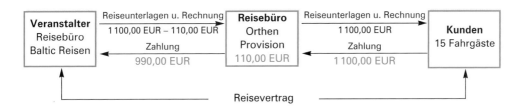

1. **Geschäftsfall**: Baltic Reisen schickt dem Reisebüro Orthen die Reiseunterlagen und die Rechnung unter Berücksichtigung einer Provision von 10 %.

Buchungssatz	Soll	Haben
Forderungen	990,00	
Vertretungskosten	110,00	
an Erlöse aus eigenen		
Veranstaltungen (EVA)		1 100,00

2. **Geschäftsfall**: Das Reisebüro Orthen überweist die Rechnung.

Buchungssatz	Soll	Haben
Bank	990,00	
an Forderungen		990,00

133

Kontenübersicht:

Soll	Bank	Haben		Soll	Forderungen	Haben
Forder.	990,00			EVA	990,00	Bank 990,00

Soll	Vertretungskosten	Haben		Soll	EVA	Haben
EVA	110,00	GuV 110,00		GuV	1 100,00	Forderung 1 100,00

Soll	GuV	Haben
Vertretungs-kosten	110,00	EVA 1 100,00

Das Aufwandskonto „**Vertretungskosten**" wird über das GuV-Konto abgeschlossen. Hier stehen sie den Erlösen gegenüber, die dadurch gemindert werden.

ÜBUNGSAUFGABEN

12. Wir veranstalten eine Tagesfahrt mit eigenem Bus in den Harz. Der Reisepreis beträgt 30,00 EUR pro Person. Wir verkaufen 20 Plätze selbst. Die Kunden zahlen bar. 35 Plätze werden durch das Reisebüro Bredow verkauft, das dafür von uns 10 % Provision erhält. Die Ausgangsrechnung wird vom Reisebüro Bredow zwei Tage später durch Banküberweisung beglichen.

    Bilden Sie die Buchungssätze und führen Sie die entsprechenden Konten!

13. Bilden Sie die Buchungssätze zu folgenden Geschäftsfällen:
    1. Banküberweisung der Gehälter, 5 400,00 EUR.
    2. Barverkauf einer Bahnfahrkarte nach München, 95,00 EUR.
    3. Einzahlung der Tageseinnahmen auf unser Bankkonto, 17 500,00 EUR.
    4. Verkauf einer selbst veranstalteten Reise ohne fremde Leistungsträger auf Ziel für 270,00 EUR.
    5. Die DB zieht den Betrag (Fall 2) von unserem Konto ein unter Berücksichtigung einer Provision von 8 %.
    6. Vermittlung einer Pauschalreise. Der Kunde zahlt 150,00 EUR bar an.
    7. Wir erhalten die Rechnung des Veranstalters über 1 500,00 EUR. Er gewährt uns eine Provision von 12 %.
    8. Wir schicken dem Kunden die Rechnung von 1 500,00 EUR und berücksichtigen die Anzahlung von 150,00 EUR.
    9. Bankgutschrift des Kunden.
    10. Banklastschrift der Veranstalterrechnung.

14. Wie verändern die folgenden Geschäftsfälle den Gewinn eines Reisebüros?

    1. Verkauf eines gebrauchten Reisebusses.

    2. Kundenanzahlung für eine selbst veranstaltete Reise.

    3. Wir zahlen einem Reisebüro, das unsere Reise vermittelt hat, eine Provision.

    4. Wir tilgen ein Darlehen.

    5. Wir zahlen Zinsen für ein Darlehen.

    6. Verkauf einer selbst veranstalteten Reise auf Ziel.

    7. Vermittlung eines Flugtickets gegen Barzahlung.

    8. Der Kunde überweist ein Serviceentgelt für die Vermittlung des Flugtickets.

    9. Unser Mieter überweist die Monatsmiete.

    10. Kauf einer EDV-Anlage mit Scheck.

    11. Reparatur unserer Heizungsanlage.

    12. Barentnahme für private Zwecke.

13 Die Umsatzsteuer bei Reiseverkehrsleistungen

In Kapitel 6 wurde bereits ausgeführt, welche Umsätze nach § 1 (1) des UStG der Umsatzsteuerpflicht unterliegen. Dazu gehören

- **Lieferungen** und **sonstige Leistungen,**
- die ein **Unternehmer**
- im **Inland**
- gegen **Entgelt**
- im **Rahmen seines Unternehmens** ausführt.

Die Besteuerung von Lieferungen (z.B. Verkauf von Reiseliteratur, Reisevideos usw.) wurde in Kapitel 6 behandelt. In diesem Kapitel geht es nun um die Besteuerung der Hauptleistungen eines Reisebüros, wie die Veranstaltung oder Vermittlung von Reisen, die Vermittlung von Versicherungen oder von Mietwagen, die Besorgung von Visa usw.

13.1 Umsatzsteuer bei Vermittlungsleistungen

Vermittlungsleistungen sind als sonstige Leistungen umsatzsteuerpflichtig, wenn sie im Inland von einem Unternehmer im Rahmen seines Unternehmens gegen Entgelt erbracht werden. Dazu muss man folgende Gebietsbegriffe unterscheiden:

- **Inland:** Das Gebiet der Bundesrepublik Deutschland.[1] **Ausland** ist das Gebiet, das nicht Inland ist.

---

1 Mit Ausnahme des Gebiets von Büsingen, der Insel Helgoland, der Freihäfen, der Gewässer und Watten zwischen der Hoheitsgrenze und der jeweiligen Strandlinie sowie der deutschen Schiffe und der deutschen Luftfahrzeuge in Gebieten, die zu keinem Zollgebiet gehören.

➤ **Gemeinschaftsgebiet:** Inland und die Gebiete der übrigen Mitgliedstaaten der Europäischen Union.[1] Alles, was nicht Gemeinschaftsgebiet ist, ist **Drittlandsgebiet.**

Eine Vermittlungsleistung wird an dem Ort erbracht, an dem der vermittelte Umsatz ausgeführt wird[2] (Ort der sonstigen Leistung § 3a UStG). Bei Vermittlungsleistungen unterscheidet man In- und Ausland. Die **Vermittlung** einer **Leistung im Inland** ist **steuerpflichtig.** Wird eine Leistung vermittelt, die **ausschließlich im Ausland** erbracht wird, ist die Vermittlung **steuerfrei.** Die Vermittlung grenzüberschreitender Beförderung von Personen mit Luftfahrzeugen oder Seeschiffen (§ 4 Nr. 5b UStG) sowie die Vermittlung von Versicherungen (§ 4 Nr. 11 UStG) ist grundsätzlich steuerfrei. Bei der Vermittlung sonstiger grenzüberschreitender Beförderung (Bahn, Bus usw.) ist der inländische Streckenanteil steuerpflichtig, der ausländische steuerfrei.[3]

Das Entgelt, das das Reisebüro für die Vermittlungsleistung erhält, ist die Provision. Es ist also jeweils zu prüfen, ob das Reisebüro die Provision versteuern muss.

Netto-Flugtickets

Fluggesellschaften kündigten den Reisebüros den traditionellen Vermittlerstatus auf und zahlen deswegen **keine Provision** mehr. Die Reisebüros kaufen die Tickets von den Fluggesellschaften und verkaufen sie an die Kunden mit einem Aufschlag, dem **Serviceentgelt** (Bearbeitungsgebühr, Buchungsgebühr). Dieser Aufschlag ist notwendig, damit das Reisebüro seine Kosten (Personal, Telefon usw.) decken kann.

Ähnliches gilt für die Deutsche Bahn AG. Die Grundprovision wurde reduziert, sodass die Reisebüros ebenfalls ein Serviceentgelt bei der Beratung erheben.

13.1.1 Vermittlung von Beförderungsleistungen mit Bahn, Bus oder Binnenschiffen

Das UStG besagt, dass eine **Beförderungsleistung dort ausgeführt** wird, **wo die Beförderung bewirkt wird.** Eine Beförderung mit Bus, Bahn oder Binnenschiff[4] im Inland ist steuerpflichtig, eine Beförderung nur im Ausland steuerfrei. Für den Fall, dass sich eine Beförderung nicht nur auf das Inland erstreckt, es sich also um eine grenzüberschreitende Beförderung handelt, ist der inländische Streckenanteil steuerpflichtig und der ausländische Streckenanteil steuerfrei. Zur Vereinfachung gelten kurze inländische Beförderungsstrecken als ausländische Strecken und umgekehrt.

---

1 Belgien, Bulgarien, Dänemark, Deutschland, Estland, Finnland, Frankreich, Griechenland, Großbritannien, Irland, Italien, Lettland, Litauen, Luxemburg, Malta, Niederlande, Österreich, Polen, Portugal, Rumänien, Schweden, Slowakei, Slowenien, Spanien, Tschechien, Ungarn, Zypern.

2 Verwendet der Leistungsempfänger gegenüber dem Vermittler eine ihm von einem anderen Mitgliedstaat erteilte Umsatzsteuer-Identifikationsnummer, so gilt die unter dieser Nummer in Anspruch genommene Vermittlungsleistung als in dem Gebiet des anderen Mitgliedstaates ausgeführt.

3 Nach § 3b UStG gelten zur Vereinfachung kurze inländische Beförderungsstrecken als ausländische und kurze ausländische Beförderungsstrecken als inländische.

4 Ausnahme: Vermittlung von grenzüberschreitenden Fährverbindungen auf Flüssen sind steuerfrei.

Die Besteuerung der Vermittlungsleistung ist analog zur Besteuerung der Beförderungsleistung geregelt. Die Vermittlung von Inlandsfahrkarten ist umsatzsteuerpflichtig, die von Auslandsfahrkarten ist umsatzsteuerfrei. Bei der Vermittlung einer grenzüberschreitenden Fahrkarte entfällt auf den inländischen Streckenanteil Umsatzsteuer, die Provision für den ausländischen Streckenanteil ist steuerfrei.

Beispiel: Das Reisebüro Baltic Reisen vermittelt eine Bahnfahrkarte von Hamburg nach Wien und zurück für 180,00 EUR. Der inländische Streckenanteil beträgt 50 %. Die Provision beträgt 5 %.

Provision = 5 % von 180,00 EUR	9,00 EUR
50 % der Provision = steuerpflichtig	4,50 EUR
19 % USt auf 4,50 EUR	0,86 EUR

Geschäftsfall: Abrechnung der DB

Buchungssatz	Soll	Haben
(3200) Verrechnung DB/BAHN	180,00	
an (8200) Erlöse DB/BAHN		9,00
an (1720) USt		0,86
an (1600) Verbindlichkeiten		170,14

Beispiel: Das Reisebüro Baltic Reisen verkauft an Familie Roth eine Fahrkarte für eine Fahrt auf einem Rheinschiff von Rüdesheim nach Lahnstein zum Preis von 80,00 EUR. Es gilt eine Provision von 10 %.

Da die Vermittlung von Inlandsfahrkarten steuerpflichtig ist, muss hier die gesamte Provision versteuert werden.

Provision = 10 % von 80,00 EUR	8,00 EUR
19 % USt auf 8,00 EUR	1,52 EUR

Geschäftsfall: Abrechnung mit der Reederei

Buchungssatz	Soll	Haben
(3300) Verrechnung sonstige Beförderungsausweise	80,00	
an (8300) Erlöse sonstige Beförderungsausweise		8,00
an (1720) USt		1,52
an (1600) Verbindlichkeiten		70,48

Beispiel: Das Reisebüro Baltic Reisen vermittelt eine Busfahrkarte von London nach Norwich zum Preis von 40,00 EUR. Die Provision beträgt 8 %.

Die Vermittlung von reinen Auslandsfahrkarten ist umsatzsteuerfrei.

Geschäftsfall: Abrechnung der Busgesellschaft

Buchungssatz	Soll	Haben
(3300) Verrechnung sonstige Beförderungsausweise	40,00	
an (8300) Erlöse sonstige Beförderungsausweise		3,20
an (1600) Verbindlichkeiten		36,80

Zusammenfassung

Bei der Vermittlung von Bahn- und Busfahrkarten ist das Prüfkriterium der Ort der erbrachten Leistung. Wird eine Beförderungsleistung vermittelt, die im Inland erbracht wird, dann ist die Provision umsatzsteuerpflichtig.

Bei Strecken, die grenzüberschreitend sind, ist der Teil der Provision, der auf den inländischen Streckenanteil entfällt, umsatzsteuerpflichtig, der Teil der Provision, der auf den ausländischen Streckenanteil entfällt, umsatzsteuerfrei.

Vermittlungen von Beförderungsleistungen, die nur im Ausland erbracht werden, sind umsatzsteuerfrei.

13.1.2 Vermittlung von Pauschalreisen

Die **Prüfkriterien** bei der Vermittlung einer Pauschalreise sind

➤ Aufteilung in **Eigen- und Fremdleistungen** sowie

➤ der **Sitz des Veranstalters.**

Vermittelt das Reisebüro eine Reise eines Veranstalters, der **keine eigenen Leistungen** erbringt, ist für die Umsatzsteuerpflicht **der Sitz des Veranstalters** ausschlaggebend. Hat der Veranstalter seinen Sitz im **Inland,**[1] dann unterliegt die Provision der Umsatzsteuer. Es

---

1 Oder verwendet er eine deutsche USt-Identifikationsnummer (z.B. ein Veranstalter, der seinen Hauptsitz in einem Land der EU hat mit einer abrechnenden Betriebsstätte im Inland).

ist dabei völlig unerheblich, wohin die Reise geht, oder wo der Reisende die Leistung entgegennimmt. Die vermittelte Reise eines Veranstalters, dessen Sitz sich im **Drittland** befindet, ist dagegen umsatzsteuerfrei.

Beispiel: Vermittelt ein deutsches Reisebüro eine Pauschalreise ohne Eigenleistungen eines deutschen Veranstalters nach Asien, ist die Provision, die das Reisebüro erhält, umsatzsteuerpflichtig. Dagegen wäre die Vermittlung der gleichen Reise eines schweizerischen Veranstalters mit Sitz in Bern umsatzsteuerfrei.

Vermittelt das Reisebüro eine Veranstaltung, bei der der Veranstalter Eigenleistungen erbringt, ist zu prüfen, ob diese steuerpflichtig oder steuerfrei sind. Bei Eigenleistungen in Form von grenzüberschreitenden Personenbeförderungsleistungen ist die Vermittlungsleistung zum Teil steuerpflichtig und zum Teil steuerfrei. Hier kommt es zu einer Differenzierung der Provisionsbesteuerung nach Fremd- und Eigenleistungen der Veranstalter.[1] Bei **eigenen Beförderungsleistungen** mit Flugzeugen, Schiffen oder Bussen ist zu prüfen, wie hoch der prozentuale ausländische Streckenanteil ist. Dieser Prozentsatz auf die Provision angewendet, ergibt den **nicht steuerbaren Provisionsanteil.**

Die Bemessungsgrundlage für die Umsatzsteuer ist die **Nettoprovision.** Diese hat nichts mit der Umsatzsteuer zu tun, die auf die Reise entfällt. Der in den Katalogen ausgewiesene Preis einer Reise ist ein Bruttopreis. Darin ist, falls es sich um eine umsatzsteuerpflichtige Leistung handelt, die Umsatzsteuer bereits enthalten. Für Firmenkunden wird diese in den Rechnungen gesondert ausgewiesen, damit ein Vorsteuerabzug möglich wird. Die Nettoprovision ergibt sich als **vereinbarter Prozentsatz vom Bruttoreisepreis.** Auf die Nettoprovision wird die Umsatzsteuer berechnet. Beides zusammen ergibt die **Bruttoprovision,** um die die Verbindlichkeit gegenüber dem Veranstalter gemindert wird.

Beispiel: Das Reisebüro Baltic Reisen verkauft an das Ehepaar Weiß eine Buspauschalreise nach Spanien. Veranstalter der Reise ist Sommer Reisen mit Sitz in Frankfurt, der die Beförderung mit eigenen Bussen durchführt. Der Reisepreis beträgt laut Katalog 1 000,00 EUR (einschließlich USt) für beide, die Provision beträgt 10 %.

Es handelt sich um eine Veranstaltung mit Fremd- und Eigenleistungen. Der Veranstalter hat einen prozentualen Anteil von 25 % nicht steuerbarer Eigenleistung ermittelt[2] (ausländischer Streckenanteil der eigenen Beförderung). Damit ist auch die Provision in Höhe von 25,00 EUR (25 % von 100,00 EUR) nicht steuerpflichtig. Die Nettoprovision beträgt 10 % von 1 000,00 EUR, also 100,00 EUR. Zieht man hiervon die steuerfreien 25,00 EUR ab, bleibt eine steuerpflichtige Provision von 75,00 EUR. Darauf 19 % USt sind 14,25 EUR. Die Bruttoprovision von 114,25 EUR vermindert die Verbindlichkeit gegenüber dem Veranstalter.

---

1 Wegfall der Praktikerregelung seit 1. Januar 2000.

2 30/70-Regelung als Entgeltpauschalierung bei Flugreisen: Flugreiseveranstalter dürfen den auf die Eigenleistung entfallenden Erlösanteil mit generell 30 % ansetzen. Für Bus- und Schiffsreisenveranstalter gilt diese Vereinfachung nicht. Hier muss ein individueller Aufteilungsschlüssel ermittelt werden.

1. Geschäftsfall: Das Ehepaar Weiß bucht die Reise und zahlt 10 % bar an.

Buchungssatz	Soll	Haben
(1000) Kasse	100,00	
an (1670) Kundenanzahlung		100,00

2. Geschäftsfall: Der Veranstalter schickt dem Reisebüro die Reiseunterlagen und die Rechnung unter Berücksichtigung der Provision.

Buchungssatz	Soll	Haben
(3100) Verrechnung Vermittlung (VVM)	1 000,00	
an (1600) Verbindlichkeiten		885,75
an (8100) Erlöse Vermittlung (EVM)		100,00
an (1720) USt		14,25

3. Geschäftsfall: Aushändigung der Reiseunterlagen an den Kunden. Dieser bezahlt die Restforderung mit einem Scheck.

Buchungssatz	Soll	Haben
(1200) Bank	900,00	
(1670) Kundenanzahlung	100,00	
an (7100) Umsätze Vermittlung (UVM)		1 000,00

4. Geschäftsfall: Ausgleich der Rechnung des Veranstalters durch Banküberweisung des Reisebüros.

Buchungssatz	Soll	Haben
(1600) Verbindlichkeiten	885,75	
an (1200) Bank		885,75

Kontenübersicht:

Soll	Kasse		Haben
1. Ku.-Anz.	100,00	SBK	100,00

Soll	Kundenanzahlung		Haben
3. UVM	100,00	1. Kasse	100,00

Soll	VVM		Haben
2. EVM	1 000,00	UVM	1 000,00

Soll	UVM		Haben
→VVM	1 000,00	3. Bank	1 000,00

Soll	Bank		Haben
3. UVM	900,00	4. Verb	885,75
		SBK	14,25
	900,00		900,00

Soll	EVM		Haben
GuV	100,00	2. VVM	100,00

Soll	Verbindlichkeiten		Haben
4. Bank	885,75	2. VVM	885,75

Soll	USt		Haben
SBK	14,25	2. VVM	14,25

Soll	SBK		Haben
Kasse	100,00	USt	14,25
Bank	14,25		

Soll	GuV		Haben
		EVM	100,00

Der Abschluss der Konten erfolgt nach dem bekannten Verfahren. Das VVM-Konto wird über das UVM-Konto abgeschlossen. Da auf beiden Konten der gesamte Reisepreis steht, ergibt sich hier kein Saldo. Das EVM-Konto wird über das GuV-Konto abgeschlossen. Die Art der Buchung der USt nennt man **Nettomethode,** weil die USt und die Nettoprovision getrennt gebucht werden. Dieses Verfahren wird normalerweise in der EDV-gestützten Buchhaltung verwendet. Eine andere Art der Buchung ist die **Bruttomethode.** Hierbei werden für einen bestimmten Zeitraum (z. B. Monat) die Bruttoprovisionen auf dem Erlöskonto erfasst, also die Provisionen einschließlich der USt. Am Ende des Abrechnungszeitraums wird dann die USt, die im Gesamtbetrag enthalten ist, einmal herausgerechnet und umgebucht. Da der Rechenaufwand bei dieser Methode geringer ist, wird sie hauptsächlich bei manueller Buchführung angewandt.

Für unser Beispiel würden sich folgende Änderungen ergeben:

ER des Veranstalters; Buchung der Bruttoprovision

Buchungssatz	Soll	Haben
(3100) Verrechnung Vermittlung (VVM)	1 000,00	
an (1600) Verbindlichkeiten		885,75
an (8100) Erlöse Vermittlung (EVM)		114,25

Umsatzsteuer-Korrektur

Buchungssatz	Soll	Haben
(8100) Erlöse Vermittlung (EVM)	14,25	
an (1720) Umsatzsteuer		14,25

Da i. d. R. mehr als eine Provisionsbuchung im Abrechnungszeitraum vorgenommen wird, ist die Berichtigung eine sog. Sammelberichtigung.

Soll	USt	Haben	Soll	EVM	Haben
SBK	14,25 | EVM	14,25 ◄──	USt	14,25 | VVM	114,25
=	=	=	GuV	100,00	
				114,25 |	114,25
			=		=

Bei der **Vermittlung von Mietwagen** ist das Prüfkriterium der Umsatzsteuerpflicht der **Sitz des Autovermieters,** da es schwer nachvollziehbar ist, ob der Mieter des Autos damit im In- und/oder im Ausland fährt. Also gilt hier: Die Provision ist steuerpflichtig, wenn der Sitz des Autovermieters im Inland ist, sie ist steuerfrei, wenn der Sitz im Ausland ist.

Zusammenfassung

Vermittelt ein Reisebüro eine **Pauschalreise** ohne Eigenleistungen eines Veranstalters mit Sitz im Inland oder eines Veranstalters mit einer deutschen USt-Identifikationsnummer, so ist die **Provision umsatzsteuerpflichtig.** Vermittlungen von Pauschalreisen von Veranstaltern, die ihren Sitz im Drittland haben, sind umsatzsteuerfrei.

Bei Veranstaltungen mit **Eigen- und Fremdleistungen** ist eine Aufteilung der **Provisionsbesteuerung** vorzunehmen. Die Errechnung des steuerfreien Provisionsanteils wird vom Reiseveranstalter aufgrund der prozentualen steuerfreien Eigenleistung vorgenommen.

Berechnungsgrundlage für die Steuer ist die **Nettoprovision,** die sich als Prozentsatz vom Katalogpreis ergibt. Die Bruttoprovision mindert die Verbindlichkeit gegenüber dem Veranstalter.

Es gibt zwei Arten der Buchung der Umsatzsteuer: die Netto- und die Bruttomethode.

13.1.3 Vermittlung von Netto-Flügen – Serviceentgelt Flug

> **Vermittlung an ein Unternehmen mit Sitz in Deutschland**

Seit dem 01.01.2010 gilt auch bei der Besteuerung von Serviceentgelten das Leistungsortprinzip. Seviceentgelte sind mit dem aktuell geltenden Steuersatz (derzeit 19%) zu besteuern.

> **Vermittlung an Privatreisende**

Der zu versteuernde Anteil des Serviceentgeltes richtet sich nach dem Reiseziel:

> innerdeutsche Flugtickets: Besteuerung des gesamten Serviceentgeltes,

> Tickets ab Deutschland in die EU: Besteuerung von 25% des Serviceentgeltes,

> Tickets ab Deutschland in ein Drittland: Besteuerung von 5% des Serviceentgeltes,

> reine Auslandstickets: steuerfrei.

Beispiel: Das Reisebüro Baltic Reisen erhebt für die Vermittlung von Flugtickets von Berlin nach München ein Serviceentgelt von 30,00 EUR.

Buchungssatz	Soll	Haben
(1000) Kasse	30,00	
an (8400) EVM (Flug)		25,21
an (1720) USt		4,79

Das Reisebüro Baltic Reise erhebt für die Vermittlung von Flugtickets von Berlin nach Rom ein Serviceentgelt von 30,00 EUR.

Buchungssatz	Soll	Haben
(1000) Kasse	30,00	
an (8401) EVM (Flug 25%)		28,57
an (1720) USt		1,43

Das Reisebüro Baltic Reise erhebt für die Vermittlung von Flugtickets von Berlin nach Johannesburg ein Serviceentgelt von 30,00 EUR.

Buchungssatz	Soll	Haben
(1000) Kasse	30,00	
an (8402) EVM (Flug 5%)		29,71
an (1720) USt		0,29

Das Reisebüro Baltic Reise erhebt für die Vermittlung von Flugtickets von Kapstadt nach Johannesburg ein Serviceentgelt von 30,00 EUR.

Buchungssatz	Soll	Haben
(1000) Kasse	30,00	
an (8410) EVM (Flug steuerfrei)		30,00

13.1.4 Vermittlung von Versicherungen

Sowohl die Versicherungen als solche, als auch die Vermittlung einer Versicherung sind umsatzsteuerfrei.

Beispiel: Wir verkaufen der Familie Strauss eine Reiserücktrittskostenversicherung für 16,00 EUR. Die Versicherungsgesellschaft gewährt eine Provision von 20 %.

1. Geschäftsfall: Verkauf der Versicherung gegen Barzahlung.

Buchungssatz	Soll	Haben
(1000) Kasse	16,00	
an (7700) Umsätze sonstige Reisebürogeschäfte		16,00

2. Geschäftsfall: Abrechnung mit der Versicherungsgesellschaft.

Buchungssatz	Soll	Haben
(3700) Verrechnung sonstige Reisebürogeschäfte	16,00	
an (8700) Erlöse sonstige Reisebürogeschäfte		3,20
an (1600) Verbindlichkeiten		12,80

3. Geschäftsfall: Ausgleich der Rechnung durch Banküberweisung.

Buchungssatz	Soll	Haben
(1600) Verbindlichkeiten	12,80	
an (1200) Bank		12,80

Zusammenfassung

Die Provision für Vermittlung von Inlandsflügen ist umsatzsteuerpflichtig. Bei der Vermittlung von grenzüberschreitenden Flügen und Auslandsflügen ist die Provision umsatzsteuerfrei. Gleiches gilt für die Vermittlung einer Beförderung mit Seeschiffen.

Ebenfalls steuerfrei ist die Vermittlung von Versicherungen.

13.1.5 Sonstige Vermittlungen

Ein Reisebüro kann weiterhin folgende Leistungen vermitteln: Beherbergungs- und Verpflegungsleistungen, Eintrittskarten, Sportkurse usw.

Ob die Provision umsatzsteuerpflichtig ist oder nicht, richtet sich nach dem Ort, an dem die Leistung erbracht wird. So ist auch hier die Vermittlung von Leistungen, die im Inland erbracht werden, umsatzsteuerpflichtig, wogegen die Vermittlung von Leistungen, die im Ausland erbracht werden, umsatzsteuerfrei ist.

Beispiel: Die Provision für die Vermittlung einer Konzertkarte in Verona ist umsatzsteuerfrei. Die Provision für die Vermittlung eines Hotels in Dresden ist umsatzsteuerpflichtig.

Die Vermittlung eines Visums ist umsatzsteuerfrei, weil Botschaftsgelände nicht zur Bundesrepublik Deutschland gehören, sondern zu dem jeweiligen Land (exterritorial). Sollte das Reisebüro aber eine Bearbeitungsgebühr dafür verlangen, ist diese umsatzsteuerpflichtig, da es sich um eine eigenständige Leistung (Bearbeitung) handelt.

Übersicht über die Umsatzsteuer bei Vermittlungsleistungen

Art der Vermittlungsleistung	umsatzsteuerpflichtig	umsatzsteuerfrei
Pauschalreise Als Ort einer Dienstleistung gilt der Ort, an dem der Dienstleistende seinen Sitz hat. Aufteilung Eigen- und Fremdleistung.	➤ Sitz des Veranstalters im Inland ➤ Sitz des Veranstalters im Gemeinschaftsgebiet mit deutscher Umsatzsteuer-Identifikationsnummer ➤ bei Aufteilung Eigen-/Fremdleistung der steuerpflichtige Anteil	➤ Sitz des Veranstalters im Drittland ➤ Nicht steuerbarer Provisionsanteil in Höhe der prozentualen nicht steuerpflichtigen Eigenleistung
Beförderung mit Seeschiffen	➤ Beförderung nur im Inland	➤ grenzüberschreitende Beförderung ➤ Beförderung nur im Ausland
Beförderung mit Bahn, Bus oder Binnenschiffen Eine Beförderungsleistung wird dort ausgeführt, wo die Beförderung bewirkt wird. Erstreckt sich eine Beförderung nicht nur auf das Erhebungsgebiet, so fällt nur der Teil der Leistung unter dieses Gesetz, der auf das Erhebungsgebiet entfällt.	➤ Beförderung nur im Inland ➤ bei grenzüberschreitendem Verkehr der Inlandsanteil	➤ Beförderung nur im Ausland ➤ bei grenzüberschreitendem Verkehr der Auslandsanteil

10 Künzel, Thieß - ISBN 978-3-8120-0496-1

Art der Vermittlungsleistung	umsatzsteuerpflichtig	umsatzsteuerfrei
Beherbergungs- und Verpflegungsleistungen 🏨 🛏 🍽 Eine sonstige Leistung in Zusammenhang mit einem Grundstück wird dort ausgeführt, wo das Grundstück liegt.	➤ im Inland	➤ im Ausland
Mietwagen 🚗 Weil nicht nachvollziehbar ist, wo der Mieter fährt, ist hier wieder der Sitz des Vermieters ausschlaggebend.	➤ Sitz des Vermieters im Inland	➤ Sitz des Vermieters im Ausland
Eintrittskarten 🗇 Ort der Leistungserbringung.	➤ im Inland	➤ im Ausland
Versicherungen 🏥		➤ generell umsatzsteuerfrei
Visa	➤ evtl. erhobene Bearbeitungsgebühr	➤ generell umsatzsteuerfrei
Serviceentgelte bei Flugtickets ✈	➤ Inlandsflüge ➤ Flüge ab Deutschland	➤ Auslandsflüge

Perspektiven im gemeinsamen Markt: Die zurzeit geltenden Übergangsregelungen sollen langfristig auf das gesamte EU-Gebiet ausgedehnt werden.

ÜBUNGSAUFGABEN

1. Prüfen Sie, welche Vermittlungsleistungen umsatzsteuerfrei und welche umsatzsteuerpflichtig sind!
    1. Vermittlung einer Pauschalreise ohne Eigenleistung eines Hamburger Veranstalters.
    2. Bahnfahrkarte von Düsseldorf nach Freiburg.
    3. Serviceentgelt für einen Flug von Berlin nach Leipzig.
    4. Fährschifffahrt von Kiel nach Göteborg.
    5. Busfahrkarte von Braunschweig nach Göttingen.
    6. Serviceentgelt für einen Flug von Paris nach New York.
    7. Busfahrkarte von Amsterdam nach Arnheim.
    8. Übernachtung im Tell-Hotel, Bern.
    9. Serviceentgelt für einen Flug von München nach Rom.
    10. Eintrittskarte für Musical „König der Löwen" in Hamburg.
    11. Mietwagen einer spanischen Autovermietung.
    12. Kreuzfahrt ins östliche Mittelmeer eines deutschen Veranstalters.
    13. Bahnfahrkarte von Salzburg nach Wien.
    14. Reisegepäckversicherung.

15. Hausboot auf dem Shannon einer irischen Reederei.
16. Überfahrt von Friedrichshafen nach Romanshorn (Bodensee).

2. Bilden Sie die Buchungssätze zu folgenden Geschäftsfällen:
1. Vermittlung einer Ferienwohnung in Salzburg für 520,00 EUR. Der Kunde zahlt bei der Buchung 10 % bar an.
2. Außerdem schließt er eine Reiserücktrittskostenversicherung über 8,00 EUR ab, die er ebenfalls bar bezahlt.
3. Bei Abholung der Unterlagen zahlt er die Restsumme mit einem Scheck.
4. Abrechnung mit dem Vermieter der Ferienwohnung, der 12 % Provision gewährt.
5. Abrechnung mit der Versicherungsgesellschaft, die 20 % Provision gewährt.
6. Banküberweisung der fälligen Beträge an den Vermieter und die Versicherung.

3. Berechnen Sie für folgende Vermittlungsleistungen des Reisebüros die Provision und ggf. die darauf entfallende USt!
1. Vermittlung eines Mietwagens einer lokalen Autovermietung in San Francisco für 210,00 EUR. Die Provision beträgt 7 %.
2. Vermittlung eines Flugtickets von Frankfurt nach Hannover zu 120,00 EUR. Serviceentgelt 10,00 EUR.
3. Vermittlung einer TUI-Pauschalreise nach Fuerteventura für 3600,00 EUR. Die Provision beträgt 10 %.
4. Vermittlung von Konzertkarten in der Mailänder Scala zu 380,00 EUR. Die Provision beträgt 5 %.
5. Vermittlung einer Bahnfahrkarte von Oldenburg nach Groningen zu 40,00 EUR. Der inländische Streckenanteil beträgt 50 %. Die Provision beträgt 5 %.
6. Vermittlung eines Rundum-Sorglos-Paketes zu 48,00 EUR. Die Provision beträgt 25 %.
7. Vermittlung einer Übernachtung im Hotel „Vier Jahreszeiten" in Hamburg zu 150,00 EUR. Die Provision beträgt 12 %.

4. Das Reisebüro Baltic Reisen hat folgende Anfangsbestände in EUR:

Gebäude	250 000,00	Eigenkapital	196 500,00
Fuhrpark	40 000,00	Hypotheken	65 000,00
BGA	20 000,00	Darlehen	59 000,00
Forderungen	9 000,00	Verbindlichkeiten	17 000,00
Kasse	4 500,00		
Bank	14 000,00		

Buchen Sie die Geschäftsfälle in Grund- und Hauptbuch und ermitteln Sie den Gewinn des Reisebüros!

a)	Barkauf von Büromaterial, netto	250,00 EUR
b)	Verkauf eines Flugtickets Frankfurt – Miami gegen Scheck	540,00 EUR
c)	Unser Mieter überweist die Monatsmiete	1 040,00 EUR
d)	ER der Fluggesellschaft für den Flug Frankfurt – Miami.	
e)	Wir überweisen den fälligen Betrag an die Fluggesellschaft.	

f) Wir veranstalten eine Tagesfahrt in die Lüneburger Heide im eigenen Bus für 30,00 EUR pro Person. Ein Altersheim bucht 18 Plätze und zahlt bar an   54,00 EUR

g) Bei Abholung der Reiseunterlagen erhalten wir vom Altersheim einen Scheck über den Restbetrag.

h) Wir tilgen ein Darlehen durch Banküberweisung   3 000,00 EUR

i) Vermittlung einer Pauschalreise nach Südafrika eines deutschen Veranstalters. Der Kunde zahlt bar an   400,00 EUR

j) Der Veranstalter schickt uns die Reiseunterlagen und die Rechnung und gewährt uns eine Provision von 12 %   4 000,00 EUR

k) Wir händigen dem Kunden die Reiseunterlagen aus, der den Restbetrag mit einem Scheck bezahlt.

l) Gehaltszahlung durch Banküberweisung   950,00 EUR

m) Barverkauf einer Bahnfahrkarte von Regensburg nach Würzburg   75,00 EUR

n) Abrechnung mit der DB, die uns 5 % Provision gewährt.

o) Wir überweisen an den Südafrika-Veranstalter und an die DB die fälligen Beträge.

p) Die Bank schreibt uns Zinsen gut   250,00 EUR

q) Überweisung der USt-Zahllast   ?

13.2 Umsatzsteuer bei Veranstaltungsleistungen

Bei Veranstaltungsleistungen muss man grundsätzlich zwei Arten der Besteuerung unterscheiden: die **Regelbesteuerung** und die **Margenbesteuerung.**

Die Regelbesteuerung erfolgt nach den allgemeinen Vorschriften des UStG (§ 1–4 UStG). Bemessungsgrundlage für die Umsatzsteuer ist hier der **Nettoreisepreis.** Die Regelbesteuerung wird bei allen Vermittlungsleistungen[1] angewandt. Bei Veranstaltungen ist zu unterscheiden, an wen die Reise verkauft wird. Handelt es sich beim Käufer um ein **Unternehmen,** dann unterliegt diese Veranstaltung, unabhängig davon ob sie mit oder ohne fremde Leistungsträger durchgeführt wird, der **Regelbesteuerung.** Ist der Käufer eine **Privatperson,** dann muss unterschieden werden, ob fremde Leistungsträger in Anspruch genommen werden oder nicht. Eine Veranstaltung **ohne fremde Leistungsträger** unterliegt der **Regelbesteuerung** (§ 3a UStG), eine Veranstaltung **mit fremden Leistungsträgern** unterliegt der **Margenbesteuerung** (§ 25 UStG). Bemessungsgrundlage ist die **Marge,** d. h. die Differenz zwischen dem Reisepreis und den Aufwendungen für Reisevorleistungen, abzüglich der Umsatzsteuer.

---

1 Regelbesteuerung bei Vermittlungsleistungen: Bemessungsgrundlage Nettoprovision.

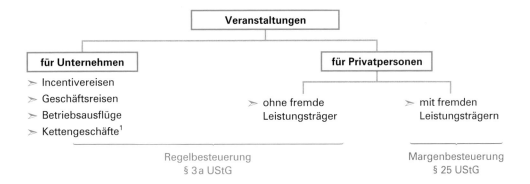

13.2.1 Regelbesteuerung bei Veranstaltungsleistungen (§ 3 a UStG)

Bei **Eigenleistungen** oder Veranstaltungen für eine **unternehmerische Verwendung** wird die Regelbesteuerung angewandt. Bemessungsgrundlage ist der gesamte Reisepreis, vorausgesetzt, die Leistungen, die erbracht werden, sind umsatzsteuerpflichtig. Zur Erinnerung:

Art der Reiseleistung	umsatzsteuerpflichtig	umsatzsteuerfrei
≻ Beförderung mit Flugzeugen und Seeschiffen	≻ Beförderung nur im Inland	≻ grenzüberschreitende Beförderung ≻ Beförderung nur im Ausland
≻ Beförderung mit Bahn, Bus oder Binnenschiffen	≻ Beförderung nur im Inland ≻ bei grenzüberschreitendem Verkehr der Inlandsanteil	≻ Beförderung nur im Ausland ≻ bei grenzüberschreitendem Verkehr der Auslandsanteil
≻ Beherbergungs- und Verpflegungsleistungen	≻ im Inland	≻ im Ausland
≻ Eintrittskarten	≻ im Inland	≻ im Ausland
≻ Versicherungen		≻ generell umsatzsteuerfrei

Beispiel 1: **Eigenleistung**

Das Reisebüro Baltic Reisen veranstaltet eine Tagesfahrt im eigenen Bus nach Usedom. Der Reisepreis pro Person beträgt 17,85 EUR. 20 Personen buchen die Reise und zahlen den Reisepreis bar.

Bei dieser Veranstaltung handelt es sich um eine Eigenleistung des Reisebüros, da keine fremden Leistungsträger in Anspruch genommen werden. Die Beförderung im Inland mit dem Bus ist steuerpflichtig, also unterliegt die Reise der Regelbesteuerung. Bemessungs-

---

1 Weiterverkauf: Der Veranstalter verkauft die Reise an einen anderen Veranstalter, der diese seinerseits im Rahmen seines Reiseprogramms in eigenem Namen weiterverkauft.

grundlage ist der Nettoreisepreis. Da im Katalogpreis aber die Umsatzsteuer schon enthalten ist, muss sie für die Buchung herausgerechnet werden.

Reisepreis (brutto) = 20 · 17,85 EUR	357,00 EUR	(119 %)
enthaltene Umsatzsteuer	57,00 EUR	(19 %)
Bemessungsgrundlage	300,00 EUR	(100 %)

Für die Erlöse aus Veranstaltungen, die der Regelbesteuerung unterliegen, wird ein separates Konto eingerichtet „**(8020) EVA (§ 3 a UStG)**", das über das GuV-Konto abgeschlossen wird.

Buchungssatz	Soll	Haben
(1000) Kasse	357,00	
an (8020) EVA (§ 3 a UStG)		300,00
an (1720) USt		57,00

Kontenübersicht:

Soll	Kasse	Haben		Soll	EVA	Haben
EVA/USt	357,00				Kasse	300,00

Soll	USt	Haben
	Kasse	57,00

Beispiel 2: **Verkauf einer Reise an ein Unternehmen**

Das Reisebüro Baltic Reisen verkauft eine von ihm veranstaltete Wochenendfahrt nach München an die Firma Javarone KG für einen Betriebsausflug zum Preis von 833,00 EUR. Die Beförderung wird mit dem eigenen Bus durchgeführt, übernachtet wird im Hotel „Hofbräuhaus", das insgesamt 535,50 EUR in Rechnung stellt.

Hier handelt es sich um eine Veranstaltung für eine unternehmerische Verwendung. Diese unterliegt der Regelbesteuerung, unabhängig davon, ob die Veranstaltung mit oder ohne fremde Leistungsträger durchgeführt wird. Analog zum Konto (8020) EVA (§ 3 a UStG) gibt es auch ein gesondertes Konto für die Vorleistungen:

(4020) AVA (§ 3 a UStG)

Bei der Regelbesteuerung ist der Nettoreisepreis die Bemessungsgrundlage für die USt. Katalogpreise sind Bruttoreisepreise, in denen die USt bereits enthalten ist.

Reisepreis, brutto	833,00 EUR	(119 %)
darin enthaltene USt	133,00 EUR	(19 %)
Reisepreis, netto	700,00 EUR	(100 %)

1. Geschäftsfall: Zielverkauf der Reise an die Firma Javarone KG.

Buchungssatz	Soll	Haben
(1400) Forderungen	833,00	
an (8020) EVA (§ 3a UStG)		700,00
an (1720) USt		133,00

In der Rechnung, die der Veranstalter vom Hotel bekommt, sind 19 % USt ausgewiesen, die als Vorsteuer zu buchen ist.

Übernachtungspreis, brutto	535,50 EUR	(119 %)
darin enthaltene USt	85,50 EUR	(19 %)
Übernachtungspreis, netto	450,00 EUR	(100 %)

2. Geschäftsfall: Eingangsrechnung des Hotels.

Buchungssatz	Soll	Haben
(4020) AVA (§ 3a UStG)	450,00	
(1550) VSt	85,50	
an (1700) Verbindlichkeiten		535,50

Kontenübersicht und Kontenabschluss:

Soll	Vorsteuer	Haben		Soll	Umsatzsteuer	Haben
2. Verbindl.	85,50	USt 85,50		VSt	85,50	1. Forder. 133,00
=		=		Zahllast	47,50	
					133,00	133,00
				=		=

Soll	AVA (§ 3a UStG)	Haben
2. Verbindl.	450,00	GuV 450,00
=		=

Soll	EVA (§ 3a UStG)	Haben
GuV	700,00	1. Forder. 700,00
=		=

Soll	GuV	Haben
AVA	450,00	EVA 700,00
Gewinn	250,00	
	700,00	700,00
=		=

Buchungssatz	Soll	Haben
(9200) GuV	450,00	
an (4020) AVA (§ 3a UStG)		450,00
(8020) EVA (§ 3a UStG)	700,00	
an (9200) GuV		700,00

Zusammenfassung

Der Regelbesteuerung unterliegen Reiseveranstaltungen, die

➤ ohne fremde Leistungsträger erbracht werden **(Eigenleistung)** oder

➤ an ein **Unternehmen** weiterverkauft werden, unabhängig davon, ob fremde Leistungsträger gebraucht werden oder nicht.

Bei der Regelbesteuerung ist die Bemessungsgrundlage der USt der Nettoreisepreis.

Diese Veranstaltungen sind bei folgenden Leistungen umsatzsteuerfrei:

Leistung	umsatzsteuerfrei
➤ Beförderung mit Flugzeugen und Seeschiffen	➤ grenzüberschreitende Beförderung ➤ Beförderung nur im Ausland
➤ Beförderung mit Bahn, Bus oder Binnenschiffen	➤ Beförderung nur im Ausland ➤ bei grenzüberschreitendem Verkehr der Auslandsanteil
➤ Beherbergungs- und Verpflegungs- leistungen	➤ im Ausland
➤ Eintrittskarten	➤ im Ausland
➤ Versicherungen	➤ generell umsatzsteuerfrei

ÜBUNGSAUFGABEN

5. Für die Firma Lieber & Kohrs GmbH veranstalten wir einen Betriebsausflug nach Hamburg. Der Preis beträgt 1 700,00 EUR zuzüglich USt. Als Vorleistungen werden in Anspruch genommen:

   Busmiete   800,00 EUR zuzüglich USt
   Hotel   500,00 EUR zuzüglich USt
   Hafenrundfahrt   200,00 EUR zuzüglich USt

   Buchen Sie den Barverkauf der Reise, die ER der Vorleister und den Ausgleich der Rechnungen durch Banküberweisung in Grund- und Hauptbuch! Wie hoch ist der Erfolg?

6. Wir veranstalten eine Tagesfahrt im eigenen Bus zur Hengstparade nach Celle. Katalogpreis pro Person 23,80 EUR. 30 Fahrgäste buchen die Reise und bezahlen den Reisepreis bar. Bilden Sie den Buchungssatz!

13.2.2 Margenbesteuerung bei Veranstaltungsleistungen (§ 25 UStG)

Die Margenbesteuerung gilt für alle Veranstaltungen mit **fremden Leistungsträgern,** die an **Privatkunden** verkauft werden. Ziel ist es, den Mehrwert, der bei der Zusammenstellung einer Reise durch einen Veranstalter geschaffen wird, einfacher zu ermitteln und damit auch die Ermittlung der USt zu vereinfachen. Der Begriff Margenbesteuerung bedeutet, dass die Bemessungsgrundlage nicht der Nettoreisepreis ist, sondern die **Marge.** Unter Bruttomarge versteht man die Differenz zwischen dem Betrag, den der Leistungsempfänger (der Reisende) bezahlt und den Aufwendungen für die Reisevorleistungen.[1] Dabei ist zu prüfen, ob die in der Veranstaltung enthaltenen **Reisevorleistungen** eventuell **steuerfrei** sind. Die Prüfkriterien für eine Umsatzsteuerpflicht und die Gebietsabgrenzung sind bei der Margenbesteuerung anders geregelt als bei der Regelbesteuerung.

Umsatzsteuerfreie Leistungen:

➤ Grundsätzlich ist eine Leistung steuerfrei, wenn sie im **Drittlandsgebiet** bewirkt wird (§ 25 Abs. 2 UStG).

➤ Außerdem sind Beförderungsleistungen, die sowohl im Gemeinschaftsgebiet als auch im Drittland erbracht werden, für den **Streckenanteil** außerhalb des Gemeinschaftsgebietes steuerfrei.

➤ Für die Beförderung auf dem **Luftweg** kann eine **Vereinfachungsregel** angewandt werden. Danach sind Beförderungen mit einem Zielort im Drittlandsgebiet steuerfrei, auch wenn ein Streckenanteil im Gemeinschaftsgebiet erbracht wurde (z. B. Flug von Hamburg nach Oslo).[2]

Umsatzsteuerpflichtige Leistungen:[3]

➤ Alle Leistungen, die **im Gemeinschaftsgebiet** der EU erbracht werden.

13.2.2.1 Margenbesteuerung bei voller Steuerpflicht

Beispiel: Das Reisebüro Baltic Reisen veranstaltet eine Bahnpauschalreise in den Schwarzwald. Der Reisepreis beträgt 180,00 EUR pro Person. 25 Personen buchen die Reise und zahlen den Reisepreis bei Buchung bar. Folgende Reisevorleistungen müssen zur Durchführung der Reise in Anspruch genommen werden:

Rechnung der DB einschließlich USt	1 125,00 EUR
Rechnung des Hotels einschließlich USt	2 000,00 EUR
Reisevorleistungen insgesamt	3 125,00 EUR

---

1 Reisevorleistungen sind Lieferungen und sonstige Leistungen Dritter, die dem Reisenden unmittelbar zugute kommen (§ 25 UStG).

2 Macht ein Veranstalter von dieser Vereinfachungsregel Gebrauch, dann muss er diese bei allen Veranstaltungen anwenden. Er kann aber jederzeit dazu übergehen, seine gesamten Reisevorleistungen nach Streckenanteilen aufzuteilen.

3 Die Steuerermäßigung von Beherbergungsleistungen (ermäßigter Steuersatz von 7%) gilt nicht bei Reiseleistungen der Margenbesteuerung.

Berechnung der Marge:

Reisepreis (25 · 180,00 EUR)	4 500,00 EUR
− Reisevorleistungen	3 125,00 EUR
Bruttomarge	1 375,00 EUR (= 119 %)
enthaltene USt	219,54 EUR (= 19 %)
Nettomarge (Besteuerungsgrundlage)	1 155,46 EUR (= 100 %)

1. Geschäftsfall: Die Kunden buchen die Reise und zahlen bar.

Buchungssatz	Soll	Haben
(1000) Kasse	4 500,00	
an (8010) EVA (§ 25 UStG)		4 280,46
an (1720) USt		219,54

Da bei der Margenbesteuerung **nicht wie bei der Regelbesteuerung der Nettoreispreis** die Bemessungsgrundlage ist, **sondern die Marge,** kann auch die Umsatzsteuer erst durch die Ermittlung der Marge gebucht werden. Die Marge wird für jede Reise auf einem gesonderten Abrechnungsbogen ermittelt. Dieser dient als Beleg gegenüber dem Finanzamt und als Beleg für die Buchung. Aus diesem Grund darf auch **kein Vorsteuerabzug** bei den Vorleisterrechnungen vorgenommen werden. Die Vorleistungen werden also brutto gebucht.

2. Geschäftsfall: Eingangsrechnungen des Hotels und der DB.

Buchungssatz	Soll	Haben
(4010) AVA (§ 25 UStG)	2 000,00	
an (1600) Verbindlichkeiten		2 000,00
(4010) AVA (§ 25 UStG)	1 125,00	
an (1600) Verbindlichkeiten		1 125,00

3. Geschäftsfall: Ausgleich der Eingangsrechnungen.

Buchungssatz	Soll	Haben
(1600) Verbindlichkeiten	2 000,00	
an (1200) Bank		2 000,00
(1600) Verbindlichkeiten	1 125,00	
an (1200) Bank		1 125,00

Kontenübersicht und Kontenabschluss:

Soll	Kasse	Haben
1. EVA/USt 4 500,00		

Soll	Verbindlichkeiten	Haben
3. Bank 2 000,00	2. AVA 2 000,00	
3. Bank 1 125,00	2. AVA 1 125,00	
=	=	

Soll	Bank	Haben
	3. Verbindl. 2 000,00	
	3. Verbindl. 1 125,00	

Soll	Umsatzsteuer	Haben
	1. Kasse 219,54	

Soll	AVA (§ 25 UStG)	Haben
2. Verbindl. 2 000,00	GuV 3 125,00	
2. Verbindl. 1 125,00		
—		
3 125,00	3 125,00	
=	=	

Soll	EVA (§ 25 UStG)	Haben
GuV 4 280,46	1. Kasse 4 280,46	
=	=	

Soll	GuV	Haben
AVA 3 125,00	EVA 4 280,46	
Gewinn 1 155,46		
—		
4 280,46	4 280,46	
=	=	

4. Geschäftsfall: Abschluss der Konten.

Buchungssatz	Soll	Haben
(9200) GuV	3 125,00	
an (4010) AVA (§ 25 UStG)		3 125,00
(8010) EVA (§ 25 UStG)	4 280,46	
an (9200) GuV		4 280,46
(9200) GuV	1 155,46	
an (0800) Eigenkapital		1 155,46

Das AVA-Konto und das EVA-Konto werden über das GuV-Konto abgeschlossen. Der Saldo im GuV-Konto ergibt den Gewinn, die Nettomarge.

13.2.2.2 Margenbesteuerung bei voller Steuerfreiheit

Nach § 25 Abs. 2 UStG sind Reiseleistungen, die im Drittlandsgebiet erbracht werden, steuerfrei. Außerdem sind nach der Vereinfachungsregel grenzüberschreitende Flüge mit einem Zielort im Drittlandsgebiet auch steuerfrei.

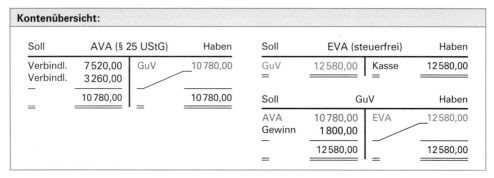

Beispiel: Das Reisebüro Baltic Reisen veranstaltet eine Flugpauschalreise nach Hammamet/Tunesien. Der Reisepreis beträgt insgesamt 12 580,00 EUR. Folgende Reisevorleistungen müssen zur Durchführung der Reise in Anspruch genommen werden:

Rechnung der Fluggesellschaft	7 520,00 EUR
Rechnung des Hotels	3 260,00 EUR
Reisevorleistungen insgesamt	10 780,00 EUR

Sowohl die Unterkunft in einem Drittland als auch der grenzüberschreitende Flug mit einem Zielort im Drittlandgebiet sind steuerfreie Vorleistungen.

Berechnung der Marge:	
Reisepreis	12 580,00 EUR
− Reisevorleistungen	10 780,00 EUR
Marge	1 800,00 EUR

Bilden Sie die Buchungssätze zum Barverkauf der Reise und zur ER der Vorleister!

Kontenübersicht:

Soll	AVA (§ 25 UStG)		Haben
Verbindl.	7 520,00	GuV	10 780,00
Verbindl.	3 260,00		
—	10 780,00		10 780,00
=		=	

Soll	EVA (steuerfrei)		Haben
GuV	12 580,00	Kasse	12 580,00
=		=	

Soll	GuV		Haben
AVA	10 780,00	EVA	12 580,00
Gewinn	1 800,00		
—	12 580,00		12 580,00
=		=	

13.2.2.3 Margenbesteuerung bei teilweiser Steuerfreiheit

Wenn eine Veranstaltung aus steuerfreien und steuerpflichtigen Vorleistungen besteht, muss das **prozentuale Verhältnis** der steuerfreien und steuerpflichtigen Anteile an den Gesamtvorleistungen festgestellt werden. Die Gesamtmarge (Reisepreis – Gesamtvorleistungen) muss dann im entsprechenden Verhältnis aufgeteilt werden in die steuerfreie Marge und die Bruttomarge. Aus der Bruttomarge ist folglich der Umsatzsteueranteil herauszurechnen.

Beispiel: Das Reisebüro Baltic Reisen veranstaltet eine Wochenendfahrt nach Genf. Der Preis pro Person beträgt 360,00 EUR, es nehmen 30 Personen an der Reise teil.

Folgende Vorleistungen müssen für die Durchführung der Reise in Anspruch genommen werden:

Miete für den Bus	2 500,00 EUR
Unterkunft in Genf	5 700,00 EUR

Der Streckenanteil im Gemeinschaftsgebiet beträgt 80 %.

Abrechnungsbogen für die Margenberechnung:

Reisevorleistungen	insgesamt	Gemeinschaftsgebiet	Drittland
Miete Bus	(100 %) 2 500,00 EUR	(80 %) 2 000,00 EUR	(20 %) 500,00 EUR
Hotel	5 700,00 EUR		5 700,00 EUR
gesamt	8 200,00 EUR	2 000,00 EUR	6 200,00 EUR
in %	100 %	**24,4 %**	**75,6 %**

Berechnung der Marge:

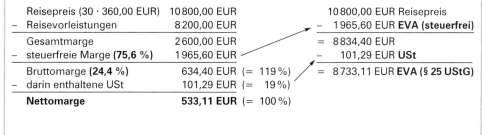

Da für jede Reise, die der Margenbesteuerung unterliegt, ein eigener Abrechnungsbogen erstellt werden muss, kann man beim Verkauf der Reise den Reisepreis gleich auf den entsprechenden Erlöskonten[1] und dem USt-Konto buchen.

Buchungssatz	Soll	Haben
(1000) Kasse	10 800,00	
an (8010) EVA (§ 25 UStG)		8 733,11
an (8030) EVA (steuerfrei)		1 965,60
an (1720) USt		101,29

---

1 Eine weitere Aufteilung der Erlöskonten ist je nach Bedarf möglich.

Kontenübersicht:

Soll	AVA (§ 25 UStG)	Haben
2. Verbindl. 2 500,00	GuV	8 200,00
2. Verbindl. 5 700,00		
—		
8 200,00		8 200,00
=		=

Soll	Umsatzsteuer	Haben
	Kasse	101,29

Soll	GuV	Haben
AVA	8 200,00	EVA (§ 25)	8 733,11
Gewinn	2 498,71	EVA (steuerfr.)	1 965,60
		—	
10 698,71		10 698,71
=		=

Soll	EVA (§ 25 UStG)	Haben
GuV	8 733,11	Kasse	8 733,11
=		=

Soll	EVA (steuerfrei)	Haben
GuV	1 965,60	Kasse	1 965,60
=		=

Abschlussbuchungen:

Buchungssatz	Soll	Haben
(9200) GuV	8 200,00	
an (4010) AVA (§ 25 UStG)		8 200,00
(8010) EVA (§ 25 UStG)	8 733,11	
(8030) EVA (steuerfrei)	1 965,60	
an (9200) GuV		10 698,71

13.2.2.4 Veranstaltungen mit Regel- und Margenbesteuerung

Es gibt Veranstaltungen, die sowohl Eigenleistungen als auch Vorleistungen enthalten. Das bedeutet, dass **ein Teil der Veranstaltung der Regelbesteuerung** und **der andere Teil der Margenbesteuerung** unterliegt. Auch hier muss wieder das Verhältnis von Eigen- zu Fremdleistungen in Bezug auf den Gesamtreisepreis gebildet werden.

Beispiel: Das Reisebüro Baltic Reisen veranstaltet eine 14-tägige Busreise in den Spreewald mit eigenem Bus und einem angestellten Reiseleiter. Der Reisepreis pro Person beträgt 250,00 EUR. 40 Personen nehmen an der Reise teil. Es fallen folgende direkte Kosten für die Reise an:

Hotel mit Halbpension	4 500,00 EUR
Reiseleitung	500,00 EUR
Beförderung mit eigenem Bus	2 500,00 EUR

Abrechnungsbogen für die Margenberechnung:

Leistung	insgesamt	Eigenleistung	Vorleistung
Hotel/ Verpflegung	4 500,00 EUR		4 500,00 EUR
Beförderung Bus	2 500,00 EUR	2 500,00 EUR	
Reiseleitung	500,00 EUR	500,00 EUR	
gesamt	7 500,00 EUR	3 000,00 EUR	4 500,00 EUR
in %	(100 %)	(40 %)	(60 %)

1. Margenbesteuerung:

Reisepreis (40 · 250,00 EUR)	10 000,00 EUR	
– 40 % Eigenleistung	4 000,00 EUR	
Margenerlös (brutto)	6 000,00 EUR	⟶ 6 000,00 EUR
– Reisevorleistungen	4 500,00 EUR	
Bruttomarge	1 500,00 EUR (= 119 %)	
– darin enthaltene USt	239,50 EUR (= 19 %)	⟶ – 239,50 EUR **USt**
Nettomarge	**1 260,50 EUR** (= 100 %)	5 760,50 EUR **EVA (§ 25 UStG)**

2. Regelbesteuerung:

Eigenleistung (40 % Reisepreises)	4 000,00 EUR (= 119 %)	
– darin enthaltene USt	638,65 EUR (= 19 %)	⟶ **USt**
Bemessungsgrundlage	3 361,35 EUR (= 100 %)	⟶ **EVA (§ 3a UStG)**

In diesem Beispiel ist das Verhältnis von Eigen- zu Vorleistungen 40 : 60. Das bedeutet, dass 40 % vom Gesamtreisepreis der Regelbesteuerung unterliegen und 60 % der Margenbesteuerung. Wie immer bei der Margenbesteuerung müssen die Vorleistungen vom Restreisepreis abgezogen werden, um zur Bruttomarge zu gelangen.

Sollte für den Teil der Eigenleistung Vorsteuer angefallen sein, darf der Veranstalter diese geltend machen.

Der Verkauf der Reise wird also folgendermaßen gebucht:

Buchungssatz	Soll	Haben
(1000) Kasse	10 000,00	
an (8010) EVA (§ 25 UStG)		5 760,50
an (1720) USt		239,50
an (8030) EVA (§ 3a UStG)		3 361,35
an (1720) USt		638,65

Unterschied zwischen Margen- und Regelbesteuerung

➤ Ein Veranstalter führt eine Reise mit Vorleistungen zum Reisepreis von 1 190,00 EUR durch.

➤ Die Vorleistungen für diese Reise betragen 300,00 EUR zuzüglich 57,00 EUR USt.

➤ Wir verkaufen die Reise 1. an ein Unternehmen und 2. an einen Privatkunden.

1. Verkauf an ein Unternehmen → Regelbesteuerung

a) Verkauf der Reise:

Forderungen	1 190,00	
an EVA (§ 3 a UStG)		1 000,00
an USt		190,00

b) ER der Vorleistungen

AVA (§ 3 a UStG)	300,00	
VSt	57,00	
an Verbindlichkeiten		357,00

c) Ermittlung der Zahllast und des Erfolges (Abschluss AVA und EVA über GuV)

	190,00 EUR USt	EVA	1 000,00 EUR
–	57,00 EUR VSt	– AVA	300,00 EUR
=	133,00 EUR Zahllast	= Erfolg	700,00 EUR

2. Verkauf an eine Privatperson → Margenbesteuerung

	Reisepreis	1 190,00 EUR		1 190,00 EUR Reisepreis
–	Vorleistungen	357,00 EUR		
=	Bruttomarge	833,00 EUR (119 %)		
–	USt	133,00 EUR (19 %)	–	133,00 EUR USt
=	Nettomarge	700,00 EUR (100 %)	=	1 057,00 EUR EVA (§ 25 UStG)

a) Verkauf

Forderungen	1 190,00	
an EVA (§ 25 UStG)		1 057,00
an USt		133,00

b) ER der Vorleistungen

AVA (§ 25 UStG)	357,00	
an Verbindlichkeiten		357,00

c) Ermittlung des Gewinns

EVA (§ 25 UStG)	1 057,00	
an GuV		1 057,00
GuV	357,00	
an AVA (§ 25 UStG)		357,00

Zusammenfassung

Nach § 25 UStG unterliegen **Veranstaltungen mit Vorleistungen,** die im eigenen Namen durchgeführt werden und **an Privatkunden** verkauft werden, der **Margenbesteuerung.**

Die Margenberechnung muss auf einem **separaten Abrechnungsbogen** durchgeführt werden. Hierbei werden dann auch gleich die entsprechenden Erlöskonten festgelegt.

Die Bemessungsgrundlage für die Umsatzsteuer ist die **Nettomarge,** die sich wie folgt errechnet:

```
   Reisepreis (brutto)
 – Reisevorleistungen (brutto)

 = Bruttomarge              (= 119 %)
 – darin enthaltene USt      (=  19 %)

 = Nettomarge               (= 100 %)
```

Bei der Margenbesteuerung werden die **Vorleistungen immer brutto** gebucht, d. h., die Vorsteuer wird nicht gesondert gebucht.

Folgende Leistungen sind bei einer Veranstaltung, die der Margenbesteuerung unterliegt, **steuerfrei:**

➤ Leistungen, die ausschließlich im Drittland erbracht werden.

➤ Bei grenzüberschreitender Beförderung der Streckenanteil im Drittland.

➤ Flüge, deren Zielorte in einem Drittland liegen.

ÜBUNGSAUFGABEN

7. Entscheiden Sie, ob folgende Reiseleistungen der Regel- oder der Margenbesteuerung unterliegen!

a) Für einen Betriebsausflug veranstalten wir eine Wochenendfahrt in den „Sauerland-Stern".

b) Wir veranstalten für Familie Bartsch eine Tagesfahrt im eigenen Bus in den Harz.

c) Wir veranstalten eine Bahnpauschalreise nach Österreich. Unterbringung im angemieteten Hotel.

d) Für den Kindergarten „Unterm Regenbogen" veranstalten wir eine Tagesfahrt in den Schweriner Tierpark. Dazu mieten wir einen Bus und bezahlen die Eintrittsgelder.

e) Die Firma Alsen & Söhne belohnt ihre Mitarbeiter mit einem Ausflug. Wir stellen den Bus.

f) Wir veranstalten eine Buspauschalreise nach Norwegen. Die Unterbringung findet in diversen angemieteten Hotels, die Fahrt im angemieteten Bus statt.

161

11 Künzel, Thieß - ISBN 978-3-8120-0496-1

8. Entscheiden Sie, welche der folgenden Leistungen steuerfrei oder steuerpflichtig sind!

   a) Veranstaltung einer Flugpauschalreise nach Tunesien mit folgenden Vorleistungen:
      - innerdeutscher Bustransfer zum Flughafen
      - Flug Hannover – Tunis
      - Unterbringung im Hotel „Wüstenblick"

   b) Veranstaltung einer Bahnpauschalreise nach Juist
      - Bahnfahrt von Berlin nach Norden
      - Fähre von Norden nach Juist
      - Unterbringung in der Pension „Nordseeperle"

   c) Veranstaltung einer Wochenendfahrt nach Dänemark
      - Busmiete
      - Hotelunterkunft
      - Theaterbesuch

   d) Veranstaltung einer Australienrundreise
      - Flug Frankfurt – Sydney
      - diverse Hotels in Australien
      - Bus in Australien

   e) Veranstaltung einer Städtetour nach Rom
      - Flug Dresden – Rom
      - Unterbringung im Hotel „Trevi"
      - Eintritt für verschiedene Sehenswürdigkeiten

9. Wir veranstalten eine Tagesfahrt im eigenen Bus nach Hildesheim „Auf dem Weg der Rose". Im Reisepreis von 55,00 EUR ist ein Mittagessen im „Knochenhauer Amtshaus" für 14,00 EUR, der Eintritt für den Hildesheimer Dom und die „1000-jährige Rose" für 5,00 EUR und der Eintritt für den Besuch des Römer- und Pelizaeus-Museums für 6,50 EUR enthalten. Der Anteil der Buskosten beträgt 10,00 EUR. Bilden Sie die Buchungssätze zu folgenden Geschäftsfällen:

   a) Frau Zimmermann bucht die Reise und zahlt bar.
   b) Die ER des Restaurants „Knochenhauer Amtshaus" geht ein.
   c) Wir bezahlen die Eintrittsgelder vor Ort bar.
   d) Überweisung der Restaurantrechnung.
   e) Ermitteln Sie den Erfolg!

10. Für die Firma Lieber & Kohrs GmbH veranstalten wir einen Betriebsausflug nach Hamburg. Der Nettopreis beträgt 1700,00 EUR. Als Vorleistungen nehmen wir folgende Leistungen in Anspruch:

    a) Bus, netto   650,00 EUR
    b) Hafenrundfahrt, netto   300,00 EUR

   Buchen Sie den Barverkauf und die ER der Vorleister! Wie hoch ist der Erfolg?

11. Wir veranstalten eine Tagesfahrt im eigenen Bus zur Hengstparade nach Celle. Reisepreis pro Person 20,00 EUR. 30 Fahrgäste buchen und bezahlen den Reisepreis bar. Buchen Sie!

12. Wir veranstalten eine Wochenendfahrt im angemieteten Bus nach Berlin. Reisepreis pro Person: 170,00 EUR.

    a) 20 Personen buchen die Reise und bezahlen bar.

    b) Wir erhalten die ER des Busveranstalters, brutto   1 000,00 EUR

    c) Die ER des Hotels geht ein, brutto   800,00 EUR

Bilden Sie die Buchungssätze, buchen Sie auf den entsprechenden Konten im Hauptbuch, schließen Sie die Konten ab und ermitteln Sie den Erfolg!

13. Wir veranstalten eine Pauschalreise nach Mexiko. Reisepreis pro Person 2 250,00 EUR. Folgende Vorleistungen werden benötigt:

    ➤ Flug Frankfurt – Mexiko   18 000,00 EUR

    ➤ Hotel in Mexiko-City   16 500,00 EUR

Buchen Sie:

    a) den Zielverkauf der Reise an 20 Personen,

    b) die ER der Vorleister,

    c) den Ausgleich aller Rechnungen durch Banküberweisung!

Ermitteln Sie den Erfolg!

14. Wir veranstalten eine Skireise in die Schweiz. Der Reisepreis beträgt 890,00 EUR pro Person. Folgende Reisevorleistungen werden in Anspruch genommen:

Miete für den Bus   3 500,00 EUR

Hotel in der Schweiz   2 000,00 EUR

Skipässe   1 900,00 EUR

Aufteilung der Fahrstrecke: 80 % Gemeinschaftsgebiet (D)

                             20 % Drittland (CH)

    a) 10 Personen buchen die Reise und bezahlen mit einem Scheck.

    b) ER des Busvermieters geht ein.

    c) ER des Hotels geht ein.

    d) Unser Busfahrer kauft die Skipässe vor Ort und bezahlt bar.

Buchen Sie, schließen Sie die Konten ab und ermitteln Sie den Erfolg!

14 Personalbereich

Kosten, die durch die Inanspruchnahme des Produktionsfaktors Arbeit entstehen, werden unter dem Begriff **Personalkosten** zusammengefasst. Zu den Personalkosten gehören neben den Löhnen und Gehältern weitere Aufwendungen **(Lohnnebenkosten)**, die durch die Beschäftigung von Mitarbeitern verursacht werden:

---

1. Löhne und Gehälter

Löhne für Arbeiter, **Gehälter** für Angestellte, einschließlich Urlaubs- und Weihnachtsgeld, Überstundenvergütung, Sachbezüge, vermögenswirksame Leistungen usw.

2. Gesetzlich soziale Aufwendungen

Arbeitgeberanteil zur **Sozialversicherung** (Renten-, Kranken-, Arbeitslosen- und Pflegeversicherung), Beiträge zur gesetzlichen **Unfallversicherung** (Berufsgenossenschaft), Lohnfortzahlungen usw.

3. Freiwillige soziale Aufwendungen

Weder gesetzlich noch tarifvertraglich geregelte freiwillige Zuwendungen, wie z.B. freiwillige Fahrtkosten- und Essenzuschüsse, Betriebskindergärten oder -sportanlagen usw.

14.1 Grundlagen der Lohn- und Gehaltsabrechnung

Der Arbeitgeber ist gesetzlich verpflichtet, den **Arbeitnehmeranteil zur Sozialversicherung** sowie die zu zahlende **Lohn-, Kirchensteuer und den Solidaritätszuschlag** vom Bruttolohn einzubehalten und bis zum drittletzten Bankarbeitstag des Abrechnungsmonats an die jeweilige Krankenkasse bzw. bis zum 10. des Folgemonats[1] an das Finanzamt abzuführen (Abzugsverfahren).

Eine vereinfachte Lohn- und Gehaltsabrechnung sieht folgendermaßen aus:

  Bruttolohn/-gehalt
  − Lohnsteuer
  − Kirchensteuer
  − Solidaritätszuschlag
  − Arbeitnehmeranteil zur Sozialversicherung
  = **Nettogehalt/-lohn (Auszahlungsbetrag)**

Nun bleibt noch zu prüfen, wonach sich die Höhe der Steuer- und Sozialversicherungsabzüge richtet.

14.1.1 Lohn- und Kirchensteuerabzug, Solidaritätszuschlag

➤ **Lohnsteuer**

Die Lohnsteuer ist eine besondere Erhebungsform der **Einkommensteuer.** So unterliegen alle Einkünfte aus **unselbstständiger Arbeit** der Lohnsteuer. Der Arbeitgeber hat die Lohnsteuer **einzubehalten** und zu bestimmten Terminen an das Finanzamt **abzuführen.**

---

1 Zuzüglich einer Schonfrist von drei Tagen.

Maßgeblich für die Höhe des Lohnsteuerabzugs sind die **Höhe des Arbeitseinkommens** und die Verhältnisse des Arbeitnehmers, die auf der **Lohnsteuerkarte**[1] eingetragen sind. Dazu gehören z. B. die Steuerklasse, die Religionszugehörigkeit, die Anzahl der Kinderfreibeträge und eventuelle Freibeträge (z. B. für Behinderte oder Hinterbliebene).

Nach ihrem Familienstand werden die Arbeitnehmer in die **Steuerklassen I – VI** eingruppiert.

Steuerklasse I	**Unverheiratete** (Ledige, Geschiedene, Verwitwete) und dauernd getrennt Lebende, bei denen kein Kind gemeldet ist.[2]
Steuerklasse II	**Alleinstehende,** in deren Haushalt ein **Kind** gemeldet ist.
Steuerklasse III	**Verheiratete Alleinverdiener,** die von ihrem Ehegatten nicht dauernd getrennt leben. Verdienen beide Ehegatten, wird der andere Ehegatte nach der **Steuerklasse V** besteuert.[3]
Steuerklasse IV	**Beiderseits verdienende Ehegatten,** die nicht die Steuerklassen **III** und **V** wählen.[4]
Steuerklasse V	Arbeitnehmer, dessen berufstätiger Ehegatte auf Antrag nach der Steuerklasse **III** besteuert wird.
Steuerklasse VI	Für das **zweite oder weitere** Dienstverhältnis eines Arbeitnehmers.[5]

Die Höhe der Lohnsteuer ergibt sich aus den **Lohnsteuertabellen,** in denen durch Einteilung in die verschiedenen Steuerklassen die persönlichen Verhältnisse des Arbeitnehmers berücksichtigt werden. In den Lohnsteuertabellen wird der progressiv verlaufende Einkommensteuertarif berücksichtigt.

➤ Solidaritätszuschlag

Zur Finanzierung der deutschen Einheit wird seit 1995 zur Lohnsteuer, als zusätzlicher Abzug, ein Solidaritätszuschlag (SolZ) erhoben. Seit 1998 beträgt er 5,5 % der jeweiligen Lohnsteuer.

➤ Kirchensteuer

Die Kirchensteuer ist in allen Bundesländern an die Kirchenzugehörigkeit zu einer steuerberechtigten Religionsgemeinschaft und an den Wohnsitz des Arbeitnehmers geknüpft. Die Höhe der Kirchensteuer ist in den Bundesländern unterschiedlich hoch. In Bayern und Baden-Württemberg beträgt sie 8 % der Lohnsteuer, in allen übrigen Bundesländern 9 %.

---

1 Die Lohnsteuerkarte (LSt-Karte) in Papierform wurde letztmalig für das Jahr 2010 ausgestellt. Sie behält für das Jahr 2011 noch ihre Gültigkeit. Seit 2011 wird die LSt-Karte stufenweise durch ein **elektronisches Verfahren zur Erhebung der Lohnsteuer** ersetzt. Bis 2012 werden in einer Datenbank beim Bundeszentralamt für Steuern (BZSt) „Elektronische Lohnsteuerabzugsmerkmale" (kurz: **ELStAM**) gesammelt. Für Arbeitnehmer ohne LSt-Karte 2010 stellt das zuständige Finanzamt auf Antrag eine Ersatzbescheinigung aus. Für Eintragungen und Änderungen auf der LSt-Karte ist seit 2011 ausschließlich das Finanzamt zuständig.

2 Das schließt nicht aus, dass sie für ein nicht bei ihnen lebendes Kind einen Freibetrag erhalten.

3 Tarifliche Grundfreibeträge, Kinderfreibeträge für Kirchensteuer und Solidaritätszuschlag, Pauschbetrag für Sonderausgaben, Vorsorgepauschale, die beiden Ehegatten zustehen, werden voll bei dem Ehegatten der Steuerklasse III berücksichtigt.

4 Tariflichen Grundfreibeträge und Kinderfreibeträge für die Kirchensteuer und den Solidaritätszuschlag sowie der Sonderausgaben-Pauschbetrag werden jeweils zur Hälfte berücksichtigt.

5 Hier sind keine Frei- und Pauschbeträge eingearbeitet, weil diese bereits bei der Steuerklasse für das erste Dienstverhältnis berücksichtigt werden.

➢ Kinderfreibetrag

Kinderfreibeträge werden bei der Berechnung der Lohnsteuer wegen des zu zahlenden **Kindergeldes** nicht berücksichtigt, wohl aber bei der Ermittlung des Solidaritätszuschlags und der Kirchensteuer. Deshalb werden Kinder weiterhin auf der Steuerkarte entsprechend den bisherigen Regeln berücksichtigt. Jedes Kind wird mit dem Zähler 0,5 eingetragen. Dieser Zähler erhöht sich auf 1,0 bei verheirateten und nicht dauernd getrennt lebenden Arbeitnehmern.

Auszug aus einer Lohnsteuertabelle:

2 549,99* MONAT

Lohn/Gehalt bis €*	Abzüge an Lohnsteuer, Solidaritätszuschlag (SolZ) und Kirchensteuer (8%, 9%) in den Steuerklassen I–VI		ohne Kinderfreibeträge			I, II, III, IV		mit Zahl der Kinderfreibeträge … 0,5			1			1,5			2			2,5			3**		
		LSt	SolZ	8%	9%		LSt	SolZ	8%	9%	SolZ	8%	9%	SolZ	8%	9%	SolZ	8%	9%	SolZ	8%	9%	SolZ	8%	9%
2 504,99	I,IV	345,—	18,97	27,60	31,05	I	345,—	14,40	20,94	23,56	10,07	14,66	16,49	5,68	8,75	9,84	—	3,47	3,90	—	—	—	—	—	—
	II	313,41	17,23	25,07	28,20	II	313,41	12,76	18,56	20,88	8,53	12,41	13,96	0,41	6,64	7,47	—	1,86	2,09	—	—	—	—	—	—
	III	131,66	—	10,53	11,84	III	131,66	—	5,76	6,48	—	1,74	1,96	—	—	—	—	—	—	—	—	—	—	—	—
	V	613,33	33,73	49,06	55,19	IV	345,—	16,65	24,22	27,25	14,40	20,94	23,56	12,21	17,76	19,98	10,07	14,66	16,49	8,01	11,66	13,11	5,68	8,75	9,84
	VI	646,16	35,53	51,69	58,15																				
2 507,99	I,IV	345,83	19,02	27,66	31,12	I	345,83	14,43	21,—	23,62	10,12	14,72	16,56	5,81	8,80	9,90	—	3,51	3,95	—	—	—	—	—	—
	II	314,16	17,27	25,13	28,27	II	314,16	12,79	18,61	20,93	8,57	12,46	14,02	0,53	6,69	7,52	—	1,90	2,13	—	—	—	—	—	—
	III	132,16	—	10,57	11,89	III	132,16	—	5,80	6,52	—	1,77	1,99	—	—	—	—	—	—	—	—	—	—	—	—
	V	614,33	33,78	49,14	55,28	IV	345,83	16,69	24,28	27,32	14,43	21,—	23,62	12,24	17,81	20,03	10,12	14,72	16,56	8,05	11,71	13,17	5,81	8,80	9,90
	VI	647,16	35,59	51,77	58,24																				
2 510,99	I,IV	346,58	19,06	27,72	31,19	I	346,58	14,47	21,06	23,69	10,15	14,77	16,61	5,93	8,85	9,95	—	3,55	3,99	—	—	—	—	—	—
	II	314,91	17,32	25,19	28,34	II	314,91	12,83	18,66	20,99	8,60	12,52	14,08	0,65	6,74	7,58	—	1,93	2,17	—	—	—	—	—	—
	III	132,83	—	10,62	11,95	III	132,83	—	5,85	6,58	—	1,81	2,03	—	—	—	—	—	—	—	—	—	—	—	—
	V	615,50	33,85	49,24	55,39	IV	346,58	16,73	24,34	27,38	14,47	21,06	23,69	12,28	17,86	20,09	10,15	14,77	16,61	8,08	11,76	13,23	5,93	8,85	9,95
	VI	648,33	35,65	51,86	58,34																				
2 513,99	I,IV	347,33	19,10	27,78	31,25	I	347,33	14,52	21,12	23,76	10,19	14,82	16,67	6,06	8,90	10,01	—	3,59	4,04	—	—	—	—	—	—
	II	315,66	17,36	25,25	28,40	II	315,66	12,87	18,72	21,06	8,64	12,57	14,14	0,78	6,79	7,64	—	1,97	2,21	—	—	—	—	—	—
	III	133,50	—	10,68	12,01	III	133,50	—	5,89	6,62	—	1,85	2,08	—	—	—	—	—	—	—	—	—	—	—	—
	V	616,50	33,90	49,32	55,48	IV	347,33	16,77	24,40	27,45	14,52	21,12	23,76	12,32	17,92	20,16	10,19	14,82	16,67	8,12	11,82	13,29	6,06	8,90	10,01
	VI	649,33	35,71	51,94	58,43																				
2 516,99	I,IV	348,08	19,14	27,84	31,32	I	348,08	14,56	21,18	23,82	10,23	14,88	16,74	6,16	8,96	10,08	—	3,64	4,09	—	—	—	—	—	—
	II	316,41	17,40	25,31	28,47	II	316,41	12,91	18,78	21,12	8,68	12,62	14,20	0,90	6,84	7,69	—	2,—	2,25	—	—	—	—	—	—
	III	134,16	—	10,73	12,07	III	134,16	—	5,93	6,67	—	1,88	2,11	—	—	—	—	—	—	—	—	—	—	—	—
	V	617,50	33,96	49,40	55,57	IV	348,08	16,82	24,46	27,52	14,56	21,18	23,82	12,36	17,98	20,22	10,23	14,88	16,74	8,16	11,87	13,35	6,16	8,96	10,08
	VI	650,66	35,78	52,05	58,55																				
2 519,99	I,IV	348,83	19,18	27,90	31,39	I	348,83	14,59	21,23	23,88	10,26	14,93	16,79	6,19	9,01	10,13	—	3,68	4,14	—	—	—	—	—	—
	II	317,16	17,44	25,37	28,54	II	317,16	12,95	18,84	21,19	8,71	12,68	14,26	1,03	6,89	7,75	—	2,04	2,30	—	—	—	—	—	—
	III	134,83	—	10,78	12,13	III	134,83	—	5,97	6,71	—	1,92	2,16	—	—	—	—	—	—	—	—	—	—	—	—
	V	618,50	34,01	49,48	55,66	IV	348,83	16,86	24,52	27,59	14,59	21,23	23,88	12,40	18,04	20,29	10,26	14,93	16,79	8,19	11,92	13,41	6,19	9,01	10,13
	VI	651,50	35,83	52,12	58,63																				
2 522,99	I,IV	349,58	19,22	27,96	31,46	I	349,58	14,63	21,29	23,95	10,30	14,98	16,85	6,22	9,06	10,19	—	3,72	4,18	—	—	—	—	—	—
	II	317,91	17,48	25,43	28,61	II	317,91	12,98	18,89	21,25	8,75	12,73	14,32	1,16	6,94	7,81	—	2,08	2,34	—	—	—	—	—	—
	III	135,33	—	10,82	12,17	III	135,33	—	6,02	6,77	—	1,96	2,20	—	—	—	—	—	—	—	—	—	—	—	—
	V	619,66	34,08	49,57	55,76	IV	349,58	16,90	24,58	27,65	14,63	21,29	23,95	12,43	18,09	20,35	10,30	14,98	16,85	8,23	11,98	13,47	6,22	9,06	10,19
	VI	652,66	35,89	52,21	58,73																				
2 525,99	I,IV	350,33	19,26	28,02	31,52	I	350,33	14,67	21,34	24,01	10,34	15,04	16,92	6,26	9,11	10,25	—	3,76	4,23	—	—	—	—	—	—
	II	318,66	17,52	25,49	28,67	II	318,66	13,03	18,95	21,32	8,79	12,78	14,38	1,28	6,99	7,86	—	2,12	2,38	—	—	—	—	—	—
	III	136,—	—	10,88	12,24	III	136,—	—	6,06	6,82	—	1,98	2,23	—	—	—	—	—	—	—	—	—	—	—	—
	V	620,66	34,13	49,65	55,85	IV	350,33	16,94	24,64	27,72	14,67	21,34	24,01	12,47	18,14	20,41	10,34	15,04	16,92	8,27	12,03	13,53	6,26	9,11	10,25
	VI	653,83	35,96	52,30	58,84																				
2 528,99	I,IV	351,16	19,31	28,09	31,60	I	351,16	14,71	21,40	24,08	10,38	15,10	16,98	6,29	9,16	10,30	—	3,80	4,27	—	—	—	—	—	—
	II	319,41	17,56	25,55	28,74	II	319,41	13,06	19,—	21,38	8,82	12,84	14,44	1,40	7,04	7,92	—	2,15	2,42	—	—	—	—	—	—
	III	136,66	—	10,93	12,29	III	136,66	—	6,10	6,86	—	2,02	2,27	—	—	—	—	—	—	—	—	—	—	—	—
	V	621,83	34,20	49,74	55,96	IV	351,16	16,98	24,70	27,78	14,71	21,40	24,08	12,51	18,20	20,48	10,38	15,10	16,98	8,30	12,08	13,59	6,29	9,16	10,30
	VI	654,83	36,01	52,38	58,93																				
2 531,99	I,IV	351,91	19,35	28,15	31,67	I	351,91	14,75	21,46	24,14	10,41	15,15	17,04	6,33	9,21	10,36	—	3,84	4,32	—	—	—	—	—	—
	II	320,16	17,60	25,61	28,81	II	320,16	13,10	19,06	21,44	8,86	12,89	14,50	1,53	7,09	7,97	—	2,19	2,46	—	—	—	—	—	—
	III	137,33	—	10,98	12,35	III	137,33	—	6,14	6,91	—	2,06	2,32	—	—	—	—	—	—	—	—	—	—	—	—
	V	622,83	34,25	49,82	56,05	IV	351,91	17,02	24,76	27,85	14,75	21,46	24,14	12,55	18,26	20,54	10,41	15,15	17,04	8,34	12,14	13,65	6,33	9,21	10,36
	VI	656,—	36,08	52,48	59,04																				
2 534,99	I,IV	352,66	19,39	28,21	31,73	I	352,66	14,79	21,52	24,21	10,45	15,20	17,10	6,37	9,26	10,42	—	3,88	4,37	—	—	—	—	—	—
	II	320,91	17,65	25,67	28,88	II	320,91	13,14	19,12	21,51	8,90	12,94	14,56	1,66	7,14	8,03	—	2,22	2,50	—	—	—	—	—	—
	III	138,—	—	11,04	12,42	III	138,—	—	6,20	6,97	—	2,10	2,36	—	—	—	—	—	—	—	—	—	—	—	—
	V	623,83	34,31	49,90	56,14	IV	352,66	17,06	24,82	27,92	14,79	21,52	24,21	12,59	18,32	20,61	10,45	15,20	17,10	8,37	12,18	13,70	6,37	9,26	10,42
	VI	657,—	36,13	52,56	59,13																				
2 537,99	I,IV	353,41	19,43	28,27	31,80	I	353,41	14,83	21,58	24,27	10,49	15,26	17,16	6,40	9,32	10,48	—	3,92	4,41	—	—	—	—	—	—
	II	321,66	17,69	25,73	28,94	II	321,66	13,18	19,18	21,57	8,93	13,—	14,62	1,78	7,19	8,09	—	2,26	2,54	—	—	—	—	—	—
	III	138,66	—	11,09	12,47	III	138,66	—	6,24	7,02	—	2,13	2,39	—	—	—	—	—	—	—	—	—	—	—	—
	V	625,—	34,37	50,—	56,25	IV	353,41	17,10	24,88	27,99	14,83	21,58	24,27	12,63	18,37	20,66	10,49	15,26	17,16	8,41	12,24	13,77	6,40	9,32	10,48
	VI	658,16	36,19	52,65	59,23																				
2 540,99	I,IV	354,16	19,47	28,33	31,87	I	354,16	14,87	21,64	24,34	10,52	15,31	17,22	6,43	9,36	10,53	—	3,97	4,46	—	—	—	—	—	—
	II	322,41	17,73	25,79	29,01	II	322,41	13,22	19,23	21,63	8,97	13,05	14,68	1,90	7,24	8,14	—	2,30	2,58	—	—	—	—	—	—
	III	139,33	—	11,14	12,53	III	139,33	—	6,28	7,06	—	2,17	2,44	—	—	—	—	—	—	—	—	—	—	—	—
	V	626,16	34,43	50,09	56,35	IV	354,16	17,14	24,94	28,05	14,87	21,64	24,34	12,67	18,43	20,73	10,52	15,31	17,22	8,45	12,29	13,82	6,43	9,36	10,53
	VI	659,25	36,25	52,74	59,33																				
2 543,99	I,IV	355,—	19,52	28,40	31,95	I	355,—	14,91	21,70	24,41	10,56	15,37	17,29	6,47	9,42	10,59	—	4,01	4,51	—	—	—	—	—	—
	II	323,16	17,77	25,85	29,08	II	323,16	13,26	19,29	21,70	9,01	13,10	14,74	2,03	7,29	8,20	—	2,34	2,63	—	—	—	—	—	—
	III	139,83	—	11,18	12,58	III	139,83	—	6,33	7,12	—	2,21	2,48	—	—	—	—	—	—	—	—	—	—	—	—
	V	627,16	34,49	50,17	56,44	IV	355,—	17,18	25,—	28,12	14,91	21,70	24,41	12,70	18,48	20,79	10,56	15,37	17,29	8,48	12,34	13,88	6,47	9,42	10,59
	VI	660,33	36,31	52,82	59,42																				
2 546,99	I,IV	355,75	19,56	28,46	32,01	I	355,75	14,95	21,75	24,47	10,60	15,42	17,35	6,51	9,47	10,65	—	4,06	4,56	—	0,02	0,02	—	—	—
	II	323,91	17,81	25,91	29,15	II	323,91	13,30	19,34	21,76	9,04	13,16	14,80	2,16	7,34	8,26	—	2,38	2,67	—	—	—	—	—	—
	III	140,50	—	11,24	12,64	III	140,50	—	6,37	7,16	—	2,25	2,53	—	—	—	—	—	—	—	—	—	—	—	—
	V	628,16	34,54	50,25	56,53	IV	355,75	17,22	25,06	28,19	14,95	21,75	24,47	12,75	18,54	20,86	10,60	15,42	17,35	8,52	12,40	13,95	6,51	9,47	10,65
	VI	661,41	36,37	52,91	59,52																				
2 549,99	I,IV	356,50	19,60	28,52	32,08	I	356,50	14,99	21,81	24,53	10,64	15,48	17,41	6,54	9,52	10,71	—	4,10	4,61	—	0,05	0,05	—	—	—
	II	324,66	17,85	25,97	29,21	II	324,66	13,34	19,40	21,83	9,08	13,21	14,86	2,28	7,39	8,31	—	2,41	2,71	—	—	—	—	—	—
	III	141,16	—	11,29	12,70	III	141,16	—	6,41	7,21	—	2,28	2,56	—	—	—	—	—	—	—	—	—	—	—	—
	V	629,33	34,61	50,34	56,63	IV	356,50	17,27	25,12	28,26	14,99	21,81	24,53	12,78	18,60	20,92	10,64	15,48	17,41	8,56	12,45	14,—	6,54	9,52	10,71
	VI	662,50	36,43	53,—	59,62																				

Aus der Lohnsteuertabelle kann nun für jede Höhe des Bruttolohns der entsprechende Betrag für die Lohnsteuer abgelesen werden. Dieser bildet dann die Grundlage für die Berechnung der Kirchensteuer und des Solidaritätszuschlags, die ebenfalls direkt abzulesen sind.

Beispiel: Die Angestellte L. Pagliantini, ledig, ohne Kinder, verdient 2536,50 EUR im Monat. Sie ist katholisch und wohnt in Berlin. Wie hoch sind die Abzüge aus LSt, Kirchensteuer und SolZ?

Frau Pagliantini ist in Steuerklasse I. Die Lohnsteuer bis

2537,99 EUR beträgt	353,41 EUR
Darauf werden 9 % Kirchensteuer	31,80 EUR
und 5,5 % SolZ berechnet	19,43 EUR

Beispiel: Frau von Buxhoeveden, geschieden, Steuerklasse II, 0,5 Kinderfreibetrags-Zähler, 9 % Kirchensteuer, mit dem gleichen Verdienst von 2536,50 EUR hat folgende Abzüge:

Lohnsteuer, Steuerklasse II	321,66 EUR
Darauf 9 % Kirchensteuer	21,57 EUR
und 5,5 % SolZ	13,18 EUR

Für jeden Arbeitnehmer muss für das jeweilige Jahr ein **einzelnes Lohnkonto**[1] geführt werden. Erfasst werden alle Daten, die mit dem Lohnsteuerabzug zusammenhängen: Alle Besteuerungsmerkmale aus der Steuerkarte, steuerpflichtiger Bruttoarbeitslohn, Tag der jeweiligen Lohnzahlung sowie Lohnzahlungszeitraum, Sachbezüge, vermögenswirksame Leistungen, Lohnsteuer, Kirchensteuer, Solidaritätszuschlag, Kranken-, Pflege-, Arbeitslosen-, Rentenversicherungsbeiträge, Vorschüsse, Auszahlungsbetrag usw.

Löhne und Gehälter der einzelnen Arbeitnehmer werden **nicht einzeln gebucht**. Sie werden in **Lohn- und Gehaltslisten** zusammengefasst und man bucht die Summen der Listen.

Name	Steuer-klasse	Brutto-gehalt	Abzüge					Netto-gehalt
			LSt	Kirchen-steuer	SolZ	Steuer-abzüge	Sozialver-sicherung	
		Summe	Summe	Summe	Summe	Summe	Summe	Summe

---

[1] Darunter ist nicht das buchhalterische Konto „Löhne" zu verstehen, sondern mit diesem Begriff werden vielmehr insgesamt die Aufzeichnungs- und Aufbewahrungspflichten des Arbeitgebers bezeichnet (vgl. Kap. 8.3).

1. Beim Reiseveranstalter Deutschmann sind folgende Angestellte mit den angegebenen Bruttogehältern und den persönlichen Merkmalen beschäftigt:

Name	Bruttogehalt	Familienstand	Zusatzhinweis
Wilkens	2530,66 EUR	verheiratet, keine Kinder	Ehegatte Steuer-Klasse IV
Hartung	2547,20 EUR	ledig	
Lauer	2531,89 EUR	geschieden, 0,5 Kinderfreibetrag	
Hornig	2548,35 EUR	verheiratet, 1,0 Kinderfreibetrag	Ehefrau Steuer-Klasse V
Assmuss	2541,49 EUR	verheiratet, keine Kinder	

a) Bestimmen Sie die Steuerklasse für jeden Angestellten!

b) Ermitteln Sie aus der Lohnsteuertabelle (siehe S. 166) für jeden Angestellten
  – die Lohnsteuer, – die Kirchensteuer (9 %)!
  – den SolZ,

14.1.2 Sozialversicherungsabzüge

Die gesetzliche Sozialversicherung[1] besteht aus der **Kranken-, Renten-, Pflege-, Arbeitslosen- und Unfallversicherung.** Grundsätzlich werden die Beiträge zur Sozialversicherung von Arbeitgeber und Arbeitnehmer gemeinsam je **zur Hälfte** getragen. Nur für die Unfallversicherung[2] trägt der Arbeitgeber den Beitrag alleine. Auch bei den Sozialversicherungsbeiträgen muss der Arbeitgeber den Arbeitnehmeranteil vom Lohn oder Gehalt einbehalten und zusammen mit dem Beitragsanteil des Arbeitgebers an die zuständige Krankenkasse abführen.

Für das Jahr 2011 gelten folgende Bestimmungen:

Sozialversicherungszweig	Beitragssatz in %	Beitragsbemessungs-grenzen	Höchstbeiträge
Rentenversicherung	19,9	5500,00 EUR[3]	1094,50 EUR
Arbeitslosenversicherung	3,0	5500,00 EUR[3]	165,00 EUR
Pflegeversicherung	1,95[4]	3712,50 EUR	72,39 EUR
Krankenversicherung	15,5[5]	3712,50 EUR	575,44 EUR

---

1 Zweck: Die Bereitstellung von Sach- und Geldleistungen für den Fall der Krankheit, der Pflegebedürftigkeit, des Arbeitsunfalls, der Berufskrankheit, der Berufs- und Erwerbsunfähigkeit, der Mutterschaft, der Arbeitslosigkeit und schließlich der Sicherstellung einer Altersversorgung. Die Sozialversicherung ist eine Pflichtversicherung, die aber unter bestimmten Voraussetzungen auch freiwilligen Mitgliedern offensteht.

2 Träger der gesetzlichen Unfallversicherung sind die Berufsgenossenschaften, Mitglieder sind die Arbeitgeber. Die Beiträge zur Deckung der Aufwendungen werden ausschließlich von den Arbeitgebern aufgebracht. Sie werden im Folgenden aus didaktischen Gründen vernachlässigt.

3 In den ostdeutschen Bundesländern liegt die Beitragsbemessungsgrenze für die Renten- und Arbeitslosenversicherung bei 4800,00 EUR.

4 Kinderlose Arbeitnehmer über 23 Jahre müssen einen um 0,25% erhöhten Beitrag zur Pflegeversicherung zahlen. Dieser Beitragsanteil ist nur von Versicherten zu zahlen und wird im Folgenden aus didaktischen Gründen vernachlässigt.

5 Die Versicherten müssen 0,9% des beitragspflichtigen Bruttoarbeitsentgelts allein zahlen (Arbeitnehmeranteil 8,2%, Arbeitgeberanteil 7,3%); dies wird im Folgenden aus didaktischen Gründen vernachlässigt. Versicherungspflichtgrenze 4125,00 EUR.

Die Sozialversicherungsbeiträge werden **vom Bruttolohn/-gehalt** des Arbeitnehmers berechnet. Da die Beiträge nicht bis ins Unermessliche erhoben werden sollen, wird für die verschiedenen Versicherungszweige jährlich neu festgelegt, bis zu welchem Betrag das Arbeitsentgelt für die Berechnung der Beiträge heranzuziehen ist. Die so festgesetzten Beiträge sind die **„Beitragsbemessungsgrenzen"**.

Beispiel: Der Angestellte K. Stapelfeld, Lübeck, evangelisch, erhält ein Bruttogehalt von 3323,40 EUR. Er ist in Steuerklasse I und hat einen Kinderfreibetragszähler von 1,0.

Berechnung des Sozialversicherungsbeitrags des Arbeitnehmers (AN):

Bruttogehalt	Krankenvers. 15,5%	Pflegevers. 1,95%	Rentenvers. 19,9%	Arbeitslosen- vers. 3,0%	AN-Anteil	AG-Anteil
3323,40 EUR	257,56	32,40	330,68	49,85	670,49	670,49

In der **Gehaltsliste** würde folgender Eintrag für Herrn Stapelfeld gemacht werden:

Name	Steuer- klasse	Brutto- gehalt	Abzüge					Nettogehalt
			LSt	Kirchen- steuer	SolZ	Steuer- abzüge	Sozial- versiche- rung	
Stapelfeld	I/1,0	3323,40	654,58	44,39	27,12	726,09	670,49	1926,82

Seine Gehaltsabrechnung würde folgendermaßen aussehen:

	Bruttogehalt	3323,40 EUR
−	AN-Anteil Sozialversicherung	670,49 EUR
−	LSt, SolZ, Kirchensteuer	726,09 EUR
=	**Nettogehalt** (Auszahlungsbetrag)	1926,82 EUR

Zusammenfassung

Zu den **Personalkosten** eines Unternehmens gehören

➤ Löhne und Gehälter,

➤ gesetzlich soziale Aufwendungen,

➤ freiwillige soziale Aufwendungen.

Einkünfte aus nichtselbstständiger Arbeit sind **lohnsteuer- und sozialversicherungspflichtig**.

Die Höhe der Lohnsteuer hängt von der Höhe des Arbeitsentgeltes, der Steuerklasse und möglichen Freibeträgen ab.

Die Beiträge zur **Sozialversicherung** (Kranken-, Pflege-, Renten- und Arbeitslosenversicherung) werden vom Arbeitgeber und vom Arbeitnehmer **je zur Hälfte** getragen. Den Beitrag zur Unfallversicherung trägt der Arbeitgeber allein.

Der Arbeitgeber ist gesetzlich verpflichtet, die Steuern und die Sozialversicherungsbeiträge des AN vom Bruttolohn **einzubehalten** und zusammen mit dem AG-Anteil zu bestimmten Terminen an das Finanzamt bzw. die zuständige Krankenkasse **abzuführen**.

Buchungsbeleg für Lohn- und Gehaltsbuchungen sind für alle Arbeiter und Angestellte zusammengefasste **Lohn- und Gehaltslisten**.

Eine einfache Gehaltsabrechnung:

> **Bruttogehalt**
> – AN-Anteil Sozialversicherung
> – LSt, SolZ, Kirchensteuer
> _____
> = **Nettogehalt** (Auszahlungsbetrag)

ÜBUNGSAUFGABEN

2. a) Bestimmen Sie für die Angestellten aus Aufgabe 1 die AN-Anteile zur Sozialversicherung!

b) Erstellen Sie eine Gehaltsliste!

c) Wie hoch ist das Nettogehalt, das vom Unternehmen ausgezahlt wird?

d) Wie hoch sind die Personalkosten des Unternehmens?

3. Beantworten Sie folgende Fragen:

a) Was versteht man unter Beitragsbemessungsgrenzen?

b) Welche Merkmale liegen vor, wenn ein Arbeitnehmer in der Steuerklasse I, III oder IV eingruppiert ist?

c) Was zählt zu den Personalkosten eines Unternehmens?

d) Welche Steuern behält der Arbeitgeber vom Bruttoarbeitsentgelt ein?

e) Wovon ist die Höhe der Lohnsteuer abhängig?

f) Zu welchen Zeitpunkten müssen die einbehaltenen Steuern und Sozialversicherungsbeiträge abgeführt werden?

g) Was sagt ein Kinderfreibetrags-Zähler von 0,5 aus?

4. Frau Hagelstein ist Angestellte im Reisebüro. Sie ist unverheiratet, hat keine Kinder und erhält ein Tarifgehalt von 2 123,65 EUR. Zusätzlich erhält sie in diesem Monat Weihnachtsgeld von 400,00 EUR. Erstellen Sie die Gehaltsabrechnung für Frau Hagelstein!

14.2 Buchung der Löhne und Gehälter

Die **Bruttogehälter/-löhne** werden monatlich auf dem Aufwandskonto „**(4000) Löhne und Gehälter**" erfasst.

Die einbehaltene **Lohnsteuer, Kirchensteuer und der Solidaritätszuschlag** stellen, solange sie noch nicht abgeführt sind, Verbindlichkeiten dar. Sie sind für das Unternehmen durchlaufende Posten und werden auf dem Passivkonto „**(1730) Noch abzuführende Abgaben – Finanzamt**" gebucht.

Gleiches gilt für die einbehaltenen **Arbeitnehmer-Anteile zur Sozialversicherung**. Diese werden auf dem Passivkonto „**(1740) Noch abzuführende Abgaben – Sozialversicherung**" gebucht.

Der **Arbeitgeber-Anteil zur Sozialversicherung** bedeutet für das Unternehmen einen zusätzlichen Aufwand (Personalnebenkosten). Erfasst wird dieser auf dem Aufwandskonto „**(4050) Gesetzliche soziale Aufwendungen**" und gegengebucht wird er bis zur Überweisung auf dem Konto „**(1740) Noch abzuführende Abgaben – Sozialversicherung**".

Beispiel: Auszug aus einer Gehaltsliste:

Name	Steuer-klasse	Brutto-gehalt	Abzüge					Netto-gehalt
			LSt	Kirchen-steuer	SolZ	Steuer-abzüge	Sozial-versiche-rung	
Stapelfeld	I/1,0	3 323,40	654,58	44,39	27,12	726,09	670,49	1 926,82

1. Geschäftsfall: Buchung der Gehaltszahlung

Buchungssatz	Soll	Haben
(4000) Gehälter	3 323,40	
an (1730) Noch abzuführende Abgaben FA		726,09
an (1740) Noch abzuführende Abgaben SV		670,49
an (1200) Bank		1 926,82

2. Geschäftsfall: Buchung des AG-Anteils zur Sozialversicherung

Buchungssatz	Soll	Haben
(4050) Gesetzliche soziale Aufwendungen	670,49	
an (1740) Noch abzuführende Abgaben SV		670,49

3. Geschäftsfall: Überweisung der einbehaltenen und noch abzuführenden Beträge

Buchungssatz	Soll	Haben
(1730) Noch abzuführende Abgaben FA	726,09	
(1740) Noch abzuführende Abgaben SV	1 340,98	
an Bank		2 067,07

Zu jeder Lohn- und Gehaltsbuchung gehört neben der Auszahlung immer die **Buchung des AG-Anteils zur Sozialversicherung.** Bei der Überweisung der einbehaltenen und noch abzuführenden Beträge ist darauf zu achten, dass sowohl der AG-Anteil als auch der AN-Anteil überwiesen werden.

Kontenübersicht:

Soll	Gehälter	Haben		Soll	Noch abzuf. Abgaben FA	Haben
1.	3 323,40			3.	726,09	1. 726,09

Soll	Gesetzl. soziale Aufw.	Haben		Soll	Noch abzuf. Abgaben SV	Haben
2.	670,49			3.	1 340,98	1. 670,49
						2. 670,49

Soll	Bank	Haben
		1. 1 926,82
		3. 2 067,07

Die **Personalkosten** für das Unternehmen betragen 3 993,89 EUR (Bruttogehalt und AG-Anteil SV), der **Auszahlungsbetrag** an den Angestellten beträgt 1 926,82 EUR.

14.3 Vorschüsse

Erhält ein Arbeitnehmer einen Vorschuss, der bei späteren Lohn- und Gehaltszahlungen verrechnet wird, hat der Arbeitgeber eine Forderung, die auf dem Aktivkonto „**(1510) Forderungen gegenüber Mitarbeitern**" gebucht wird.

Beispiel: Der Mitarbeiter Stapelfeld (siehe obiges Beispiel) erhält einen Vorschuss von 800,00 EUR, der mit monatlich 200,00 EUR verrechnet wird.

1. Geschäftsfall: Barauszahlung des Vorschusses

Buchungssatz	Soll	Haben
(1510) Forderungen gegen Mitarbeiter	800,00	
an (1000) Kasse		800,00

Verrechnung des Vorschusses bei der nächsten Gehaltszahlung:

Bruttogehalt	3 323,40 EUR
– AN-Anteil Sozialversicherung	670,49 EUR
– LSt, SolZ, Kirchensteuer	726,09 EUR
= **Nettogehalt**	1 926,82 E'UR
– verrechneter Vorschuss	200,00 EUR
= **Auszahlungsbetrag**	1 726,82 EUR

2. Geschäftsfall: Gehaltszahlung und Verrechnung des Vorschusses

Buchungssatz	Soll	Haben
(4000) Gehälter	3 323,40	
an (1730) Noch abzuführende Abgaben FA		726,09
an (1740) Noch abzuführende Abgaben SV		670,49
an (1510) Forderung gegen Mitarbeiter		200,00
an (1200) Bank		1 726,82
(4050) Gesetzliche soziale Aufwendungen	670,49	
an (1740) Noch abzuführende Abgaben SV		670,49

14.4 Vermögenswirksame Leistungen

Nach dem 5. Vermögensbildungsgesetz fördert der Staat die **Vermögensbildung** durch die Anlage **vermögenswirksamer Leistungen.** Vermögenswirksame Leistungen sind Geldleistungen, die der Arbeitgeber für den Arbeitnehmer langfristig angelegt hat. Es gibt zwei Förderarten, die nebeneinander in Anspruch genommen werden können:

> **Anlagen zum Wohnungsbau** bis **470,00 EUR** pro Jahr mit einem Zulagensatz von 9%.
>
> **Beteiligungen am Produktivkapital** (Anlagen in Aktien, Wertpapieren usw.) bis **400,00 EUR** pro Jahr mit einem Zulagensatz von 20%.

Die staatliche Förderung besteht in einer **steuer- und sozialabgabenfreien Arbeitnehmer-Sparzulage,** die für bestimmte Anlageformen vom Finanzamt gewährt wird. Begünstigt sind einmalige oder für die Dauer von 6 Jahren laufende Einzahlungen. Die Sperrfrist beträgt 7 Jahre.

Damit die Arbeitnehmer-Sparzulage gewährt wird, dürfen bestimmte **Einkommens-grenzen** nicht überschritten werden: 17900,00 EUR für Alleinstehende bzw. 35800,00 EUR für Verheiratete bei Anlagen zum Wohnungsbau, 20000,00 EUR (Alleinstehende) bzw. 40000,00 EUR (Verheiratete) bei Vermögensbeteiligungen. Die maximale Sparzulage beträgt 122,30 EUR.

Vermögenswirksame Leistungen können getragen werden vom

> Arbeitnehmer,
>
> Arbeitgeber oder
>
> Arbeitnehmer und Arbeitgeber.

Trägt der Arbeitgeber einen Teil oder die gesamten vermögenswirksamen Leistungen, erhöht sich einerseits das steuer- und sozialversicherungspflichtige Arbeitsentgelt des Arbeitnehmers und andererseits die Personalkosten des Arbeitgebers. Der Arbeitgeber muss die vermögenswirksamen Leistungen einbehalten und an das Unternehmen oder Institut überweisen, bei dem sie angelegt werden sollen.

Der Anteil des Arbeitgebers an den vermögenswirksamen Leistungen wird auf dem Aufwandskonto „**(4060) Vermögenswirksame Leistungen"** gebucht.[1]

Der vermögenswirksame Sparbetrag, der noch abgeführt werden muss, wird auf dem Passivkonto „**(1750) Noch abzuführende Abgaben – vwL"** gebucht.

Beispiel: Die Angestellte M. Garms, ledig, ev., keine Kinder, erhält ein Tarifgehalt von 2 153,99 EUR. Laut Tarifvertrag zahlt der Arbeitgeber zusätzlich 19,00 EUR vermögenswirksame Leistungen, die Frau Garms zusammen mit ihrer eigenen Sparleistung von 20,00 EUR in einem Bausparvertrag spart.

---

1 Kann auch direkt auf dem Konto „Löhne und Gehälter" gebucht werden.

Tarifgehalt	2 153,99 EUR
+ vermögenswirksame Leistung AG	19,00 EUR
= **Bruttogehalt**	2 172,99 EUR
− AN-Anteil Sozialversicherung	436,33 EUR
− LSt, SolZ, Kirchensteuer	346,82 EUR
− vermögenswirksame Sparleistung ges.	39,00 EUR
= **Nettogehalt** (Auszahlung)	1 350,84 EUR

1. Geschäftsfall: Überweisung des Gehaltes

Buchungssatz	Soll	Haben
(4000) Gehälter	2 153,99	
(4060) Vermögenswirksame Leistungen	19,00	
an (1730) Noch abzuführende Abg. FA		346,82
an (1740) Noch abzuführende Abg. SV		436,33
an (1750) Noch abzuführende Abg. vwL		39,00
an (1200) Bank		1 350,84

2. Geschäftsfall: AG-Anteil zur Sozialversicherung

Buchungssatz	Soll	Haben
(4050) Gesetzliche soziale Aufwendungen	436,33	
an (1740) Noch abzuführende Abgaben SV		436,33

3. Geschäftsfall: Überweisung der einbehaltenen Abgaben

Buchungssatz	Soll	Haben
(1730) Noch abzuführende Abgaben FA	346,82	
(1740) Noch abzuführende Abgaben SV	872,66	
(1750) Noch abzuführende Abgaben vwL	39,00	
an (1200) Bank		1 258,48

Zusammenfassung

Zu einer Lohn- und Gehaltsbuchung gehören immer mindestens **zwei Buchungen**: Die Auszahlung des Nettolohnes und die Buchung **des AG-Anteils** zur Sozialversicherung.

Vorschüsse an Mitarbeiter werden auf dem Konto „Forderungen an Mitarbeiter" erfasst und bei kommenden Gehaltszahlungen verrechnet.

Vermögenswirksame Leistungen können vom Arbeitgeber, vom Arbeitnehmer oder von beiden getragen werden. Der Anteil des Arbeitgebers erhöht das steuer- und sozialversicherungspflichtige Entgelt des Arbeitnehmers sowie die Personalkosten des Unternehmens.

Vermögenswirksame Leistungen sind, unabhängig vom Träger, vom Arbeitgeber einzubehalten und an die entsprechende Institution abzuführen.

ÜBUNGSAUFGABEN

5. Der Angestellte D. Müller ist verheiratet, in Steuerklasse IV. Sein tarifliches Bruttogehalt beträgt 1 827,04 EUR. Außerdem erhält er vom Arbeitgeber 20,00 EUR vermögenswirksame Leistung. Die Lohnsteuer beträgt 247,63 EUR, die Kirchensteuer 9 %. Er spart insgesamt 40,00 EUR vermögenswirksam.

   a) Erstellen Sie die Gehaltsabrechnung von Herrn Müller!

   b) Buchen Sie die Überweisung seines Gehaltes und den AG-Anteil zur Sozialversicherung!

   c) Buchen Sie die Überweisung der einbehaltenen Abzüge!

6. Ihnen liegt folgende Gehaltsliste vor:

Name	Brutto-gehalt	vwL des AG	Abzüge						Netto-gehalt
			vwL insges.	LSt	Kirchen-steuer	SolZ	Steuer-abzüge	Sozial-vers.	
Frenker	1 001,72	20,00	30,00	15,91	1,43	0,00		204,85	
Atmaca	1 341,46	0,00	0,00	80,50	0,00	0,00		268,96	
Sesko	1 810,49	0,00	40,00	205,50	7,47	0,40		363,00	
Timm	1 926,10	40,00	40,00	206,25	12,91	7,55		394,20	
Urban	3 303,40	40,00	40,00	350,16	20,47	12,51		670,35	

   a) Buchen Sie die Banküberweisung der Nettolöhne!

   b) Buchen Sie den Arbeitgeberanteil zur Sozialversicherung!

   c) Buchen Sie die Überweisung der einbehaltenen Abzüge!

7. Ihnen liegen für den Monat Dezember folgende Angaben vor:

Tarifgehälter lt. Gehaltsliste	26 756,00 EUR
Weihnachtsgeld lt. Tarifvertrag	3 200,00 EUR
Lohn-, Kirchensteuer, SolZ	4 824,00 EUR
Arbeitnehmeranteil SV	5 936,00 EUR
Verrechnung von Vorschüssen	1 200,00 EUR

   a) Erstellen Sie eine Gehaltsabrechnung!

   b) Buchen Sie die Banküberweisung der Gehälter!

   c) Die einbehaltenen Abzüge sind noch nicht überwiesen. Buchen Sie!

   d) Ermitteln Sie die Personalkosten!

8. Geben Sie zu den folgenden Geschäftsvorfällen die vollständigen Buchungssätze an:

1. Die Lohnbuchhaltung ermittelt folgende Summenzeile der Lohnliste:

Bruttolöhne	15 000,00 EUR
Lohnsteuer	2 400,00 EUR
Kirchensteuer (ev.)	90,00 EUR
Kirchensteuer (rk.)	110,00 EUR
Sozialversicherung	1 950,00 EUR
Nettolohn	10 450,00 EUR

Diese Posten sind noch zu buchen.

2. Arbeitnehmer- und Arbeitgeberanteil (je 1 950,00 EUR) der Sozialversicherung aus 1. sind zu überweisen.

3. Einem Mitarbeiter wird ein Gehaltsvorschuss über 900,00 EUR bar ausgezahlt.

4. Die vom Arbeitgeber einbehaltenen vermögenswirksamen Leistungen in Höhe von 420,00 EUR werden an die Bausparkassen, Versicherungen und Banken überwiesen.

5. Die Beiträge zur Berufsgenossenschaft (150,00 EUR) werden überwiesen.

6. Lohn- und Kirchensteuer (2 904,00 EUR) werden an das Finanzamt überwiesen.

14.5 Sachbezüge

Erhält ein Arbeitnehmer für seine Arbeitsleistung Sachzuwendungen oder geldwerte Vorteile, gehören diese zum steuer- und sozialversicherungspflichtigen Arbeitsentgelt. Für den Arbeitgeber sind geldwerte Vorteile umsatzsteuerpflichtig. Hierzu gehören kostenlose oder verbilligte

➤ Verpflegung,
➤ Überlassung von **Unterkunft** oder **Wohnung,**[1]
➤ Gestellung von **Kraftfahrzeugen,**
➤ Überlassung von **Waren.**

Bruttogehalt
+ Sachbezug (brutto)
= steuer- und sozialversicherungspflichtiges Gehalt
– LSt, Kirchensteuer, SolZ
– Sozialversicherungsbeitrag
– Sachbezug (brutto)
= **Nettogehalt**

---

1 Überlassung von Unterkunft und Wohnung sind umsatzsteuerfreie Sachbezüge. Gewährung freier Wohnung liegt vor, wenn eine vollständige Wohnung (Einheit von Räumen) unentgeltlich überlassen wird, Unterkunft, wenn der Arbeitnehmer etwas „mitbenutzen" muss (z. B. Gemeinschaftsküche, Gemeinschaftsbad).

12 Künzel, Thieß - ISBN 978-3-8120-0496-1

Nicht zum steuerpflichtigen Arbeitslohn gehören Sachbezüge, die zu den sog. **Aufmerksamkeiten** (bis 40,00 EUR) zählen.

Für viele Sachbezüge gibt es **amtliche Sachbezugswerte** (2011 monatlich):

Unterkunft	206,00 EUR	Frühstück	47,00 EUR
Wohnung	ortsübliche Miete	Mittagessen	85,00 EUR
Volle Verpflegung	217,00 EUR	Abendessen	85,00 EUR

Sachbezüge, für die keine amtlichen Sachbezugswerte festgesetzt sind, sind mit dem um übliche Preisnachlässe geminderten **üblichen Endpreis am Abgabeort** zu bewerten. Eine Vereinfachungsregelung, wonach ein pauschaler Abschlag von 4 % auf den sog. Angebotspreis vorgenommen werden darf, ist zulässig. Werden sie verbilligt gewährt, ist der Unterschiedsbetrag zwischen dem Wert der Sachbezüge und dem Entgelt des Arbeitnehmers als **geldwerter Vorteil** anzusetzen.

Bei der Gestellung von Kraftfahrzeugen gibt es zwei Methoden, den geldwerten Vorteil zu ermitteln:

➤ **1 %-Regelung:** Der geldwerte Vorteil aus der Überlassung eines Firmenwagens für Privatfahrten wird mit monatlich 1 % des auf volle hundert Euro abgerundeten Bruttolistenpreises (einschließlich der Zuschläge für Sonderausstattungen) zum Zeitpunkt der Erstzulassung des Fahrzeugs geschätzt.

➤ **Fahrtenbuchmethode:** Durch das Führen eines ordnungsgemäßen Fahrtenbuches wird das Verhältnis von privaten Fahrten zu den übrigen Fahrten genau nachgewiesen. Die tatsächlich anfallenden Aufwendungen werden entsprechend diesem Verhältnis verteilt.

Beispiel: Die Angestellte Vetter (I/0) erhält ein Bruttogehalt von 2 980,00 EUR. Sie nutzt ein Dienstfahrzeug auch privat. Der Listenpreis des Pkws betrug 20 000,00 EUR netto. Die Steuerabzüge betragen insgesamt 668,95 EUR, die Sozialversicherungsbeiträge des Arbeitnehmers 654,85 EUR.

Bruttogehalt	**2 980,00 EUR**
+ Sachbezug 1 % von 23 800,00 EUR (brutto)	238,00 EUR
= steuer- und sozialversicherungspflichtiges Gehalt	**3 262,00 EUR**
– LSt, Kirchensteuer, SolZ	668,95 EUR
– Sozialversicherungsbeitrag	654,85 EUR
– Sachbezug (brutto)	238,00 EUR
= Auszahlung	**1 700,20 EUR**

Buchungssatz	Soll	Haben
(4000) Gehälter	3 262,00	
an (1730) Noch abzuführende Abgaben FA		668,95
an (1740) Noch abzuführende Abgaben SV		654,85
an (8750) Sonstige betriebliche Erlöse		200,00
an (1720) USt		38,00
an (1200) Bank		1 700,20

Buchungssatz	Soll	Haben
(4050) Gesetzliche soziale Aufwendungen	654,85	
an (1740) Noch abzuführende Abgaben SV		654,85

Beispiel: Die Angestellte Günzel (III/0, rk.) erhält ein Tarifgehalt von 1 985,66 EUR. Sie erhält außerdem von ihrem Arbeitgeber eine kostenlose Wohnung zur Verfügung gestellt. Die ortsübliche Miete beträgt 350,00 EUR.

Bruttogehalt	**1 985,66 EUR**
+ Sachbezug Wohnung	350,00 EUR
= **steuer- und sozialversicherungspflichtiges Gehalt**	**2 335,66 EUR**
− LSt, Kirchensteuer, SolZ	110,09 EUR
− Sozialversicherungsbeitrag	468,88 EUR
− Sachbezug	350,00 EUR
= **Auszahlung**	**1 406,69 EUR**

Buchungssatz	Soll	Haben
(4000) Gehälter	2 335,66	
an (1730) Noch abzuführende Abgaben FA		110,09
an (1740) Noch abzuführende Abgaben SV		468,88
an (8750) Sonstige betriebliche Erlöse		350,00
an (1200) Bank		1 406,69

Buchungssatz	Soll	Haben
(4050) Gesetzliche soziale Aufwendungen	468,88	
an (1740) Noch abzuführende Abgaben SV		468,88

Zusammenfassung

Sachbezüge sind für den Arbeitnehmer **lohnsteuer- und sozialversicherungspflichtig.**

Für den Arbeitgeber sind sie **umsatzsteuerpflichtig** (Ausnahme: Unterkunft und Wohnungen).

9. Der Hotel-Angestellte Krüger (III/1, ev.) bezieht ein Bruttogehalt von 1 960,00 EUR. Neben seinem Bruttogehalt erhält Herr Krüger volle Verpflegung für brutto 205,00 EUR (amtlicher Sachbezugswert) im Monat und bekommt kostenlos ein Personalzimmer zur Verfügung gestellt, amtlicher Sachbezugswert 206,00 EUR. An der vermögenswirksamen Sparleistung von 40,00 EUR beteiligt sich der Arbeitgeber mit 50 %. Die Abzüge an das Finanzamt und an die Krankenkasse betragen insgesamt 590,36 EUR. Der Arbeitgeberanteil zur Sozialversicherung beträgt 477,79 EUR.

a) Erstellen Sie eine Gehaltsabrechnung!

b) Buchen Sie die Banküberweisung der Gehaltsabrechnung!

c) Buchen Sie die Banküberweisung der einbehaltenen Abzüge!

10. Wie hoch wären die Sachbezugswerte, wenn Herr Krüger ein Personalzimmer im Hotel hätte und nur das Frühstück dort einnehmen würde?

15 Sachanlagenbereich

15.1 Anschaffung von Anlagegütern

Anlagegüter sind bei ihrem Erwerb mit ihren **Anschaffungskosten** zu aktivieren.[1] Zu den Anschaffungskosten eines Wirtschaftsgutes zählen alle Aufwendungen, die geleistet werden, um das Wirtschaftsgut zu **erwerben** und in einen **betriebsbereiten Zustand** zu versetzen (§ 255 Abs. 1 HGB). Auch nachträgliche Anschaffungskosten rechnen zu den Anschaffungskosten.

Man berechnet Anschaffungskosten folgendermaßen:

> Anschaffungspreis
> + Anschaffungsnebenkosten
> – Anschaffungskostenminderung
>
> = **Anschaffungskosten**

---

1 Selbst erstellte Anlagegüter bei Fertigstellung mit ihren Herstellungskosten. Selbst erstellte Anlagegüter sind für Reiseverkehrsbetriebe von geringer Bedeutung und werden deswegen hier nicht ausführlicher behandelt.

Anschaffungspreis	Anschaffungsnebenkosten	Anschaffungskostenminderung
Nettokaufpreis des Anlagegutes	fallen sofort oder nachträglich neben dem Kaufpreis an	Preisnachlässe, die sofort oder nachträglich gewährt werden
z. B. Listenpreis	**Bei Grundstücken:** z. B. Grunderwerbsteuer, Notarkosten, Vermessungskosten, Maklerprovision, Gutachten **Bei Kraftfahrzeugen:** z. B. Überführungskosten, Zulassungskosten, Sonderlackierungen **Bei sonstigen Gütern:** Transportversicherungen, Frachten, Montagekosten, Provisionen	➤ Skonti ➤ Boni ➤ Rabatte ➤ Preisnachlässe

Nicht zu den Anschaffungskosten gehören **Finanzierungskosten** (Zinsen, Damnum) und die **Vorsteuer**.

Anschaffungsnebenkosten und Anschaffungskostenminderungen werden **direkt auf dem entsprechenden Anlagekonto** gebucht.

Beispiel: Das Reisebüro Baltic Reisen kauft einen neuen Reisebus auf Ziel. Listenpreis 85 000,00 EUR. Dazu kommt eine Sonderlackierung mit einer Werbeaufschrift für netto 5 200,00 EUR, ein spezieller Skiträger für netto 6 000,00 EUR, Überführungskosten von 2 900,00 EUR und Zulassungskosten von 200,00 EUR.

Die Anschaffungskosten berechnen sich folgendermaßen:

Anschaffungspreis	85 000,00 EUR
+ **Anschaffungsnebenkosten**	
Lackierung	5 200,00 EUR
Skiträger	6 000,00 EUR
Überführung	2 900,00 EUR
Zulassung	200,00 EUR
= **Anschaffungskosten**	99 300,00 EUR

In den Anschaffungskosten ist noch keine Umsatzsteuer enthalten. 19 % auf 99 300,00 EUR ergibt eine Umsatzsteuer von 18 867,00 EUR.

Buchungssatz	Soll	Haben
(0230) Fuhrpark	99 300,00	
(1550) Vorsteuer	18 867,00	
an (1600) Verbindlichkeiten		118 167,00

Beispiel: Das Autohaus gewährt uns einen Skonto von 2%.

Diese **Anschaffungskostenminderungen** müssen direkt auf dem Konto Fuhrpark gebucht werden. Außerdem muss eine Korrektur der Vorsteuer vorgenommen werden.

Buchungssatz	Soll	Haben
(1600) Verbindlichkeiten	118 167,00	
an (1200) Bank		115 803,66
an (1550) Vorsteuer		377,34
an (0230) Fuhrpark		1 986,00

Kontenübersicht:

Soll	Fuhrpark		Haben	Soll	Verbindlichkeiten		Haben
Verbindl.	99 300,00	Verbindl.	1 986,00	Fuhrp./VSt/		Fuhrp./VSt	118 167,00
		Saldo	97 314,00	Bank	118 167,00		

Soll	VSt		Haben	Soll	Bank		Haben
Verbindl.	18 867,00	Verbindl.	377,34			Verbindl.	115 803,66

Der Saldo im Konto Fuhrpark entspricht den Anschaffungskosten des Reisebusses.

	Anschaffungspreis	85 000,00 EUR
+	Anschaffungsnebenkosten	14 300,00 EUR
−	Anschaffungskostenminderung	1 986,00 EUR
=	Anschaffungskosten	97 314,00 EUR

Zusammenfassung

➤ Anlagegüter, die erworben werden, müssen mit den **Anschaffungskosten** auf dem entsprechenden Anlagekonto aktiviert werden.

    Anschaffungspreis
  + Anschaffungsnebenkosten
  − Anschaffungskostenminderung

  = Anschaffungskosten

➤ **Finanzierungskosten** und **Vorsteuer** gehören nicht zu den Anschaffungskosten.

Bilden Sie die Buchungssätze und ermitteln Sie die Anschaffungskosten!

1. Kauf einer maßgefertigten Regalwand, Nettopreis 20 000,00 EUR. Banküberweisung der Rechnung für die Regalwand unter Abzug von 2 % Skonto. Für den Aufbau der Regalwand zahlen wir einem Unternehmen brutto 261,80 EUR bar.

2. Kauf eines Betriebsgrundstückes für 200 000,00 EUR. Weitere Aufwendungen: 3,5 % Grunderwerbsteuer, 4 % Maklergebühr zuzüglich USt, Notargebühren netto 2 500,00 EUR, Grundbuchgebühren netto 390,00 EUR.

3. Kauf einer EDV-Anlage zum Nettopreis von 3 400,00 EUR auf Ziel. Wir erhalten aufgrund einer Mängelrüge einen Preisnachlass von 10 %.

15.2 Planmäßige Abschreibungen von abnutzbaren Anlagegegenständen

Das Anlagevermögen ist dadurch gekennzeichnet, dass es dem Unternehmen längerfristig zur Verfügung steht. Die meisten Anlagegüter[1] haben allerdings nur eine **begrenzte Nutzungsdauer.** Diese sogenannten **abnutzbaren Anlagegüter** verlieren im Lauf der Zeit an Wert. Ursachen der **Wertminderung** können sein:

- Gebrauchsverschleiß,
- natürlicher Verschleiß (z. B. Verrosten),
- außergewöhnliche Ereignisse (z. B. Feuer, Unfall),
- technischer Fortschritt (z. B. Modellwechsel, Nachfrageverschiebung).

Abschreibungen sind planmäßige oder außerplanmäßige[2] Wertminderungen einzelner Anlagegüter, die am Jahresende als Aufwand auf dem Konto **„(4800) Abschreibungen"** erfasst werden. Das Einkommensteuerrecht verwendet anstatt des Begriffs der Abschreibung den Begriff **Absetzung für Abnutzung** (AfA). Abschreibungen vermindern die Anschaffungskosten. Übrig bleibt der Restbuchwert, der dann in die Bilanz übernommen wird.

Anschaffungskosten
– Abschreibungen
= Restbuchwert

Beispiel: Für eine EDV-Anlage, die zu Anschaffungskosten in Höhe von 4 500,00 EUR aktiviert wurde, soll eine Wertminderung von 1 500,00 EUR gebucht werden.

---

1 Nur abnutzbare Wirtschaftsgüter unterliegen der planmäßigen Abschreibung. Ausgenommen sind daher Wirtschaftsgüter wie **Grund und Boden** und **Beteiligungen.**

2 Vgl. Kapitel 15.6.

Buchungssatz	Soll	Haben
(4800) Abschreibungen a. Sachanlagen	1 500,00	
an (0250) Betriebs- u. Geschäftsausst. (BGA)		1 500,00

```
Soll            BGA          Haben    Soll              SBK           Haben
EBK      4 500,00 │ Abschr.  1 500,00  ── BGA    3 000,00 │
                  │ SBK      3 000,00 ──
         ─────────   ─────────
         4 500,00 │           4 500,00
=        ═════════ │ =         ═════════

Soll         Abschreibung     Haben    Soll              GuV           Haben
BGA      1 500,00 │ GuV      1 500,00  ──── Abschr.  1 500,00 │
=        ═════════ │ =         ═════════
```

Der **Zweck der Abschreibungen** ist die Verteilung der Ausgaben für Wirtschaftsgüter auf die Jahre, die sie im Betrieb genutzt werden. Abschreibungen gehen als Kosten in die **Preiskalkulation** ein. Über die **Umsatzerlöse** fließen sie als **liquide Mittel** (Geld) wieder in das Unternehmen zurück. Solange das Anlagegut aber noch nicht ersetzt werden muss, stehen diese Mittel für **andere Investitionen** zur Verfügung. Abschreibungen sind also ein wichtiges **Mittel zur Finanzierung.**

Außerdem sind Abschreibungen **Aufwendungen**. Aufwendungen **vermindern den Gewinn** und damit auch die **gewinnabhängigen Steuern**. Je höher also die Abschreibungen, desto geringer die gewinnabhängigen Steuern.

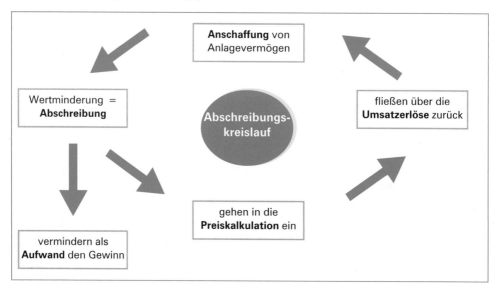

Zusammenfassung

Abschreibungen sind Wertminderungen, die als Aufwendungen auf dem Konto „Abschreibungen" gebucht werden. Sie **vermindern den Gewinn** und die **gewinnabhängigen Steuern.**

Abschreibungen gehen als **Kosten** in die **Preiskalkulation** ein und fließen über die **Umsatzerlöse** wieder ins Unternehmen zurück. Sie sind ein wichtiges **Mittel zur Finanzierung.**

15.3 Berechnung der Abschreibung

Die Höhe der Abschreibung ist abhängig von

➤ der Höhe der **Anschaffungskosten und**
➤ der betriebsgewöhnlichen **Nutzungsdauer.**

Abschreibungen werden nach der **betriebsgewöhnlichen Nutzungsdauer**[1] bemessen. Wie lange die voraussichtliche Nutzungsdauer sein wird, richtet sich nach der Auffassung eines vorsichtig überlegenden und vernünftig wirtschaftenden Kaufmanns. Es haben sich Erfahrungssätze herausgebildet, die das Bundesfinanzministerium in Form von **AfA-Tabellen** für bestimmte Branchen sowie für allgemein verwendbare Anlagegüter herausgibt.

Auszug aus einer AfA-Tabelle für allgemein verwendbare Anlagegüter, die seit 2001 angeschafft oder hergestellt wurden:

Anlagegüter	Nutzungsdauer i. J.
Betriebsanlagen:	
➤ Ladeneinbauten, Gaststätteneinbauten, Schaufensteranlagen und -einbauten	8
➤ Lichtreklame	9
➤ Schaukästen, Vitrinen	9
Fahrzeuge:	
➤ Personenkraft- und Kombiwagen	6
➤ Reiseomnibusse	9
BGA:	
➤ Faxgeräte	6
➤ Frankiermaschinen	8
➤ Registrierkassen	6
➤ Kopiergeräte	7
➤ Workstations, Personalcomputer, Notebooks und deren Peripheriegeräte (Drucker, Scanner u. Ä.)	3
➤ Büromöbel	13

1 Zeitraum bis zum körperlichen Verschleiß des Wirtschaftsguts.

15.3.1 Lineare Abschreibung

Die **lineare AfA** ist die Abschreibung in **gleichbleibenden** Jahresbeträgen, die nach der betriebsgewöhnlichen **Nutzungsdauer** des Anlagegutes zu bemessen ist. Hier wird jährlich der Teil der Anschaffungskosten abgesetzt, der bei gleichmäßiger Verteilung dieser Kosten auf die Gesamtdauer der Nutzung auf ein Jahr entfällt. Der AfA-Satz und der AfA-Betrag bleiben während der gesamten Nutzung des Gutes gleich.

$$\text{Abschreibungsbetrag} = \frac{\text{Anschaffungskosten}}{\text{Nutzungsdauer}}$$

$$\text{Abschreibungssatz} = \frac{100\,\%}{\text{Nutzungsjahre}}$$

Beispiel: Die Anschaffungskosten eines Pkws betragen 60 000,00 EUR. Die betriebsgewöhnliche Nutzungsdauer beträgt 6 Jahre.

Der Abschreibungsbetrag ergibt sich, indem man die Anschaffungskosten durch die Nutzungsdauer dividiert:

$$\text{Abschreibungsbetrag} = \frac{60\,000,00\ \text{EUR}}{6} = 10\,000,00\ \text{EUR}$$

Zum Abschreibungssatz kommt man, indem man 100 % durch die Nutzungsjahre dividiert:

$$\text{Abschreibungssatz} = \frac{100\,\%}{6} = 16,7\,\%$$

Wenn der Pkw am Ende jedes Geschäftjahres jeweils mit dem gleichbleibenden Abschreibungsbetrag von 10 000,00 EUR abgeschrieben wird, ist er am Ende der Nutzungsdauer voll abgeschrieben. Sein **Restbuchwert** ist dann **gleich null.** Für den Fall, dass das Anlagegut auch weiterhin im Betrieb genutzt wird, wird es mit einem **Erinnerungswert von 1,00 EUR** im Anlagekonto geführt. Für unser Beispiel würde sich dann lediglich ein Abschreibungsbetrag von 9 999,00 EUR für das sechste Jahr ergeben.

Ermittlung des Restbuchwertes	Lineare AfA	Abschreibungssatz
Anschaffungskosten	**60 000,00 EUR**	
– AfA am Ende des ersten Jahres	10 000,00 EUR	16,7 %
= **Restbuchwert am Ende des ersten Jahres**	**50 000,00 EUR**	
– AfA am Ende des zweiten Jahres	10 000,00 EUR	16,7 %
= **Restbuchwert am Ende des zweiten Jahres**	**40 000,00 EUR**	
– AfA am Ende des dritten Jahres	10 000,00 EUR	16,7 %
= **Restbuchwert am Ende des dritten Jahres**	**30 000,00 EUR**	
– AfA am Ende des vierten Jahres	10 000,00 EUR	16,7 %

Ermittlung des Restbuchwertes	Lineare AfA	Abschreibungssatz
= Restbuchwert am Ende des vierten Jahres	20 000,00 EUR	
− AfA am Ende des fünften Jahres	10 000,00 EUR	16,7 %
= Restbuchwert am Ende des fünften Jahres	10 000,00 EUR	
− AfA am Ende des sechsten Jahres	10 000,00 EUR	16,7 %
= Restbuchwert am Ende des sechsten Jahres	0,00 EUR	

Exkurs: Degressive Abschreibung[1] (Abschreibung nach Handelsrecht)

Bei der degressiven Abschreibung **fallen die Abschreibungsbeträge** in jedem Jahr der Nutzung. Das liegt daran, dass hier ein **gleichbleibender Prozentsatz** im ersten Jahr auf die Anschaffungskosten und in den darauffolgenden Jahren immer auf den **Restbuchwert** angewandt wird. Dadurch wird das Anlagegut auch nie auf den Nullwert abgeschrieben.

15.3.2 Abschreibung nach Leistungseinheiten

Voraussetzung für diese Abschreibungsmethode ist es, dass die jährliche Leistung des Anlagegutes messbar ist (z.B. Kilometerzähler, Betriebsstundenzähler). Denn nicht die Nutzungsdauer bestimmt den Abschreibungsbetrag, sondern die Gesamtleistung. Sie ist vorzugsweise dann anzuwenden, wenn die jährliche Leistung des Anlagegutes erheblich schwankt und damit auch die Wertminderung unterschiedlich groß ist.

$$\text{Abschreibungsbetrag je Leistungseinheit} = \frac{\text{Anschaffungskosten}}{\text{geschätzte Gesamtleistung}}$$

Beispiel: Die Anschaffungskosten eines Reisebusses betragen 150 000,00 EUR. Die voraussichtliche Gesamtleistung wird auf 300 000 km geschätzt.

Bei 150 000,00 EUR Anschaffungskosten und einer Gesamtleistung von 300 000 km ergibt sich ein **Abschreibungsbetrag** von 0,50 EUR **je km.**

Um zur **jährlichen Abschreibung** zu kommen, muss man nun die **tatsächliche Leistung** mit dem **Abschreibungsbetrag je Leistungseinheit** multiplizieren.

Jahr	tatsächliche Leistung	AfA-Betrag/km	jährliche AfA
1	40 000 km	· 0,50 EUR	20 000,00 EUR
2	90 000 km	· 0,50 EUR	45 000,00 EUR
3	70 000 km	· 0,50 EUR	35 000,00 EUR
4	100 000 km	· 0,50 EUR	50 000,00 EUR

---

1 Die degressive Abschreibung ist seit dem 1. Januar 2011 steuerrechtlich nicht mehr erlaubt.

Zusammenfassung

➤ **Lineare Abschreibung**: Gleichbleibender AfA-Betrag, gleichbleibender Prozentsatz von den Anschaffungskosten. Ein Erinnerungswert von 1,00 EUR ist bei Nutzung nach der betriebsgewöhnlichen Nutzungsdauer beizubehalten.

➤ **Abschreibung nach Leistungseinheiten**: Schwankende AfA-Beträge, abhängig von der voraussichtlichen Gesamtleistung und der messbaren tatsächlichen Jahresleistung.

15.4 Zeitraum der Abschreibung

Die Abschreibung des Anlagegutes **beginnt** mit der Eingliederung ins Betriebsvermögen, wobei es unerheblich ist, ob das Gut bereits bezahlt ist oder nicht. Im Jahr der Anschaffung kann nur der Teil der AfA geltend gemacht werden, der auf den Zeitraum zwischen der Anschaffung und dem Jahresende entfällt.

Beispiel: Kauf eines Kopierers im April. Die Anschaffungskosten des Kopierers betragen 2 100,00 EUR, die Nutzungsdauer liegt bei 7 Jahren.

Die jährliche lineare AfA beträgt also **2 100,00 EUR : 7 = 300,00 EUR/Jahr.**

Der Kopierer darf aber nur **zeitanteilig** für neun Monate (April[1] bis Dezember) abgeschrieben werden **300,00 EUR : 12 = 25,00 EUR/Monat**

AfA für das Anschaffungsjahr (9 Monate) **25,00 EUR · 9 = 225,00 EUR**

Die **Abschreibung endet** nach Ablauf der Nutzungsdauer, bei Veräußerung oder bei Entnahme aus dem Betriebsvermögen. Wird ein Anlagegut während des Geschäftsjahres veräußert oder entnommen, so ist auch für dieses Jahr nur eine **zeitanteilige** Abschreibung vorzunehmen. Dabei wird auch hier i. d. R. auf **volle Nutzungsmonate abgerundet**.

Beispiel: Verkauf eines gebrauchten Pkws am 15. Oktober. Der Pkw wurde linear mit 6 000,00 EUR pro Jahr abgeschrieben. Er hatte zum 01.01. des Jahres einen Buchwert von 18 000,00 EUR. Wie hoch ist der Buchwert zum Zeitpunkt des Verkaufs?

Der monatliche AfA-Betrag: **6 000,00 EUR : 12** = **500,00 EUR**

zeitanteilige AfA für Jan. – Sept. **500,00 EUR · 9** = **4 500,00 EUR**

Der Buchwert zum 15. Oktober **18 000,00 EUR – 4 500,00 EUR = 13 500,00 EUR**

---

1 Der Monat der Anschaffung kann in den Absetzungszeitraum einbezogen werden.

4. Beantworten Sie folgende Fragen:

a) Welche Abschreibungsursachen gibt es?

b) Wie nennt man die Abschreibungsmethode, bei der jährlich ein gleichbleibender Abschreibungsbetrag abgeschrieben wird?

c) Mit welchem Wert sind Anlagegüter, deren Nutzung zeitlich begrenzt ist, grundsätzlich zu bilanzieren?

d) Wie berechnet man den Abschreibungssatz bei der linearen Abschreibung?

e) Woher bekommt man die betriebsgewöhnliche Nutzungsdauer eines Anlagegutes?

f) Was ist das Konto „Abschreibungen" für ein Konto?

5. Berechnen Sie den jährlichen Abschreibungsbetrag und den Abschreibungssatz bei linearer Abschreibung!

Anlagegut	Anschaffungs-kosten	Nutzungs-dauer	Abschreibungs-betrag	Abschreibungs-satz
1	15 000,00 EUR	4 Jahre		
2	50 000,00 EUR	10 Jahre		
3	18 000,00 EUR	6 Jahre		
4	3 000,00 EUR	13 Jahre		
5	75 000,00 EUR	20 Jahre		
6	4 800,00 EUR	8 Jahre		

6. Das Reisebüro Tode kauft im Januar einen Pkw für 25 000,00 EUR zuzüglich USt auf Ziel. Die betriebsgewöhnliche Nutzungsdauer beträgt 6 Jahre.

a) Buchen Sie den Kauf des Pkws!

b) Berechnen Sie die Abschreibungsbeträge für die gesamte Nutzungsdauer!

c) Buchen Sie den linearen Abschreibungsbetrag am Ende des ersten Jahres!

7. Im Februar 2010 wurde ein Luxusreisebus für 240 000,00 EUR netto angeschafft. Die geschätzte Gesamtleistung beträgt 300 000 km. Im Jahr 2010 wurden 47 580 km, im Jahr 2011 79 300 km gefahren. Berechnen Sie die Leistungs-AfA für beide Jahre!

8. Der Reiseveranstalter Jochen Scheel GmbH erneuert seine EDV-Anlage. Dazu kauft er am 15.07.20.. zehn Computer gegen Rechnung und lässt diese fachgerecht installieren. Die Rechnung vom 15.07.20.. enthält folgende Angaben:

10 Super-Turbo-Rechner	20 000,00 EUR
+ Installationskosten	2 000,00 EUR
= Nettobetrag	22 000,00 EUR
+ 19 % USt	4 180,00 EUR
Rechnungsbetrag	**26 180,00 EUR**

Außerdem zahlt die Jochen Scheel GmbH die Frachtkosten direkt an den Spediteur, bar netto 400,00 EUR.

a) Bilden Sie die Buchungssätze!

b) Bei einem anderen Anbieter werden am 10.07.20.. zehn Computermonitore für die neue Anlage auf Ziel gekauft, Rechnungsbetrag 11 900,00 EUR. Die Rechnung wird am 20.07.20.. unter Abzug von 2 % Skonto durch Banküberweisung beglichen. Bilden Sie die Buchungssätze!

c) Die gesamte EDV-Anlage (Rechner und Monitore) wird zum 31.12.20.. linear abgeschrieben. Die Nutzungsdauer der Anlage beträgt 3 Jahre. Berechnen Sie den Abschreibungsbetrag (Lösungsweg aufzeigen!) und buchen Sie die Abschreibung im Grundbuch! Wie hoch sind die Anschaffungskosten?

9. Zielkauf eines Reisebusses, Nettopreise:

Listenpreis	190 000,00 EUR
Sonderlackierung	20 000,00 EUR
Anhängerkupplung	3 000,00 EUR
Überführungskosten	4 200,00 EUR
Zulassungskosten	500,00 EUR

Berechnen Sie die Anschaffungskosten und bilden Sie den Buchungssatz!

10. Erläutern Sie den Abschreibungskreislauf! Warum sind Abschreibungen ein Mittel zur Finanzierung?

15.5 Geringwertige Wirtschaftsgüter

Ein **geringwertiges Wirtschaftsgut (GWG)** im Sinne des § 6 Abs. 2 EStG (Einkommensteuergesetz) ist seit dem 1. Januar 2010 ein Wirtschaftsgut, welches

➤ zum Anlagevermögen gehört,

➤ Anschaffungskosten, Herstellungskosten oder einen Einlagewert hat, der 410,00 EUR nicht übersteigt,

➤ beweglich und abnutzbar ist sowie

➤ selbstständig nutzbar ist.

Bei der bilanziellen Berücksichtigung von Wirtschaftsgütern, die nach dem 31.12.2009 angeschafft, hergestellt oder in das Betriebsvermögen eingelegt werden, mit Anschaffungskosten bis zu 1 000,00 EUR, gelten folgende **Wahlrechte**.

Aufwendungen	Bilanzielle Berücksichtigung (Wahlrechte)		Aufzeichnung
bis 150,00 EUR	➤ 1. Alternative:	Abschreibung über die Nutzungsdauer	ja
	➤ 2. Alternative:	Sofortabzug	nein
150,01 – 410,00 EUR	➤ 1. Alternative:	Abschreibung über die Nutzungsdauer	ja
	➤ 2. Alternative:	Sofortabzug	ja[1]
	➤ 3. Alternative:	Sammelposten	nein (nur buchmäßig)
	nur für **alle** Wirtschaftsgüter im Wirtschaftsjahr mit Aufwendungen von 150,01 EUR bis 1 000,00 EUR.		
410,01 – 1 000,00 EUR	➤ 1. Alternative:	Abschreibung über die Nutzungsdauer	ja
	➤ 2. Alternative:	Sammelposten	nein (nur buchmäßig)
	nur für **alle** Wirtschaftsgüter im Wirtschaftsjahr mit Aufwendungen von 150,01 EUR bis 1 000,00 EUR.		

1 Vermerk des Anschaffungstages in einem laufend zu führenden Verzeichnis, sofern diese Angaben nicht aus der Buchführung hervorgehen.

Wird ein **Sammelposten** gebildet, werden jahresbezogen alle geringwertigen Wirtschaftsgüter mit Aufwendungen zwischen 150,01 EUR und 1 000,00 EUR „gesammelt". Dieser Sammelposten ist über die Dauer von 5 Jahren (im Wirtschaftsjahr der Bildung und in den 4 folgenden Wirtschaftsjahren) gleichmäßig mit jeweils einem Fünftel gewinnmindernd abzuschreiben. Hierbei ist es unerheblich, was mit den Wirtschaftsgütern in den 5 Jahren passiert. Durch Veräußerungen, Entnahmen oder Wertminderungen wird der Sammelposten nicht beeinflusst. Ein Veräußerungserlös ist als Betriebseinnahme zu erfassen.

Zusammenfassung

➤ Wird ein Anlagegut während des Geschäftsjahres erworben, veräußert oder entnommen, ist eine **zeitanteilige Abschreibung** vorzunehmen.

➤ **GWG** werden im Jahr der Anschaffung oder Herstellung als Aufwand gebucht
  – abnutzbare, bewegliche Anlagegüter
  – selbstständig nutzbar
  – Anschaffungskosten bis 410,00 EUR

➤ Für die Abschreibung beweglicher, selbstständig nutzbarer Wirtschaftsgüter mit AK > 150,00 EUR und ≤ 1 000,00 EUR gibt es mehrere **Wahlrechte**.

15.6 Außerplanmäßige Abschreibung

Abnutzbare Anlagegegenstände können **neben** der planmäßigen Abschreibung auch **außerplanmäßig** abgeschrieben werden. Nicht abnutzbare Anlagegegenstände, deren Nutzung zeitlich nicht begrenzt ist, können **nur außerplanmäßig** abgeschrieben werden.

Außergewöhnlich ist eine Abnutzung zum Beispiel dann, wenn sie von der betriebsgewöhnlichen Nutzung abweicht. Ursachen dafür können u.a. sein:

- höhere Gewalt (Unwetter, Brand, Explosion),
- unsachgemäße Bedienung,
- technischer Fortschritt,
- Nachfrageänderung.

Die Erfassung der außergewöhnlichen Abschreibungen erfolgt **zusätzlich** zur planmäßigen Abschreibung auf dem Konto

> „(4820) Außerplanmäßige Abschreibungen auf Sachanlagen".

Beispiel: Neben einem Grundstück, das mit einem Wert von 250000,00 EUR in unserer Bilanz steht, wird eine Autobahn gebaut. Der Wert des Grundstücks sinkt dauerhaft auf 180000,00 EUR und soll in der Bilanz ausgewiesen werden.

Da es sich bei Grundstücken um Anlagevermögen handelt, das keiner zeitlichen Nutzungsbegrenzung unterliegt, kann es nicht planmäßig abgeschrieben werden. Die außergewöhnliche Wertminderung muss folgendermaßen gebucht werden:

Buchungssatz	Soll	Haben
(4820) Außerplanmäßige Abschreibungen an (0100) Grundstücke	70000,00	70000,00

Beispiel: Ein Reisebus wird bei einem Brand beschädigt. Der Buchwert des linear abgeschriebenen Busses beträgt 28000,00 EUR, die Wertminderung durch den Brand 10000,00 EUR und der jährliche AfA-Betrag 7000,00 EUR.

Buchungssatz	Soll	Haben
(4800) Abschreibungen auf Sachanlagen an (0230) Fuhrpark	7000,00	7000,00
(4820) Außerplanmäßige Abschreibungen an (0230) Fuhrpark	10000,00	10000,00

Soll		Fuhrpark	Haben
EBK	28 000,00	AfA	7 000,00
		Außerplanmäßige AfA	10 000,00
		SBK	11 000,00
	28 000,00		28 000,00

Der Restbuchwert des Reisebusses beträgt nach Abzug der planmäßigen und der außerplanmäßigen Abschreibung noch 11 000,00 EUR. Diese müssen nun gleichmäßig auf die Restnutzungsdauer verteilt werden.

15.7 Verkauf und Entnahme von Anlagegütern

Der Verkauf und die Entnahme von Anlagegütern stellt i.d.R.[1] einen steuerpflichtigen Umsatz dar. Bemessungsgrundlage für die Umsatzsteuer beim Verkauf ist der Nettoverkaufspreis, bei der Entnahme der Teilwert (Wiederbeschaffungswert). Da nur in seltenen Fällen der Nettoverkaufspreis mit dem Buchwert übereinstimmt, wird für das Unternehmen ein Ertrag oder ein Aufwand entstehen. Gebucht werden diese auf den Konten

„(8910) Erträge aus Anlageabgängen" bzw.
„(4910) Verluste aus Anlageabgängen".

Scheidet ein Anlagegut während des Geschäftsjahres aus, muss eine zeitanteilige Abschreibung auf den letzten vollen Monat vorgenommen werden, damit eine genaue Erfolgsermittlung vorgenommen werden kann.

Beispiel: Ein Reisebus, der zum 1. Januar noch einen Buchwert von 36 000,00 EUR hat und jährlich mit 12 000,00 EUR linear abgeschrieben wird, wird am 15. Oktober für 30 000,00 EUR netto verkauft.

1. Ermittlung des Buchwertes zum 15. Oktober:

Buchwert zum 1. Januar	36 000,00 EUR
– Abschreibung für 9 Monate (9/12 von 12 000,00 EUR)	9 000,00 EUR
= Restbuchwert zum 15. Oktober	**27 000,00 EUR**

2. Buchung der zeitanteiligen Abschreibung:

Buchungssatz	Soll	Haben
(4800) Abschreibungen auf Sachanlagen an (0230) Fuhrpark	9 000,00	9 000,00

---

1 Zur Erinnerung: Die Veräußerung oder Entnahme von Grundstücken und Gebäuden ist umsatzsteuerfrei.

13 Künzel, Thieß - ISBN 978-3-8120-0496-1

Soll		Fuhrpark		Haben
EBK	36 000,00	Abschreibung		9 000,00
		SBK		27 000,00
=	36 000,00	=		36 000,00

Soll		Abschreibung		Haben
Fuhrpark	9 000,00	GuV		9 000,00
=		=		

3. Umsatzsteuer- und EDV-gerechte Buchung:

Beim Verkauf von Anlagegütern, wird der steuerpflichtige Umsatz umsatzsteuer- und EDV-gerecht[1] auf dem Konto „(8900) Erlöse aus Anlageabgängen"erfasst, bei der Entnahme von Anlagegütern auf dem Konto „(8920) Entnahme von sonstigen Gegenständen und Leistungen".

Dann muss geprüft werden, ob ein Erfolg aus dem Anlageabgang entstanden ist.

> Nettoverkaufserlös
> – Restbuchwert
>
> = Buchgewinn bzw. Buchverlust

Ist der Nettoverkaufserlös größer als der Restbuchwert, wird der Buchgewinn auf dem Konto „(8910) Erträge aus Anlageabgängen" gebucht, ist der Nettoverkaufserlös kleiner als der Restbuchwert, wird der Buchverlust auf dem Konto „(4910) Verluste aus Anlageabgängen" gebucht.

Für das obige Beispiel gilt:

1. Geschäftsfall: Buchung des Verkaufserlöses.

Buchungssatz	Soll	Haben
(1400) Forderungen	35 700,00	
an (8900) Erlöse aus Anlageabgängen		30 000,00
an (1720) Umsatzsteuer		5 700,00

Soll	Forderung	Haben		Soll	Erlöse Anlagenabg.	Haben
Erlöse	35 700,00				Forderung	30 000,00

Soll	USt	Haben
	Forderung	5 700,00

---

1 In Finanzbuchhaltungsprogrammen sind die Erlöskonten i.d.R. mit einer Umsatzsteuerautomatik ausgestattet, sodass hier aus dem Bruttobetrag sofort der Umsatzsteueranteil herausgebucht wird.

2. Geschäftsfall: Buchung des Buchwertabgangs.

Buchungssatz	Soll	Haben
(8900) Erlöse aus Anlageabgängen an (0230) Fuhrpark	27 000,00	27 000,00

Soll	Fuhrpark	Haben	Soll	Erlöse a. Anlagenabg.	Haben
AB	27 000,00	Erlöse Anl. 27 000,00	Fuhrpark 27 000,00	Forderung 30 000,00	

3. Geschäftsfall: Buchung des Erfolges:
$$30\,000,00 \text{ EUR} - 27\,000,00 \text{ EUR} = 3\,000,00 \text{ EUR Buchgewinn}$$

Buchungssatz	Soll	Haben
(8900) Erlöse aus Anlageabgängen an (8910) Erträge aus Anlageabgängen	3 000,00	3 000,00

Soll	Fuhrpark	Haben	Soll	Erlöse a. Anlagenabg.	Haben
AB	27 000,00	Erlöse Anl. 27 000,00	Fuhrpark 27 000,00 Erträge Anl. 3 000,00	Forderung 30 000,00	

Soll	Erträge a. Anlagenabg.	Haben
		Erlöse Anl. 3 000,00

Beispiel: Angenommen, der Reisebus würde für netto 25.000,00 verkauft werden, dann würden sich folgende Buchungssätze ergeben:

1. Geschäftsfall: Buchung des Verkaufserlöses.

Buchungssatz	Soll	Haben
(1400) Forderungen an (8900) Erl. a. Anlageabgängen an (1720) Umsatzsteuer	29 750,00	25 000,00 4 750,00

2. Geschäftsfall: Buchung des Buchwertabgangs.

Buchungssatz	Soll	Haben
(8900) Erl. a. Anlageabgängen an (0230) Fuhrpark	25 000,00	25 000,00

3. Geschäftsfall: Buchung des Erfolges. 25 000,00 EUR − 27 000,00 EUR = 2 000,00 EUR Buchverlust

Buchungssatz	Soll	Haben
(4910) Verl. a. Anlageabgängen	2 000,00	
an (0230) Fuhrpark		2 000,00

Bei einer Entnahme von Anlagegütern erfolgt die Buchung des Teilwertes auf dem Konto **„(8920) Entnahmen von sonstigen Gegenständen und Leistungen".**

Beispiel: Der Inhaber entnimmt einen Pkw aus dem Geschäftsvermögen für private Zwecke. Der Teilwert des Pkws beträgt 1 000,00 EUR, der Buchwert ist 1,00 EUR.

Buchungssatz	Soll	Haben
(1900) Privatentnahmen	1 190,00	
an (8920) Entnahmen v. sonst.		
Gegenständen u. Leistungen		1 000,00
an (1720) Umsatzsteuer		190,00
(8920) Entnahmen von sonst.		
Gegenständen u. Leistungen	1 000,00	
an (0230) Fuhrpark		1,00
an (8910) Erträge aus Anlage-		
abgängen		999,00

Zusammenfassung

Beim Abgang oder bei der Entnahme von Anlagegegenständen muss zuerst der **Buchwert zum Zeitpunkt der Veräußerung** ermittelt werden (zeitanteilige Abschreibung).

Für eine **umsatzsteuer- und EDV-gerechte Buchung** wird der Nettoverkaufserlös auf dem Konto „(8900) Erlöse aus Anlageabgängen" bzw. „(8920) Entnahme von sonstigen Gegenständen und Leistungen" gebucht.

Dann wird der **Buchwertabgang** auf dem entsprechenden Anlagekonto gebucht und der **Buchgewinn oder -verlust** auf dem Konto „(8910) Erträge aus Anlageabgängen" bzw. „(4910) Verluste aus Anlageabgängen".

11. Entscheiden Sie, ob die folgenden Aussagen richtig oder falsch sind! Begründen Sie, warum eine Aussage falsch ist!

    1. Am Ende der Nutzungsdauer wird nur bei degressiver Abschreibung der Nullwert erreicht.

    2. Skonti mindern nicht die Anschaffungskosten.

    3. Die Abschreibungen werden als Kosten in die Verkaufspreise einkalkuliert.

    4. Eine EDV-Tastatur mit einem Anschaffungswert von 125,00 EUR ist ein GWG.

    5. Die außerplanmäßige Abschreibung ist nur bei unbeweglichen Anlagegütern erlaubt.

12. Die WAK-Reisen erhalten folgenden Beleg für die Neugestaltung ihrer Büros:

Kasselmann
Büroeinrichtungen Kiel

Kasselmann, Bahnhofstraße 14, 23456 Kiel

Bahnhofstr.14
23456 Kiel
Telefon: 0431 2345678

Firma
WAK-Reisen
Kerschensteinerstraße 2
26807 Buchholz

Kontoverbindungen:
Hausbank Kiel (BLZ 703 555 00)
Konto-Nr. 44-399 963

Datum   10. August 2010

Rechnung

Nr. 123/01

Art.-Nr.	Gegenstand	Menge	Preis je Einheit in EUR	Betrag EUR
BSt	Bürostuhl „Sekretariat"	5	298,00	1 490,00
BT	Schreibtisch „Chef"	2	1 500,00	3 000,00
BRc	Rollcontainer „Chef"	5	148,00	740,00
CT	Computertisch „Sekretariat"	5	198,00	990,00
BSu	Schreibtischunterlage	5	59,00	295,00
				6 515,00
			+ 19 % Umsatzsteuer	1 237,85
			Rechnungsbetrag	7 752,85

Lieferung frei Haus

Zahlung innerhalb von 30 Tagen.
Bei Zahlung innerhalb von 8 Tagen gewähren wir 2 % Skonto.

Bitte bei Zahlungen und Schriftwechsel stets die Rechnungsnummer mit angeben.

a) Buchen Sie den Rechnungseingang!

b) Buchen Sie den Ausgleich der Rechnung am 15.08.10!

c) Die betriebsgewöhnliche Nutzungsdauer von Büroeinrichtung beträgt 13 Jahre. Buchen Sie die Abschreibungen!

d) Im Juli 12 zerstört ein Brand die Büroeinrichtung vollständig. Buchen Sie!

13. Ein Reisebus mit Anschaffungskosten von 240 000,00 EUR und einer Nutzungsdauer von 8 Jahren wurde linear abgeschrieben. Der Reisebus wird am 15. August im fünften Nutzungsjahr zu einem Rechnungsbetrag von 130 900,00 EUR auf Ziel verkauft.

a) Buchen Sie den Verkauf des Reisebusses EDV-gerecht! Lösungsweg aufzeigen!

b) Wie hoch ist der Erfolg?

14. Das Reisebüro Ramm & Deutschmann OHG besitzt ein Bürogebäude mit einem Buchwert von 750 000,00 EUR und einer Restnutzungsdauer von 15 Jahren. Am 12. April wird das Gebäude durch einen Brand vollständig zerstört. Buchen Sie!

15. Entscheiden Sie, ob folgende Anlagegüter GWGs sind und ob sie im Sammelposten erfasst werden können!

Anlagegut	Anschaffungskosten	Anlagegut	Anschaffungskosten
Schreibtisch	350,00 EUR	PC-Drucker	150,00 EUR
DVD-Gerät	290,00 EUR	Fernseher	600,00 EUR
Fahrrad	150,00 EUR	PC-Monitor	409,00 EUR
Trivialsoftware	200,00 EUR	Regal	100,00 EUR

16. Das Reisebüro Mirbach kauft ein Radio für 59,00 EUR. Buchen Sie!

17. Entnahme einer gebrauchten EDV-Anlage für private Zwecke am 6. September. Buchwert am 1. Januar 1 920,00 EUR, jährlicher linearer Abschreibungsbetrag 960,00 EUR. Teilwert zum Zeitpunkt der Entnahme 1 450,00 EUR. Buchen Sie die Entnahme umsatzsteuer- und EDV-gerecht!

18. Ein Reisebus, der zum Zeitpunkt des Ausscheidens einen Restbuchwert von 32 000,00 EUR hat, wird auf Ziel verkauft zu netto

a) 25 000,00 EUR

b) 35 000,00 EUR

Bilden Sie die Buchungssätze und ermitteln Sie den jeweiligen Erfolg!

19. Die Inhaberin des Reisebüros Wagner schenkt ihrer Tochter einen gebrauchten Pkw aus dem Geschäftsvermögen. Der Buchwert des Pkws beträgt 12 000,00 EUR, der Teilwert 15 000,00 EUR. Bilden Sie die Buchungssätze!

II. Geschäftsprozesse erfolgsorientiert steuern (Lernfeld 6)

1 Einführung in die Kosten- und Leistungsrechnung

Die entscheidenden Unterschiede zwischen der Finanzbuchhaltung und der Kosten- und Leistungsrechnung werden nicht immer gleich deutlich, wie folgendes Gespräch zwischen zwei Auszubildenden zeigen soll:

Thorsten Wendling, Auszubildender im 1. Ausbildungsjahr in der Firma Baltic Reisen, wendet sich hilfesuchend an seine Kollegin Carola Riedel aus dem 2. Ausbildungsjahr.

Thorsten: „Sag' mal, Caro, du hast doch den Durchblick so kurz vor deiner Zwischenprüfung. In der Berufsschule haben wir jetzt mit der Kosten- und Leistungsrechnung angefangen. Ich begreife nicht, was das nun noch soll. Ich war so froh, dass ich die Buchführung endlich verstanden habe, und nun ist auf einmal alles anders."

Caro: „Alles anders? Wie meinst du das?"

Thorsten: „Angeblich sollen die Zahlen der Buchführung für unternehmerische Entscheidungen ungeeignet sein. Aufwand sind keine Kosten oder andere Kosten oder es sind doch Kosten. Kosten sind kein Aufwand oder neutraler Aufwand oder aber doch Aufwand. Also, ganz ehrlich: Ich weiß überhaupt nichts mehr. Bitte hilf mir!"

Carola ist stets hilfsbereit, aber ihr ist auf einmal bewusst, dass auch ihr nicht ganz klar ist, was sie Thorsten eigentlich erklären soll. Sie lässt sich ihre Unsicherheit natürlich nicht anmerken und sagt:

Caro: „Heute habe ich wirklich zu viel zu tun, aber bring doch morgen deine Aufzeichnungen mit. Wir setzen uns dann in der Mittagspause hin und ich werde versuchen, Licht in das Dunkel zu bringen."

Thorsten: „Caro, du bist die Beste."

„Na ja, abwarten!" denkt Carola. „Hoffentlich bekomme ich das auch hin. Da muss ich heute Abend wohl meine Rechnungswesenkenntnisse auffrischen. Was soll's, das kann so kurz vor der Prüfung auch nicht schaden."

Nach Feierabend holt Carola ihre Aufzeichnungen und Bücher heraus und wiederholt, was sie glaubte, bereits verstanden zu haben.

1.1 Abgrenzung zur Finanzbuchhaltung

Die Kosten- und Leistungsrechnung ist, wie bereits am Anfang dieses Buches erwähnt, ein Hauptbestandteil des betrieblichen Rechnungswesens. Zwischen der Finanzbuchhaltung und der Kosten- und Leistungsrechnung besteht eine enge Verflechtung, denn die Kosten- und Leistungsrechnung basiert weitgehend auf den Zahlen der Finanzbuchhaltung.

Es gibt aber auch gravierende Unterschiede. Im Gegensatz zur Buchführung ist die Kosten- und Leistungsrechnung nicht für die Öffentlichkeit bestimmt. Somit unterliegt sie auch keinen rechtlichen Vorschriften.

Sie ist ein Informationssystem über den individuellen, internen Betriebsprozess. Daher wird sie auch als internes Rechnungswesen bezeichnet.

1.2   Notwendigkeit

Der Kosten- und Leistungsrechnung kommt auch im Reiseverkehrsbetrieb immer größere Bedeutung zu.

Für Reisebüros wird es aufgrund der zunehmenden Globalisierung und die Möglichkeiten der Internetrecherche sowie der direkten Buchung im Internet immer schwieriger, langfristig verlässliche Provisionen auszuhandeln. Immer häufiger besteht die Notwendigkeit, Reisen zu selbst kalkulierten Preisen zu verkaufen und zu entscheiden, ob und wie viel Provision an den Kunden weitergegeben werden soll. Um solche Preisentscheidungen fundiert treffen zu können, ist es erforderlich, genau über die relevanten Kosten informiert zu sein. Außerdem tätigen viele Reisebüros oft eine Vielzahl von Nebengeschäften, wie zum Beispiel dem Handel mit Waren. Auch diese bedürfen der Wirtschaftlichkeitskontrolle und eines Kalkulationsinstrumentariums, wie es die Kosten- und Leistungsrechnung zur Verfügung stellt.

Reiseveranstalter und eigenveranstaltende Reisebüros waren schon immer auf eine exakte Kalkulation angewiesen. Der Wegfall des Rabattgesetzes hat die Konkurrenz unter den Anbietern noch verschärft. Um erfolgreich am Markt bestehen zu können, muss mit flexiblen Preissystemen und Kundenbindungsprogrammen gearbeitet werden.

Entscheidungen und Kalkulationen, die auf der Basis des Zahlenmaterials der Finanzbuchhaltung beruhen, genügen den Anforderungen der Betriebe allerdings nicht mehr.

Die Gründe hierfür sind:

> Die verschärfte Konkurrenz im In- und Ausland,
> die Konkurrenz durch Internetanbieter,
> der ständig steigende Kostendruck,
> die sich schnell ändernde Nachfrage und
> die Notwendigkeit, sich an die gesamtwirtschaftlichen Rahmenbedingungen anzupassen (siehe Rabattgesetz).

Das externe Rechnungswesen (Finanzbuchhaltung) kann nicht oder nur eingeschränkt zur Unternehmensführung genutzt werden, weil die Informationen zu selten vorliegen, vergangenheitsbezogen und nicht detailliert genug sind.

Eine sinnvolle Steuerung kann nur durch eine moderne Kostenrechnung erfolgen.

1.3   Aufgaben und Ziele

Deshalb wird die Kosten- und Leistungsrechnung so gestaltet, dass sie die folgenden Anforderungen und Ziele erfüllt:

> **Die Kosten- und Leistungsrechnung als „Kurzfristige Erfolgsrechnung"**

Der Betriebserfolg soll z. B. monatlich ermittelt werden, um ständig über den Grad der Zielerreichung (meistens Gewinnmaximierung) informiert zu sein.

> **Die Möglichkeit einer exakten Kalkulation der betrieblichen Leistung**

Hierbei wird unter anderem überprüft, ob der erzielbare Marktpreis ausreichend ist und zu welchen Preisen die Reise kurzfristig und langfristig gerade noch verkauft werden kann. Die Kalkulation kann auf der Basis von Vollkosten oder Teilkosten erfolgen.

> **Bereitstellung von Zahlenmaterial für betriebliche Entscheidungen**

Die Geschäftsleitung steht immer wieder vor einer Vielzahl von Entscheidungssituationen (dispositive Entscheidungen). Fehlentscheidungen gefährden die Zielerreichung, das heißt, sie gehen zulasten des Gewinns und können im schlimmsten Fall den Bestand des Unternehmens gefährden. Die Kosten- und Leistungsrechnung muss dem Entscheidungsträger geeignete Informationen (Zahlen) zur Entscheidungsfindung bereitstellen.

Einige Beispiele für typische Entscheidungssituationen:

> Wie ist unser Angebotsprogramm optimal zu gestalten? Welche Reisen, Reiseziele, Veranstaltungen, Serviceleistungen bieten wir an?

> Veranstalten wir eine Reise selbst oder bedienen wir uns fremder Leistungsträger? („Make-or-buy-Entscheidungen".)

> Müssen wir zusätzliches Personal einstellen oder müssen Entlassungen vorgenommen werden?

> Ist die Investition in einen neuen Reisebus sinnvoll?

> **Wirtschaftlichkeitskontrolle durch Zeit- und eventuellen Branchenvergleich**

Eine weitere wichtige Aufgabe der Kosten- und Leistungsrechnung ist die Wirtschaftlichkeitskontrolle. Durch die ständige Kontrolle der Kosten und Leistungen[1] im Zeitablauf sollen Unwirtschaftlichkeiten aufgedeckt und durch geeignete Maßnahmen beseitigt werden. Wenn möglich, sollte die Wirtschaftlichkeitskontrolle auch anhand von Branchenvergleichen durchgeführt werden. Der reine Zeitvergleich birgt die Gefahr, dass unwirtschaftliches Handeln der Vergangenheit mit unwirtschaftlichem Handeln der Gegenwart verglichen wird.

1.4 Grundaufbau der Kosten- und Leistungsrechnung

Die Kosten- und Leistungsrechnung lässt sich – wie die Buchführung – mithilfe von Konten und nach dem Prinzip der doppelten Buchführung durchführen. Sie heißt dann „Betriebsbuchführung".

Die meisten Betriebe erfassen ihre Kosten und Leistungen nicht auf Konten, sondern mithilfe von Tabellen. Die tabellarisch-statistische Verfahrensweise ist übersichtlicher und mit weniger Arbeit verbunden (diese Vorgehensweise wird hier gewählt).

Wie präzise und mit welchen Schwerpunkten eine Kosten- und Leistungsrechnung aufgebaut ist, hängt jeweils von der Eigenart des einzelnen Betriebes ab (z.B. von der Angebotspalette, der Betriebsgröße, den Marktverhältnissen, der Qualität der Mitarbeiter).

Beim Aufbau und der Ausgestaltung einer Kosten- und Leistungsrechnung ist zu beachten, dass sie **kein Selbstzweck** sein darf. Der Aufwand, der für die Rechengenauigkeit getrieben wird, muss stets im angemessenen Verhältnis zum Nutzen (Erkenntnisnutzen) stehen.

Die Skizze auf der folgenden Seite stellt den Grundaufbau einer Kosten- und Leistungsrechnung schematisch kurz dar. Die dargestellten Bestandteile werden dann ab Kapitel 3 am Beispiel der aus dem Finanzbuchhaltungsteil bekannten Firma **Baltic Reisen** erklärt.

---

1 Siehe Teil II, Kapitel 2.

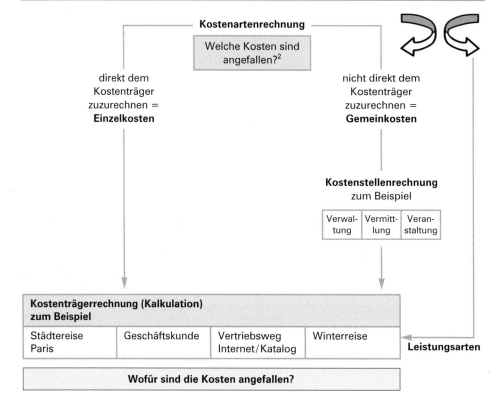

Finanzbuchhaltung

alle Erfolgsvorgänge
des GuV-Kontos

Abgrenzung in der Ergebnistabelle[1]

Ergebnistabelle (Abgrenzungsrechnung)

Konten lt. GuV	Finanzbuchhaltung Aufwands- und Ertragsarten der Finanzbuchhaltung		Neutrales Ergebnis Untern.bez. Abgrenzungen u. kostenrechnerische Korrekturen		KLR-Bereich Kosten- und Leistungsarten	
	Aufwendungen	Erträge	Aufwendungen	Erträge	Aufwendungen	Erträge
→ → → →	alle Aufwendungen der Finanzbuchhaltung	alle Erträge der Finanzbuchhaltung	neutrale Aufwendungen	neutrale Erträge und kostenrechnerische Korrekturen	alle betrieblichen Aufwendungen = **Kosten**	alle betrieblichen Erträge = **Leistungen**

Kostenartenrechnung

Welche Kosten sind angefallen?[2]

direkt dem
Kostenträger
zuzurechnen =
Einzelkosten

nicht direkt dem
Kostenträger
zuzurechnen =
Gemeinkosten

Kostenstellenrechnung
zum Beispiel

Verwaltung	Vermittlung	Veranstaltung

Kostenträgerrechnung (Kalkulation)
zum Beispiel

Städtereise Paris	Geschäftskunde	Vertriebsweg Internet/Katalog	Winterreise

Leistungsarten

Wofür sind die Kosten angefallen?

---

1 Siehe Teil II, Kapitel 3.
2 Zur Erläuterung der Begriffe Einzel- und Gemeinkosten siehe Teil II, Kapitel 4.

Wie oben dargestellt, hat die Kostenrechnung drei Hauptbereiche, und zwar die Kostenarten-, Kostenstellen- und Kostenträgerrechnung. Innerhalb dieses vorgegebenen Rahmens sind aber weitere Entscheidungen über die Ausgestaltung der Kosten- und Leistungsrechnung zu fällen.

Zunächst muss entschieden werden, welchen **Zeitbezug** die Rechnung haben soll. Es ist zu klären, ob eine reine **Istkostenrechnung** oder eine **Plankostenrechnung** durchgeführt werden soll. Die Frage ist dabei nicht, ob eine Istkostenrechnung erfolgen soll oder nicht (die Istkostenrechnung ist stets erforderlich), sondern ob die Istkostenrechnung zur Plankostenrechnung ausgebaut werden soll.

Im Hinblick auf die unter 1.3 genannten Ziele weist die Istrechnung zwei wesentliche Nachteile auf:

> Sie ist vergangenheitsorientiert und beinhaltet möglicherweise Unwirtschaftlichkeiten und
> sie unterliegt den Einflüssen zufälliger Ereignisse und führt so zu schwankenden Kalkulationsgrundlagen.

Diesen Schwächen soll die Plankostenrechnung begegnen. Sie liegt dann vor, wenn alle Kosten (Einzel- und Gemeinkosten) für einen Abrechnungszeitraum im Voraus geplant und festgelegt werden. Die Werte werden hierbei nicht aus der Vergangenheit abgeleitet, sondern sie gehen aus der betrieblichen Planung hervor.

Der Aufbau und die Durchführung einer Plankostenrechnung sind mit erheblichem Aufwand verbunden. Daher bedienen sich einige Betriebe der sogenannten **Normalkostenrechnung.** Hierbei entfällt die schwierige Ermittlung der Plankosten, stattdessen wird mit Durchschnittswerten der Vergangenheit, den sogenannten Normalkosten, gerechnet.

Die genannten Nachteile der Istkostenrechnung nimmt man, wenn auch in abgeschwächter Form, dabei allerdings in Kauf.

Außerdem muss entschieden werden, in welchem Umfang die Kosten verrechnet werden. Es stellt sich die Frage, ob eine Vollkostenrechnung oder eine Teilkostenrechnung durchgeführt werden soll.

Bei der **Vollkostenrechnung** werden alle Kosten, die anfallen, auch tatsächlich in die Kalkulation einbezogen. Das Ergebnis der Kalkulation zeigt dann, ob das Kalkulationsobjekt (eine Reiseveranstaltung) einen positiven Beitrag zum Betriebsergebnis liefert.

Unternehmerische Entscheidungen auf der Basis von Vollkostenkalkulationen bergen allerdings die Gefahr, fehlerhaft zu sein. Denn es wird unterstellt, dass sich alle Kosten proportional verhalten. Dies ist aber für einen Teil der Kosten falsch. So muss beispielsweise die Büromiete auch dann gezahlt werden, wenn keine Reisen verkauft werden.

Diesem Manko der Vollkostenrechnung begegnet die **Teilkostenrechnung** (Deckungsbeitragsrechnung) dadurch, dass strikt zwischen variablen und fixen Kosten unterschieden wird. Durch diese Trennung wird es möglich, die Auswirkungen von Beschäftigungsschwankungen (schwankende Auftragslage) zu berücksichtigen.[1]

---

1 Siehe Teil II, Kapitel 7.

Es sind nun die folgenden Kostenrechnungssysteme denkbar:

Zeitbezug der Kostengrößen ⟶	Vergangenheitsorientierung		Zukunftsorientierung
Ausmaß der Kosten-verrechnung ↓	Istkosten	Normalkosten	Plankosten
Verrechnung der „vollen" Kosten ↓	**Vollkostenrechnung** auf Istkostenbasis	**Vollkostenrechnung** auf Normalkosten-basis	**Vollkostenrechnung** auf Plankostenbasis
Verrechnung nur be-stimmter Kategorien von Kosten	**Teilkostenrechnung** auf Istkostenbasis	**Teilkostenrechnung** auf Normalkosten-basis	**Teilkostenrechnung** auf Plankostenbasis

---

Mittagspause in der Firma Baltic Reisen. Carola und Thorsten sitzen über ihren Aufzeichnungen.

Thorsten: „... du meinst also, dass man anders denken muss?"

Caro: „Genau. Die Finanzbuchhaltung wird aufgrund von gesetzlichen Vorschriften erstellt. Die KLR soll die Betriebsabläufe zahlenmäßig erfassen und so zum Beispiel ein Reiseangebot kalkulierbar machen. Das geht mit der Fibu nicht so ..."

Thorsten: „Also alles umsonst gelernt?"

Caro: „Nein, natürlich nicht. Erstens gibt es eine gesetzliche Verpflichtung zur Buchführung und zweitens können wir nun auf die bereits vorhandenen Zahlen und Ergebnisse zurückgreifen. Leider können wir die Daten der Fibu nicht eins zu eins übernehmen, sondern müssen sie für die Aufgaben der Kosten- und Leistungsrechnung anpassen. Das schaffen wir heute nicht mehr. Zunächst einmal ist aber wichtig, dass die unterschiedlichen Zielsetzungen von Fibu und KLR deutlich sind."

Thorsten: „Okay, ich denke, den Einstieg haben wir. Hoffentlich versteh' ich den Rest auch noch ..."

Zusammenfassung

Aufgaben der Kosten- und Leistungsrechnung

Ermittlung der Kosten und Leistungen eines Betriebes; zum Nachweis der Ursachen und der Herkunft des Betriebserfolges

Nach der Art ihrer Entstehung.
Welche Kosten, welche Leistungen sind entstanden?

= **Kostenartenrechnung**

Nach den Stellen (Orten) ihrer Entstehung.
Wo im Betrieb sind Kosten angefallen?

= **Kostenstellenrechnung**

Nach dem Zweck ihrer Entstehung.
Wofür sind Kosten angefallen?

= **Kostenträgerstückrechnung**

Nach dem Zeitraum ihrer Entstehung.
In welchen Abrechnungszeitraum gehören die Kosten und Leistungen?

= **Kostenträgerzeitrechnung**

Kontrolle und Steuerung des Betriebsablaufs auf der Grundlage der ermittelten Kosten und Leistungen

durch

Vergleich von Kosten und Leistungen
- verschiedener Abrechnungsperioden = Zeitvergleich
- mit anderen Betrieben = Betriebsvergleich
- geplanter und tatsächlicher Höhe = Soll-Ist-Vergleich

Ermittlung
- der Preisuntergrenzen
- der günstigsten Auftragsmenge (Auslastung bzw. Einsatztage)
- des optimalen Sortiments (Reiseangebots)

Planung von Kosten und Preisen
= ***Plankostenrechnung***

1. Nehmen Sie zu der folgenden Aussage Stellung: „Nur eine ordnungsmäßige Buchführung gewährleistet eine korrekte Kosten- und Leistungsrechnung"!

2. Warum wird die Kosten- und Leistungsrechnung auch als internes Rechnungswesen bezeichnet?

3. Nennen Sie drei Gründe, die eine Kosten- und Leistungsrechnung auch für Reiseverkehrsbetriebe unverzichtbar macht!

4. Erläutern Sie die Aussage: „Kosten- und Leistungsrechnung darf kein Selbstzweck sein"!

5. Nennen Sie die unterschiedlichen Informationsempfänger der Finanzbuchhaltung und der Kosten- und Leistungsrechnung!

6. Nennen Sie die unterschiedlichen Aufgabenschwerpunkte des externen und internen Rechnungswesens!

7. Welche Kostenrechnungssysteme gibt es?

8. Welche Informationen liefert eine Kostenrechnung, die zur Kontrolle des Betriebsablaufs genutzt werden können?

9. Welche Informationen aus der Kosten- und Leistungsrechnung benötigt die Geschäftsleitung (dispositiver Faktor), um zukünftige Betriebsabläufe steuern zu können?

2 Begriffsabgrenzung

Grundbegriffe des externen Rechnungswesens:

➤ Aufwand
➤ Ertrag

Grundbegriffe der internen Erfolgsrechnung:

➤ Kosten
➤ Leistungen

2.1 Kosten

Unter Kosten versteht man den bewerteten Verzehr (Verbrauch) von Gütern und Dienstleistungen, der zur Erstellung und zum Absatz der betrieblichen Leistungen sowie der Aufrechterhaltung der Betriebsbereitschaft (Kapazität) erforderlich ist.

Kosten sind durch **drei** Merkmale gekennzeichnet:

1. Es muss ein **Verbrauch an Gütern und/oder Dienstleistungen** vorliegen.
2. Der Verbrauch ist in **Geldeinheiten zu bewerten**.
3. Der Verbrauch muss **betriebsbedingt** sein.

Abgrenzung von Aufwand und Kosten:

Abgrenzung	Definition	Beispiele
Aufwendungen, die keine Kosten sind = **neutraler Aufwand** ➤ betriebsfremder Aufwand ➤ außerordentlicher Aufwand ➤ periodenfremder Aufwand	Nicht betriebsbedingter Güter- und Leistungsverzehr, dem keine Kosten gegenüberstehen	➤ Spenden ➤ Verkauf unter Buchwert ➤ Steuernachzahlung
Kosten, die Aufwendungen sind = **Grundkosten** (betrieblicher Aufwand)	Betriebsbedingter Güter- und Leistungsverzehr, dem Aufwand in gleicher Höhe gegenübersteht	Raumkosten, Gehälter, Versicherungsbeiträge, Werbekosten, Kommunikationskosten
Kosten, denen Aufwand in anderer Höhe gegenübersteht = **Anderskosten**	Betriebsbedingter Güter- und Leistungsverzehr, der in der Kostenrechnung anders bewertet wird als in der Finanzbuchhaltung	Kalkulatorische Abschreibungen, kalkulatorische Zinsen
Kosten, die keine Aufwendungen sind = **Zusatzkosten**	Betriebsbedingter Güter- und Leistungsverzehr der Kostenrechnung, dem kein Aufwand in der Finanzbuchhaltung gegenübersteht	Kalkulatorischer Unternehmerlohn, kalkulatorische Miete

2.2 Leistungen

Die Leistungen sind das Ergebnis der durch den Betriebszweck erstellten und bewerteten Güter und Dienstleistungen.

Leistungen sind durch **drei** Merkmale gekennzeichnet:

1. Es müssen **Güter und/oder Dienstleistungen erstellt** werden.
2. Die Leistungserstellung ist in **Geldeinheiten zu bewerten**.
3. Die Leistungserstellung muss **betriebsbedingt** sein.

Abgrenzung von Erträgen und Leistungen:

Abgrenzung	Definition	Beispiele
Erträge die keine Leistungen sind = **neutrale Erträge** ➤ betriebsfremde Erträge ➤ außerordentliche Erträge ➤ periodenfremde Erträge	Erhöhung des Vermögens durch nicht betriebsbedingte Transaktionen	➤ Mieterträge ➤ Zinserträge ➤ Steuerrückzahlung
Leistungen, die Erträge sind = **Grundleistung** (betrieblicher Ertrag)	Gleiche betriebsbedingte Erhöhung des Vermögens in der Kostenrechnung und der Finanzbuchhaltung	Erlöse aus eigenen Veranstaltungen, Erlöse aus Vermittlung

Zusammenfassung

Abgrenzung von Aufwand und Kosten
– schematische Darstellung –

Gesamter Aufwand laut Finanzbuchhaltung		
Neutraler Aufwand	**Betriebsbedingter Aufwand**	
⬇	⬇	⬇
➤ außerordentlicher ➤ betriebsfremder ➤ periodenfremder	als Kosten verrechneter Aufwand	nicht als Kosten verrechneter Aufwand = Andersaufwand
	⬇	⬇
	Grundkosten	**Anderskosten**[1] Kalkulatorische Abschreibungen Zinsen Wagnisse	**Zusatzkosten** Kalkulatorischer Unternehmerlohn Kalkulatorische Miete
		Kalkulatorische Kosten
	⬇	⬇ ⬇
	Gesamte Kosten	

---

1 In der Darstellung erscheint es so, als wären Andersaufwand und Anderskosten gleich groß, tatsächlich sind die Anderskosten aber entweder größer oder kleiner als der Andersaufwand.

Abgrenzung von Erträgen und Leistungen

– schematische Darstellung –

Gesamter Ertrag laut Finanzbuchhaltung	
Neutraler Ertrag ➤ außerordentlicher ➤ betriebsfremder ➤ periodenfremder	Erträge, die durch die betriebliche Tätigkeit bedingt sind
	Leistungen ➤ Erlöse aus eigenen Veranstaltungen ➤ Erlöse aus Vermittlung ➤ Erlöse aus Warenverkäufen

ÜBUNGSAUFGABEN

1. An welchen Kriterien erkennt man

   a) Kosten und

   b) Leistungen?

2. Finden Sie je zwei eigene Beispiele für betriebliche Aufwendungen, betriebliche Erträge, neutrale Aufwendungen und neutrale Erträge in einem Reiseverkehrsbetrieb!

3. Warum sind die folgenden Aufwendungen und Erträge in einem Reiseverkehrsbetrieb keine Kosten und Leistungen?

   a) Steuernachzahlung für das Vorjahr

   b) Erträge aus Wertpapiergeschäften

   c) Großreparatur am Reisebus nach einem Motorschaden

3 Abgrenzungsrechnung

3.1 Notwendigkeit

Die wesentliche Aufgabe der Abgrenzungsrechnung besteht darin, aus den Aufwendungen und Erträgen der Finanzbuchhaltung die Kosten und Leistungen des Betriebs zu ermitteln. Dazu müssen alle neutralen Aufwendungen und Erträge abgegrenzt werden. Dies geschieht mithilfe einer Abgrenzungstabelle (siehe S. 214).

14 Künzel, Thieß - ISBN 978-3-8120-0496-1

Thorsten Wendling und Carola Riedel nutzen wieder ihre Pause, um sich über Probleme im Berufs-schul- und Prüfungsstoff zu unterhalten. Dieses Mal geht es um die Abgrenzungsrechnung. Carola versucht Thorsten den Übergang von der Finanzbuchhaltung zur Kosten- und Leistungsrechnung in ihrer bildreichen Sprache zu erklären:

Caro: „Also, stell' dir die Finanzbuchhaltung, genauer die Gewinn- und Verlustrechnung, als Quelle vor. Die Zahlen aus dieser Quelle werden gesiebt, um die Kosten heraus-zufiltern. Sieh dir dieses Schaubild an ..."

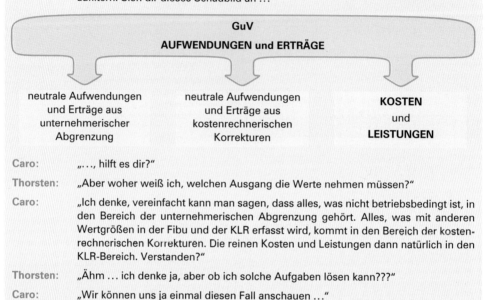

Caro: „..., hilft es dir?"

Thorsten: „Aber woher weiß ich, welchen Ausgang die Werte nehmen müssen?"

Caro: „Ich denke, vereinfacht kann man sagen, dass alles, was nicht betriebsbedingt ist, in den Bereich der unternehmerischen Abgrenzung gehört. Alles, was mit anderen Wertgrößen in der Fibu und der KLR erfasst wird, kommt in den Bereich der kosten-rechnerischen Korrekturen. Die reinen Kosten und Leistungen dann natürlich in den KLR-Bereich. Verstanden?"

Thorsten: „Ähm ... ich denke ja, aber ob ich solche Aufgaben lösen kann???"

Caro: „Wir können uns ja einmal diesen Fall anschauen ..."

3.2 Fallbeschreibung

Der eingetragene Kaufmann Marcel Konrad ist Inhaber der Firma Baltic Reisen. Das Unternehmen veranstaltet eigene Busreisen. Dafür stehen 2 moderne Luxus-Reisebusse zur Verfügung. Neben den Veranstaltungsreisen tritt Baltic Reisen auch als Reisevermittler auf. Die Veranstaltung und die Vermittlung von Reisen sind der typische Betriebszweck.

Eine weitere Erlösquelle erschließt sich das Unternehmen durch den Handel mit Waren. Wie viele Reisebüros nutzt auch Baltic Reisen den Publikumsverkehr, um reisespezifische Waren anzubieten. Zu den Waren gehören die Gruppe „Sportartikel" und die Gruppe „Reiseliteratur".[1]

Im Unternehmen sollen die Ergebnisse des Rechnungswesens für das zurückliegende Ge-schäftsjahr ausgewertet werden, um festzustellen, mit welchem Erfolg gearbeitet wurde. Es geht also um Informationen darüber, ob und wie der Betriebszweck erfüllt wurde. Zur Beantwortung dieser Frage ist von den Aufwendungen und Erträgen der Finanzbuchfüh-rung auszugehen. Diese wurden in der Buchführung auf Erfolgskonten gebucht (siehe un-ten). Zum Abschluss der Rechnungsperiode sammelt man sie in der Gewinn- und Verlust-

---

1 Aus Vereinfachungsgründen wird an dieser Stelle lediglich je ein Aufwands- und Erlöskonto für die Waren geführt.

rechnung. Da wir allerdings wissen wollen, wie hoch das Betriebsergebnis (das Ergebnis der eigentlichen betrieblichen Leistungserstellung) ist, müssen wir die Zahlen der Finanzbuchhaltung einer Abgrenzung unterziehen.

Soll		9200 Gewinn- und Verlustkonto (in EUR)		Haben
4000 Löhne und Gehälter	24 000,00	8010 Erlöse a. eig. Reisever. § 25		
4010 Aufwend. eig. RV § 25 UStG	35 200,00	Abs. 1 UStG	55 400,00	
4020 Aufw. eig. RV § 3a UStG	19 800,00	8020 Erl. a. eig. Veranstal. (Regelbest.)	37 500,00	
4050 Soziale Abgaben	4 800,00	8100 Erl. Touristik Reisevermittlung	13 100,00	
4100 Raumkosten	1 200,00	8200 Erlöse DB/BAHN-Werte	5 400,00	
4200 Kommunikationskosten	600,00	8300 Erl. sonst. Beförderungsausweise	5 500,00	
4300 Bürosachkosten	350,00	8400 Erl. Flugverkehr, steuerpflichtig	2 900,00	
4310 Steuern, Versicherungen etc.	250,00	8410 Erlöse Flugverkehr, steuerfrei	5 200,00	
4320 Kfz-Kosten	6 050,00	8800 Erlöse Warenverkauf	13 200,00	
4400 Werbekosten	4 500,00	8850 Mieterträge	250,00	
4700 Reparatur und Instandhaltung	900,00	8950 Betriebs- u. periodenfremde		
4800 Abschr. auf Sachanlagen	8 000,00	Erträge	150,00	
4880 Abschr. auf Forderungen	400,00	8960 Zinserträge	120,00	
4900 Aufwend. a. Kassendifferenzen	50,00			
4910 Aufwend. a. Anlagenabgängen	850,00			
4950 Zinsaufwendungen	560,00			
5000 Aufw. f. Hilfs- u. Betriebsstoffe	200,00			
5100 Aufwend. für bezogene Waren	6 800,00			
0800 Eigenkapital (Gewinn)	24 210,00			
	138 720,00		138 720,00	

3.3 Bestimmung der Kosten und Leistungen durch Abgrenzung

Da aus den Daten der Finanzbuchhaltung nicht ersichtlich wird, wie hoch der betriebliche Erfolg von Baltic Reisen war, müssen die Werte der Finanzbuchhaltung um die betriebsfremden, betrieblich außerordentlichen und periodenfremden Aufwendungen und Erträge abgegrenzt werden, damit die eigene Leistungskraft offengelegt wird.

Die Ermittlung der Kosten und Leistungen aus der Finanzbuchhaltung erfolgt durch die Abgrenzungsrechnung, die mithilfe der sogenannten Ergebnistabelle durchgeführt wird.

Ergebnistabelle									
Konto	Bezeich-nung	Finanzbuchhaltung		Abgrenzungsrechnung				KLR-Bereich	
				unternehm.bezogene Abgrenzungen		kostenrechnerische Korrekturen			
		Aufwand	Ertrag	neutraler Aufwand	neutraler Ertrag	Aufwand laut Fibu	verrechnete Kosten	Kosten	Leistungen
		Unternehmens-ergebnis GuV		Ergebnis der laut unternehmensbezogenen Abgrenzung		Ergebnis der kostenrechnerischen Korrekturen		Betriebsergebnis laut KLR	

Gesamtergebnis	=	Neutrales Ergebnis	+	Betriebsergebnis

Die Gleichheit der oben genannten Formel muss stets gegeben sein.

Die **Durchführung der Abgrenzungsrechnung** erfolgt in mehreren Schritten. Diese können aufgrund der Erläuterungen und der Auswirkungen auf die Ergebnistabelle nachvollzogen werden.

Die Ergebnistabelle basiert auf dem oben dargestellten Gewinn- und Verlustkonto.

Kto.	Bezeichnung	Finanzbuchhaltung		Abgrenzungsrechnung				KLR-Bereich	
				Unternehm.bezogene Abgrenzungen		Kostenrechnerische Korrekturen			
		Aufwand	Ertrag	neutraler Aufwand	neutraler Ertrag	Aufwand lt. Fibu	verrechn. Kosten	Kosten	Leistungen
8010	Erl. a. eig. Reisever. § 25 Abs. 1 UStG		55 400,00						55 400,00
8020	Erl. a. eig. Veranstalt. (Regelbest.)		37 500,00						37 500,00
8100	Erlöse Touristik Reisevermittlung		13 100,00						13 100,00
8200	Erlöse DB/BAHN-Werte		5 400,00						5 400,00
8300	Erl. sonst. Beförderungsausweise		5 500,00						5 500,00
8400	Erlöse Flugverkehr, steuerpflichtig		2 900,00						2 900,00
8410	Erlöse Flugverkehr, steuerfrei		5 200,00						5 200,00
8800	Erlöse Warenverkauf		13 200,00						13 200,00
8850	Mieterträge		250,00		250,00				
8950	Betriebs- u. periodenfremde Erträge		150,00		150,00				
8960	Zinserträge		120,00		120,00				
4000	Löhne und Gehälter	24 000,00				24 000,00	17 500,00	17 500,00	
4010	Aufwend. eig. RV § 25 UStG	35 200,00						35 200,00	
4020	Aufwend. eig. RV § 3a UStG	19 800,00						19 800,00	
4050	Soziale Abgaben	4 800,00				4 800,00	3 500,00	3 500,00	
4100	Raumkosten	1 200,00						1 200,00	
4200	Kommunikationskosten	600,00						600,00	
4300	Bürosachkosten	350,00						350,00	
4310	Steuern, Versicherungen etc.	250,00						250,00	
4320	Kfz-Kosten	6 050,00				6 050,00	6 150,00	6 150,00	
4400	Werbekosten	4 500,00						4 500,00	
4700	Reparatur und Instandhaltung	900,00						900,00	
4800	Abschreibungen a. Sachanlagen	8 000,00				8 000,00			
4880	Abschreibungen a. Forderungen	400,00		400,00					
4900	Aufwend. aus Kassendifferenzen	50,00		50,00					
4910	Aufwend. aus Anlagenabgängen	850,00		850,00					
4950	Zinsaufwendungen	560,00				560,00			
5000	Aufwend. f. Hilfs- und Betriebsstoffe	200,00						200,00	
5100	Aufwend. f. bezogene Waren	6 800,00						6 800,00	
	kalkulatorische Abschreibungen						12 500,00	12 500,00	
	kalkulatorische Zinsen						8 300,00	8 300,00	
	kalkulatorische Wagnisse						800,00	800,00	
	kalkulatorischer Unternehmerlohn						5 500,00	5 500,00	
	Summen	114 510,00	138 720,00	1 300,00	520,00	43 410,00	54 250,00	124 050,00	138 200,00
	Erfolgssalden	24 210,00			780,00	10 840,00		14 150,00	
		Unternehmensgewinn		Verlust aus neutraler Abgrenzung		Gewinn aus KLR-Korrekturen		Betriebsgewinn	

24 210,00 EUR		10 060,00 EUR		14 150,00 EUR
Unternehmens-ergebnis	=	neutrales Ergebnis	+	Betriebsergebnis

3.3.1 Betriebs- und periodenfremde sowie außerordentliche Aufwendungen und Erträge (= erster Arbeitsschritt)

➤ In der Firma Baltic Reisen fallen Aufwendungen an, die mit dem eigentlichen Betriebszweck nichts zu tun haben.

➤ Betriebs- und periodenfremde Aufwendungen sind keine Kosten, sondern neutrale Aufwendungen.

➤ Betriebs- und periodenfremde Erträge sind keine Leistungen, sondern neutrale Erträge.

➤ Gleiches gilt auch für die außerordentlichen Aufwendungen und Erträge.

Betrachten wir die Ergebnistabelle und versuchen herauszufinden, welche Aufwendungen betriebs- und/oder periodenfremd sind, dann kommen wir zu folgendem Ergebnis:

1. Mieterträge
2. Betriebs- und periodenfremde Erträge
3. Zinserträge
4. Aufwendungen aus Kassendifferenzen
5. Aufwendungen aus Anlagenabgängen
6. Abschreibungen auf Forderungen

Erläuterungen

Zu 1–3:

Es ist nicht der Betriebszweck eines Reiseverkehrsbetriebs, nicht benötigten Raum zu vermieten. Auch wenn es natürlich unternehmerisch sinnvoll ist. Die Abgrenzung ist nötig, weil diese Erträge das Betriebsergebnis verfälschen würde. Gleiches gilt für die Zinserträge.

Zu 4:

Die Aufwendungen aus Kassendifferenzen sind ein typisches Beispiel für außerordentliche Aufwendungen. Solche (hoffentlich) ungewöhnlichen Ereignisse dürfen nicht mit in die Kalkulation eingehen. Deutlicher wird dies, wenn man an einen nicht versicherten Schadensfall denkt, der das Ergebnis der Finanzbuchhaltung belastet. Würden diese Aufwendungen, in der angefallenen Höhe und zum Zeitpunkt der Buchung in die Kosten- und Leistungsrechnung eingehen, so hätte man in der Abrechnungsperiode komplett andere Kalkulationsgrundlagen als in den vorhergehenden und in den folgenden Monaten. Allein im Hinblick auf eine verlässliche Kalkulation wäre dies eine untragbare Situation. Die Kosten- und Leistungsrechnung könnte ihrer Zielsetzung nicht mehr gerecht werden.

Zu 5–6:

Auch die Positionen Aufwendungen aus Anlagenabgängen und Abschreibungen auf Forderungen[1] sind zwar betriebsbedingt, jedoch außerordentlich.

---

1 Der Forderungsausfall wird meistens in den kalkulatorischen Wagnissen berücksichtigt. Es handelt sich dann um Anderskosten (siehe S. 220).

Betriebsfremde Aufwendungen und Erträge werden komplett durch die Abgrenzungsrechnung herausgefiltert.

Die außerordentlichen (betrieblichen) Aufwendungen und Erträge werden in den kalkulatorischen (Anders-)Kosten berücksichtigt.[1]

Die Erfassung in der Abgrenzungstabelle:

Kto. Bezeichnung	Finanzbuchhaltung		Abgrenzungsrechnung				KLR-Bereich	
			unternehm.bezogene Abgrenzungen		kostenrechnerische Korrekturen			
	Aufwand	Ertrag	neutraler Aufwand	neutraler Ertrag	Aufwand lt. Fibu	verrechn. Kosten	Kosten	Leistungen
8850 Mieterträge		250,00		250,00				
8950 Betriebs- u. periodenfremde Erträge		150,00		150,00				
8960 Zinserträge		120,00		120,00				
4880 Abschreibungen a. Forderungen	400,00		400,00					
4900 Aufwend. aus Kassendifferenzen	50,00		50,00					
4910 Aufwend. aus Anlagenabgängen	850,00		850,00					

Den betriebsfremden bzw. außerordentlichen Aufwendungen und Erträgen der Finanzbuchhaltung werden entsprechende neutrale Aufwendungen und Erträge im unternehmerischen Abgrenzungsbereich gegenübergestellt. Es gehen keine Werte in den Kosten- und Leistungsbereich ein.

3.3.2   Verrechnungskorrekturen (= zweiter Arbeitsschritt)

Der Einsatz von Gütern, Arbeits- und Dienstleistungen wird in der Finanzbuchhaltung als Aufwand erfasst. Für die Bewertung dieser Aufwendungen sind gesetzliche Bestimmungen im Handels- und Steuerrecht zu beachten. So dürfen die Werte z.B. maximal mit den Anschaffungskosten bewertet werden.

Für die Bewertung von Kosten und Leistungen gelten andere Kriterien!

Schwankende Preise, die beim Ansatz der Anschaffungskosten stets die Kosten beeinflussen würden, führen zu schwankenden Kalkulationsgrundlagen und erschweren einen Kostenvergleich. Daher ist es häufig sinnvoll, in der Kosten- und Leistungsrechnung mit sogenannten Verrechnungspreisen zu arbeiten. Solche Verrechnungspreise setzen sich aus den Durchschnittspreisen der Vergangenheit und der erwarteten Preisentwicklung zusammen.

Baltic Reisen steht vor dem Problem, dass die Dieselpreise starken Schwankungen unterliegen. Daher wurde der Treibstoffverbrauch mit einem Verrechnungspreis bewertet. Auch bei den Einstandspreisen der Waren könnten eventuelle Schwankungen durch den Ansatz von Verrechnungspreisen ausgeschaltet werden. Ziel ist es, die durchschnittlichen Wiederbeschaffungspreise zu verrechnen, um diese später über die Erlöse zu verdienen.

---

1 Siehe Teil II, Kapitel 3.3.3 Ermittlung der kalkulatorischen Kosten (= 3. Arbeitsschritt).

Ein weiteres Verrechnungsproblem besteht bei den Personalaufwendungen. Im Abrechnungsmonat November werden i. d. R. Weihnachtsgratifikationen gezahlt. Das würde das Betriebsergebnis dieses Monats erheblich belasten. Daher werden die vertraglich und tariflich festgelegten Jahreslöhne und Jahresgehälter sowie die entsprechenden sozialen Abgaben gleichmäßig auf die Monate verteilt.

Der folgenden Tabelle können die Aufwendungen laut Finanzbuchhaltung und die zu verrechnenden Kosten entnommen werden:

	Aufwand lt. Fibu	verrechnete Kosten
Kfz-Kosten	6 050,00 EUR	6 150,00 EUR
Löhne und Gehälter	24 000,00 EUR	17 500,00 EUR
Soziale Abgaben	4 800,00 EUR	3 500,00 EUR

Die erforderlichen Verrechnungskorrekturen in der Ergebnistabelle:

Kto.	Bezeichnung	Finanzbuchhaltung		Abgrenzungsrechnung				KLR-Bereich	
				unternehm.bezogene Abgrenzungen		kostenrechnerische Korrekturen			
		Aufwand	Ertrag	neutraler Aufwand	neutraler Ertrag	Aufwand lt. Fibu	verrechn. Kosten	Kosten	Leistungen
4000	Löhne und Gehälter	24 000,00				24 000,00	17 500,00	17 500,00	
4050	Soziale Abgaben	4 800,00				4 800,00	3 500,00	3 500,00	
4320	Kfz-Kosten	6 050,00				6 050,00	6 150,00	6 150,00	

Die Aufwendungen der Geschäftsbuchführung werden – zum Zwecke der Abgrenzung – im kostenrechnerischen Abgrenzungsbereich als Aufwand erfasst. Die verrechneten Kosten werden im Kosten- und Leistungsbereich als Kosten eingetragen. Gleichzeitig muss dieser Betrag im kostenrechnerischen Abgrenzungsbereich den Aufwendungen in der Spalte verrechnete Kosten gegenübergestellt werden. Die Differenzen in den Abgrenzungsspalten stellen das neutrale Ergebnis dar.

3.3.3 Ermittlung der kalkulatorischen Kosten (= dritter Arbeitsschritt)

Hierbei geht es insbesondere um die Berücksichtigung der Anders- und Zusatzkosten.[1] Im Einzelnen sind dies

- kalkulatorische Abschreibungen
- kalkulatorische Zinsen
- kalkulatorische Wagnisse
- kalkulatorischer Unternehmerlohn
- kalkulatorische Miete

---

1 Siehe Teil II, Kapitel 2.

3.3.3.1 Ermittlung der kalkulatorischen Abschreibungen

Abschreibungen werden in der Finanzbuchhaltung erfasst und sind bereits ausführlich erklärt worden.[1] Allerdings sind die Werte der bilanziellen Abschreibungen für die Kosten- und Leistungsrechnung ungeeignet. Die Gründe für die unterschiedlichen Wertansätze sind wieder auf die speziellen Zielsetzungen der Finanzbuchhaltung und der Kostenrechnung zurückzuführen.

Das extern bestimmte Rechnungswesen hat sich hier insbesondere an die Vorgaben des Bundesministeriums für Finanzen zu halten. Durch die AfA-Tabellen wird die Nutzungsdauer und damit der lineare AfA-Satz vorgegeben. Es ist unstrittig, dass das Ministerium die Abschreibungsmöglichkeiten als wirtschafts- oder steuerpolitisches Instrument nutzt. Damit liegt auch auf der Hand, dass die so ermittelten Werte nur wenig mit dem betriebsindividuellen Werteverzehr zu tun haben. Die Unterschiede zwischen bilanziellen und kalkulatorischen Abschreibungen werden in der folgenden Tabelle dargestellt:

	Bilanzielle Abschreibung	Kalkulatorische Abschreibung
Abschreibungs-gegenstände	Es werden alle Wirtschaftsgüter abgeschrieben, also auch die nicht betriebsnotwendigen.	Die kalkulatorischen Abschreibungen berücksichtigen lediglich den Werteverzehr am betriebsnotwendigen Sachanlagevermögen.
Abschreibungs-basis	Es wird von den Anschaffungs- bzw. Herstellungskosten abgeschrieben.	Es wird von den (i. d. R. gestiegenen) Wiederbeschaffungskosten ausgegangen. Nur so ist gewährleistet, dass die entsprechenden Abschreibungsbeträge über die Erlöse zurückfließen und die Ersatzinvestition sichern.
Restwerte/ Entsorgungs-kosten	Restwerte werden nach der vollständigen Abschreibung auf den Erinnerungswert erst bei der Veräußerung als Ertragsbuchung wirksam. Entsorgungskosten werden zum Zeitpunkt des Ausscheidens als Aufwand erfasst.	Ein geplanter Restwert wird bereits bei der Ermittlung der Abschreibungsbeträge berücksichtigt. Gleiches gilt auch für etwaige Entsorgungskosten.
Nutzungsdauer	Die Nutzungsdauer ist durch die AfA-Tabellen vorgegeben.	Es wird mit der betriebsindividuellen Nutzungsdauer gerechnet. Die Abschreibungsbeträge können auch bei einer längeren Nutzung weiter angesetzt werden.
Abschreibungs-methode	Eventuell ist für bestimmte Zeiträume und Güter die degressive Methode zulässig.	Lineare Abschreibung, um gleichbleibende Kalkulation zu gewährleisten.

---

1 Siehe Teil I, Kapitel 15.

Dazu zwei Beispiele:

---

1. Beispiel:

Baltic Reisen plant die Anschaffung eines neuen Computersystems für 14 800,00 EUR. Es soll folgende Komponenten beinhalten:

- ➤ 1 Großrechner (Server), Anschaffungskosten 4 900,00 EUR, Nutzungsdauer laut AfA-Tabelle 7 Jahre
- ➤ 4 Personalcomputer, Anschaffungskosten je 1 500,00 EUR, Nutzungsdauer 3 Jahre
- ➤ 1 zentraler Laserdrucker, Anschaffungskosten 900,00 EUR, Nutzungsdauer 3 Jahre
- ➤ 5 Flachbildmonitore, Anschaffungskosten je 600,00 EUR, Nutzungsdauer 3 Jahre
- ➤ Abschreibungsmethode linear

a) Ermittlung der jährlichen bilanziellen Abschreibungsbeträge

Nutzungsdauer 7 Jahre: 4 900,00 EUR : 7	=	700,00 EUR
Nutzungsdauer 3 Jahre: 9 900,00 EUR : 3	=	3 300,00 EUR
Abschreibungsbetrag pro Jahr	=	4 000,00 EUR

Tatsächlich wird damit gerechnet, dass das Gesamtsystem nach 3 Jahren ersetzt werden muss. Ein Restwert wird nicht entstehen. Die Preise für die oben angesetzten Komponenten werden zwar fallen, allerdings entsprechen sie zum Ersatzzeitpunkt nicht mehr dem Stand der Technik. Um den in drei Jahren gestiegenen Ansprüchen gerecht zu werden, wird mit einem Ersatzinvestitionsvolumen von 16 500,00 EUR gerechnet.

b) Ermittlung der jährlichen kalkulatorischen Abschreibungsbeträge

= Wiederbeschaffungskosten : betriebsindividuelle Nutzungsdauer

16 500,00 EUR : 3 = 5 500,00 EUR

---

2. Beispiel:

Im letzten Jahr wurde einer der beiden Luxus-Reisebusse angeschafft. Die Anschaffungskosten betrugen 450 000,00 EUR. Die Nutzungsdauer laut AfA-Tabelle beträgt 10 Jahre. Das Anlagegut wird linear stets mit dem gleichen Anteil pro Jahr abgeschrieben.

a) Ermittlung der jährlichen bilanziellen Abschreibungsbeträge

Abschreibung im 1. Jahr → 10 % von 450 000,00 EUR = 45 000,00 EUR
Abschreibung im 2. Jahr → 10 % von 450 000,00 EUR = 45 000,00 EUR

Tatsächlich wird damit gerechnet, dass der Reisebus vier Jahre wirtschaftlich genutzt werden kann, da die Kunden erwarten, dass Baltic Reisen stets den höchsten Busstandard bietet.

Die technische Gesamtleistung beträgt 700 000 km. Bei einer geplanten jährlichen Fahrleistung von 100 000 km ergibt sich eine technische Nutzungsdauer von 7 Jahren.

Die Wiederbeschaffungskosten werden auf 520 000,00 EUR geschätzt. Der erzielbare Restwert wird mit 100 000,00 EUR angesetzt.

Es lässt sich nun sowohl eine Abschreibung auf der Basis der technischen Nutzungsdauer als auch der wirtschaftlichen Nutzungsdauer ermitteln.

b) Ermittlung der jährlichen kalkulatorischen Abschreibungsbeträge

= (Wiederbeschaffungskosten – Restwert) : Nutzungsdauer[1]
technische Abschreibung $\rightarrow$ 420 000,00 EUR : 7 = 60 000,00 EUR
wirtschaftliche Abschreibung $\rightarrow$ 420 000,00 EUR : 4 = 105 000,00 EUR

Die Differenz zwischen der wirtschaftlichen und der technischen Abschreibung (45 000,00 EUR) ist als von der Nutzung unabhängig anzusehen. Man kann diese Differenz auch als fixen Abschreibungsteil bezeichnen. Der variable Anteil entspricht dann 60 000,00 EUR.

Diese Überlegungen sind für die zu verrechnenden Abschreibungsbeträge in der Ergebnistabelle zwar nicht von Bedeutung, sie werden aber bei der Kalkulation wieder wichtig.

Selbstverständlich müssen die Gesamtabschreibungen in Höhe von 105 000,00 EUR in der Ergebnistabelle abgegrenzt werden.

In beiden Beispielen wurden die Jahresabschreibungsbeträge ermittelt, die nötig sind, die reale Substanz des Unternehmens zu sichern. In der Kosten- und Leistungsrechnung werden die Beträge auf die Monate verteilt.

Für unseren Fall gelten nun die folgenden Angaben:

Für Baltic Reisen wurden kalkulatorische Abschreibungen von insgesamt 150 000,00 EUR errechnet. Das bedeutet für den Abrechnungsmonat 12 500,00 EUR. Diesen kalkulatorischen Abschreibungen stehen 96 000,00 EUR bilanzielle Abschreibungen gegenüber. Im Monat also 8 000,00 EUR.

Kto. Bezeichnung	Finanzbuchhaltung		Abgrenzungsrechnung				KLR-Bereich	
			unternehm.bezogene Abgrenzungen		kostenrechnerische Korrekturen			
	Aufwand	Ertrag	neutraler Aufwand	neutraler Ertrag	Aufwand lt. Fibu	verrechn. Kosten	Kosten	Leistungen
4800 Abschreibungen a. Sachanlagen	8 000,00				8 000,00			
5100 Aufwend. f. bezogene Waren	6 800,00						6 800,00	
kalkulatorische Abschreibungen						12 500,00	12 500,00	

Diese werden laut Fibu im kostenrechnerischen Abgrenzungsbereich als Aufwand erfasst. In der Zeile für die kalkulatorischen Abschreibungen werden diese als Kosten im Kosten- und Leistungsbereich eingetragen. In derselben Zeile muss der gleiche Betrag im kostenrechnerischen Abgrenzungsbereich als verrechnete Kosten erfasst werden. Betrachtet man nun im Abgrenzungsbereich lediglich die Abschreibungen (sowohl bilanziell als auch kalkulatorisch), so ergibt sich als neutrales Ergebnis die Differenz von 4 500,00 EUR.

---

1 oder = (Gesamtkosten : Gesamtleistung) · jährliche Fahrleistung.

3.3.3.2 Ermittlung der kalkulatorischen Zinsen

Würde man die Frage, ob Zinsaufwendungen Kosten sind, bejahen, hieße das, dass ein Betrieb mit viel Fremdkapital seine Leistungen grundsätzlich zu höheren Kosten erbringen müsste als einer mit weniger Fremdkapital. Demnach müsste jedes Unternehmen versuchen, sich so wenig wie möglich zu verschulden. Dies ist aber z.B. dann falsch, wenn auf dem Kapitalmarkt Fremdkapital zu günstigen Zinsen zu bekommen ist oder wenn die Geldentwertung den Schuldner gegenüber dem Gläubiger begünstigt.

Gegen die Gleichsetzung von Zinsaufwendungen und Zinskosten spricht außerdem, dass die Aufwendungen die Verzinsung des gesamten Fremdkapitals erfassen. Es werden also auch solche Zinsen erfasst, die nicht betriebsnotwendig sind. In unserem Beispiel sind bei den Zinsaufwendungen auch Hypothekenzinsen erfasst, die für investiertes Kapital in ein vermietetes Wohnhaus (nicht Betriebszweck) anfallen.

Wie hoch das betriebsnotwendige Kapital für Baltic Reisen ist, ergibt sich aus einer Analyse des betriebsnotwendigen Vermögens. Dabei ergibt sich folgendes Bild:

Anlagevermögen	Bilanzwerte	nicht betriebsnotwendiges Kapital	betriebsnotwendiges Kapital
Unbebaute Grundstücke	92 000,00	92 000,00	–
Bebaute Grundstücke	114 400,00	28 400,00	86 000,00
Betriebsgebäude	160 000,00	–	160 000,00
Wohngebäude (vermietet)	45 200,00	45 200,00	–
Fuhrpark	1 300 000,00	–	1 300 000,00
Betriebs- und Geschäftsausstattung	20 400,00	–	20 400,00
betriebsnotwendiges Anlagevermögen			1 566 400,00

Außerdem muss das betriebsnotwendige Umlaufvermögen ermittelt werden. Hierzu wird der Durchschnitt dieses Vermögens (ohne Wertpapiere) ermittelt.

	Anfangsbestand am 01.01.	Endbestand am 31.12.	Durchschnitt
Vorräte	14 000,00	13 200,00	13 600,00
Forderungen und Zahlungsmittel	78 000,00	82 000,00	80 000,00
betriebsnotwendiges Umlaufvermögen			93 600,00

Das betriebsnotwendige Vermögen wird nun wie folgt berechnet:

betriebsnotwendiges Anlagevermögen	1 566 400,00 EUR
+ betriebsnotwendiges Umlaufvermögen	93 600,00 EUR
= betriebsnotwendiges Vermögen	1 660 000,00 EUR

Da dieses betriebsnotwendige Vermögen finanziert werden musste, entspricht es dem betriebsnotwendigen Kapital.[1]

Zur Errechnung der kalkulatorischen Zinsen wird der geltende Kapitalmarktzins (hier 6 % von 1 660 000,00 EUR) herangezogen.

Kalkulatorische Zinsen im Jahr → 99 600,00 EUR

Kalkulatorische Zinsen im Monat → 8 300,00 EUR

Die Erfassung in der Ergebnistabelle entspricht der Vorgehensweise bei den kalkulatorischen Abschreibungen (siehe oben).

3.3.3.3 Ermittlung der kalkulatorischen Wagnisse

Unternehmerisches Handeln ist stets mit Risiken verbunden. Das allgemeine Unternehmerrisiko, verursacht durch

➤ die allgemeine wirtschaftliche Entwicklung (Konjunktur),

➤ Besonderheiten der Branche (Modeschwankungen),

➤ Fehlentscheidungen der Unternehmensleitung,

ist nicht kalkulierbar und deswegen nicht Kostenbestandteil. Es wird durch den Gewinn abgegolten.

Risiken, die messbar und genügend weit gestreut sind (Feuer, Wasser, Diebstahl), werden von Versicherungen gedeckt. Diese Prämien sind Aufwand = Kosten.

Darüber hinaus gibt es jedoch weitere Einzelrisiken, die von Versicherungen nicht übernommen werden (oder bei denen Versicherungen nicht wirtschaftlich wären).

Wagnisart	Beispiele
Anlagenwagnis	nicht versicherte Schadensfälle an Anlagegütern erhebliche Wertminderung durch z.B. technischen Fortschritt
Absatzwagnis	Ausfall von Forderungen Rücktritt von Kunden
Beständewagnis	Diebstahl von Vorräten Kassenfehlbestände
Gewährleistungswagnis	Erstattungen an Kunden wegen mangelhafter oder nicht vollständig erbrachter Reiseleistung

Für den Betrieb hat man während eines längeren Zeitraums die Forderungsausfälle verfolgt. Ergebnis: Durchschnittlich fallen je Jahr Forderungen in Höhe von 3500,00 EUR durch Insolvenzen und Vergleiche aus. Dieser Betrag wird als Kostenfaktor (Vertriebswagnis) = kalkulatorisches Wagnis angesetzt und gelangt so in die Kalkulation, sodass die Kunden die „Versicherungsprämie zahlen".

In der Finanzbuchhaltung werden die eingetretenen Wagnisverluste (hier: Abschreibungen auf Forderungen) als Aufwand erfasst. Diesen Aufwand haben wir bereits abgegrenzt.

---

1 Auf die Berücksichtigung von Abzugskapital wird hier verzichtet.

Die anderen Wagnisse werden im Jahr mit 6 100,00 EUR angesetzt, insgesamt also 9 600,00 EUR. Für den Monat ergeben sich also kalkulatorische Wagniskosten in Höhe von 800,00 EUR.

Kto.	Bezeichnung	Finanzbuchhaltung		Abgrenzungsrechnung				KLR-Bereich	
				unternehm.bezogene Abgrenzungen		kostenrechnerische Korrekturen			
		Aufwand	Ertrag	neutraler Aufwand	neutraler Ertrag	Aufwand lt. Fibu	verrechn. Kosten	Kosten	Leistungen
	kalkulatorische Wagnisse						800,00	800,00	
	kalkulatorischer Unternehmerlohn						5 500,00	5 500,00	

Da diesen Kosten keine Aufwendungen (mehr) gegenüberstehen, wird neben dem Kostenbetrag der entsprechende Betrag in der Spalte verrechnete Kosten erfasst.

3.3.3.4 Ermittlung des kalkulatorischen Unternehmerlohnes

Kalkulatorischer Unternehmerlohn wird als Kostenfaktor für Unternehmer angesetzt, die in Einzelunternehmen und Personengesellschaften[1] leitend tätig sind. Denn der Unternehmer (Marcel Konrad) lebt von seinem Gewinn. Für seine Tätigkeit können (dürfen) keine Personalaufwendungen in der Finanzbuchhaltung gebucht werden. Die Höhe des kalkulatorischen Unternehmerlohnes richtet sich nach dem Gehalt eines leitenden Angestellten der gleichen Branche in vergleichbarer Position (Geschäftsführer).

Herr Konrad hat seinen kalkulatorischen Unternehmerlohn mit 66 000,00 EUR im Jahr angesetzt.[2]

Eine weitere mögliche Zusatzkostenart ist die **kalkulatorische Miete**. Sie sollte angesetzt werden, wenn der Einzelunternehmer oder Personengesellschafter dem Betrieb kostenlos Räumlichkeiten zur Verfügung stellt, die zu seinem Privatvermögen gehören. Der Kostenansatz kann sich dann nach der ortsüblichen Miete richten.

In unserem Beispiel ist dieser Fall nicht vorgesehen.

3.4 Kosten und Leistungen

Ausgehend von den gesamten Aufwendungen des abgelaufenen Geschäftsjahres wurden für den Betrieb durch Abgrenzung der betriebsfremden, periodenfremden und außerordentlichen Aufwendungen und Einbeziehung kalkulatorischer Kosten die Gesamtkosten errechnet.

Gesamtkosten → 124 050,00 EUR

Nachdem betriebsfremde, periodenfremde und außerordentliche Erträge als neutraler Ertrag abgegrenzt wurden, verbleibt die Leistung des Reiseverkehrsunternehmens.

Leistung → 138 200,00 EUR

Daraus ergibt sich ein **Betriebsgewinn** in Höhe von → 14 150,00 EUR.

---

1 Nicht möglich in Kapitalgesellschaften.
2 Zur Systematik der Erfassung in der Ergebnistabelle siehe kalkulatorische Wagnisse.

Die Tatsache, dass die Leistungen die Kosten decken, bedeutet für den Unternehmer, dass sein Einsatz von Eigenkapital verzinst, die kalkulierten Wagnisse gedeckt und sein kalkulierter Unternehmerlohn verdient wurde. Die reale Substanz des Unternehmens ist gesichert, da die kalkulatorischen Abschreibungen durch den Betriebsgewinn gedeckt wurden.

Der Betriebsgewinn ist die Prämie für das allgemeine Unternehmerrisiko. Diese Mittel stehen für Erweiterungsinvestitionen zur Verfügung.

Die Aussagekraft des Betriebsergebnisses ist allerdings begrenzt. So können zwar die Leistungsbereiche erkannt werden, aber es ist nicht möglich zu erkennen, in welchem Maße diese einzelnen Bereiche zum Betriebsergebnis beigetragen haben. Dies ist nur möglich, wenn den einzelnen Leistungen auch die dazugehörigen Kosten zugeordnet werden können. Dazu muss die Kostenrechnung zu einer Kostenstellenrechnung ausgebaut werden.[1]

Zusammenfassung

➤ Die Abgrenzungsrechnung liefert die Kosten und Leistungen für die weitere Verarbeitung in den Kostenrechnungssystemen und sie liefert das Betriebsergebnis.

➤ Ablauf der Abgrenzung in der Ergebnistabelle:

1. Grundleistungen (Ertrag = Leistung) werden direkt als Leistungen erfasst.

2. Grundkosten (Aufwand = Kosten) werden direkt als Kosten erfasst.

3. Erträge, die keine Leistungen sind, werden als neutrale Erträge abgegrenzt.

4. Aufwendungen, die keine Kosten sind, werden als neutrale Aufwendungen abgegrenzt.

5. Für die Anderskosten werden für die unterschiedlichen Wertansätze die „Ausgleichsbuchungen" bei den kostenrechnerischen Korrekturen erfasst.

6. Die Zusatzkosten (aufwandslos) werden als Kosten erfasst und der entsprechende Wert als verrechnete Kosten berücksichtigt.

---

1 Siehe Teil II, Kapitel 5.

Konto	Finanzbuchhaltung		Abgrenzungsrechnung				KLR-Bereich	
			unternehm.-bezogene Abgrenzungen		kostenrechnerische Korrekturen			
	Aufwand	Ertrag	neutraler Aufwand	neutraler Ertrag	Aufwand lt. Fibu	verrechnete Kosten	Kosten	Leistungen
Ertrag = Leistungen		• →		1.				→
Aufwand = Kosten	• →		2.				→	
neutrale Erträge		• →	3.	→				
neutrale Aufwend.	• → 4. →							
Anders-kosten	• →			5.	→	← •		
Zusatz-kosten						6. ← →		

ÜBUNGSAUFGABEN

1. Entscheiden Sie, ob in den folgenden Beispielen für ein Reiseverkehrsunternehmen Kosten, Leistungen, neutrale Aufwendungen, neutrale Erträge oder lediglich Bestandsveränderungen vorliegen!

   1. Gehaltszahlung an die Mitarbeiter des Reisebüros.
   2. Erlöse aus Wertpapiergeschäften werden unserem Bankkonto gutgeschrieben.
   3. Für das vorhergegangene Geschäftsjahr wird eine Steuernachzahlung fällig.
   4. Die Bank schreibt uns Zinsen gut.
   5. Die Erlöse aus einer Veranstaltung betragen 5 500,00 EUR.
   6. Durch einen Unfall verliert ein Reisebus 20 % an Wert.
   7. Gutschrift durch ein Hotel für von uns vermittelte Gäste.
   8. Wir erhalten eine Kundenanzahlung bar.
   9. Die Rechnungen über geliefertes Büromaterial belaufen sich auf 450,00 EUR.
   10. Ein neu angeschaffter Reisebus wird am Ende des 1. Nutzungsjahres abgeschrieben. Die Anschaffungskosten betragen 290 000,00 EUR.
   11. Wir erhalten die Rechnung für eine Werbeanzeige.
   12. Das Versorgungsunternehmen belastet unser Konto aufgrund unseres Energieverbrauchs.
   13. Ein gebrauchter Reisebus mit einem Buchwert von 45 000,00 EUR wird für 51 000,00 EUR netto verkauft.
   14. Ausgangsrechnung an einen Geschäftskunden für die Durchführung eines Betriebsausflugs.
   15. Überweisung des Arbeitgeberanteils zur Sozialversicherung.
   16. Die Zahllast wird an das Finanzamt überwiesen.

2. Nennen Sie die Aufgaben der Abrenzungsrechnung!

3. Welche Ursachen und Konsequenzen haben
- ein Betriebsverlust bei gleichzeitigem Gesamtgewinn,
- ein Betriebsverlust bei gleichzeitigem Gesamtverlust oder
- ein Betriebsgewinn bei gleichzeitigem Gesamtgewinn

möglicherweise für den Unternehmer bzw. das Unternehmen ?

4. Ermitteln Sie die fehlenden Größen:

	Gesamtergebnis	Neutrales Ergebnis	Betriebsergebnis
a)	68 500,00 EUR	− 13 250,00 EUR	
b)		900,00 EUR	− 18 200,00 EUR
c)	− 7 000,00 EUR		3 400,00 EUR
d)	125 000,00 EUR	21 500,00 EUR	

5. Ermitteln Sie die fehlenden Größen:

	Gesamtergebnis	Ergebnis aus unternehmensbezogener Abgrenzung	Ergebnis aus kostenrechnerische Abgrenzung	Betriebsergebnis
a)	15 000,00 EUR	− 250,00 EUR	400,00 EUR	
b)		900,00 EUR	− 18 200,00 EUR	45 200,00 EUR
c)	− 7 000,00 EUR		3 400,00 EUR	− 6 600,00 EUR
d)	105 000,00 EUR	41 500,00 EUR		81 000,00 EUR

6. Prüfen Sie die folgenden Aussagen:

Aussage	richtig	falsch
a) Die Ergebnisse der KLR von Kapitalgesellschaften werden regelmäßig veröffentlicht.		
b) Anderskosten sind stets größer als der entsprechende Aufwand der Finanzbuchhaltung.		
c) Kalkulatorische Kosten sind immer auszahlungswirksam.		
d) Es gilt die Gleichung: Unternehmensergebnis minus neutrales Ergebnis gleich Betriebsergebnis.		
e) Die Leistungen eines Betriebes werden ausschließlich durch die Verwirklichung des Betriebszwecks erzielt.		
f) Zusatzkosten sind aufwandslose Kosten.		
g) Grundkosten sind betriebliche Aufwendungen plus kalkulatorische Kosten.		
h) Auch Kapitalgesellschaften verrechnen einen kalkulatorischen Unternehmerlohn.		

Aussage	richtig	falsch
i) Tilgungsraten für ein Darlehen werden auch in der KLR berücksichtigt.		
j) Die kalkulatorischen Zinsen werden vom Gesamtkapital berechnet.		

7. Für einen Reisebus sollen die monatlichen kalkulatorischen Abschreibungsbeträge ermittelt werden. Ihnen liegen die folgenden Informationen vor:

Anschaffungskosten	540 000,00
jährliche Preissteigerungsrate	2 %
Nutzungsdauer laut AfA-Tabelle	6 Jahre
betiebsindividuelle Nutzungsdauer	3 Jahre
Wiederverkaufswert nach 3 Jahren	30 % von den Anschaffungskosten

a) Wie hoch sind die monatlichen kalkulatorischen Abschreibungen (Ergebnis auf ganze EUR runden)?

b) Wie hoch sind die monatlichen AfA-Beträge?

c) Fassen Sie die Gründe für die wertmäßigen Unterschiede bei den buchhalterischen und den kostenrechnerischen Abschreibungsbeträgen zusammen!

8. Ordnen Sie zu, indem Sie die Kennziffern der Geschäftsfälle die Buchstaben der Kategorien von Aufwand, Ertrag, Kosten und Leistungen zuordnen!

1. Zinsgutschrift für Wertpapierverkauf.
2. Ein Reiseveranstalter erzielt Erlöse aus dem Verkauf einer Reise.
3. Grundsteuer für Werkswohnhäuser.
4. Kalkulatorische Miete.
5. Privatentnahme durch den Unternehmer.
6. Telefonkosten des Reisebüros.
7. Kalkulatorischer Unternehmerlohn.
8. Es wird mit Verrechnungspreisen kalkuliert.
9. Die bilanziellen Abschreibungen betragen 20 000,00 EUR.
10. Die Personalaufwendungen des Betriebs.
11. Vorschuss an einen Mitarbeiter.
12. Ein Darlehen für einen Reisebus verursacht Zinsen.
13. Eine Kundin überweist offenen Rechnungsbetrag.
14. Ein Reisebus wird über Buchwert verkauft.

a) neutraler Aufwand
b) Grundkosten
c) Anderskosten
d) Zusatzkosten
e) erfolgsneutral
f) neutraler Ertrag
g) Leistung

15 Künzel, Thieß - ISBN 978-3-8120-0496-1

9. Als Mitarbeiter/in der Firma Mondschein Reisen GmbH sollen Sie eine Abgrenzung zwischen den Ergebnissen der Finanzbuchhaltung und der Kosten- und Leistungsrechnung durchführen. Ihnen liegt das folgende GuV-Konto für den Monat Januar vor.

a) Führen Sie mithilfe einer Ergebnistabelle die Abgrenzungsrechnung durch! Berücksichtigen Sie auch die zusätzlichen Informationen (1 – 4) unter dem Konto!

Soll		Gewinn- und Verlustkonto	Haben
Personalaufwendungen	30 000,00	Erlöse aus Veranstaltungen	48 600,00
Raumkosten	2 400,00	Erlöse aus Vermittlungen	23 650,00
Sonst. betriebl. Aufwendungen	21 200,00	Sonstige Reiseverkehrserlöse	19 200,00
Abschreibungen a. Sachanlagen	5 000,00	Erträge aus Wertpapiergeschäften	5 400,00
Abschreibungen a. Forderungen	8 000,00	Erträge aus Anlageverkäufen	60 000,00
Zinsaufwendungen	1 200,00		
Gewinn	89 050,00		
	156 850,00		156 850,00

1. Die monatlich zu verrechnenden Personalkosten betragen 32 000,00 EUR.
2. Die kalkulatorischen Abschreibungen belaufen sich auf 7 500,00 EUR pro Monat.
3. Die kalkulatorischen Zinsen müssen noch ermittelt werden. Das betriebsnotwendige Vermögen beträgt 375 000,00 EUR. Es wird mit einem Zinssatz von 8 % p. a. gerechnet.
4. Die kalkulatorischen Wagnisse werden mit 1 500,00 EUR im Monat angesetzt.

b) Interpretieren Sie die ermittelten Ergebnisse!

c) Warum wurden in der Abgrenzung keine kalkulatorischen Zusatzkosten (Unternehmerlohn und Miete) berücksichtigt?

4 Kostenartenrechnung

Im vorhergehenden Kapitel wurde die nötige Vorarbeit zur Ermittlung der Kosten vorgenommen. Wenn man so will, stellt die Abgrenzungsrechnung schon einen Teil der Kostenartenrechnung dar.

> Uns ist jetzt bekannt, **welche Kosten und Leistungen** im Betrieb anfallen.

Für die weitere fachgerechte Beurteilung der Kosten ist es nötig, dass die theoretischen Grundlagen über das Kostenverhalten bekannt sind.

4.1 Aufgaben der Kostenartenrechnung

Die Kostenartenrechnung ist die erste Stufe der Kosten- und Leistungsrechnung. Sie beantwortet die Frage: „Welche Kosten sind entstanden?"

So ermöglicht sie es,

- die Kostenstrukturen von Betrieben darzustellen,
- Kostenverbräuche zu planen und zu kontrollieren und
- sie gibt über Möglichkeiten der Weiterverrechnung der einzelnen Kosten Auskunft.

Zu diesem Zweck müssen die erfassten Kosten entsprechend gegliedert werden.

4.2 Gliederung der Kosten

Die Kosten eines Reiseverkehrsbetriebes können drei verschiedenen Kategorien zugeordnet werden:

- Gliederung der Kosten nach der Art der Entstehung bzw. des Verbrauchs.
- Gliederung der Kosten nach der Zurechenbarkeit auf die Kostenträger.
- Gliederung der Kosten nach dem Verhalten bei Beschäftigungsschwankungen.

4.2.1 Nach der Art des Verbrauchs

Aus der Fülle der in der Abgrenzungsrechnung ermittelten Kosten lassen sich sinnvolle Oberkategorien bilden. Diese Kategorien sind abgestellt auf den jeweiligen Betrieb. Für ein Reiseverkehrsunternehmen könnten die folgenden Kostenkategorien gebildet werden:[1]

- Personalkosten,
- Veranstaltungsaufwand,
- Fahrzeugkosten,
- Werbekosten,
- Raumkosten,
- kalkulatorische Kosten,
- sonstige Kosten.

---

1 Selbstverständlich können je nach betriebsinternen Erfordernissen auch andere Kategorien gebildet werden.

Sollten auch Handelsgeschäfte Bestandteil der betrieblichen Leistung sein, so ist für den Wareneinsatz eine entsprechende Kostenkategorie einzurichten.

Diese Überlegungen sollen anhand der in Kapitel 3 erstellten Ergebnistabelle[1] verdeutlicht werden. Betrachten wir lediglich die ermittelten Kosten, ergibt sich folgendes Bild:

Konto	Kosten	EUR
4000	Löhne und Gehälter	17 500,00
4010	Aufw. eig. RV § 25	35 200,00
4020	Aufw. eig. RV § 3a	19 800,00
4050	Soziale Abgaben	3 500,00
4100	Raumkosten	1 200,00
4200	Kommunikationskosten	600,00
4300	Bürosachkosten	350,00
4310	Steuern, Versicherungen etc.	250,00
4320	Kfz-Kosten	6 150,00
4400	Werbekosten	4 500,00
4700	Reparatur u. Instandhaltung	900,00
5000	Aufw. f. Hilfs- u. Betriebsstoffe	200,00
5100	Aufw. f. bezogene Waren	6 800,00
	kalkulatorische Abschreibungen	12 500,00
	kalkulatorische Zinsen	8 300,00
	kalkulatorische Wagnisse	800,00
	kalkulatorischer Unternehmerlohn	5 500,00
		124 050,00

Diese Kosten werden den für diesen Betrieb geltenden Kategorien zugeordnet:

Kostenkategorien	EUR	Anteil in %
Personalkosten	21 000,00	16,9 %
Veranstaltungskosten/-aufwand	55 000,00	44,3 %
Raumkosten	1 200,00	1,0 %
Bürosachkosten u. Kommunikationskosten	950,00	0,8 %
Kfz-Kosten	6 500,00	5,2 %
Werbekosten	4 500,00	3,6 %
Wareneinsatz	6 800,00	5,5 %
Sonstige betriebliche Kosten	1 000,00	0,8 %
Kalkulatorische Kosten	27 100,00	21,8 %
Summe	124 050,00	100,0 %

➢ Die Gehälter und die sozialen Abgaben wurden zu den Personalkosten zusammengefasst. Gleiches gilt für Bürosach- und Kommunikationskosten.

➢ Die Konten 4010 und 4020 wurden zum Veranstaltungsaufwand zusammengefasst.

➢ Die Fahrzeugkosten setzen sich zusammen aus den Kfz-Kosten plus 150,00 EUR Betriebsstoffe und 200,00 EUR Reparaturkosten.

---

1 Siehe S. 212.

➤ In den sonstigen Kosten sind Steuern, Versicherungen und die Restbeträge der Hilfs- und Betriebsstoffkosten sowie der Reparatur und Instandhaltungskosten zusammengefasst.

Diese Art der Kostenerfassung ermöglicht es nun, die Kostenstruktur des Unternehmens darzustellen.

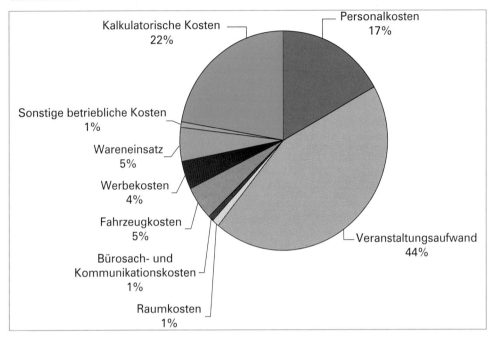

Außerdem können im Zeitvergleich oder durch einen Vergleich der Ist-Zahlen mit den geplanten Größen erste Kostenkontrollen durchgeführt werden.[1]

Kostenkategorien	Plan in EUR	Januar in EUR	Abweichung in EUR
Personalkosten	21 000,00	21 000,00	–
Veranstaltungskosten/-aufwand	55 000,00	55 000,00	–
Raumkosten	1 200,00	1 200,00	–
Bürosachkosten- u. Kommunikationskosten	1 000,00	950,00	50,00
Kfz-Kosten	6 350,00	6 500,00	– 150,00
Werbekosten	4 500,00	4 500,00	–
Wareneinsatz	7 000,00	6 800,00	200,00
Sonstige betriebliche Kosten	950,00	1 000,00	– 50,00
Kalkulatorische Kosten	27 100,00	27 100,00	–
Summe	124 100,00	124 050,00	50,00

---

1 Es handelt sich hier noch nicht um einen Soll-Ist-Kostenvergleich, weil etwaige Beschäftigungsabweichungen nicht berücksichtigt sind. Siehe dazu Teil II, Kapitel 8.2.

In der obigen Tabelle können die Abweichungen der Istdaten des Monats Januar mit den geplanten Daten ermittelt werden. Die Abweichung wird wie folgt ermittelt:

> **Plankosten – Istkosten = Abweichung**

Möglich wäre auch ein Zeitvergleich. Die Kosten des Monats Januar können mit den Kosten der Vormonate und dem Vorjahresergebnis Januar verglichen werden.

4.2.2 Nach der Zurechenbarkeit auf die Kostenträger

Bei dieser Einteilung der Kosten stellt sich die Frage, ob die einzelnen Kostenarten direkt einem Kostenträger (z.B. einer Reise) zugerechnet werden können oder nicht.[1]

Alle Kosten, die einem Kostenträger direkt zugerechnet werden können, heißen **Einzelkosten**.

Die nicht in direktem Zusammenhang mit dem Kostenträger stehenden, nennt man **Gemeinkosten**.

Kosten, die einmalig für bestimmte Leistungen anfallen, werden als **Sonder-Einzelkosten** bezeichnet. Beispielsweise ist es denkbar, dass ein Mitarbeiter der Firma Baltic-Reisen extra ein Hotel inspiziert, bevor es endgültig für eine Reisegruppe gebucht wird.

Die Kalkulation ist nur dann genau, wenn alle Kosten den einzelnen Kostenträgern verursachungsgerecht zugeordnet werden können. Dieses sogenannte **Verursachungsprinzip** ist für die Gemeinkosten nicht einzuhalten.

Beispiele für einen Veranstalter insbesondere von Busreisen			
Einzelkosten	➤ Veranstaltungsaufwand ➤ Benzinkosten für eine Busreise ➤ Produktwerbung ➤ Kosten für Reiseleitung ➤ Kosten für gemieteten Bus	**Gemeinkosten**	➤ Gehalt der kaufmännischen Mitarbeiter ➤ kalkulatorische Kosten ➤ Büromaterial ➤ Mietkosten
Beispiele für das Handelsgeschäft eines Reiseverkehrsbetriebs			
Einzelkosten	➤ Wareneinsatz	**Gemeinkosten**	➤ siehe oben, aber durch das Handelsgeschäft verursacht

Das Ziel dieser Unterteilung ist, die Kalkulation einer Reiseveranstaltung bzw. der Waren zu ermöglichen. Alle Kosten, die diesen Kostenträgern direkt zuzuordnen sind, können auch direkt in die Kalkulation einfließen.

Die Gemeinkosten werden zum Zweck der Weiterverrechnung über die Kostenstellenrechnung geführt und später dann per Zuschlagssatz in der Kalkulation berücksichtigt.[2]

---

1 Siehe Teil II, Kapitel 1.
2 Siehe Teil II, Kapitel 5 und 6.

Hier kann dem Verursachungsprinzip nicht Rechnung getragen werden. Es kommt das sogenannte **Durchschnittsprinzip** zur Anwendung.[1]

Bei der Zurechnung auf die Kostenstellen muss noch einmal geprüft werden, ob die Zurechnung direkt (verursachungsgerecht) oder nur indirekt (geschlüsselt) auf die Kostenstelle möglich ist.

Man spricht hier von Kostenstellen-Einzelkosten und **Kostenstellen-Gemeinkosten**.

Kostenstellen-Gemeinkosten müssen mit einem geeigneten Schlüssel den Kostenstellen zugerechnet werden.

Für einen reinen Reisemittler stellt sich die Frage nach den Einzel- und Gemeinkosten anders, da hier keine direkte Leistung außer der Vermittlungsleistung erbracht wird. Hier stellt sich die Frage, ob die Kostenarten einem Vermittlungsbereich direkt zugeordnet werden können oder nicht. Da die Kostenstellengliederung eines Reisemittlers diesen Bereichen folgt, stellt sich hier also eigentlich die Frage, ob es sich um Kostenstellen-Einzelkosten oder um Kostenstellen-Gemeinkosten handelt.

Beispiele für einen Reisemittler			
Kostenstellen-**Einzelkosten**	➤ Gehalt für die Mitarbeiterin der Abteilung Flugreisen ➤ Telefonkosten bei Einzelaufstellung der Kosten pro Anschluss	Kostenstellen-**Gemeinkosten**	➤ Gehalt des Geschäftsführers ➤ kalkulatorische Kosten ➤ Büromaterial ➤ Mietkosten ➤ Heizung und Energie

4.2.3 Nach der Beschäftigungsabhängigkeit

Es geht hier um die Frage, ob sich die Kosten verändern, wenn zum Beispiel die Buchungszahlen (Beschäftigung) steigen. Die Analyse der Kosten im Hinblick auf die Abhängigkeit von der Beschäftigung ermöglicht die Aufteilung der Kosten in

variable Kosten und **fixe Kosten**.

Im Rahmen der Kosten- und Leistungsrechnung versteht man unter Beschäftigung die Leistung eines Betriebs oder einer Kostenstelle ausgedrückt in Bezugseinheiten (Bezugsgrößen). Für unterschiedliche Bereiche des Betriebs kann es also unterschiedliche Bezugsgrößen geben.

Beispiele für Bezugsgrößen:

➤ verkaufte Stücke,

➤ Arbeitsstunden,

➤ Kilometerleistung,

➤ Buchungszahlen,

➤ angestrebter Umsatz.

---

1 Siehe Teil II, Kapitel 7.1 Kritik an der Vollkostenrechnung.

Die Höhe der Auslastung (Beschäftigung) wird mithilfe des **Beschäftigungsgrads** ausgedrückt. Grundsätzlich lässt sich der Beschäftigungsgrad wie folgt ermitteln:

$$\text{Beschäftigungsgrad} = \frac{\text{tatsächliche Leistung} \cdot 100}{\text{maximale (oder geplante) Leistung}}$$

Fixe Kosten sind unabhängig von der Beschäftigung. Dies bedeutet, dass sie stets in gleicher Höhe anfallen. Sie bleiben also auch dann konstant, wenn der Beschäftigungsgrad steigt.

Beispiel: Die Personalkosten der Firma Baltic betrugen im Januar 20 800,00 EUR. Sie wären auch in gleicher Höhe angefallen, falls mehr oder weniger Reisen verkauft worden wären. Voraussetzung ist allerdings, dass die Mitarbeiter ein festes Gehalt bekamen und dass keine Neueinstellungen oder Entlassungen erfolgten.[1]

Weitere Beispiele für fixe Kosten sind:

➤ Raumkosten,
➤ Kfz-Steuern,
➤ Versicherungen,
➤ kalkulatorische Kosten (Ausnahme: Leistungsabschreibung für Reisebus).

Die **variablen Kosten** sind abhängig vom Beschäftigungsgrad. Sie steigen und sinken mit dem Beschäftigungsgrad.

Beispiel: Neben der Vermittlung und dem Verkauf von Reisen wird auch noch Reiseliteratur verkauft. Der Einstandspreis für eine Wanderkarte beträgt 5,00 EUR. Jede verkaufte Wanderkarte verursacht also diese Kosten. Die Kosten pro Stück sind konstant. Im Gesamten betrachtet, ändern sie sich proportional mit den Verkaufszahlen.[2]

Weitere Beispiele für variable Kosten sind:

➤ Provisionen (Vertretungskosten),
➤ Kommunikationskosten,
➤ Leistungsabschreibung eines Reisebusses,
➤ Treibstoffkosten.

Die Trennung von fixen und variablen Kosten ist für die Durchführung der Teilkostenrechnung unerlässlich.

---

1 Siehe im folgenden Kapitel „sprungfixe Kosten".
2 Ohne Berücksichtigung eventueller Mengenrabatte des Lieferanten.

4.3 Kostenverläufe

Die Gesamtkosten eines Betriebes setzen sich aus fixen und aus variablen Kosten zusammen, daher gilt:

Gesamtkosten	=	fixe Kosten	+	(Menge	·	variable Stückkosten)
K	=	K_f	+	$(x$	·	$k_v)$

$$\underbrace{}_{\textbf{Kv (variable Kosten)}}$$

Aus der Kostenfunktion → $K = K_f + (x \cdot k_v)$ lassen sich verschiedene Kostenverläufe ableiten.

Zunächst sollen die Verläufe der gesamten **fixen Kosten** und der fixen Kosten pro Stück dargestellt werden. Diese Verläufe lassen sich einfach anhand des Warengeschäfts zeigen.

➤ Eine Kostenanalyse ergab, dass für das Warengeschäft insgesamt fixe Kosten (Gehalt, Abschreibungen auf die Ausstattung, Raumkosten, Versicherungen etc.) von 5 000,00 EUR pro Monat anfallen. Diese Kosten fallen für den Betrachtungszeitraum auch dann an, wenn keine Waren verkauft werden. Sie sind unabhängig von der Beschäftigung.

Grafisch lässt sich der Verlauf der gesamten fixen Kosten wie folgt darstellen:

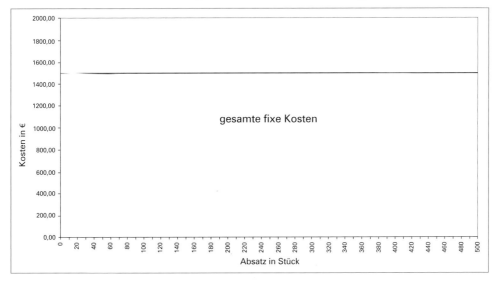

Die Grafik verdeutlicht, dass die gesamten fixen Kosten bei jeder Absatzmenge in gleicher Höhe anfallen.

Anders stellt sich der Verlauf allerdings in der Stückbetrachtung dar. Hier verteilt sich dieser Kostenblock auf immer mehr verkaufte Stück.

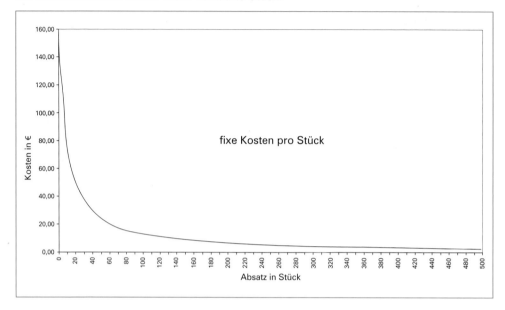

Die Grafik verdeutlicht die Fixkostendegression. Je mehr Artikel abgesetzt werden, desto weniger fallen die gesamten fixen Kosten ins Gewicht.

Für die **variablen Kosten** wird aus Vereinfachungsgründen angenommen, dass es sich hierbei ausschließlich um den Wareneinsatz (Aufwendungen für bezogene Waren) handelt. Weiter wird unterstellt, dass zwar verschiedene Artikel (diverse Wanderkarten, Reiseführer, Stadtpläne etc.) angeboten werden, diese aber alle einen Einstandspreis von 5,00 EUR haben.

Der Verlauf der gesamten variablen Kosten stellt sich wie folgt dar:

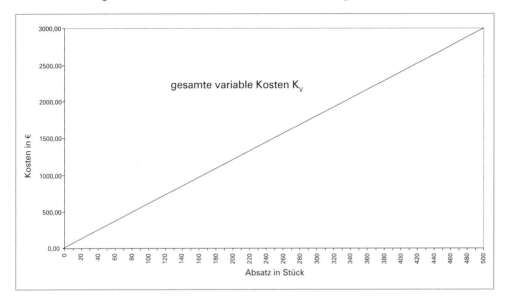

Die Kosten steigen linear (proportional) an, weil die Kosten pro Stück stets gleich hoch sind. Wir haben es hier mit konstanten Stückkosten zu tun.

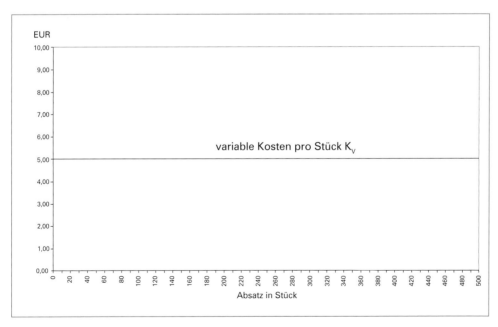

Wie bereits oben erwähnt, lautet die Formel für die **gesamten Kosten** → $K = K_f + (k_v \cdot x)$, hier also $K = 1\,500 + 5x$. Der Verlauf der Gesamtkosten hat folgendes Aussehen:

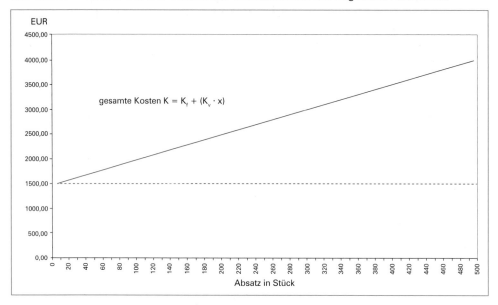

Der dargestellte Verlauf ist zwar idealtypisch, doch trifft er auf viele Kostensituationen zu. Allerdings müssen die variablen Kosten nicht unbedingt proportional verlaufen. Denkt man nur an den Einkauf von Waren in großen Mengen und den damit möglichen Mengenrabatten, so wird klar, dass hier kein durchgängig linearer Verlauf der variablen Kosten vorliegt. Vielmehr würden die Kosten in diesem Fall **unterproportional** verlaufen. Ein solcher Verlauf lässt sich grafisch wie folgt darstellen:

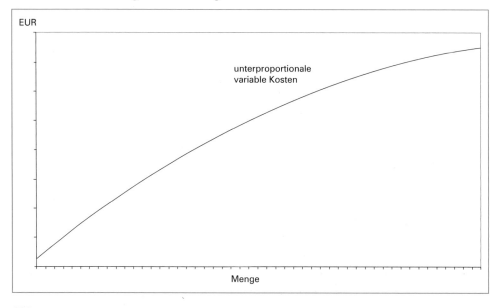

Ebenso ist ein **überproportionaler** Verlauf denkbar. So ist der Kraftstoffverbrauch eines Reisebusses unter anderem auch von der Beladung, also von der Teilnehmerzahl, abhängig. Das bedeutet, dass ein nur halb ausgebuchter Reisebus weniger Kraftstoff verbraucht als ein voll ausgelasteter.

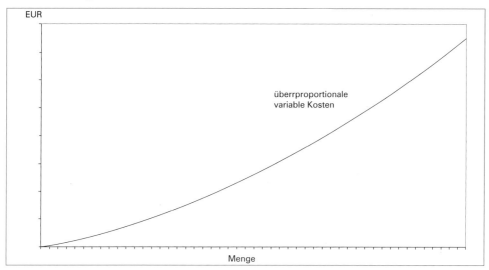

Auch bei den fixen Kosten kann es im Zeitablauf zu einem veränderten Verlauf kommen. Das ist immer dann der Fall, wenn durch zusätzliche Investitionen oder Neueinstellungen die Fixkosten steigen. Der Fixkostenverlauf hat dann Sprünge auf die neue Höhe der Kosten.

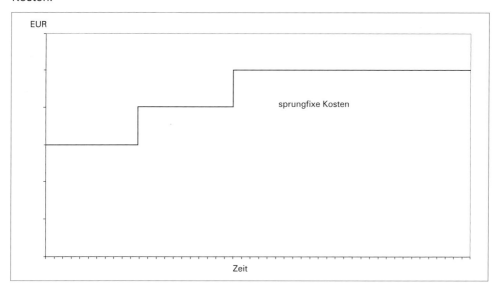

Selbstverständlich sind auch geringere fixe Kosten möglich. Dies ist der Fall, wenn z.B. durch Entlassungen fixe Kosten abgebaut werden.

Zusammenfassung

➤ Die Kostenartenrechnung hat die Aufgabe, die Kosten zu erfassen, zu gliedern und für die Weiterverrechnung aufzuarbeiten.

➤ Sie beantwortet die Frage: **„Welche Kosten sind im Betrieb angefallen?"**

➤ Die Gliederung der Kosten erfolgt nach den Gesichtspunkten der Kostenentstehung, der Zurechenbarkeit und der Beschäftigungsabhängigkeit.

➤ Die Gliederung nach der Entstehungsart oder des Verbrauchs ermöglicht eine Analyse der Kostenstruktur und erste Wirtschaftlichkeitskontrollen.

➤ Einzelkosten sind Kosten, die den betrieblichen Leistungen oder einer Kostenstelle direkt zugerechnet werden können.

➤ Gemeinkosten sind Kosten, die den Leistungen oder Kostenstellen nicht unmittelbar zugerechnet werden können. Sie werden über die Kostenstellenrechnung geführt. Dort werden sie kontrolliert und später per Zuschlagssatz den Kostenträgern zugerechnet.

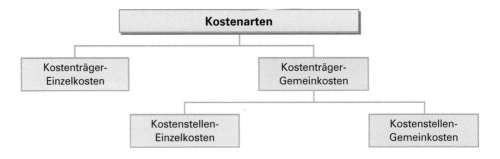

➤ Sonder-Einzelkosten fallen einmalig (oder gelegentlich) für bestimmte Leistungen an.

➤ Die Beschäftigung ist die tatsächlich erbrachte Leistung eines Betriebs oder einer Kostenstelle. Setzt man sie ins Verhältnis zur Kapazität, so erhält man den Beschäftigungsgrad.

➤ Der Beschäftigungsgrad gibt Auskunft über die Auslastung des Betriebs oder der Kostenstelle.

➤ Fixe Kosten bleiben während des Betrachtungszeitraums gleich. Sie sind beschäftigungsunabhängig.

➤ In der Stückbetrachtung verlaufen die Fixkosten degressiv.

➤ Die variablen Kosten verändern sich in ihrer Höhe mit der Beschäftigung. Es sind grundsätzlich drei Verläufe denkbar:

   – proportionaler (linearer) Verlauf, die variablen Kosten steigen im gleichen Verhältnis wie die Beschäftigung,

- unterproportionaler (degressiver) Verlauf, die variablen Kosten steigen im Verhältnis zur Beschäftigung weniger stark,
- überproportionaler (progressiver) Verlauf, die variablen Kosten steigen im Verhältnis stärker als die Beschäftigung.

➤ Die proportionalen Kosten pro Stück sind konstant.

ÜBUNGSAUFGABEN

1. Welche Kostenkategorien werden in der Kostenartenrechnung gebildet?

2. Betrachten Sie die Abgrenzungsrechnung der Firma Baltic Reisen und gliedern Sie die Kosten in
   a) Einzelkosten und Gemeinkosten,
   b) Fixkosten und variable Kosten.

3. Differenzieren Sie den Kostenbegriff nach
   a) der Zurechenbarkeit auf die Kostenträger,
   b) der Zurechenbarkeit auf die Kostenstellen und
   c) dem Verhalten bei Beschäftigungsschwankungen!

4. Die Abgrenzungsrechnung eines Reiseverkehrsbetriebs, der insbesondere eigene Busreisen veranstaltet, liefert folgende Ergebnisse:

Konto	Kosten	EUR
4000	Löhne und Gehälter	22 500,00
4010	Aufwendungen eig. RV § 25	19 500,00
4020	Aufwendungen eig. RV § 3a	12 700,00
4050	Soziale Abgaben	6 200,00
4100	Raumkosten	2 400,00
4200	Kommunikationskosten	2 200,00
4300	Bürosachkosten	500,00
4310	Steuern, Versicherungen etc.	500,00
4320	Kfz-Kosten	6 150,00
4400	Werbekosten	6 000,00
4700	Reparatur u. Instandhaltung	1 500,00
5000	Aufw. für Hilfs- u. Betriebsstoffe	600,00
5100	Aufw. für bezogene Waren	12 000,00
	kalkulatorische Abschreibungen	10 500,00
	kalkulatorische Zinsen	7 500,00
	kalkulatorische Wagnisse	400,00
	kalkulatorischer Unternehmerlohn	5 100,00

Folgende Kostenarten sollen zusammengefasst werden:

➤ 4000 und 4050 zu Personalkosten

➤ 4010 und 4020 zu Veranstaltungskosten

➤ 4200 und 4300 zu Büro- und Kommunikationskosten

➤ 4320 und 4700 zu Fahrzeugkosten

➤ 4310 und 5000 zu sonstigen Kosten

➤ alle kalkulatorischen Kosten

Erstellen Sie eine Kostenübersicht nach folgendem Muster:

Kostenkategorien	EUR	Anteil in %	Einzelkosten (EUR)	Gemeinkosten (EUR)
Personalkosten				
Veranstaltungskosten				
Raumkosten				
Bürosachkosten- u. Kommunikationskosten				
Kfz-Kosten				
Werbekosten				
Wareneinsatz				
Sonstige Kosten				
Kalkulatorische Kosten				
Summe				
	prozentualer Anteil			

5. Unterscheiden Sie zwischen Kostenstellen-Einzelkosten und Kostenstellen-Gemeinkosten!

6. a) Ordnen Sie die folgenden Kostenarten eines Reiseverkehrsbetriebs in der folgenden Tabelle den richtigen Kategorien zu! Es sind jeweils mindestens zwei Kategorien zutreffend.

b) Falls Sie bestimmte Kosten nicht zweifelsfrei zuordnen können, überlegen Sie, welche Gründe es dafür gibt!

Kosten	variable Kosten	fixe Kosten	Einzel-kosten	Gemein-kosten	Kosten-stellen Einzelkost.	Kosten-stellen Gemeinkost.
Gehalt der Chef-sekretärin						
Kosten für eine Wer-beanzeige						
kalkulatorische Zinsen						
Telefonkosten						
Raummiete						
Vertretungskosten						
IHK-Beitrag						
kalkulatorische Wagnisse						
Gehalt des Busfahrers						
Entgelt für einen Reiseleiter						
Hotelkosten für veranstaltete Reisen						

7. Erläutern Sie die folgenden Gesamtkostenverläufe!

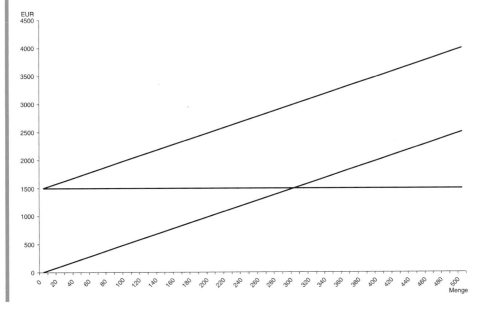

16 Künzel, Thieß - ISBN 978-3-8120-0496-1

8. Erläutern Sie die folgenden Stückkostenverläufe!

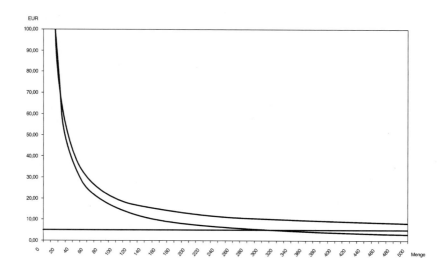

9. Ein Reiseverkehrsbetrieb betreibt zusätzlich Warengeschäfte. Für einen Artikel liegen die folgenden Informationen des Lieferanten vor:

Liefermenge	Stückpreis	Rabatt
ab 20		2 %
ab 40		5 %
ab 60	2,00 EUR	10 %
ab 80		15 %
100 und mehr		20 %

a) Ermitteln Sie die Gesamtkosten und die Stückkosten für die Mengen 10, 20, 40, 60, 80, 100 und 200!

b) Zeichnen Sie den Gesamtkostenverlauf bis zu einer Menge von 200 Stück!

c) Zeichnen Sie den Stückkostenverlauf bis zu einer Menge von 200 Stück!

d) Welcher Kostenverlauf liegt hier vor?

10. a) Erklären Sie den Begriff sprungfixe Kosten!

b) Geben Sie je ein treffendes Beispiel für einen Anstieg und eine Reduzierung der Fixkosten!

11. a) Geben Sie je ein treffendes Beispiel für proportionale, unterproportionale und überproportionale Kosten!

b) Erklären Sie den Begriff Fixkostendegression!

c) Warum verlaufen die proportionalen Stückkosten konstant?

5 Kostenstellenrechnung

Die Kostenstellenrechnung ist nach der Kostenartenrechnung die nächste Stufe der Kostenrechnung.

Sie beantwortet die Frage:

> **„Wo im Betrieb sind die Kosten angefallen?"**

Es ist zu fragen, welchen Sinn die Kostenstellenrechnung hat bzw. wie die Betriebsabrechnung wohl aussähe, wenn es keine Kostenstellenrechnung gäbe. Das **Kostenverursachungsprinzip** gilt als das Grundprinzip der Kostenrechnung. Es fordert, dass die Kosten den Leistungen zugeordnet werden, für deren Herstellung bzw. Verwertung sie angefallen sind. Diesem Grundprinzip folgt auch die Gliederung der Kostenarten in Einzelkosten und Gemeinkosten. Bei den Einzelkosten ist eine direkte Zuordnung auf Kostenträger durchführbar, während die Gemeinkosten nur indirekt zugerechnet werden können.

Ohne Kostenstellenrechnung müssten die Gemeinkosten mithilfe eines globalen Zuschlags auf die Einzelkosten verrechnet werden.

Dazu das folgende Beispiel für unseren Beispielbetrieb Baltic Reisen:

Beispiel: Die Selbstkosten der Abrechnungsperiode (= 1 Monat) betragen 124050,00 EUR.[1] Eine Analyse der Kosten im Vorjahr ergab, dass 50 % der Kosten Einzelkosten und 50 % Gemeinkosten sind. Für diesen Monat bedeutet dies, dass die Einzel- und Gemeinkosten jeweils 62025,00 EUR betragen. Will man nun die Gemeinkosten auf die Leistungen (Kostenträger) kalkulieren, so würde sich folgender globaler Zuschlagssatz ergeben:

$$\text{Zuschlagssatz} = \frac{\text{Gemeinkosten} \cdot 100}{\text{Einzelkosten}} \rightarrow \frac{62025,00 \text{ EUR} \cdot 100}{62025,00} = 100\%$$

Der Reisebetrieb umfasst die Leistungsbereiche Warengeschäfte, Reisevermittlung und Reiseveranstaltungen. Wenn die Gemeinkosten in Form eines pauschalen Zuschlags auf die Einzelkosten verrechnet werden, bedeutet dies, dass alle Leistungsbereiche mit dem gleichen Zuschlagssatz belastet werden.

In dieser Rechnung wird also eine Proportionalität unterstellt, die den tatsächlichen Verhältnissen nicht entsprechen muss. Es entspricht vielmehr der betrieblichen Praxis, dass Gemeinkosten in den unterschiedlichen Betriebsbereichen auch in unterschiedlicher Höhe anfallen. Demzufolge müsste auch die Kostenverursachung der einzelnen Kostenträger unterschiedlich hoch sein.

Auch in unserem Betrieb ist es unwahrscheinlich, dass der Gemeinkostenanteil beim Warengeschäft, bei der Vermittlung und der Veranstaltung stets genauso hoch ist wie der Anteil der Einzelkosten.

Außerdem ist keineswegs sicher, dass sich die Kosten stets im gleichen Verhältnis ändern. Ein einziger Zuschlag für die Gemeinkosten auf die Kostenträger-Einzelkosten ist also zu ungenau. Daher wird zwischen Kostenartenrechnung und Kostenträgerrechnung

---

1 Siehe Abgrenzungstabelle Seite 214.

die Kostenstellenrechnung eingefügt. Für die Kostenstellenrechnung wird der Betrieb in einzelne Bereiche gegliedert, um in diesen Bereichen den Kostenverbrauch messen zu können, der für die Herstellung der einzelnen Kostenträger in diesen Bereichen angefallen ist. Die Untergliederung der Betriebsbereiche führt zu den Kostenstellen, das sind die Orte, in denen die Kostenarten während des betrieblichen Leistungsprozesses verbraucht werden.

Mithilfe der Kostenstellenrechnung kann die abrechnungstechnische Ungenauigkeit bei der Gemeinkostenverrechnung verringert werden, indem aus dem Block der Gemeinkosten solche ausgesondert werden, die direkt für bestimmte Kostenstellen angefallen sind. Diese werden dann Kostenstellen-Einzelkosten genannt, während der Rest der Kosten, der weder den Kostenträgern noch den Kostenstellen direkt zugerechnet werden kann, als Kostenstellen-Gemeinkosten (oder auch Schlüsselkosten) bezeichnet wird.[1] Diese werden mithilfe von Verteilungsschlüssel auf die Kostenstellen umgelegt.

Eine weitere wichtige Aufgabe der Kostenstellenrechnung ist die Kostenkontrolle in den Kostenstellen, also an den Orten der Kostenentstehung. Es liegt auf der Hand, dass eine effektive Wirtschaftlichkeitskontrolle nur dann möglich ist, wenn die Kosten auch wirklich in den belasteten Kostenstellen entstanden sind. Es gilt also auch hier das **Kostenverursachungsprinzip.**

5.1 Kostenstellenrechnung im Reisebüro

Jeder Betrieb (z. B. ein reines Reisebüro) wird die Kostenstellen nach den individuellen Gegebenheiten und Bedürfnissen gliedern.

5.1.1 Gliederung des Betriebs in Kostenstellen

Die Gliederung richtet sich nach den einzelnen Betriebsbereichen. Die sich aus den **Leistungsbereichen** ergeben.[2] Lassen wir für unseren Beispielbetrieb das Warengeschäft und die Veranstaltungen außen vor, verbleiben für Baltic Reisen folgende Bereiche:

Touristik	DB / BAHN	Flugverkehr	sonst. Vermittlungen (Beförderungsausweise)
Erlöskonto 8100	Erlöskonto 8200	Erlöskonto 8400 + 8410	Erlöskonto 8300

Diese Leistungsbereiche werden als Kostenstellen definiert. Bei Bedarf lassen sich die Kostenstellen noch stärker untergliedern.

Den oben aufgeführten Kostenstellen werden die entsprechenden Kosten zugerechnet. Die Zurechnung der Kosten sollte streng nach dem Verursachungsprinzip durchgeführt werden. Dies ist allerdings nur für die Kostenstellen-Einzelkosten möglich. Wenn ein Mitarbeiter ausschließlich für den Bereich Touristik tätig ist, so lassen sich diese Kosten auch

---

1 Siehe Teil II, Kapitel 4 Kostenartenrechnung.
2 Siehe Teil II, Kapitel 3 Abgrenzungsrechnung.

direct diesem Bereich zuordnen. Es sind allerdings auch Kosten angefallen, die nicht direkt zurechenbar sind und solche, bei denen der Aufwand für die direkte Erfassung zu hoch wäre (z. B. der Verbrauch an Schreibmaterial). Diese Gemeinkosten müssen mithilfe von geeigneten Verteilungsschlüsseln auf die Kostenstellen umgelegt werden.

Außerdem ist in jedem Betrieb ein mehr oder weniger stark ausgeprägter Verwaltungsbereich erforderlich. Diese Kosten könnten zwar auch unmittelbar als Gemeinkosten auf die Kostenstellen verteilt werden, doch aus Gründen der Kostenkontrolle ist es sinnvoll, sie in einer gesonderten Kostenstelle zu erfassen. Erst nach der Kostenkontrolle werden diese Kosten dann auf die Kostenstellen verteilt. Man spricht in diesem Zusammenhang von einer allgemeinen **Hilfskostenstelle**. Die Leistungen dieser Kostenstelle sind zum Gelingen des Ganzen genauso bedeutungsvoll wie die der **Hauptkostenstellen,** nur fehlt hier der unmittelbare Bezug zur Leistung (Vermittlung). Es handelt sich um eine Funktionsstelle. Für größere Reiseverkehrsbetriebe wird es häufig erforderlich sein, zusätzliche Funktionskostenstellen zu bilden. Denkbar sind unter anderem Kostenstellen für die Bereiche Marketing, Hausverwaltung, EDV oder Personalabteilung. Die Bildung solcher Kostenstellen dient dann vorrangig der Kostenkontrolle.

5.1.2 Betriebsabrechnungsbogen

Die Verteilung der Kosten auf die Kostenstellen erfolgt im **Betriebsabrechnungsbogen** (BAB). Da unser Beispielbetrieb neben der reinen Vermittlungtätigkeit auch noch Reisen veranstaltet und Warengeschäfte tätigt, soll die Betriebsabrechnung anhand des Reisebüros Sommer dargestellt werden:

BAB	Reisebüro Sommer					
Monat: Januar		Hilfs-kostenstelle	Hauptkostenstellen			
Kostenart	EUR	Verwaltung	Touristik	DB/BAHN	Flugverkehr	Sonst. Reise-vermittlung
Personal-kosten	18 500,00	6 200,00	3 300,00	3 300,00	3 300,00	2 400,00
Mietkosten	1 200,00	400,00	200,00	200,00	200,00	200,00
Kommunika-tionskosten	4 200,00	1 300,00	1 050,00	600,00	800,00	450,00
Werbung	4 000,00		2 000,00	500,00	1 200,00	300,00
Kalk. Abschreib.	2 000,00	1 000,00	300,00	250,00	250,00	200,00
Kalk. Zinsen	2 400,00	1 200,00	400,00	300,00	350,00	150,00
Kalk. Unter-nehmerlohn	4 500,00	4 500,00				
Summen	36 800,00	14 600,00	7 250,00	5 150,00	6 100,00	3 700,00

Erläuterungen zur Verteilung der Gemeinkosten:

> Die Personalkosten (Löhne, Gehälter und soziale Abgaben) erfolgte auf Basis der Mitarbeiter und den entsprechenden Vergütungen (laut Gehaltsabrechnungen bzw. Gehaltslisten).

> Die Mietkosten wurden im Verhältnis der in Anspruch genommenen Raumgröße verteilt. Für unser Beispiel erfolgte die Verteilung der 1 200,00 EUR wie folgt: Gesamter gemieteter Raum 120 m². Die einzelnen Kostenstellen haben die folgenden Raumgrößen: Verwaltung 40 m², Touristik, DB/BAHN, Flugverkehr und sonstige Reisevermittlung je 20 m². Daraus ergibt sich ein Verteilungsverhältnis von 4:2:2:2:2. Die Mietkosten werden durch 12 Teile dividiert und anschließend die Kosten der Kostenstelle durch Multiplikation mit dem Kostenstellenanteil ermittelt. Für die Verwaltung ergibt sich dann 1 200,00 EUR : 12 = 100 · 4 Teile = 400,00 EUR Mietkosten der Verwaltung.[1]

> Die Kommunikationskosten wurden nach den verbrauchten Gesprächs- bzw. Verbindungseinheiten verrechnet.

> Die Werbungskosten konnten aufgrund von Belegen (Rechnungen für geschaltete Werbeanzeigen) ermittelt werden.

> Die kalkulatorischen Abschreibungen beziehen sich auf die Wiederbeschaffungskosten des Sachanlagevermögens der Kostenstellen.

> Für die kalkulatorischen Zinsen bildet das betriebsnotwendige Vermögen der Kostenstellen die Verteilungsbasis.

> Der kalkulatorische Unternehmerlohn wurde zunächst nur dem Verwaltungsbereich zugerechnet, weil diese Hilfskostenstelle anschließend auf die Kostenstellen umgelegt wird (siehe unten).

Die **Verteilung der Hilfskostenstelle Verwaltung** auf die Hauptkostenstellen stellt ein Verrechnungsproblem dar. Es handelt sich bei diesen Kosten um Kostenstellen-Gemeinkosten. Die Verteilung kann also nicht direkt nach der jeweiligen Inanspruchnahme, sondern nur indirekt vorgenommen werden. Dem Verursachungsprinzip[2] kann hier nicht mehr Rechnung getragen werden. Häufig kommt hier das Tragfähigkeitsprinzip zur Anwendung. Die Kosten werden dann aufgrund der Leistungsfähigkeit (Umsatz) der Kostenstelle verteilt, weil umsatzstärkere Kostenstellen eher in der Lage sind, diese Kosten zu tragen. Besser wäre allerdings, die Verwaltungskosten so zu verteilen, dass man der tatsächlichen Inanspruchnahme durch die Kostenstellen möglichst nahekommt. Allerdings muss der Aufwand für die Analyse und die Erfassung der Kosten in einem angemessenen Kosten-Nutzen-Verhältnis stehen und darf nicht Selbstzweck werden.

Für unser Beispiel wird unterstellt, dass die Verwaltungskosten am sinnvollsten im Verhältnis 5 : 2 : 2 : 1 auf die Hauptkostenstellen verteilt wird.

---

1 Hier kann selbstverständlich auch die Prozent- oder die Bruchrechnung angewendet werden.
2 Streng genommen handelt es sich hier um das Durchschnittsprinzip, da auch fixe Kostenbestandteile verrechnet werden.

BAB		Reisebüro Sommer				
Monat: Januar		Hilfs- kostenstelle	Hauptkostenstellen			
Kostenart	EUR	Verwaltung	Touristik	DB/BAHN	Flugverkehr	Sonst. Reise- vermittlung
Personal- kosten	18 500,00	6 200,00	3 300,00	3 300,00	3 300,00	2 400,00
Mietkosten	1 200,00	400,00	200,00	200,00	200,00	200,00
Kommunika- tionskosten	4 200,00	1 300,00	1 050,00	600,00	800,00	450,00
Werbung	4 000,00		2 000,00	500,00	1 200,00	300,00
Kalk. Abschreib.	2 000,00	1 000,00	300,00	250,00	250,00	200,00
kalk. Zinsen	2 400,00	1 200,00	400,00	300,00	350,00	150,00
Kalk. Unter- nehmerlohn	4 500,00	4 500,00				
Summen	36 800,00	14 600,00	7 250,00	5 150,00	6 100,00	3 700,00
Verteilung der Verwaltungskosten 5 : 2 : 2 : 1		└──▶	7 300,00	2 920,00	2 920,00	1 460,00
Summe der Kosten	36 800,00		14 550,00	8 070,00	9 020,00	5 160,00

Die Ergebnisse können nun zur **Wirtschaftlichkeitskontrolle** und zur **Spartenerfolgsrechnung** ausgewertet werden.[1]

5.2 Kostenstellenrechnung beim Reiseveranstalter

Die erläuterten grundsätzlichen Gedanken zur Kostenstellenrechnung gelten auch für Reiseverkehrsbetriebe, die entweder nur oder auch Veranstalter sind.

5.2.1 Gliederung des Betriebs in Kostenstellen

Zu der obigen Aufteilung kommt nun noch der Veranstaltungsbereich hinzu. Wie bereits erwähnt, wird die Untergliederung mit den verschiedenen betrieblichen Gegebenheiten variieren.

---

1 Siehe Teil II, Kapitel 6.1 Kalkulation im Reisebüro.

Es ergeben sich nun die folgenden Hauptkostenstellen:

Touristik	DB / BAHN	Flugverkehr	Sonst. Vermittlungen (Beförderungsausweise)	Eigene Veranstaltungen
Erlöskonto 8100	Erlöskonto 8200	Erlöskonto 8400 + 8410	Erlöskonto 8300	Erlöskonten 8010 – 8030

5.2.2 Betriebsabrechnungsbogen

Die Abrechnung soll anhand des Reisebüros Direct Travel GmbH dargestellt werden. Der BAB hat nun folgendes Aussehen:

BAB		Direct Travel GmbH					
Monat: Januar		Hilfskostenstelle	Hauptkostenstellen				
Kostenart	EUR	Verwaltung	Touristik	DB / BAHN	Flugverkehr	Sonst. Reisevermittlung	Eigene Veranstaltungen
Personalkosten	34 600,00	13 200,00	4 100,00	2 800,00	4 000,00	2 500,00	8 000,00
Mietkosten	2 100,00	600,00	300,00	200,00	300,00	200,00	500,00
Kommunikationskosten	4 650,00	1 300,00	1 050,00	590,00	780,00	430,00	500,00
Werbung	7 300,00		2 000,00	200,00	1 100,00	200,00	3 800,00
Kalk. Abschreib.	5 900,00	1 500,00	500,00	300,00	300,00	300,00	3 000,00
Kalk. Zinsen	5 000,00	1 000,00	400,00	300,00	300,00	100,00	2 900,00
Summen	59 550,00	17 600,00	8 350,00	4 390,00	6 780,00	3 730,00	18 700,00
Verteilung der Verwaltungskosten 2 : 1 : 1 : 1 : 3			4 400,00	2 200,00	2 200,00	2 200,00	6 600,00
Summe der Kosten	59 550,00		12 750,00	6 590,00	8 980,00	5 930,00	25 300,00
						Einzelkosten	101 200,00
						GK-Zuschlagssatz	25 %

Im Gegensatz zum vorherigen BAB fällt hier auf, dass für die Gemeinkosten der Kostenstelle „Eigene Veranstaltungen" ein **Gemeinkostenzuschlagssatz** ermittelt wurde. Dieser errechnet sich wie folgt:

$$\text{GK-Zuschlagssatz} = \frac{\text{Gemeinkosten} \cdot 100}{\text{Einzelkosten}} \rightarrow \frac{25\,300 \cdot 100}{101\,200} = 25\,\%$$

Dieser Zuschlagssatz ist für die Kalkulation der eigenen Veranstaltungen wichtig. Er zeigt, wie viel Prozent zusätzlicher Kosten zu den Einzelkosten kalkuliert werden müssen.[1]

5.3 Betriebsabrechnung inklusive Warenbereich

Beispiel: Unser Beispielbetrieb Baltic Reisen hat seinen Geschäftsbereich durch das Warengeschäft erweitert. Das hat natürlich Auswirkungen auf die Kostenstellenrechnung. Die folgende Darstellung (siehe nächste Seite) bezieht sich auf die Abgrenzungsrechnung der Firma Baltic Reisen.[2]

---

1 Siehe Teil II, Kapitel 6.
2 Zur Problematik der Gemeinkostenzuschlagssätze siehe Teil II, Kapitel 7.1.

BAB — Baltic Reisen

Monat Januar

Kostenart	EUR	Hilfskosten	Hauptkostenstellen					Waren
		Verwaltung	Touristik	DB/BAHN	Flugverkehr	Sonst. Reisevermittlung	Eigene Veranstaltungen	
Personalkosten	21 000,00	5 650,00	5 100,00	1 750,00	3 500,00	1 750,00	1 750,00	1 500,00
Raumkosten	1 200,00	300,00	250,00	100,00	200,00	100,00	150,00	100,00
Büro- u. Kommunik.-Kosten	950,00	250,00	150,00	100,00	180,00	80,00	150,00	40,00
Werbung	4 500,00		1 000,00	200,00	850,00	450,00	1 900,00	100,00
Sonst. betriebl. Kosten	1 000,00	120,00	150,00	100,00	130,00	80,00	220,00	200,00
Zwischensumme	28 650,00	6 320,00	6 650,00	2 250,00	4 860,00	2 460,00	4 170,00	1 940,00
Kalk. Abschreibungen	12 500,00	5 800,00	500,00	200,00	300,00	200,00	5 300,00	200,00
Kalk. Zinsen	8 300,00	3 350,00	400,00	150,00	250,00	150,00	3 900,00	100,00
Kalk. Wagnisse	800,00		150,00	50,00	200,00	100,00	250,00	50,00
Kalk. Unternehmerlohn	5 500,00	5 500,00						
Summen	55 750,00	20 970,00	7 700,00	2 650,00	5 610,00	2 910,00	13 620,00	2 290,00
Verteilung der Verwaltungskosten 2 : 1 : 1 : 4 : 1		55 750,00 ⟶	4 194,00	2 097,00	2 097,00	2 097,00	8 388,00	2 097,00
Summe der Gemeinkosten			11 894,00	4 747,00	7 707,00	5 007,00	22 008,00	4 387,00
Einzelkosten							61 500,00	6 800,00
GK-Zuschlagssatz							35,79 %	64,51 %

Erläuterungen zum BAB:

In den obigen BAB wurde zusätzlich die Zeile Zwischensumme aufgenommen. Hier werden die Kosten ausgewiesen, die von der Kostenstelle direkt verursacht werden und daher durch den Kostenstellenleiter beeinflusst werden können. Die restlichen Kosten (Schlüsselkosten) können vom Kostenstellenleiter nicht beeinflusst werden. Bei der Wirtschaftlichkeitskontrolle muss diesem Umstand Rechnung getragen werden.

Die Einzelkosten für den **Veranstaltungsbereich** setzten sich aus den Veranstaltungskosten (55 000,00 EUR) und den Fahrzeugkosten (6 500,00 EUR) zusammen.[1]

Für den **Bereich des Warengeschäfts** wurde, wie bei den Veranstaltungen, ein Gemeinkostenzuschlagssatz ermittelt. Die Gemeinkosten, die das Handelsgeschäft verursacht, wurden ins Verhältnis zu den Einzelkosten (Wareneinsatz) gesetzt. Im Handel wird dieser Zuschlagssatz Handlungskostenzuschlagssatz genannt. Er sagt aus, dass bei einem gegebenen Wareneinsatz von z.B. 100,00 EUR in unseren Beispielbetrieb mindestens 164,51 EUR, nämlich 100,00 EUR plus 64,51 %; erlöst werden müssen, um die Selbstkosten zu decken.[2]

Deutlich wird auch, dass der am Anfang dieses Kapitels ermittelte pauschale Zuschlagssatz von 100 % für die Bereiche Veranstaltungen und Waren nicht zutrifft.

Sowohl im Veranstaltungsbereich als auch im Warenbereich sind die tatsächlichen Zuschlagssätze niedriger. Es wären also zu viele Kosten verrechnet worden.

5.4 Kostenkontrolle auf der Basis von Normalkosten

Die oben ermittelten Werte sind Istwerte der Vergangenheit. Die Daten stehen erst im Nachhinein zur Verfügung. Es wurde bereits erwähnt, dass die Kosten von Abrechnungsperiode zu Abrechnungsperiode schwanken. Dabei verändern sich die Kosten nicht nur in ihrer absoluten Höhe, sondern auch die Zusammensetzung der Kosten verändert sich. Diese Schwankungen können grundsätzlich auf drei Ursachen zurückgeführt werden:

1. Preiserhöhungen oder Preissenkungen bei den eingesetzten Materialien, Gehaltserhöhungen oder gestiegene Hotelpreise.

   Preisabweichungen

2. Schwankende Buchungszahlen in Abhängigkeit von der Jahreszeit, bedeuten unterschiedliche Beschäftigungsgrade.

   Beschäftigungsabweichungen

3. Es kann aber auch ein Mehrverbrauch von z.B. Werbematerialien, Treibstoff oder anderen eingesetzten Materialien vorliegen.

   Verbrauchsabweichungen

Für die Kostenkontrolle sind insbesondere die Verbrauchsabweichungen von besonderem Interesse. Hier werden Möglichkeiten zur Kosteneinsparung aufgedeckt. Die Beschäftigungsabweichungen und die Preisabweichungen können von den für die

---

1 Diese grobe Zusammenfassung des Veranstaltungsbereichs wird zunächst aus Gründen der Übersichtlichkeit gewählt. Siehe auch Teil II, Kapitel 6.2.

2 Siehe Teil II, Kapitel 6.3.

Kostenstellen Verantwortlichen i. d. R. nicht beeinflusst werden. Preisabweichungen können durch den Einsatz von Verrechnungspreisen ausgeschaltet werden.[1]

Dadurch, dass die Istkosten erst nach dem Abschluss der Abrechnungsperiode vorliegen und dass sie den oben genannten Schwankungen unterliegen, sind sie für die Kostenkontrolle und die Kalkulation ungeeignet, denn es fehlt jeweils die feste Bezugsgrundlage.

Eine Möglichkeit, sowohl die Kostenkontrolle als auch die Kalkulation zu vereinheitlichen und damit zu verbessern, ist die **Normalkostenrechnung**.

Aus den Ergebnissen der Vergangenheit werden die durchschnittlichen **Normalzuschlagssätze** ermittelt. Im BAB der Firma Baltic Reisen wurde für den Warenbereich ein Zuschlagssatz von 64,51 % ermittelt. Die Abrechnungen der letzten fünf Monate wiesen folgende Sätze aus: 64,00 %, 61,50 %, 61,00 %, 61,60 % und 62,50 %. Aus diesen Werten wird nun der Normal-Gemeinkostenzuschlagssatz als das arithmetische Mittel dieser Werte ermittelt.

$$\text{Normal-Zuschlagssatz} = \frac{64,00 + 61,50 + 61,00 + 61,60 + 62,50 + 64,51}{6} = 62,52\,\% \approx \mathbf{62,5\,\%}$$

Nutzen wir diesen Normal-Gemeinkostenzuschlagssatz nun für die Kostenkontrolle, so ergibt sich Folgendes:

Der „Normalzustand" wäre, dass bei Einzelkosten von 6 800,00 EUR zusätzlich 62,5 %, also 4 250,00 EUR, Normalgemeinkosten anfallen. Der BAB weist aber Istgemeinkosten der Kostenstelle Waren von 4 387,00 EUR aus.

Es fielen also mehr Gemeinkosten an als erwartet. Man spricht hierbei von einer **Kostenunterdeckung**.

Istgemeinkosten	4 387,00 EUR	
− Normalgemeinkosten	4 250,00 EUR	
= Kostenunterdeckung	137,00 EUR	schlecht

Nehmen wir an, dass der Normal-Gemeinkostenzuschlagssatz für die Kostenstelle „eigene Veranstaltung" 37 % beträgt, so ergibt die Kostenkontrolle eine **Kostenüberdeckung**. Die Istkosten sind niedriger als die Normalkosten.

Istgemeinkosten (35,79 %)	22 008,00 EUR	
− Normalgemeinkosten	22 755,00 EUR	→ 37 % von 61 500,00 EUR Einzelkosten
= Kostenüberdeckung	− 747,00 EUR	gut

Die Normalkostenrechnung hat gegenüber der reinen Istkostenrechnung außerdem den Vorteil einer schnellen Abrechnung, denn zur Ermittlung der (Normal-)Kosten muss lediglich die Höhe der Einzelkosten bekannt sein, auf die dann die Normal-Gemeinkostenzuschlagssätze angewandt werden.

---

1 Siehe Teil II, Kapitel 3.3.2.

Kritik

Die Normalkostenrechnung hat den Vorteil, dass Zufallsschwankungen weitgehend ausgeschaltet werden und dass eine schnellere Abrechnung möglich ist. Die Normalkosten basieren aber auf Vergangenheitswerten. Wenn nun in der Vergangenheit Misswirtschaft betrieben wurde, so wird dieser Zustand durch die Durchschnittsbildung zum Normalzustand erhoben.

Außerdem kann die Normalkostenrechnung in der oben dargestellten Form keine Beschäftigungsabweichungen aufdecken. Es wird stets zu Kostenabweichungen kommen, wenn die Istbeschäftigung von der durchschnittlichen Beschäftigung der Vergangenheit abweicht.

Zusammenfassung

➤ Die Hauptaufgaben der Kostenstellenrechnung sind
 – die verursachungsgerechte Verteilung der Gemeinkosten auf die einzelnen Kostenstellen,
 – die Ermittlung von Zuschlagssätzen für die Kalkulation und
 – die Wirtschaftlichkeitskontrolle in den Kostenstellen.

➤ Die Kostenstellenbildung erfolgt nach den betriebsindividuellen Gegebenheiten.

➤ Der Reiseverkehrsbetrieb gliedert die Kostenstellen vorrangig nach den Leistungsbereichen, sie bilden die Hauptkostenstellen. Typisch sind:
 – Touristik,
 – DB / BAHN,
 – Flugverkehr,
 – Sonstige Reiseverkehrsleistungen,
 – Veranstaltungen.

➤ Hilfskostenstellen sind für einen Betrieb unerlässlich. Ihnen fehlt allerdings der direkte Bezug zur Leistung.

➤ Die Kostenstellenrechnung wird mithilfe des Betriebsabrechnungsbogens (BAB) durchgeführt.

➤ Die Gemeinkosten werden den Kostenstellen entweder direkt per Beleg oder indirekt auf der Basis von Verteilungsschlüsseln zugerechnet.

➤ Die Gemeinkosten der Hilfskostenstellen werden per Umlage auf die Hauptkostenstellen verteilt.

➤ Die Gemeinkostenzuschlagssätze werden wie folgt ermittelt:

$$\text{GK-Zuschlagssatz} = \frac{\text{Gemeinkosten} \cdot 100}{\text{Einzelkosten}}$$

➤ Die Kostenkontrolle auf der Basis der Istkosten ist Zufallsschwankungen unterworfen, daher ist für diese Zwecke die Normalkostenrechnung besser geeignet.

➤ Kostenschwankungen können grundsätzlich drei Ursachen haben:
- Preisabweichungen,
- Beschäftigungsabweichungen,
- Verbrauchsabweichungen.

➤ Bei der Normalkostenrechnung werden aus den Vergangenheitswerten Durchschnittswerte ermittelt.

➤ Istkosten > Normalkosten = Kostenunterdeckung.

➤ Istkosten < Normalkosten = Kostenüberdeckung.

➤ Die Normalkostenrechnung ist vergangenheitsbezogen. Sie birgt damit die Gefahr, die Misswirtschaft der Vergangenheit fortzuschreiben.

ÜBUNGSAUFGABEN

1. Welche Hauptzwecke soll die Kostenstellenrechnung erfüllen?

2. Welche Auswirkung hat die Betriebsgröße auf die Ausgestaltung des Kostenstellenplans?

3. Was ist eine Kostenstelle?

4. Welche unterschiedlichen Arten von Kostenstellen gibt es?

5. Erstellen Sie das Grundschema eines Betriebsabrechnungsbogens für einen Reiseverkehrsbetrieb mit folgenden Leistungs- und Funktionsbereichen:
- eigene Veranstaltungen,
- Touristik,
- Flugreisen,
- Ticketservice,
- Verwaltung.

6. Welchen Zwecken dienen die Hilfskostenstellen und die Hauptkostenstellen?

7. Warum ist es in Reisebüros sinnvoll, die Abteilungen als Kostenstellen festzulegen?

8. Ein Reiseverkehrsbetrieb hat die folgenden Kostenstellen:

01 Verwaltung	04 Fahrkarten und Tickets
02 Touristik	05 Eigene Veranstaltungen mit fremden Leistungsträgern
03 Flugreisen	06 Eigene Veranstaltung ohne fremde Leistungsträger

Die folgende Tabelle zeigt die Gemeinkosten und die Verteilung auf die Kostenstellen:

Kostenart	EUR	01	02	03	04	05	06
Personal-kosten	20 000,00	5 000,00	3 000,00	3 000,00	3 000,00	3 000,00	3 000,00
Raum-kosten	1 800,00	40 m²	20 m²	10 m²	15 m²	15 m²	20 m²
Büro- u. Sachkosten	2 500,00	1 000,00	400,00	200,00	200,00	300,00	400,00
Werbe-kosten	5 000,00		1 000,00	500,00	500,00	1 400,00	1 600,00
Komm.-Kosten	1 200,00	4 Teile	3 Teile	2 Teile	1 Teil	5 Teile	5 Teile
Kalk. Kosten	9 000,00	2 Teile	1 Teil	1 Teil	1 Teil	3 Teile	4 Teile
Umlage Verwaltung			2 Teile	1 Teil	1 Teil	3 Teile	3 Teile
		Einzel-kosten	Veranstaltungsaufwand			20 050,00	
						Kfz-Kosten	15 000,00

a) Erstellen Sie den Betriebsabrechnungsbogen!

b) Verteilen Sie die Gemeinkosten auf die Kostenstellen!

c) Nehmen Sie die Umlage der Verwaltungskosten vor!

d) Ermitteln Sie die Ist-Gemeinkostenzuschlagssätze!

9. Ein Reisebüro liefert folgenden Auszug aus der Kostenstellenrechnung. Die Verwaltungsgemeinkosten sollen auf die drei Hauptkostenstellen umgelegt werden. Zu diesem Zweck wurde eine Analyse der Verwaltungsarbeiten durchgeführt. Das Ergebnis ist, dass von den 180 Stunden Arbeitszeit der Verwaltung

– 44 Stunden für die Veranstaltungen,

– 46 Stunden für den Bereich Touristik,

– 12 Stunden für den Bereich Flugverkehr,

– 18 Stunden für den Bereich DB/BAHN

gearbeitet wurde. Die restlichen Verwaltungsstunden konnten nicht direkt zugeordnet werden und sollen im Verhältnis 2 : 2 : 1 : 1 auf die Hauptkostenstellen verteilt werden.

		Kostenstellen				
			Hauptkostenstellen			
Kostenarten	EUR	Verwaltung	Veranstalt.	Touristik	Flugverkehr	DB/BAHN
Summe der Gemeinkosten	345 880,00	123 750,00	75 100,00	121 250,00	13 350,00	12 430,00
Umlage der Verwaltungskosten		direkt				
		Rest				
Gesamtkosten						

10. Wozu dienen die Gemeinkostenzuschlagssätze?

11. Ihnen liegt der folgende Auszug aus einem BAB vor:

	05	06
	4 500,00	6 600,00
	500,00	150,00
	300,00	500,00
	1 600,00	1 600,00
	350,00	300,00
	2 150,00	2 750,00
	1 800,00	2 600,00
Summe der Gemeinkosten		
Einzelkosten	16 800,00	
		25 375,00
Selbstkosten		
GK-Zuschlagssatz Ist		
GK-Zuschlagssatz Norm	67,50 %	35,00 %

a) Ermitteln Sie die Gemeinkosten der Kostenstellen 05 und 06!

b) Berechnen Sie die Selbstkosten!

c) Ermitteln Sie die Ist-Zuschlagssätze!

d) Wie hoch sind Kostenüberdeckungen bzw. Kostenunterdeckungen in den beiden Kostenstellen?

12. Wie werden die Normalkosten i. d. R. ermittelt?

13. Warum sind die Istkosten für Kontroll- und Kalkulationszwecke ungeeignet?

14. Welche Gefahren birgt die Normalkostenrechnung bzw. welche Schwächen hat sie?

6 Kostenträgerrechnung (Kalkulation)

Nach der Kostenarten- und der Kostenstellenrechnung bildet die **Kostenträgerrechnung** die dritte Stufe der Kosten- und Leistungsrechnung.

Der Begriff Kostenträger bezeichnet den Leistungsbereich, dem die Kosten zuzurechnen sind, der also die Kosten über die Erlöse (Leistungen) zu tragen hat.

Die Kostenträgerrechnung beantwortet also die Frage:

> **„Wofür sind die Kosten angefallen?"**

In der Vollkostenrechnung, mit der wir uns im Moment beschäftigen, sollen die Kostenträger die Selbstkosten tragen. Die Selbstkosten setzen sich aus den Einzelkosten und den Gemeinkosten zusammen.[1]

Im Veranstaltungsgeschäft eines Reiseverkehrsbetriebes ist die einzelne Reise in der Regel der Kostenträger.[2]

6.1 Erfolgsermittlung („Kalkulation") im Reisebüro

Beim reinen Reisemittler (Reisebüro) endet die Kostenrechnung mit der Kostenstellenrechnung. Eine Kostenträgerrechnung, wie sie oben beschrieben wurde, gibt es in dem Sinne nicht. Vielmehr lässt sich der Erfolg der einzelnen Vermittlungssparten durch die Gegenüberstellung des Spartenerlöses (Leistung) und der Kosten dieser Sparte laut Kostenstellenrechnung ermitteln.

Zur Erläuterung soll das Beispiel der Firma Baltic Reisen fortgeführt werden. Die folgenden Daten stammen aus der Abgrenzungsrechnung und der Kostenstellenrechnung.[3]

In der Abgrenzungsrechnung können die Leistungen der Bereiche Touristik, DB/BAHN, Flugverkehr und sonstige Reisevermittlung abgelesen werden. Sie ergeben sich direkt aus den Konten 8100 bis 8410 und werden entsprechend zusammengefasst.

Fibu Konto	Leistungsbereich	Erlöse (Leistung)
8100	Touristik	13 100,00 EUR
8200	DB/BAHN	5 400,00 EUR
8400 + 8410	Flugverkehr	8 100,00 EUR
8300	Sonstige Reisevermittlung	5 500,00 EUR
Leistung des Vermittlungsbereichs		**32 100,00 EUR**

Nun kann durch die Gegenüberstellung der Leistungen und der Kosten (laut Kostenstellenrechnung) der Erfolg der Bereiche (Sparten) ermittelt werden.

---

1 Siehe Teil II, Kapitel 4 und 5.
2 Siehe Teil II, Kapitel 6.2.
3 Siehe Seite 212 und Seite 350.

17 Künzel, Thieß - ISBN 978-3-8120-0496-1

Erfolg der einzelnen Vermittlungsbereiche wird nun offensichtlich. Die vorliegenden Zahlen ermöglichen Wirtschaftlichkeitsvergleiche mit Vorperioden oder Branchenvergleiche, falls entsprechendes Zahlenmaterial vorliegt.[1]

Erfolgsermittlung im Vermittlungsbereich									
	Touristik	Anteil in %	DB/BAHN	Anteil in %	Flug-verkehr	Anteil in %	S. Reise-vermittl.	Anteil in %	Gesamt
Erlöse (Leistung) in EUR	13 100,00	40,81	5 400,00	16,82	8 100,00	25,23	5 500,00	17,13	32 100,00
– Kosten in EUR	11 894,00	40,52	4 747,00	16,17	7 707,00	26,25	5 007,00	17,06	29 355,00
= Erfolg in EUR	1 206,00		653,00		393,00		493,00		2 745,00

Hier zeigt sich die größere Aussagekraft der Kosten- und Leistungsrechnung gegenüber der Finanzbuchhaltung. Die Fibu kann lediglich Auskunft über den Gesamterfolg geben. Auch die Wirtschaftlichkeit kann nur pauschal, als das Verhältnis von Erträgen zu den Aufwendungen, ausgedrückt werden.

Die Wirtschaftlichkeit auf Basis der KLR ergibt sich aus:

$$\text{Wirtschaftlichkeit} = \frac{\text{Leistung}}{\text{Kosten}}$$

Daraus ergibt sich für unser Beispiel:

Wirtschaftlichkeit	
Touristik	1,10 %
DB/BAHN	1,14 %
Flugverkehr	1,05 %
Sonstige Reisevermittlung	1,10 %
Gesamte Vermittlung	1,09 %

Eine Wirtschaftlichkeit > 1 ist grundsätzlich positiv, da die Leistungen größer sind als die Kosten. Ob das Ergebnis zufriedenstellend ist, kann nur im Vergleich mit den Ergebnissen der Vorperioden, der Branche oder der Planung beurteilt werden.

Weiter sind auch detailliertere Aussagen zur Umsatzrentabilität möglich. Sie gibt an, wie viel Prozent von der Leistung (Erlös) dem Betrieb als Gewinn zufließen.[2]

$$\text{Umsatzrendite} = \frac{\text{Betriebserfolg} \cdot 100}{\text{Leistung}}$$

---

1 Vergleichszahlen könnten Verbandsmitglieder z.B. vom DRV (Deutschen Reisebüro und Reiseveranstalter Verband) beziehen.
2 Vgl. auch Teil III, Kapitel 4.

Daraus ergibt sich für unser Beispiel:

Umsatzrendite	
Touristik	9,21 %
DB/BAHN	12,09 %
Flugverkehr	4,85 %
Sonstige Reisevermittlung	8,96 %
Gesamte Vermittlung	8,55 %

→ bei 100,00 EUR Umsatz verbleiben 9,21 EUR Gewinn

Die ermittelten Ergebnisse liefern der Geschäftsleitung entscheidende Informationen über die Erfolgswirksamkeit der einzelnen Bereiche. So wäre zu prüfen, wie die niedrige Wirtschaftlichkeit und die relativ schlechte Umsatzrendite im Bereich Flugverkehr zustande kommen.

6.2 Kalkulation beim Reiseveranstalter

Die Kalkulation soll im Rahmen der Vollkostenrechnung sicherstellen, dass die Erlöse (Leistungen) eines Kostenträgers mindestens die Selbstkosten decken und darüber hinaus möglichst einen angemessenen Gewinn gewährleisten.

Der Begriff Kostenträger wird hier nicht nur mit der einzelnen Reise gleichgesetzt, sondern kann auch als Reisegruppe, eine Veranstaltungsart oder ein Zielgebiet verstanden werden.

Je nach Komplexität der Betriebsabläufe, kommen verschiedene Kalkulationsmethoden infrage.

➤ Bietet ein Reiseveranstalter z.B. ein Reisebusunternehmer ausschließlich ein und dieselbe Reise an, so müssen alle angefallenen Kosten durch diesen Kostenträger verursacht worden sein. In diesem Fall kann die **Divisionskalkulation** angewendet werden.

➤ Bietet der Reisebusunternehmer unterschiedliche Reisen an, so kann davon ausgegangen werden, dass die Reisen in einem bestimmten Kostenverhältnis zueinander stehen. Die Divisionskalkulation wäre hier zu ungenau. Stattdessen bedient man sich der **Äquivalenzziffernkalkulation**. Es handelt sich um eine Sonderform der Divisionskalkulation.

➤ Bei einem differenzierten Angebot von selbst veranstalteten Reisen (Flugreisen, Schiffsreisen etc.) ist eine **Zuschlagskalkulation** erforderlich. Es kann vorwärts, ausgehend von den Kosten auf den Reisepreis, kalkuliert werden oder aber rückwärts, also ausgehend vom Reisepreis (Marktpreis) auf die Selbstkosten.

Alle genannten Kalkulationsarten können entweder als Vorkalkulation, z.B. zur Angebotsabgabe oder als Nachkalkulation, zur Überprüfung des Ergebnisses, durchgeführt werden.

6.2.1 Divisionskalkulation

Dies ist die einfachste Art der Kalkulation. Es gilt die Formel:

$$\text{Selbstkosten} = \frac{\text{Gesamtkosten}}{\text{Absatzmenge}}$$

Sie kann nur dann Anwendung finden, wenn alle Kosten auf einen Kostenträger verrechnet werden. Dies wird in der Praxis äußerst selten der Fall sein. Allerdings ist es denkbar, dass bestimmte Veranstaltungen immer in der gleichen Weise durchgeführt werden. Falls dann noch gewährleistet ist, dass alle Kosten dieser Reise verursachungsgerecht zugeordnet werden können, kann auch hier die Divisionskalkulation angewendet werden.

Beispiel: In dem Busunternehmen Struve, mit Sitz in Hamburg, fallen jährlich insgesamt Kosten von 240 000,00 EUR an. Das Unternehmen hat sich auf eine 5-tägige Städtetour nach Paris spezialisiert. Es werden 40 Fahrten im Jahr durchgeführt. Die Buskapazität beträgt 50 Personen. Die Selbstkosten können nun pro durchgeführter Fahrt und pro Teilnehmer ermittelt werden.

$$\text{Selbstkosten pro Fahrt} = \frac{240\,000,00 \text{ EUR}}{40} = 6\,000,00 \text{ EUR}$$

Für die einzelne Person gilt bei voller Auslastung:

$$\text{Selbstkosten pro Person} = \frac{6\,000,00}{50} = 120,00 \text{ EUR}$$

Das zweite Ergebnis ist natürlich problematisch, da auf der Hand liegt, dass die Selbstkosten pro Person mit jedem fehlenden Gast steigen werden.

Bietet der Unternehmer diese Reise zu 180,00 EUR netto[1] an, ergibt sich pro Reise ein Gewinn von 3 000,00 EUR

Erlöse pro Fahrt 50 Personen à 180,00 EUR	9 000,00 EUR
− Selbstkosten pro Fahrt	6 000,00 EUR
= Gewinn	3 000,00 EUR

Bei 40 Fahrten im Jahr könnte er mit einem Jahresgewinn von 120 000,00 EUR rechnen. Dies ist also das Ergebnis seiner Vorkalkulation.

Dieses Ergebnis ist selbstverständlich nur bei 100 %iger Auslastung (Beschäftigung) richtig, wie die Nachkalkulation für folgende Situation zeigt:

---

[1] Die Umsatzsteuer wird in der Kostenrechnung nicht berücksichtigt, da sie für das Unternehmen ein durchlaufender Posten ist. Lediglich bei der Ermittlung des Angebotspreises wird sie dem Netto-Angebotspreis zugerechnet.

Für eine Veranstaltung wurden lediglich 30 Plätze gebucht. Daraus ergibt sich für diese Reise Folgendes:

Erlöse pro Fahrt 30 Personen à 180,00 EUR	5 400,00 EUR
− Selbstkosten pro Fahrt	6 000,00 EUR
= Verlust	− 600,00 EUR

Der fixe Anteil der Kosten verteilt sich nun auf weniger Teilnehmer und wirkt sich entsprechend negativ auf die Selbstkosten aus. Der Unternehmer steht nun vor der Frage, ob er die gesamte Reise ausfallen lassen soll oder nicht. Eine Entscheidung auf der Basis der vorliegenden Vollkostenrechnung wird möglicherweise falsch sein, wie später im Rahmen der Teilkostenrechnung gezeigt wird.[1]

6.2.2 Äquivalenzziffernkalkulation

Der eben beschriebene Fall soll nun etwas abgeändert werden. Der Unternehmer bietet statt der einen Städtetour drei Ziele an. Die gesamten Kosten betragen wie oben 240 000,00 EUR. Die folgende Tabelle gibt genauere Auskunft:

Ziel	Fahrten	Fahrtstrecke	Dauer
Paris	20	2 000 km	5 Tage
München	15	1 600 km	5 Tage
Wien	5	2 200 km	5 Tage

Es handelt sich hier um artgleiche Leistungen, d.h., sie haben eine ähnliche Kostenverursachung. Bei einer Busreise ist die Fahrtstrecke eine geeignete Bezugsgröße, um das Kostenverhältnis der Reisen zueinander auszudrücken. Der Einfachheit halber bleiben Faktoren wie Maut-Gebühren, unterschiedliche Parkgebühren und Hotelpreise unberücksichtigt.

Zur Durchführung der Kalkulation:

Es wird zunächst eine der Reisen mit dem Wertfaktor 1 belegt. Hierfür bietet sich das Ziel Paris an, weil es mit 20 Fahrten die Hauptleistung erbringt. Auf der Basis der Fahrtstrecke ergibt sich dann für das Ziel München der Wertfaktor 0,8 (1600 : 2000) und für Wien der Wertfaktor 1,1 (2200 : 2000).

---

1 Siehe Teil II, Kapitel 7.

Die Kalkulation erfolgt nun mithilfe der folgenden Tabelle:

Reise	① Mengen	② Äquivalenz-ziffern	③ Umrechnungs-zahlen	④ ⑤ Selbstkosten gesamt		Selbstkosten pro Reise	
Paris	20	1,0	20,0	128 000,00		6 400,00	
München	15	0,8	12,0	76 800,00	⑦	5 120,00	⑧
Wien	5	1,1	5,5	35 200,00		7 040,00	
			37,5	240 000,00			

↓ ④   ↓ ⑤

⑥   Recheneinheit = **6 400,00**

	Erläuterungen:
①	Hier ist die Anzahl der Fahrten zum jeweiligen Zielort eingetragen.
②	Diese Spalte enthält die festgelegten Wertfaktoren.
③	Die Umrechnungszahlen ergeben sich als Produkt aus Menge · Äquivalenzzahl → ① · ② = ③
④	Die Summe der Umrechnungszahlen.
⑤	Die gegebenen gesamten Kosten.
⑥	Die Recheneinheit wird ermittelt, indem die gesamten Kosten durch die Summe der Umrechnungszahlen dividiert wird. → ⑤ : ④ = ⑥
⑦	Durch die Multiplikation der Recheneinheit mit den Umrechnungszahlen der jeweiligen Reise erhält man die gesamten Selbstkosten der jeweiligen Reisen. → ⑥ · ③ = ⑦
⑧	Die Selbstkosten pro Reise ergeben sich aus gesamte Selbstkosten der Reise geteilt durch die Anzahl der Fahrten → ⑦ : ① = ⑧ oder durch die Multiplikation der Recheneinheit mit der jeweiligen Äquivalenzzahl. → ⑥ · ② = ⑧

Hat man die Kosten pro Reise ermittelt, kann wie bei der einfachen Divisionskalkulation verfahren werden.

Die Äquivalenzziffernkalkulation birgt grundsätzlich die gleichen Gefahren wie die Divisionskalkulation.

Für die Divisions- und die Äquivalenzziffernkalkulation ist keine Kostenstellenrechnung erforderlich.

6.2.3   Zuschlagskalkulation

Viele Reiseveranstalter bieten grundverschiedene Reisen an. Daher kommen die bisher vorgestellten einfachen Kalkulationsverfahren nicht in Betracht. Für die Kalkulation der eigenen Veranstaltungen kommt die **Zuschlagskalkulation** zum Einsatz.

Die nötige Vorarbeit wurde bereits in der Kostenstellenrechnung geleistet, als für den Veranstaltungsbereich ein Gemeinkostenzuschlagssatz ermittelt wurde. Mit diesem Zuschlagssatz werden den anfallenden Einzelkosten einer Reise die Gemeinkosten hinzugerechnet. So soll sichergestellt werden, dass die Reise alle anfallenden Kosten (Selbstkosten) deckt.

Beispiel zur Kalkulation:

Die Firma Baltic Reisen soll im Februar für eine Gruppe mit 25 Personen eine siebentägige Städtereise mit Rahmenprogramm nach Düsseldorf veranstalten. Die Kunden erwarten ein preisgünstiges Angebot.

Um die Selbstkosten dieser Reise kalkulieren zu können, müssen alle anfallenden Kosten bekannt sein.

Es fallen die folgenden Vorleistungen (netto) fremder Leistungsträger (Veranstaltungskosten) an:

Fahrtkosten mit der Deutschen Bahn	
Hin und zurück im Gruppentarif	1 450,00 EUR
Reiseleitung vor Ort	375,00 EUR
Rheinfahrt	250,00 EUR
Stadtrundfahrt	250,00 EUR
Zwischensumme	2 325,00 EUR
Hotelkosten für 6 Übernachtungen mit Halbpension pro Person	390,00 EUR

Außerdem soll die Reise auch die zusätzlich anfallenden Gemeinkosten decken. Der Normal-Gemeinkostenzuschlagssatz beträgt 37 %.[1]

Kalkulation:

Kosten pro Person		
	Fahrtkosten	58,00 EUR
+	Reiseleitung	15,00 EUR
+	Rheinfahrt	10,00 EUR
+	Stadtrundfahrt	10,00 EUR
+	Hotelkosten	390,00 EUR
=	Summe der Einzelkosten	483,00 EUR
+	Gemeinkostenzuschlag 37 %	178,71 EUR
=	Selbstkosten	661,71 EUR

→ Gruppenpreis für 25 Teilnehmer = 16 542,75 EUR.

Die Reise müsste also für minimal 661,71 EUR netto angeboten werden, damit alle Kosten gedeckt sind. Herr Konrad, der Inhaber von Baltic Reisen, hatte das Kundengespräch selbst geführt und er weiß, dass die Gruppe maximal einen Reisepreis von 750,00 EUR pro Person akzeptieren wird. Wenn er nun berücksichtigt, dass den Selbstkosten noch die Umsatzsteuer hinzugerechnet werden muss, dann müsste er die Reise für 787,43 EUR anbieten. Dieser Preis liegt über den Vorstellungen des Kunden. Um auch noch den gewünschten Gewinn von 10 % zu realisieren, müsste der Brutto-Angebotspreis 866,18 EUR betragen.

---

1 Siehe S. 252.

Er fragt sich, ob der in der Kostenstellenrechnung ermittelte Gemeinkostenzuschlagssatz von 37 % (Normalzuschlag) für diese Reise auch wirklich die Kostenverursachung widerspiegelt.

Baltic Reisen bieten eine Vielzahl verschiedener Reisen an. Insbesondere die fast vollständig selbst organisierten Veranstaltungen mit eigenen Reisebussen müssten eine andere Kostenverursachung haben als das Schnüren von Veranstaltungspaketen, bei denen man auf fremde Leistungsträger zurückgreift.

Mit anderen Worten: Der in der Kostenstellenrechnung ermittelte Zuschlagssatz für die Veranstaltungen ist zu pauschal. Tatsächlich ist es erforderlich, den Veranstaltungsbereich feiner zu gliedern, um der unterschiedlichen Kostenverursachung gerecht zu werden.

Denkbar wäre folgende Untergliederung des Veranstaltungsbereiches:

Reiseveranstaltungen			
Städtereisen	Inlandsreisen	Auslandsreisen	eigene Busreisen

Selbstverständlich könnte noch innerhalb dieser Kategorien weiter gegliedert werden, z. B. nach Reisezielen.

Aus Vereinfachungsgründen soll die Kostenstelle „Veranstaltungen" in unserem Beispiel lediglich in die Bereiche „eigene Busreisen" und „sonstige Veranstaltungen" unterteilt werden.

Die Gemeinkosten müssen entsprechend genauer aufgeteilt werden. Auch die Einzelkosten sind den Bereichen genau zuzuordnen, damit sich ein aussagekräftiger Zuschlagssatz ergibt.

Für die Kostenstelle „Busreisen" fallen als Einzelkosten die Fahrzeugkosten von 6 500,00 EUR und Veranstaltungskosten von 10 000,00 EUR an.[1] Die restlichen Veranstaltungskosten von 45 000,00 EUR bilden die Einzelkosten der Kostenstelle „sonstige Veranstaltungen".

---

1 Auf die Problematik der heterogenen Bezugsgrößen dieser Kostenstelle soll hier nicht eingegangen werden.

Es ergibt sich folgendes Bild:

Bisher			Neu	
			Veranstaltungen	
Kostenart	eigene Veranstaltungen		eigene Busreisen	sonstige Veranstaltungen
Personalkosten	1 750,00		1 000,00	750,00
Raumkosten	150,00		50,00	100,00
Büro- u. Kommunik.-Kosten	150,00		50,00	100,00
Werbung	1 900,00		600,00	1 300,00
sonstige betr. Kosten	220,00		110,00	110,00
Zwischensumme	4 170,00		1 810,00	2 360,00
kalk. Abschreibungen	5 300,00		4 500,00	800,00
kalk. Zinsen	3 900,00		3 300,00	600,00
kalk. Wagnisse	250,00		50,00	200,00
kalk. Unternehmerlohn				
Summen	13 620,00		9 660,00	3 960,00
Umlage Verwaltung	8 388,00		5 592,00	2 796,00
Summe Gemeinkosten	22 008,00		15 252,00	6 756,00
Einzelkosten	61 500,00		16 500,00	45 000,00
GK-Zuschlagssatz	**35,79 %**		**92,44 %**	**15,01 %**
Selbstkosten	83 508,00		31 752,00	51 756,00

Es wird deutlich, dass bisher für Busreisen zu wenig und für die anderen Veranstaltungen zu viel Gemeinkosten kalkuliert wurden.

Auch die Normal-Zuschlagssätze waren zu pauschal. Eine Analyse der letzten 6 Monate ergab folgende Normal-Gemeinkostenzuschlagssätze:

Busreisen 95 %
sonstige Veranstaltungen 15 %

Unter Berücksichtigung der veränderten Zuschlagssätze, des Gewinnzuschlags von 10 % und der gesetzlichen Umsatzsteuer ergibt sich nun die folgende Angebotskalkulation:

Preis pro Person		
Fahrtkosten		58,00 EUR
+ Reiseleitung		15,00 EUR
+ Rheinfahrt		10,00 EUR
+ Stadtrundfahrt		10,00 EUR
+ Hotelkosten		390,00 EUR
= Summe der Einzelkosten		483,00 EUR
+ Gemeinkostenzuschlag	15 %	72,45 EUR
= Selbstkosten		555,45 EUR
+ Gewinnzuschlag	10 %	55,55 EUR
= Netto-Angebotspreis		611,00 EUR
+ Umsatzsteuer	19 %	116,09 EUR
= Brutto-Angebotspreis		**727,09 EUR**

Die Annahme des oben beschriebenen Auftrages würde also erheblich über dem kalkulierten Angebotspreis liegen und so zusätzlichen Gewinn erbringen.

6.2.4 Rückwärtskalkulation

Aufgrund der Konkurrenz der Anbieter auf dem Reisemarkt wird es für die Reiseveranstalter i.d.R. nicht möglich sein, den Preis, ausgehend von den eigenen Selbstkosten plus einem entsprechenden Gewinnzuschlag, festzulegen. Vielmehr besteht die Notwendigkeit, sich den Marktgegebenheiten anzupassen.

Beispiel zur Rückwärtskalkulation:

Es soll die gleiche Reise wie zuvor kalkuliert werden. Zusätzlich haben wir aber die Information, dass die Konkurrenz eine identische Reise dem Kunden für 650,00 EUR anbietet. Es soll nun geprüft werden, wie sich dieser Brutto-Angebotspreis auswirkt.

Der Brutto-Angebotspreis beinhaltet die 19 % Umsatzsteuer, stellt also den vermehrten Grundwert da. Um den Netto-Angebotspreis zu erhalten, ist folgende Rechnung erforderlich:

$$\text{Nettopreis} = \frac{\text{Bruttopreis} \cdot 100}{(100 + \text{Steuersatz})}$$

also: $\dfrac{650,00 \cdot 100}{119}$ = **546,22 EUR.**

Es gibt nun verschiedene Alternativen:

1. **Der Auftrag wird abgelehnt, weil der gewünschte Gewinn nicht erzielt werden kann.**
   Dies wäre sinnvoll, weil der Verlust das Betriebsergebnis schmälert.[1]

---

1 Siehe aber die Überlegungen zur Teilkostenrechnung im Teil II, Kapitel 7.

2. **Der Verlust wird in Kauf genommen.** Die Kostensituation wird akzeptiert und der Unternehmer akzeptiert den Verlust. Hierbei handelt es sich um die sogenannte Differenzkalkulation. Es wird die Differenz zwischen Netto-Angebotspreis und den Selbstkosten ermittelt.

3. **Der Gewinnzuschlag soll weiter 10 % betragen.** Bei einem Netto-Angebotspreis von 546,22 EUR (vermehrter Grundwert) und 10 % Gewinnzuschlag dürften die Selbstkosten lediglich 496,56 EUR betragen. In diesem Fall gibt es die Möglichkeiten, (a) nach Einsparmöglichkeiten bei den Gemeinkosten zu suchen und bzw. oder (b) durch Verhandlungen mit den fremden Leistungsträgern die Einzelkosten zu senken. Sicher wird in der Praxis stets eine Kombination der Alternativen 2 und 3 gesucht.

Die folgende Tabelle soll die Situationen 2 und 3 darstellen:

Preis pro Person		2		3 a)		3 b)
Fahrtkosten		58,00 EUR		58,00 EUR		58,00 EUR
+ Reiseleitung		15,00 EUR		15,00 EUR		15,00 EUR
+ Rheinfahrt		10,00 EUR		10,00 EUR		10,00 EUR
+ Stadtrundfahrt		10,00 EUR		10,00 EUR		10,00 EUR
+ Hotelkosten		390,00 EUR		390,00 EUR		**338,79 EUR**
= **Summe der Einzelkosten**		483,00 EUR		483,00 EUR		**431,79 EUR**
+ **Gemeinkostenzuschlag**	15 %	72,45 EUR	2,81 %	**13,56 EUR**	15 %	64,77 EUR
= **Selbstkosten**		555,45 EUR		496,56 EUR		496,56 EUR
+ **Gewinnzuschlag**	−1,66 %	**−9,23 EUR**	10 %	49,66 EUR	10 %	49,66 EUR
= **Netto-Angebotspreis**		546,22 EUR		546,22 EUR		546,22 EUR
+ **Umsatzsteuer**	19 %	103,78 EUR	19 %	103,78 EUR	19 %	103,78 EUR
= **Brutto-Angebotspreis**		**650,00 EUR**		**650,00 EUR**		**650,00 EUR**

In der Situation 3 a) ist es gelungen, die Gemeinkosten zu senken und in der Situation 3 b) konnten die Hotelkosten über Preisverhandlungen gesenkt werden.

6.3 Kalkulation der Waren

Das Handelsgeschäft der Firma Baltic Reisen erfordert ebenfalls eine Kalkulation. Auch hier kommt die Zuschlagskalkulation zum Einsatz. Die Kalkulation kann in zwei Bereiche gegliedert werden. Da ist zunächst die Bezugskalkulation (Einkaufskalkulation) und dann die Verkaufskalkulation.

In der Bezugskalkulation wird der Einstandspreis (auch Bezugspreis genannt) der Waren ermittelt. Es sind eventuelle Nachlässe (Rabatt, Skonto) und Bezugskosten (Transportkosten, Verpackung) zu berücksichtigen. Die Summe der Einstandspreise der Waren sind die Einzelkosten.

Auf die Einzelkosten werden die Gemeinkosten des Handelsgeschäftes (Handlungs-kosten) mithilfe des in der Kostenstellenrechnung ermittelten Zuschlagssatzes berechnet. Man spricht vom Handlungskostenzuschlagssatz (HKZ).

Durch die Addition von Wareneinsatz und Handlungskosten ergeben sich die Selbst-kosten (Selbstkostenpreis).

Die Selbstkosten sind der Ausgangspunkt für die Verkaufskalkulation. Hierbei sind even-tuelle Nachlässe für die Kunden und die gesetzliche Umsatzsteuer zu berücksichtigen.

Beispiel zur Kalkulation von Waren:

Die Gruppe hat die Reise nach Düsseldorf gebucht (siehe oben). Der Gruppen-leiter bestellt zusätzlich 25 Reiseführer mit Stadtplänen für Düsseldorf. Für die Kalkulation liegen die folgenden Informationen vor:

– Listeneinkaufspreis pro Stück Stadtplan und Reiseführer	4,00 EUR
– Rabatt des Lieferanten	20 %
– Zahlungsbedingung ermöglicht den Abzug von Skonto	3 %
– Transportkosten insgesamt	5,00 EUR
– Der HKZ beträgt laut Kostenstellenrechnung	62,5 %
– Der Gewinnzuschlag beträgt	10 %
– Skonto bei Barzahlung	2 %
– Die gesetzliche Umsatzsteuer beträgt	7 %

Das Kalkulationsschema hat folgendes Aussehen:

	%	EUR			
Listeneinkaufspreis, gesamt		200,00			
– Liefererrabatt	20,0 %	40,00			
Zieleinkaufspreis		160,00			
– Liefererskonto	3,0 %	4,80			
Bareinkaufspreis		155,20			
+ Bezugskosten		5,00			
Einstandspreis (Bezugspreis)		160,20			
+ Handlungskosten	62,5 %	100,13			
Selbstkosten(preis)		260,33			
+ Gewinn	10,0 %	26,03			
Barverkaufspreis (netto)		286,36	→	98,0 %	vermind.
+ Kundenskonto	2,0 %	5,84	→	2,0 %	Grundwert
Ziel-Verkaufspreis (netto)		292,20	→	100,0 %	
+ Umsatzsteuer	7,0 %	20,45			
= Verkaufspreis (brutto)		312,65			
pro Exemplar		12,50			

Dem Kunden wird der Reiseführer inkl. Stadtplan zu 12,50 EUR angeboten.

Auch bei der Kalkulation von Waren finden sowohl die Vorwärtskalkulation und die Rückwärtskalkulation als auch die Differenzkalkulation Anwendung.

Alle drei Kalkulationsarten werden in der nachfolgenden Übersicht dargestellt (siehe nächste Seite). Zu beachten ist bei der Kalkulation, dass man sich stets verdeutlicht, ob man vom Grundwert, vom vermehrten Grundwert oder vom verminderten Grundwert ausgehen muss.

Kalkulationsarten im Überblick

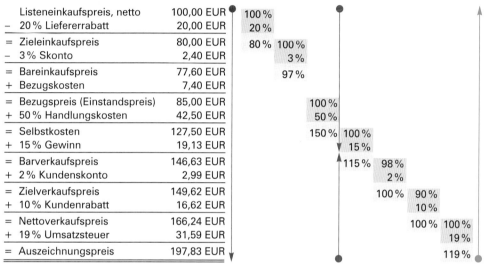

Listeneinkaufspreis, netto	100,00 EUR	100 %
– 20 % Liefererrabatt	20,00 EUR	20 %
= Zieleinkaufspreis	80,00 EUR	80 % 100 %
– 3 % Skonto	2,40 EUR	3 %
= Bareinkaufspreis	77,60 EUR	97 %
+ Bezugskosten	7,40 EUR	
= Bezugspreis (Einstandspreis)	85,00 EUR	100 %
+ 50 % Handlungskosten	42,50 EUR	50 %
= Selbstkosten	127,50 EUR	150 % 100 %
+ 15 % Gewinn	19,13 EUR	15 %
= Barverkaufspreis	146,63 EUR	115 % 98 %
+ 2 % Kundenskonto	2,99 EUR	2 %
= Zielverkaufspreis	149,62 EUR	100 % 90 %
+ 10 % Kundenrabatt	16,62 EUR	10 %
= Nettoverkaufspreis	166,24 EUR	100 % 100 %
+ 19 % Umsatzsteuer	31,59 EUR	19 %
= Auszeichnungspreis	197,83 EUR	119 %

Vorwärtskalkulation   Differenzkalkulation   Rückwärtskalkulation

Bei allen Kalkulationsarten bleiben die Verhältnisse der Prozentzahlen untereinander stets gleich!

6.4 Kostenträgerzeitrechnung

In den bisherigen Ausführungen zur Kalkulation haben wir uns mit der Stück- oder Auftragskalkulation beschäftigt. Diese wird auch **Kostenträgerstückrechnung** genannt.

Soll das Betriebsergebnis der Periode für den Gesamtbetrieb, die einzelnen Sparten oder Artikel ermittelt werden, spricht man von der **Kostenträgerzeitrechnung.**

Es geht hier also um die Gegenüberstellung der Leistungen (Erlöse) und der Selbstkosten.

Für den Vermittlungsbereich wurde diese Arbeit bereits geleistet. Hier noch einmal das Ergebnis:

Erfolgsermittlung im Vermittlungsbereich									
	Touristik	Anteil in %	**DB/BAHN**	Anteil in %	**Flug-verkehr**	Anteil in %	**S. Reise-vermittl.**	Anteil in %	**Gesamt**
Erlöse (Leistung) in EUR	**13 100,00**	40,81	**5 400,00**	16,82	**8 100,00**	25,23	**5 500,00**	17,13	**32 100,00**
− Kosten in EUR	11 894,00	40,52	4 747,00	16,17	7 707,00	26,25	5 007,00	17,06	29 355,00
= Erfolg in EUR	**1 206,00**		**653,00**		**393,00**		**493,00**		**2 745,00**

Es gibt unterschiedliche Möglichkeiten der Darstellung. Hier soll eine Möglichkeit am Beispiel der Firma Baltic Reisen dargestellt werden. Die Unterteilung des Veranstaltungsbereichs (siehe oben) bleibt erhalten.

Es ergibt sich nun das folgende Bild:

	Veranstaltungen			**Waren**
Kostenart	**gesamt**	**eigene Busreisen**	**sonstige Veranstaltung**	
Summe GK	22 008,00 EUR	15 252,00 EUR	6 756,00 EUR	4 387,00 EUR
Einzelkosten	61 500,00 EUR	16 500,00 EUR	45 000,00 EUR	6 800,00 EUR
GK-Zuschlagssatz	**35,79 %**	**92,44 %**	**15,01 %**	**64,51 %**
Selbstkosten	83 508,00 EUR	31 752,00 EUR	51 756,00 EUR	11 187,00 EUR
Erlöse	92 900,00 EUR	30 967,00 EUR	61 933,00 EUR	13 200,00 EUR
Betriebsergebnis	**9 392,00 EUR**	**− 785,00 EUR**	**10 177,00 EUR**	**2 013,00 EUR**

Es fällt auf, dass der Bereich „Busreisen" einen Betriebsverlust verursachte. Es ist nun zu prüfen, ob dieser Bereich stets Verluste hervorruft, ob es Kosteneinsparmöglichkeiten gibt oder ob die Preisgestaltung zu überarbeiten ist. Selbst wenn die Analyse zu dem Ergebnis kommt, dass in diesem Bereich kein anderes Ergebnis zu erwarten ist, wäre es möglicherweise aus kostenrechnerischer Sicht falsch, den Bereich einzustellen.[1] Dies wird im Rahmen der Teilkostenrechnung deutlich gezeigt werden.

---

1 Neben der reinen Erfolgsbetrachtung im Rahmen der KLR haben andere Faktoren (wie u.a. Kundenbindung, Imagepflege, Komplettierung des Angebots) großen Einfluss auf solch eine Entscheidung.

Das Betriebsergebnis der Firma Baltic setzt sich nun wie folgt zusammen:

Betriebsergebnis Baltic Reisen		
Touristik	493,00 EUR	3,5 %
DB/BAHN	653,00 EUR	4,6 %
Flugreisen	393,00 EUR	2,8 %
sonstige Reisevermittlung	1 206,00 EUR	8,5 %
eigene Busreisen	– 785,00 EUR	– 5,5 %
sonstige Veranstaltungen	10 177,00 EUR	**71,9 %**
Waren	2 013,00 EUR	14,2 %
Betriebsergebnis gesamt	**14 150,00 EUR**	**100,0 %**

Die Tabelle verdeutlicht den Anteil der Leistungen der einzelnen Bereiche am Betriebsergebnis. Hier schließt sich der Kreis der traditionellen Kosten- und Leistungsrechnung. Das gesamte Betriebsergebnis wurde bereits im Rahmen der Abgrenzungsrechnung ermittelt. Die betriebswirtschaftlichen Auswertungen und Analysen werden aber erst durch die Kostenstellenrechnung und die Kostenträgerrechnung möglich.

Zusammenfassung

➤ Die Kostenträgerrechnung bildet die letzte Stufe der traditionellen Vollkostenrechnung.

➤ Die Hauptaufgaben der Kostenträgerrechnung sind
  – die Kalkulation der Selbstkosten,
  – die Absatzkalkulation und
  – die Erfolgsermittlung

➤ Die Erfolgsermittlung beim reinen Vermittlungsgeschäft erfolgt bereits auf Basis der in der Kostenstellenrechnung ermittelten Ergebnisse.

➤ Im Reiseverkehrsbetrieb können die folgenden Kalkulationsarten angewendet werden:
  – Divisionskalkulation → bei einem einzigen Produkt (Reise),
  – Äquivalenzziffernkalkulation → bei Produkten mit ähnlicher Kostenverursachung,
  – Zuschlagskalkulation → bei Produkten mit unterschiedlicher Kostenverursachung.

➤ Man unterscheidet die Vor- und die Nachkalkulation. Die Vorkalkulation wird auf der Basis von Normalkosten (besser Plankosten) und die Nachkalkulation auf der Basis von Istkosten durchgeführt.
  – Vorkalkulation → z. B. zur Ermittlung eines Angebotspreises oder zur Überprüfung der Tragfähigkeit von Angebotspreisen.
  – Nachkalkulation → Sie überprüft, ob die kalkulierten Kosten im erwarteten Maß angefallen sind und gibt bei Abweichungen Impulse zur Kostenanalyse.

➤ Die Kostenträgerrechnung kann stückbezogen oder periodenbezogen sein.
- Kostenträgerstückrechnung → Produkt- oder Auftragskalkulation mit dem Ziel, die Selbstkosten und/oder den Absatzpreis pro Stück zu ermitteln.
- Kostenträgerzeitrechnung → Sie bezieht sich auf die Abrechnungsperiode (i. d. R. ein Monat). Sie liefert die Betriebsergebnisse einzelner Produkte, Produktgruppen oder Auftragsarten und das gesamte Betriebsergebnis.

ÜBUNGSAUFGABEN

1. Welche Aufgaben hat die Kostenträgerrechnung (Kalkulation)?

2. Für ein Reisebüro liegen Ihnen die folgenden Daten vor:

Monat: Januar		Hilfs-kostenstelle	Hauptkostenstellen			
Kostenart	EUR	Verwaltung	Touristik	DB/BAHN	Flugverkehr	Sonst. Reise-vermittlung
...	...	...	...	...	...	...
Summen	53 700,00	24 000,00	11 400,00	2 600,00	10 200,00	5 500,00
Verteilung der Verwaltungskosten 5 : 1 : 2 : 4		└──►				
	Summe der GK					

Konto	Finanzbuchhal-tung		Abgrenzungsrechnung				KLR-Bereich	
			unternehm.bezogene	kostenrechnerische				
	Aufwand	Ertrag EUR	neutraler Aufwand	neutraler Ertrag	Aufwand lt. Fibu	verrechn. Kosten	Kosten	Leistungen EUR
Erlöse Touristik		23 005,00						23 005,00
Erlöse DB/BAHN		4 784,00						4 784,00
Erl. sonst. Vermittlungen		15 478,00						15 478,00
Erlöse Flugverkehr		14 850,00						14 850,00

Ermitteln Sie aufgrund der Angaben
a) das Betriebsergebnis insgesamt,
b) das Betriebsergebnis pro Sparte,
c) die Umsatzrenditen und
d) ermitteln Sie die prozentualen Anteile der Kosten und Leistungen je Kostenstelle!

3. Erläutern Sie, warum das Reisebüro keine Kostenträgerrechnung im eigentlichen Sinne durchführt!

4. Welche Kalkulationsverfahren können beim Reiseveranstalter Anwendung finden?

5. Ein Reiseveranstalter hat sich ausschließlich auf die Durchführung einer bestimmten Reise spezialisiert. Diese Reise wird im Monat viermal veranstaltet. Die gesamten Kosten pro Monat betragen 26 000,00 EUR.

 a) Kalkulieren Sie die Selbstkosten pro Reise!

 b) Welches Kalkulationsverfahren haben Sie angewandt?

 c) Welche Problematik beinhaltet die Anwendung dieses Verfahrens?

6. Busunternehmer „Schon" bietet drei verschiedene Städtereisen an. Reiseziele sind Berlin, Dresden und Nürnberg. Alle Reisen haben eine ähnliche Kostenverursachung. Die Selbstkosten pro Reise sollen mithilfe der Äquivalenzziffernkalkulation ermittelt werden. Die Wertfaktoren, die Anzahl der Reisen und die Gesamtkosten können Sie der folgenden Tabelle entnehmen:

Reise	Mengen	Äquivalenz-ziffern	Umrechn.-Zahlen	Selbstkosten gesamt EUR	Selbstkosten pro Reise
Dresden	22	1,0			
Berlin	12	1,3			
Nürnberg	8	0,9			
				90 000,00	

Erstellen Sie eine Kalkulation nach obigem Muster und ermitteln Sie

 a) die gesamten Selbstkosten pro Reiseziel und

 b) die Selbstkosten pro Reise!

7. „DanTours" möchte eine viertägige Reise nach Kopenhagen anbieten. Es wird mit 40 Teilnehmern gerechnet. Für die Reise fallen die folgenden Nettopreise an:

Busmiete	2 100,00 EUR	
Fähre	400,00 EUR	
Hotelkosten bei Vollpension pro Teilnehmer	270,00 EUR	
Eintrittsgelder pro Person	25,00 EUR	
Stadtrundfahrt gesamt	250,00 EUR	
Werbeanzeige in der Tageszeitung	100,00 EUR	Sondereinzelkosten
Gemeinkostenzuschlagssatz	14 %	
Gewinnzuschlagssatz	15 %	
Umsatzsteuersatz	19 %	

 a) Ermitteln Sie den Reisepreis pro Person!

 b) Wie hoch wäre der Reisepreis bei 45 Teilnehmern?

 c) Wie erklären Sie sich das Ergebnis aus b)?

18 Künzel, Thieß - ISBN 978-3-8120-0496-1

8. Baltic Reisen hat für eine 14-tägige Rundreise durch Schottland Veranstaltungskosten von 1 600,00 EUR pro Person. Der Gemeinkostenzuschlagssatz beträgt 15 %. Die Reise wird den Kunden zu einem Preis von 2 199,00 EUR angeboten. Der Umsatzsteuersatz beträgt 19 %.

   a) Ermitteln Sie den Gewinn in EUR und in Prozent!

   b) Wie nennt man diese Art zu kalkulieren?

9. Erstellen Sie die Handelskalkulationen a) – c) nach folgendem Muster und ermitteln Sie

   a) den Auszeichnungspreis (Brutto-Verkaufspreis),

   b) den Gewinn in EUR und Prozent,

   c) den Listeneinkaufspreis!

	%	EUR/Stück	%	EUR/Stück	%	EUR/Stück
Listeneinkaufspreis		110,00				110,00
– Lieferrabatt	20,00		25,00		20,00	
Zieleinkaufspreis						
– Liefererskonto	3,00		3,00		3,00	
Bareinkaufspreis						
+ Bezugskosten		5,00		4,85		4,75
Bezugspreis (Einstandspreis)						
+ Handlungskosten	75,00		45,00		60,00	
Selbstkosten(preis)						
+ Gewinn	10,00		10,00			
Barverkaufspreis (netto)						
+ Kundenskonto	3,00		2,00		0,00	
Zielverkaufspreis (netto)						
+ Umsatzsteuer	19,00		19,00		19,00	
Auszeichnungspreis				29,75		182,80

10. Ihnen liegen die folgenden Daten für einen Abrechnungsmonat vor:

Kostenträgerzeitrechnung (in EUR)					
Kostenart	Vermittlung	eigene Busreisen	Flugreisen	sonst. Veranstalt.	Gesamt
Summe GK	33 400,00	14 125,00	9 870,00	4 655,00	62 050,00
Einzelkosten		21 220,00	64 380,00	26 500,00	112 100,00
GK-Zuschlagssatz					
Selbstkosten					
Erlöse	37 450,00	40 250,00	82 050,00	36 240,00	195 990,00
Betriebs-ergebnis					

a) Ermitteln Sie nach obigem Schema die Periodenergebnisse für die einzelnen Leistungsbereiche und das Betriebsergebnis!

b) Ermitteln Sie den Erfolgsbeitrag der einzelnen Leistungsbereiche!

7 Teilkostenrechnung

7.1 Kritik an der traditionellen Vollkostenrechnung

In der traditionellen Vollkostenrechnung werden die gesamten in einer Periode angefallenen Kosten den in dieser Periode hergestellten oder verkauften Erzeugnissen bzw. Leistungen zugerechnet, daher der Name Vollkostenrechnung.

Die Entwicklung von Teilkostenrechnungen beruht auf Mängeln der Vollkostenrechnung. Diese können für eine Reihe betrieblicher Fragestellungen und Entscheidungsprobleme keine ausreichenden Informationen zur Verfügung stellen, ohne dass umfangreiche zusätzliche Nebenrechnungen notwendig werden. Im Wesentlichen konzentriert sich dabei die Kritik auf zwei Verfahrensvoraussetzungen in der Vollkostenrechnung:

> Gemeinkosten, die ihrem Wesen nach den Kostenträgern nicht direkt zugerechnet werden können, werden in der Vollkostenrechnung letztendlich über Schlüsselungen dennoch auf die Kostenträger verteilt; das Durchschnittsprinzip überwiegt dabei gegenüber dem Verursachungsprinzip.

> Fixkosten werden proportionalisiert, d.h., sie werden z.B. durch Zuschlagssätze prinzipiell analog den variablen Kosten auch auf einzelne Leistungseinheiten, Kostenträger, verrechnet.

Insbesondere bei Ist-Kostensystemen auf Vollkostenbasis ohne Verbindung zu Plan- oder zumindest Normal-Kostenrechnungen werden die in den Gemeinkosten enthaltenen Fixkosten genauso wie die variablen Kostenanteile durch Zuschlagssätze proportional zur Auslastung auf die Kostenträger verteilt. Hierdurch ergibt sich zusätzlich, dass bei geringerer Auslastung die Kostenzuschläge steigen; diese beschäftigungsabhängigen Schwankungen lassen sich zwar durch Vergleichsrechnungen teilweise aufdecken, es bleibt jedoch, dass die Vollkostenrechnung dem Prinzip nach alle Kosten, also auch die Gemeinkosten, den Kostenträgern zurechnen will. Die Verteilung der Fixkostenanteile erfolgt proportional.

Die Kostenträgerstückrechnung ist ein Versuch, die Selbstkosten einer Produktions- oder Absatzeinheit zu ermitteln. In der traditionellen Kostenträgerzeitrechnung sollen ebenfalls die Selbstkosten ausgewiesen werden, die einzelne Kostenträger oder Kostenträgergruppen in einer Periode verursachten, um durch Gegenüberstellung mit den Netto-Umsatzerlösen den Periodenerfolg berechnen zu können.

Der große Nachteil der Vollkostenrechnung ist, dass durch die Verrechnung der gesamten Kosten auch die beschäftigungsunabhängigen Fixkosten auf die einzelnen Kostenträger verrechnet werden. Die traditionelle Kostenstellenrechnung ist so aufgebaut, dass sie den oben genannten Zielen der Kostenträgerrechnung gerecht wird. Mit ihrer Hilfe wird der Versuch unternommen, über die Gemeinkostenverrechnung auf Kostenstellen Kalkulationssätze zu ermitteln, die eine verursachungsgerechte Zurechnung der Gemeinkosten auf Kostenträger ermöglichen. Die in der Kostenstellenrechnung durchgeführte Kostenkontrolle ist also lediglich ein Abfallprodukt mit wenig Aussagekraft.[1]

---

1 Es sei denn, es wird eine flexible Normalkostenrechnung oder besser Plankostenrechnung praktiziert.

Die folgende Situation soll die Kritik an der Vollkostenrechnung verdeutlichen:

Die Ausgangssituation ist die gleiche wie die des Busunternehmens Struve aus dem Kapitel zur Divisionskalkulation.[1] Dort wurde unter anderem die Situation dargestellt, dass bei einer Teilnehmerzahl von 30 Personen ein Verlust von 300,00 EUR pro Reise entsteht.

Die folgenden Tabellen zeigen das Ergebnis der Kalkulation noch einmal:

$$\text{Selbstkosten pro Fahrt} = \frac{240\,000,00 \text{ EUR}}{40} = 6\,000,00 \text{ EUR}$$

$$\text{Selbstkosten pro Person} = \frac{6\,000,00 \text{ EUR}}{50} = 120,00 \text{ EUR}$$

Erlöse der Fahrt 30 Personen à 180,00 EUR	**5 400,00 EUR**
– Selbstkosten pro Fahrt	6 000,00 EUR
= **Verlust**	– 600,00 EUR

Der Verlust ergab sich, weil die Selbstkosten pro Person bei einer geringeren Teilnehmerzahl steigen.

In dieser Situation geht die Anfrage einer Schule ein, ob das Unternehmen in der Lage sei, für 15 Personen zusätzlich einen Sonderpreis von 110,00 EUR zu gewähren.

Ein erster Blick auf die Selbstkosten sagt, dass dieser Preis selbst bei voller Auslastung nicht die Selbstkosten decken würde. Es sieht so aus, als würde die Annahme dieses Angebots zu einem zusätzlichen Verlust führen. **Der Auftrag wäre also abzulehnen.**

Führen wir trotzdem einmal eine Vergleichsrechnung auf Vollkostenbasis durch:

$$\text{Selbstkosten pro Person} = \frac{\text{Kosten pro Fahrt}}{\text{Teilnehmer}} \quad \frac{6\,000,00 \text{ EUR}}{45} = 133,33 \text{ EUR}$$

Erlöse der Fahrt 30 Personen à 180,00 EUR	5 400,00 EUR
Erlöse der Fahrt 15 Personen à 110,00 EUR	1 650,00 EUR
– Selbstkosten pro Fahrt	6 000,00 EUR
= **Gewinn**	**1 050,00 EUR**

Das Ergebnis ist für den Vollkostenrechner nun wohl doch überraschend. Statt des erwarteten größeren Verlusts ergibt sich ein Gewinn.

Dieses kleine Beispiel soll verdeutlichen, wie problematisch das Rechnen mit den vollen Selbstkosten ist. Selbst die eben durchgeführte Vergleichsrechnung wird noch nicht das exakte Ergebnis widerspiegeln, weil nicht bekannt sein kann, wie hoch die Selbstkosten pro Fahrt bei unterschiedlichen Teilnehmerzahlen wirklich sind. Dazu fehlen die Informationen zu den einzelnen Kostenbestandteilen.

> **Das Hauptproblem der Vollkostenrechnung ist also die Annahme, dass sich alle Kosten proportional zur Beschäftigung verhalten.**

---

1 Siehe Teil II, Kapitel 6.2.1.

7.2 Grundlagen der Deckungsbeitragsrechnung

Ziel der Deckungsbeitragsrechnung ist es, die Schwächen der Vollkostenrechnung zu beseitigen und so Kosteninformationen für kurzfristige Entscheidungsprobleme wie

➤ Gestaltung des Programmangebots,

➤ Reisepreisgestaltung,

➤ Veranstaltung mit oder ohne fremde Leistungsträger,

➤ Festlegung von Preisuntergrenzen oder

➤ Annahme oder Ablehnung von Zusatzaufträgen

zu liefern.

Diese Probleme können mit der Vollkostenrechnung nicht oder nur unzureichend sicher gelöst werden.

Die Deckungsbeitragsrechnung spaltet die Kosten in ihre **fixen** (beschäftigungsunabhängigen) und **variablen** (beschäftigungsabhängigen) Kosten auf. Diese Kostenspaltung sollte möglichst bereits im Rahmen der Kostenartenrechnung erfolgen, damit den Kostenstellen bereits die variablen und fixen Kostenbestandteile getrennt zugerechnet werden können. Mit anderen Worten: Der bereits bekannte Aufbau der Kosten- und Leistungsrechnung bleibt erhalten, lediglich die Verrechnungsart ändert sich. Zu der Frage, ob es sich bei den zu verrechnenden Kosten um Einzel- oder Gemeinkosten handelt, kommt die Unterscheidung in variable und fixe Kosten.

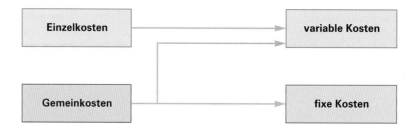

Der Begriff Deckungsbeitrag wurde gebildet, weil bei dieser Rechnung der Überschuss der Erlöse über die Teilkosten (variablen Kosten) ermittelt wird. Das Ergebnis trägt zur **Deckung** der verbleibenden Kosten (Fixkosten) bei.

Die Berechnung des Deckungsbeitrags ist sehr einfach:

Erlöse (netto)
– **variable Kosten**
= **Deckungsbeitrag**

Die Deckungsbeitragsrechnung kann als Stückrechnung (Reise, Auftrag, Artikel) oder als Periodenrechnung durchgeführt werden.

7.2.1 Deckungsbeitragsrechnung als Stückrechnung

Der Begriff Stückrechnung ist für einen Reiseverkehrsbetrieb nicht besonders geeignet, denn es kann sich sowohl um die gesamte Veranstaltung als auch um die einzelne Buchung handeln. Es kommt also auf die Sichtweise an.

Beispiel: Baltic Reisen stellt für seine Kunden aus den Angeboten fremder Leistungsträger eine 14-tägige Pauschalreise nach Griechenland zusammen. Der Katalogpreis der Reise beträgt 1 785,00 EUR.

Die eingekauften Reisevorleistungen (Veranstaltungskosten) setzen sich wie folgt zusammen:

Flug pro Person	450,00 EUR
Hotelkosten pro Person	680,00 EUR

Da es sich bei dem Katalogpreis um den Bruttopreis handelt, muss die enthaltene Umsatzsteuer herausgerechnet werden:

Reisepreis, brutto		1 785,00 EUR
– Umsatzsteuer	19 %	285,00 EUR
= Reisepreis, netto		1 500,00 EUR
– variable Kosten pro Reise		1 130,00 EUR
= Deckungsbeitrag pro Reise		**370,00 EUR**

Jede verkaufte Reise leistet also 370,00 EUR zur Deckung der Fixkosten und trägt zur Verbesserung des Betriebsergebnisses bei.

Genauer kann diese Rechnung werden, wenn auch noch die „variablen Gemeinkosten" berücksichtigt werden können. Für die einzelne Buchung ist dies nicht möglich, da ansonsten die gleichen Fehler wie bei der Vollkostenrechnung gemacht würden. Aber für die gesamten Buchungen dieser Pauschalreise können diese Kosten berücksichtigt werden.

Wir wollen annehmen, dass die oben beschriebene Reise an 35 Kunden verkauft wurde und diese Reise zusätzliche direkt zurechenbare Kosten verursacht hat. Bei diesen Kosten kann es sich z. B. um gezielte Werbung für diese ganz spezielle Reise handeln oder um Kosten, die im direkten Zusammenhang mit dem Einkauf der Reisevorleistungen stehen. Diese Kosten können als **fixe Produktkosten** bezeichnet werden. Die fixen Produktkosten (Reisekosten) würden entfallen, wenn dieses Angebot in Zukunft gestrichen würde.

In Bezug auf die gesamten Veranstaltungen sind sie variabel, aber hinsichtlich dieser Reise fix. Die Summe dieser fixen Reisekosten beträgt 1 200,00 EUR.

Es lassen sich nun zwei Deckungsbeiträge ermitteln:

	pro Reise	Menge	Gesamt
= Preis, netto	1 500,00 EUR	35	52 500,00 EUR
– variable Kosten	1 130,00 EUR	35	39 550,00 EUR
= Deckungsbeitrag I	370,00 EUR	35	12 950,00 EUR
– fixe Produktkosten			1 200,00 EUR
= Deckungsbeitrag II			**11 750,00 EUR**

Das Beispiel macht deutlich, wie sich der Deckungsbeitrag zusammensetzt. Er ergibt sich aus:

Preis (p)	· Menge (x)	= Erlöse (E)	
− variable Stückkosten (k$_v$)	· Menge (x)	= variable Kosten (K$_v$)	
= Stückdeckungsbeitrag (db)	· Menge (x)	= Deckungsbeitrag (DB)	

Es gilt also:

$$E \ = p \cdot x$$
$$K_v = k_v \cdot x$$
$$db = p - k_v$$
$$\mathbf{DB = db \cdot x \ oder \rightarrow DB = E - K \ oder \rightarrow DB = (p \cdot x) - (k_v \cdot x)}$$

7.2.2 Deckungsbeitragsrechnung als Periodenrechnung

Ein Ziel der Kostenrechnung ist die kurzfristige Erfolgsermittlung. Auch dies kann die Deckungsbeitragsrechnung leisten. Für alle Leistungsbereiche werden von den Gesamterlösen des Bereichs die entsprechenden variablen Kosten abgezogen. Die variablen Kosten ergeben sich aus den Einzelkosten und den in der Kostenstellenrechnung ausgewiesenen variablen Gemeinkosten.[1]

Von der Summe der sich ergebenden Deckungsbeiträge werden dann die verbleibenden Fixkosten subtrahiert und es ergibt sich das Betriebsergebnis.

Beispiel: Die Firma Baltic Reisen hat die Kosten- und Leistungsrechnung auf Teilkostenbasis durchgeführt. Die Ergebnisse sind der folgenden Tabelle zu entnehmen:

Betriebsergebnis in EUR auf Basis von Teilkosten					
		Veranstaltungen		sonst. Veranstalt.	Gesamt
	Vermittlung	eigene Busreisen	Flugreisen		
Erlöse	32 100,00	30 967,00	61 933,00	13 200,00	138 200,00
− variable Kosten	2 415,00	18 225,00	46 016,00	7 175,00	73 831,00
= Deckungsbeitrag	29 685,00	12 742,00	15 917,00	6 025,00	64 369,00
− Fixkosten					50 219,00
= Betriebsergebnis					**14 150,00**

---

1 Auf die Darstellung der Kostenstellenrechnung mit ausgewiesenen variablen und fixen Kostenbestandteilen und der damit verbundenen progressiven Kalkulation wird hier verzichtet.

Betriebsergebnis in EUR auf Basis von Vollkosten[1]

Betriebsergebnis Baltic Reisen	
Touristik	493,00 EUR
DB/BAHN	393,00 EUR
Flugreisen	653,00 EUR
sonstige Reisevermittlung	1 206,00 EUR
eigene Busreisen	− 785,00 EUR
sonstige Veranstaltungen	10 177,00 EUR
Waren	2 013,00 EUR
Betriebsergebnis gesamt	**14 150,00 EUR**

Das Betriebsergebnis auf der Basis von Teilkosten ist natürlich identisch mit dem Betriebsergebnis der Vollkostenrechnung. Es wurden in beiden Rechnungssystemen die gleichen Kosten verrechnet. Lediglich die Zwischenergebnisse unterscheiden sich. Der Erfolgsbeitrag der einzelnen Abteilungen lässt sich an den Deckungsbeiträgen ablesen. Für die einzelnen Abteilungen muss es also das Ziel sein, die Deckungsbeiträge zu maximieren (DB_{max}), um das Unternehmensziel der Gewinnmaximierung (G_{max})zu erreichen.

Im Gegensatz zur Vollkostenrechnung erkennt man, dass der Bereich eigene Busreisen durchaus zum Erfolg des Unternehmens beiträgt. Würde dieser Bereich eingestellt, so würde man, zumindest kurzfristig, auf die 12 742,00 EUR Deckungsbeitrag dieses Bereiches verzichten und dadurch das Betriebsergebnis verschlechtern.

7.2.3 Entscheidungsprobleme

Die Teilkostenrechnung liefert für eine Vielzahl von betriebswirtschaftlichen Entscheidungsproblemen relevante Daten. Einige Beispiele werden nun erläutert. Es sei aber ausdrücklich darauf hingewiesen, dass die kostenrechnerischen Ergebnisse nicht die alleinigen Entscheidungsgrundlagen sein können und dürfen.

7.2.3.1 Preisuntergrenzen

Auf dem umkämpften Reisemarkt ist es häufig erforderlich, sich Marktanteile zu erobern bzw. diese zu sichern. Eine Möglichkeit ist die Preispolitik. Um sicherzustellen, dass alle Kosten gedeckt werden, muss der Preis einer Reise alle Kosten dieser Reise decken.

Reisepreis (p) = Kosten pro Reise (k)

In diesem Zusammenhang spricht man von der **langfristigen Preisuntergrenze**.

Die Selbstkosten der Reise können nur dann genau ermittelt werden, wenn es sich ausschließlich um variable Kosten handeln würde. Wir haben hier also wieder das Vollkostenproblem.

---

1 Siehe Teil II, Kapitel 6.4.

Auf der Basis der Teilkostenrechnung können wir die **kurzfristige Preisuntergrenze** ermitteln. Da die Fixkosten auch dann anfallen, wenn keine einzige Reise verkauft würde, ist das Ergebnis ein Verlust in Höhe der Fixkosten. Das gleiche Ergebnis würde auch erzielt, wenn die verkauften Reisen über die Preise gerade die variablen Kosten decken würden.

Reisepreis (p) = variable Kosten der Reise (k_v)

Diese absolute **kurzfristige Preisuntergrenze** sollte aber lediglich ein Anhaltspunkt für die Preisgestaltung sein.

7.2.3.2 Mindestangebotspreis pro Reiseteilnehmer

Soll der Teilnehmerpreis einer Reise ermittelt werden, stellt sich das Problem der Preisuntergrenzen etwas anders. Für die kurzfristige Preisuntergrenze gelten die obigen Ausführungen. Allerdings lässt sich die „langfristige" Preisuntergrenze hier genau ermitteln.

Beispiel: Eine Busveranstaltung für eine Gruppe mit 25 Teilnehmern verursacht die folgenden Kosten:

Personalkosten	600,00 EUR
Reiseleitung (unabhängig von der Teilnehmerzahl)	100,00 EUR
Kfz-Kosten	500,00 EUR
Hotelkosten pro Person	400,00 EUR

Bei den ersten drei Positionen handelt es sich hinsichtlich dieser Reise um fixe Kosten. Die Hotelkosten sind variabel.

Hier lässt sich die Preisuntergrenze, bei der alle Kosten dieser Reise gedeckt sind, wie folgt ermitteln:

$$\text{Mindestreisepreis pro Teilnehmer} = \frac{\text{fixe Kosten}}{\text{Teilnehmer}} + \text{variable Kosten pro Teilnehmer}$$

$$\text{Mindestreisepreis pro Teilnehmer} = \frac{1\,200,00}{25} + 400 = 448,00 \text{ EUR}$$

7.2.3.3 Annahme von Zusatzbuchungen

Die Frage, ob zusätzliche Buchungen zu einem geringeren Reisepreis akzeptiert werden sollen, stellt sich nur, wenn noch Kapazitäten frei sind. Aus rein kostenrechnerischer Sicht ist die Annahme sinnvoll, wenn sich das Betriebsergebnis dadurch verbessert. Eingangs des Kapitels wurde ein solches Problem durch einen aufwendigen Kostenvergleich auf Vollkostenbasis durchgeführt. Ist die Kostenrechnung allerdings zur Teilkostenrechnung ausgebaut, so lässt sich wesentlich schneller feststellen, ob die Annahme des Zusatzauftrags das Betriebsergebnis verbessert oder nicht. Das Entscheidungskriterium ist der Deckungsbeitrag. Es gilt:

Deckungsbeitrag $\geq$ 0 $\rightarrow$ Verbesserung des Betriebsergebnisses.

7.2.3.4 Fixkostendeckungsrechnung (mehrstufige Deckungsbeitragsrechnung)

Aus obiger Rechnung lassen sich keine Aussagen darüber machen, ob und in welcher Höhe Fixkosten abgebaut werden könnten.

Um auf solche Fragen Antworten zu bekommen, muss der Fixkostenblock einer genaueren Überprüfung unterzogen werden. Es wird geprüft, welche Fixkosten ausschließlich durch einzelne Bereiche verursacht werden. Mittel- bzw. langfristig müssten diese Fixkosten abbaubar sein, wenn der entsprechende Bereich eingestellt wird.

In der Firma Baltic Reisen lässt sich ein Teil der Fixkosten den Bereichen zuordnen, weil sie nur durch diese verursacht werden. Die Erfolgsrechnung hat nun folgendes Aussehen:

	Vermittlung in EUR	Veranstaltungen		Waren in EUR	Gesamt in EUR
		eigene Busreisen in EUR	sonstige Veranstalt. in EUR		
Erlöse	32 100,00	30 967,00	61 933,00	13 200,00	138 200,00
– variable Kosten	2 415,00	18 225,00	46 016,00	7 175,00	73 831,00
= Deckungsbeitrag I	29 685,00	12 742,00	15 917,00	6 025,00	64 369,00
– bereichsfixe Kosten	13 116,00	9 875,00	2 311,00	2 875,00	28 177,00
= Deckungsbeitrag II	16 569,00	2 867,00	13 606,00	3 150,00	36 192,00
– restlicher Fixkostenblock					22 042,00
= Betriebsergebnis					14 150,00

Die Information über den DB II erhöht die Aussagekraft dieser Rechnung. Allerdings dürfen die Fixkosten wirklich nur dann unterteilt werden, wenn sie auch abbaubar sind.

7.3 Break-even-Analyse

Bei der Break-even-Analyse geht es darum, herauszufinden, bei welcher Menge (Teilnehmerzahl) die Gewinnschwelle erreicht wird. Errechnet werden kann so also die Mindestteilnehmerzahl, die erforderlich ist, um die Kosten zu decken. Dies ist immer dann der Fall, wenn die Erlöse die Kosten decken. Man spricht üblicherweise vom Break-even-Point (BEP).

$$BEP = E - K$$
$$\downarrow$$
$$K = E$$
$$\downarrow$$
$$k_v \cdot x + K_f = p \cdot x$$
$$\downarrow$$
$$K_f = (p - k_v) \cdot x$$

Oder:

$$K_f = db \cdot x$$
$$\downarrow$$
$$K_f : db = x$$

Man erhält den Break-even-Point also, indem man die fixen Kosten durch den Stückdeckungsbeitrag teilt:

$$\text{Break-even-Point} = \frac{\text{fixe Kosten } (K_f)}{\text{Stückdeckungsbeitrag}^{\,1}\,(db)}$$

Beispiel: Für die folgende Situation soll die Gewinnschwelle rechnerisch und grafisch ermittelt werden:

Die fixen Kosten einer Reise nach London betragen 2 200,00 EUR. Der Reisepreis pro Teilnehmer beträgt 240,00 EUR. Die variablen Kosten pro Teilnehmer belaufen sich auf 185,00 EUR.

Wie oben abgeleitet, lässt sich der BEP schnell ermitteln, indem die Fixkosten durch den Stückdeckungsbeitrag geteilt werden.

Stückdeckungsbeitrag (db) = $p - k_v$
$$\downarrow$$
$$db = 240,00\,\text{EUR} - 185,00\,\text{EUR}$$
$$\downarrow$$
$$db = 55,00\,\text{EUR}$$

Break-even-Point (BEP) = K_f : db
$$\downarrow$$
$$BEP = 2\,200,00\,\text{EUR} : 55,00\,\text{EUR}$$
$$\downarrow$$
$$BEP = 40\,\text{Teilnehmer}$$

Diese Reise muss von 40 Teilnehmern gebucht werden, damit alle Kosten gedeckt sind. Es wird dann weder ein Gewinn noch ein Verlust erwirtschaftet. Mit jedem zusätzlichen Teilnehmer steigt der Gewinn um den Stückdeckungsbeitrag von 55,00 EUR.

---

1 Hier der Deckungsbeitrag pro Teilnehmer.

Der grafischen Lösung liegt die folgende Wertetabelle zugrunde:

Break-even-Analyse		Städtereise: London			
Fixkosten:	2 200,00 EUR	Teilnehmer	Kosten (EUR)	Umsatz (EUR)	Gewinn (EUR)
Variable Kosten pro Teilnehmer	185,00 EUR	0	2 200	0	– 2 200
		5	3 125	1 200	– 1 925
		10	4 050	2 400	– 1 650
Reisepreis pro Teilnehmer	240,00 EUR	15	4 975	3 600	– 1 375
Gewinnschwelle	40 Teiln.	20	5 900	4 800	– 1 100
		25	6 825	6 000	– 825
		30	7 750	7 200	– 550
		35	8 675	8 400	– 275
		40	9 600	9 600	0
		45	10 525	10 800	275
		50	11 450	12 000	550
		55	12 375	13 200	825
		60	13 300	14 400	1 100
		65	14 225	15 600	1 375

Daraus ergibt sich der folgende Kosten- und Erlösverlauf:

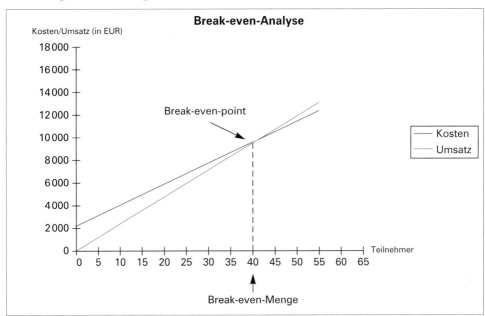

285

Zusammenfassung

➤ Die Teilkostenrechnung vermeidet die Fehler der Vollkostenrechnung bei der Verrechnung der Kosten auf die Kostenträger.

➤ Es werden nicht alle Kosten verrechnet, sondern lediglich die variablen Bestandteile. So wird die Proportionalisierung der Fixkosten verhindert.

➤ Die Teilkostenrechnung arbeitet mit Deckungsbeiträgen. Sie ergeben sich als Differenz aus den Marktpreisen und den variablen Kosten:

Stückbetrachtung

   Stückpreis (p)
– variable Stückkosten (k_v)

= Stückdeckungsbeitrag (db)

Gesamtbetrachtung

   Erlöse (netto) (E)
– variable Kosten (K_v)

= Deckungsbeitrag (DB)

➤ Die fixen Kosten werden in der einstufigen Rechnung als Block von den Deckungsbeiträgen abgezogen.

➤ Alle Produkte mit einem positiven Deckungsbeitrag tragen zur Verbesserung des Betriebsergebnisses bei.

➤ In der mehrstufigen Deckungsbeitragsrechnung wird der Fixkostenblock differenziert. Abbaubare fixe Kosten, die einem Produkt oder einem Bereich zugeordnet werden können, werden den Produkten oder Bereichen zugeordnet. Grundschema:

	Vermittlung in EUR	Veranstaltungen		Waren in EUR	Gesamt in EUR
		eigene Busreisen in EUR	sonstige Veranstalt. in EUR		
Erlöse	50 000,00	18 000,00	12 000,00	15 000,00	95 000,00
– variable Kosten	45 000,00	12 000,00	8 000,00	10 000,00	75 000,00
= Deckungsbeitrag I	5 000,00	6 000,00	4 000,00	5 000,00	20 000,00
– reisefixe Kosten		2 000,00	1 000,00		3 000,00
= Deckungsbeitrag II	5 000,00	4 000,00	3 000,00	5 000,00	17 000,00
– bereichsfixe Kosten	2 500,00	1 800,00	1 500,00	1 500,00	7 300,00
= Deckungsbeitrag III	2 500,00	2 200,00	1 500,00	3 500,00	9 700,00
– restlicher Fixkostenblock					5 000,00
= Betriebsergebnis					**4 700,00**

➤ Die Deckungsbeitragsrechnung ist besonders für die Lösung kurzfristiger Entscheidungsprobleme geeignet.

➤ Die Break-even-Analyse ermittelt die Gewinnschwelle. Errechnet wird die Teilnehmerzahl, bei der der Gewinn gleich null ist. → **Break-even-Point (BEP) = K_f : db.**

1. Welche Schwächen der Vollkostenrechnung werden durch die Teilkostenrechnung beseitigt?

2. Erklären Sie, was unter der Proportionalisierung von Fixkosten verstanden wird!

3. Wie ermittelt man in der einstufigen Deckungsbeitragsrechnung
   a) den Stückdeckungsbeitrag,
   b) den Gesamtdeckungsbeitrag und
   c) das Betriebsergebnis?

4. Ihnen liegen die folgenden Informationen eines Abrechnungsmonats vor:

			Veranstaltungen		
	Vermittlung Touristik in EUR	sonst. Vermittl. in EUR	Busreisen in EUR	sonst. Veranstalt. in EUR	Gesamt in EUR
Erlöse	66 500,00	21 400,00	24 500,00	19 300,00	
− variable Kosten	47 150,00	17 550,00	14 220,00	13 300,00	
= Deckungsbeitrag I					
− reisefixe Kosten			4 420,00	3 150,00	
= Deckungsbeitrag II					
− bereichsfixe Kosten	5 150,00	4 650,00	1 175,00	1 500,00	
= Deckungsbeitrag III					
− restlicher Fixkostenblock					5 500,00
= Betriebsergebnis					

   a) Übernehmen Sie das Schema und ermitteln Sie das Betriebsergebnis!
   b) Was würden Sie aus kostenrechnerischer Sicht empfehlen?
   c) Welche Gründe könnten gegen Ihren Vorschlag sprechen?

5. Ein Reisebüro will zusätzlich einen Kopier-Service anbieten und mietet hierzu ein Kopiergerät an. Die Mietkosten betragen monatlich 90,00 EUR. An Kosten für Papier, Toner etc. ermittelt es 0,03 EUR. Es wird ein Monatsumsatz von 3000 Kopien erwartet. Der Marktpreis pro Kopie beträgt 0,10 EUR und soll gleichzeitig der Angebotspreis sein.
   a) Wie hoch sind die Selbstkosten pro Kopie?
   b) Wie hoch ist der geplante Gewinn?

287

Ist-Zustand:

Am Monatsende sind erst 900 Kopien abgenommen.

a) Wie hoch sind die Selbstkosten pro Kopie?

b) Wie hoch sind die Erlöse?

c) Wie hoch ist der tatsächliche Gewinn?

Entscheidungssituation:

Nun kommt ein Kunde – der jedoch nicht mehr als 0,04 EUR pro Kopie zu zahlen bereit ist – mit einem Auftrag von 2000 Kopien.

a) Nehmen Sie den Auftrag an oder lehnen Sie ihn ab?

b) Begründen Sie Ihre Entscheidung!

6. Baltic Reisen führt eine 5-tägige Busrundreise nach Bayern durch. Die Reise wurde von 40 Personen gebucht. Die Kapazität des Busses beträgt 50 Personen. Der Reisepreis pro Teilnehmer beträgt 476,00 EUR inklusive Umsatzsteuer. Folgende Kosten (netto) fallen an:

Hotelkosten pro Person	220,00 EUR
Eintrittsgelder pro Person	25,00 EUR
Buskosten inklusive Fahrer	4 340,00 EUR

a) Ermitteln Sie für die Reise den Break-even-Point!

b) Wie hoch ist das Betriebsergebnis?

c) Ein Kleingruppe von 6 Personen fragt an, ob Baltic Reisen Ihnen die Rundreise zu 357,00 EUR (brutto) verkauft. Prüfen Sie, ob sich die Annahme des Zusatzauftrages aufgrund der Teilkostenkalkulation lohnt und ermitteln Sie das entsprechende Betriebsergebnis!

d) Wie verändert sich die Beschäftigung (Auslastungsgrad) durch die Annahme des Zusatzauftrages?

e) Wie hoch waren die Selbstkosten auf Vollkostenbasis in der Ausgangssituation?

f) Warum ist diese Größe keine geeignete Grundlage bei der Lösung kurzfristiger Entscheidungsprobleme?

g) Welche Gründe könnte es geben, den Zusatzauftrag abzulehnen?

7. a) Wie kann der Begriff Break-even-Point übersetzt werden?

b) Welcher Zusammenhang besteht zwischen den variablen und fixen Kosten, den Erlösen und dem Break-even-Point?

8. Der BEP einer Reise beträgt 32 Teilnehmer. Die fixen Kosten belaufen sich auf 2 464,00 EUR.

Ermitteln Sie den Deckungsbeitrag!

9. Baltic Reisen veranstaltet eine 14-tägige Flugreise nach Malta. Die Kosten für das Hotel belaufen sich auf 75,00 EUR pro Person und Tag (13 Tage). Das Flugzeug wurde gechartert und kostet 6 475,00 EUR. Der Reisepreis beträgt 1 190,00 EUR.

a) Ermitteln Sie die Gewinnschwelle!

b) Zeichnen Sie den Kosten- und Erlösverlauf!

8 Plankostenrechnung

8.1 Notwendigkeit einer Plankostenrechnung

In jedem Unternehmen, das Waren oder Dienstleistungen erzeugt oder anbietet, müssen Ziele vorgegeben werden. Diese Ziele orientieren sich im marktwirtschaftlichen System an der Zielgröße **Gewinn**. Alle Mittelentscheidungen dienen der Erreichung des vorgegebenen Zieles. Rationale Entscheidungen lassen sich nur fällen, wenn dem Management Informationen vorliegen, die eine Beurteilung der Entscheidung ermöglichen.

Als Controlling-Instrument hat die Kostenrechnung innerhalb der operativen (kurzfristigen) und der strategischen (langfristigen) Planung vor allen Dingen die Aufgabe, die Wirtschaftlichkeitskontrolle durchzuführen und dispositive Entscheidungen zu ermöglichen.

Diese Aufgaben lassen sich mit den vergangenheitsorientierten Kostenrechnungssystemen nur unzureichend erfüllen. Die Wirtschaftlichkeitskontrolle kann z.B. durch den Vergleich der Kosten mit anderen Betrieben oder durch den Vergleich der Kosten einer Periode mit einer anderen Periode erfolgen. Beide Vergleiche bergen aber die Gefahr, dass die Misswirtschaft des eigenen Betriebs (einer Periode) mit der eines anderen Betriebs (einer anderen Periode) verglichen wird. Eine optimale Kontrolle der Kosten ist nur möglich, wenn Vorgabekosten (Plankosten) mit den tatsächlichen Kosten (Istkosten) verglichen werden.

Soll die Kostenrechnung mithilfe der Kalkulation z.B. Informationen darüber liefern, ob der für die zu verkaufende Reise erzielbare Marktpreis ausreicht und zu welchem Preis die Reise gerade noch angeboten werden kann (Preisuntergrenzen), so wird das Ergebnis auf der Basis von vergangenheitsbezogenen Daten (wie sie die Ist- und die Normalkostenrechnung liefern) ungenau, denn die regelmäßig eintretenden Datenänderungen (z.B. Beschäftigung, Preise) werden erst in einer Nachkalkulation sichtbar. Für dispositive Entscheidungen kommt die Nachkalkulation zu spät.

Die angesprochenen Punkte machen deutlich, dass zur optimalen Führung eines Unternehmens eine Plankostenrechnung erforderlich ist.

8.2 Begriff Plankostenrechnung

Eine Plankostenrechnung liegt dann vor, wenn die Einzelkosten nach Kostenträgern und die Gemeinkosten nach Kostenstellen (Kostenstellen-Einzelkosten) differenziert für eine bestimmte Planungsperiode (i.d.R. ein Jahr) im Voraus bestimmt werden. Die Kosten werden hier also nicht aus Vergangenheitswerten abgeleitet, sondern sie gehen aus der betrieblichen Planung hervor.

> Beruhen die Kostenvorgaben der Kostenrechnung auf Messungen, Berechnungen und statistisch fundierten Schätzungen, so ist sie zukunftsorientiert und daher zur Steuerung und Kontrolle des Betriebsgeschehens besser geeignet als vergangenheitsbezogene Rechnungen.

19 Künzel, Thieß - ISBN 978-3-8120-0496-1

Bei der Plankostenrechnung handelt es sich nicht um ein zusätzliches System der Kostenrechnung, sondern es basiert wie alle anderen Systeme auch auf der Kostenarten-, Kostenstellen- und der Kostenträgerrechnung und wird neben der erforderlichen Istkostenrechnung geführt. Auch die Plankostenrechnung kann sowohl als Voll- als auch als Teilkostenrechnung geführt werden. Dies führt dann zu den Ausprägungen **starre Plankostenrechnung, flexible Plankostenrechnung und Grenzplankostenrechnung.**

8.3 Gemeinkostenplanung und -kontrolle

Ausgangspunkt für die Planung ist die zu erstellende Leistungsmenge. Dabei stellt sich heraus, dass ein Teil der Gemeinkosten variabel, ein anderer Teil dagegen fix ist. Nach dem Verhalten bei Beschäftigungsänderungen können die Gemeinkosten daher in drei Gruppen unterteilt werden:

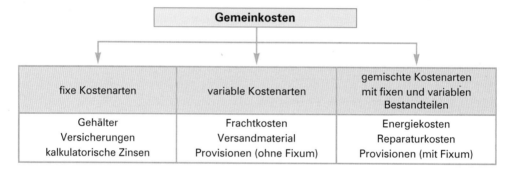

Besonders schwierig ist die Planung der gemischten Kostenarten, da hier eine Auflösung in fixe und variable Bestandteile erfolgen muss, wenn die Planung nicht nur für einen Beschäftigungsgrad gelten soll. In Kostenstellen, in denen auch gemischte Kostenarten vorkommen, benötigt man daher eine sogenannte flexible Planung, die die Aufteilung in fixe und variable Bestandteile vornimmt. In Kostenstellen, in denen fast ausschließlich fixe Gemeinkosten anfallen (z.B. in Verwaltungsstellen), kommt man dagegen mit starren Planungsverfahren aus.

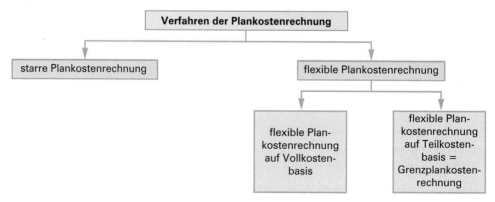

8.3.1 Starre Plankostenrechnung

Bei der starren Plankostenrechnung wird am Anfang der Periode die Planbeschäftigung festgelegt. Daraus lässt sich die Planung der Einzelkosten ableiten. Für die Planung der Gemeinkosten wird zunächst in den einzelnen Kostenstellen die Planbeschäftigung in einer Bezugsgröße ausgedrückt (Arbeitsstunden, Maschinenstunden, Buchungszahlen usw.). Für diesen einzigen Beschäftigungsgrad wird dann der in jeder Kostenstelle erwartete mengenmäßige Verbrauch an den Gemeinkostengütern mit Planpreisen bewertet. Dividiert man die Plankosten durch die Planbeschäftigung, so erhält man den Plankostenverrechnungssatz, der in der Kostenstellenrechnung bei der Verteilung der innerbetrieblichen Leistungen und in der Kostenträgerrechnung verwendet wird. Der Plankostenverrechnungssatz ist ein Vollkostensatz, da keine Aufteilung in fixe und variable Kosten erfolgte. Multipliziert man nun den Plankostenverrechnungssatz mit von der Planbeschäftigung abweichenden Istbeschäftigungen, dann erhält man die sogenannten verrechneten Plankosten für bestimmte Istbeschäftigungsgrade. Nach der erfolgten Planung der Einzel- und Gemeinkosten kann die Plankalkulation erstellt werden.

Die folgende Darstellung soll die Planung der Gemeinkosten in einer Kostenstelle und die Entstehung von Kostenabweichungen verdeutlichen:

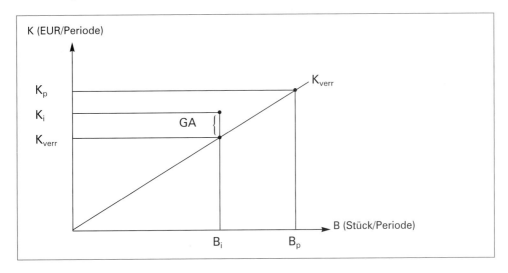

Symbole:

K_p = Plankosten bei Planbeschäftigung

K_{verr} = verrechnete Plankosten bei Istbeschäftigung

K_i = Istkosten

k_p = Plankostenverrechnungssatz

B_p = Planbeschäftigung

B_i = Istbeschäftigung

GA = Gesamtabweichung

Es gelten folgende Beziehungen:

$$k_p = K_p : B_p$$
$$K_{verr} = k_p \cdot B_i$$
$$GA = K_i - K_{verr}$$

Oder:

$$GA = K_i - k_p \cdot B_i$$

Beispiel zur starren Plankostenrechnung:

Die Planbeschäftigung in der Kostenstelle Verwaltung beträgt 160 Stunden pro Monat. Die Plankosten des Monats belaufen sich auf insgesamt 24 000,00 EUR.

Am Ende der Periode soll eine Kostenkontrolle vorgenommen werden. Dabei werden alternativ folgende Situationen geprüft:

a) Die Istbeschäftigung entspricht genau der geplanten Beschäftigung von 160 Stunden. Dabei sind Istkosten in Höhe von 26 000,00 EUR angefallen.

b) Die Istbeschäftigung erreicht entgegen den Erwartungen nur 150 Stunden. Dabei sind Istkosten in Höhe von 26 000,00 EUR angefallen.

Ermittlung des Plankostenverrechnungssatzes:

→ **Plankosten (K_p) : Planbeschäftigung (B_p) = Plankostenverrechnungssatz (k_p)**

24 000,00 EUR : 160 = 150,00 EUR

Ermittlung der verrechneten Kosten:

→ **Plankostenverrechnungssatz (k_p) · Istbeschäftigung (B_i) = verrechnete Kosten (K_{verr})**

für Situation a): 150,00 EUR · 160 = 24 000,00 EUR
für Situation b): 150,00 EUR · 150 = 22 500,00 EUR

Ermittlung der gesamten Kostenabweichungen:

→ **Istkosten (K_i) – verrechnete Kosten (K_{verr}) = Gesamtabweichung**

für Situation a): 26 000,00 – 24 000,00 EUR = 2 000,00 EUR
für Situation b): 26 000,00 – 22 500,00 EUR = 3 500,00 EUR

Es wird deutlich, dass in der Situation a) und in der Situation b) tatsächlich mehr Kosten als geplant entstanden.

Die Ursachen hierfür sind allerdings unklar. Es ist nur bekannt, wie hoch die Abweichungen insgesamt ausgefallen sind. Die Höhe der Verbrauchsabweichungen und der Beschäftigungsabweichungen wird so nicht aufgedeckt.[1]

---

1 Es wird unterstellt, dass Preisabweichungen durch Verrechnungspreise ausgeschaltet werden. Vgl. hierzu auch Kapitel II, 5.4.

Wenn aber unterstellt werden kann, dass es sich bei den Gemeinkosten des Bereichs Verwaltung ausschließlich um fixe Kosten handelt, lässt sich die Beschäftigungsabweichung durch eine Nebenrechnung ermitteln.

In der **Situation a)** entspricht die Istbeschäftigung der Planbeschäftigung. Eine Beschäftigungsabweichung kann hier also nicht vorliegen. Die 2 000,00 EUR Abweichung sind also auf einen Mehrverbrauch zurückzuführen.

In der **Situation b)** liegt die Istbeschäftigung um 6,25 % unter der Planbeschäftigung. Folglich sind um 6,25 % zu wenig fixe Kosten verrechnet worden. 6,25 % von den hier fixen Plankosten entspricht 1 500,00 EUR. Nun kann die Verbrauchsabweichung ermittelt werden:

Istkosten	26 000,00 EUR
− verrechnete Plankosten	22 500,00 EUR
= Gesamtabweichung	3 500,00 EUR
− Beschäftigungsabweichung	1 500,00 EUR
= Verbrauchsabweichung	2 000,00 EUR

Diese Berechnung ist nur möglich, wenn die Kosten der Kostenstelle ausschließlich fixe Kosten sind.

Soll mit den Plankostensätzen auch kalkuliert werden, tritt ein weiteres Problem auf. In der Kalkulation würde mit dem Plankostenverrechnungssatz von 150,00 EUR gearbeitet werden. Für die Situation b) gilt allerdings ein tatsächlicher Verrechnungssatz von

→ **Plankosten (K_p) : Istbeschäftigung (B_i) = tatsächlicher Verrechnungssatz**

24 000,00 EUR : 150 = 160,00 EUR

Es würden für diesen Fall also zu wenig Kosten verrechnet werden. Dies ist auf die schon mehrfach angesprochene Fixkostenproportionalisierung zurückzuführen.

Die willkürliche Fixkostenproportionalisierung hat zur Folge, dass die festgestellten Abweichungen nicht zu Zwecken der Kostenkontrolle und zur Kalkulation verwendet werden können. So kann man bei veränderter Beschäftigung keinesfalls fordern, dass der Kostenstellenleiter mit den verrechneten Kosten auszukommen hat.

Die starre Plankostenrechnung ist wegen der angesprochenen Mängel nur dann praktisch anwendbar, wenn wenigstens eine der folgenden Bedingungen erfüllt ist:

➢ Die Fixkosten in einer Kostenstelle sind gleich null oder aber so gering, dass sie vernachlässigt werden können. Es gibt dann keinen oder keinen nennenswerten Unterschied zwischen den verrechneten Plankosten und den Sollkosten (siehe flexible Plankostenrechnung).

➢ Die zu erwartende Abweichung von Plan- und Istbeschäftigung ist gleich null. Die Folge ist wiederum eine Übereinstimmung von verrechneten Plankosten und Sollkosten.

➢ Die Kosten in einer Kostenstelle sind ausschließlich oder fast ausschließlich beschäftigungsunabhängig (fix).

In der Praxis findet man die starre Plankostenrechnung am häufigsten in Kostenstellen wie Stabstellen der Geschäftsleitung, Marktforschung, Grundstücks- und Gebäudeverwaltung usw., da die hier anfallenden Kosten weitgehend beschäftigungsunabhängig sind. Hier werden die geplanten Kosten (Budgetkosten) einmal im Jahr mit den Plankosten verglichen. Die starre Plankostenrechnung liefert hier tragfähige Ergebnisse.

8.3.2 Flexible Plankostenrechnung auf Vollkostenbasis

Die Mängel der starren Plankostenrechnung (PKR) führen in Unternehmen, die mit schwankender Beschäftigung rechnen müssen, zu unbrauchbaren Ergebnissen. Die flexible PKR vermeidet den Hauptfehler der starren PKR, nämlich die Proportionalisierung der Fixkosten. Der Aufbau der flexiblen PKR auf Vollkostenbasis erfolgt zunächst wie bei der starren PKR:

> ➤ Festlegung der Planbeschäftigung,
> ➤ Planung der Einzelkosten,
> ➤ Planung der Gemeinkosten.

Im Gegensatz zur starren PKR werden jedoch die Gemeinkosten in der Kostenstellenrechnung in ihre fixen und variablen Bestandteile zerlegt. Dadurch lassen sich nicht nur die Plankosten für die Planbeschäftigung bestimmen, sondern auch realisierbare Sollkosten für alle Istbeschäftigungen, die höher oder niedriger als die Planbeschäftigung sind.

Die Sollkosten werden folgendermaßen ermittelt:

> → **Sollkosten (K_{si}) = geplante variable Stückkosten (k_{vp}) · Istbeschäftigung (B_i)**
> **+ fixe Plankosten (K_{fp})**

also → $K_{si} = k_{vp} \cdot B_i + K_{fp}$

Die Sollkosten berücksichtigen bei einer *geringeren Beschäftigung als der Planbeschäftigung,* dass nur die variablen Kosten abgebaut werden können und die fixen Kosten in der vollen Höhe bestehen bleiben, und bei einer *höheren Beschäftigung als der Planbeschäftigung,* dass nur die variablen Kosten steigen und die Fixkosten konstant bleiben. Für den Fall, dass die Istkosten bei einer geringeren Beschäftigung als der Planbeschäftigung über den verrechneten Plankosten liegen, lässt sich nun ein Teil der Gesamtabweichung als Beschäftigungsabweichung (BA) darstellen und erklären. Die eventuell verbleibende Differenz zwischen den Soll- und den Istkosten stellt dann die Verbrauchsabweichung (VA) dar, wenn die Istkosten mit Planpreisen errechnet wurden.[1]

---

1 Wurden die Istkosten mit Istpreisen errechnet, dann enthält die verbleibende Abweichung eventuell auch noch Preisabweichungen (PA).

Zur Erläuterung der Zusammenhänge soll die folgende Darstellung dienen:

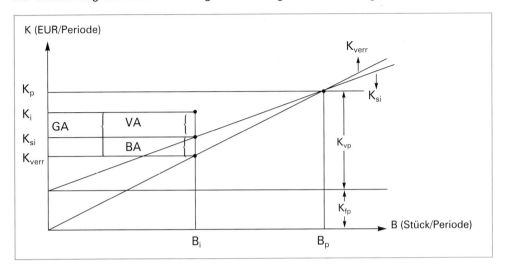

Für die Abweichungen gelten die folgenden Gleichungen:

$$GA = K_i - K_{verr} = K_i - k_p \cdot B_i$$
$$BA = K_{si} - K_{verr} = (K_{fp} + k_{vp} \cdot B_i) - (k_p \cdot B_i)$$
$$VA = K_i - K_{si} = K_i - (K_{fp} + k_{vp} \cdot B_i)$$

Beispiel zur Durchführung der flexiblen Plankostenrechnung:

Ein Reisbus wird als eigenständige Kostenstelle geführt. Die Bezugsgröße ist die Kilometerleistung. Die Planbeschäftigung aufgrund des Einsatzplanes für den Monat Juni beträgt 5 000 km. Die fixen Kosten wie das Gehalt des Fahrers, Versicherungen und Steuern betragen 3 000,00 EUR. Die variablen Kosten betragen 1 250,00 EUR.

Die Kostensituation lässt sich auch aus folgendem Kostenplan ablesen:

Kostenplan Juni 20..		Kostenstelle: Reisebus HL-BR 10			Stellenleiter:			
Planbeschäftigung: 5 000 km/Monat				Kostenplaner:				
Kostenart	km	Plankosten-Verr.-Satz	variabler Plankosten-Verr.-Satz	Gesamtkosten EUR/Periode	variable Kosten EUR/Periode	Fixkosten EUR/Periode	Istkosten EUR/Periode	
...	...	...	...	...	...	...	...	
Summe	5 000	0,85 EUR/km	0,25 EUR/km	4 250,00	1 250,00	3 000,00		

Nach Abschluss des Monats liegen die folgenden Istdaten vor:

Fahrleistung = 4 800 km
Istkosten = 4 100,00 EUR

Durchführung der Kostenkontrolle:

Ermittlung der **Istbeschäftigung** (4800 km z. B. laut Tachoscheiben)

Ermittlung der **Istkosten** (4100,00 EUR = Summe der Kostenarten)

Berechnung des **Beschäftigungsgrades** (= Istbeschäftigung/Planbeschäftigung · 100)

$\rightarrow$ 4800 : 5000 · 100 = 96 %

Berechnung der **verrechneten Plankosten** (= Istbeschäftigung · Plankostenverrechnungssatz)

$\rightarrow$ 4800 · 0,85 EUR = 4080,00 EUR

Berechnung der Sollkosten (= variabler Plankostenverrechnungssatz · Istbeschäftigung + fixe Plankosten)

$\rightarrow$ 0,25 EUR · 4800 + 3000,00 EUR = 4200,00 EUR

oder (= variable Plankosten · Beschäftigungsgrad + fixe Plankosten)

$\rightarrow$ 1250,00 EUR · 96 % + 3000,00 EUR = 4200,00 EUR

Berechnung der **Gesamtabweichung** (= Istkosten – verrechnete Plankosten)

$\rightarrow$ 4100,00 EUR – 4080,00 EUR = 20,00 EUR

Berechnung der **Verbrauchsabweichung** (= Istkosten – Sollkosten)

$\rightarrow$ 4100,00 EUR – 4200,00 EUR = – 100,00 EUR

Berechnung der **Beschäftigungsabweichung** (= Gesamtabweichung – Verbrauchsabweichung)

$\rightarrow$ 20,00 EUR – (– 100,00 EUR) = 120,00 EUR

oder (= Sollkosten – verrechnete Plankosten)

$\rightarrow$ 4200,00 EUR – 4080,00 EUR = 120,00 EUR

Die Kostenkontrolle ergibt also, dass im Abrechnungsmonat wirtschaftlich gearbeitet wurde. Der Verbrauch lag um 100,00 EUR unter dem bei der tatsächlichen Beschäftigung erwarteten Verbrauch. Deutlich wird auch, dass die geringere Beschäftigung zu einer Abweichung von 120,00 EUR führte.

Die in der Kostenstellenrechnung durchgeführte Aufspaltung der Kosten in fixe und variable Bestandteile wird in der flexiblen PKR auf Vollkostenbasis nicht in die Kostenträgerrechnung übernommen. Hier kalkuliert man wie in der starren PKR mit einem Vollkostensatz. Mit anderen Worten: Man verzichtet freiwillig auf den Teilkostensatz und nutzt obige Ergebnisse lediglich für die Kostenkontrolle.

8.3.3 Grenzplankostenrechnung (flexible PKR auf Teilkostenbasis)

Der Aufbau der Grenzplankostenrechnung entspricht weitgehend dem Aufbau der flexiblen PKR auf Vollkostenbasis. Der Unterschied liegt darin, dass die Grenzplankostenrechnung sowohl in der Kostenstellenrechnung als auch in der Kostenträgerrechnung fixe und variable Kosten trennt. In der Kostenträgerrechnung werden auf die Kostenträger nur die variablen Kosten weiter verrechnet. Die fixen Kosten werden als Block gesammelt und auf das Betriebsergebnis gebucht.[1]

In diesem System fallen also die variablen Sollkosten und die verrechneten Plankosten (ohne Fixkosten) zusammen. Eine Beschäftigungsabweichung wird nicht ausgewiesen. Die Verbrauchsabweichung wird als Differenz zwischen den variablen Istkosten und den variablen Sollkosten ermittelt.

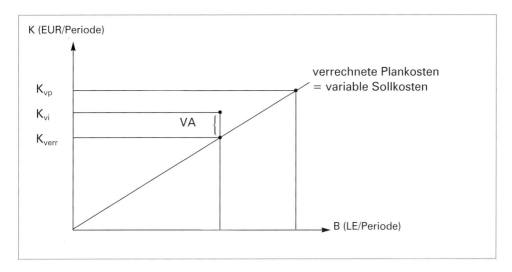

Beispiel zur Durchführung der Grenzplankostenrechnung:

In der Kostenstelle „Reisebus" wird für den Monat Juni eine Planbeschäftigung von 6 000 km festgelegt. Hierbei sind 3 000,00 EUR variable Kosten geplant. Nach Ablauf des Monats stellt sich heraus, dass die Istbeschäftigung 6 240 km betrug und variablen Istkosten von 3 500,00 EUR anfielen.

Durchführung der Kostenkontrolle:

Berechnung des **Grenzplankostensatzes** (= variable Plankosten : Planbeschäftigung)

→ 3 000,00 EUR : 6 000 = 0,50 EUR/km

Berechnung des **Beschäftigungsgrades** (= Istbeschäftigung : Planbeschäftigung · 100)

→ 6 240 : 6 000 · 100 = 104 %

---

1 Siehe Ausführungen zur Deckungsbeitragsrechnung im Teil II, Kapitel 7.

Berechnung der **variablen Sollkosten** bzw. der **verrechneten Grenzplankosten**[1]
(= Grenzplankostensatz · Istbeschäftigung)

$\rightarrow$ 0,50 EUR · 6240 = 3120,00 EUR

oder (= variable Plankosten · Beschäftigungsgrad)

$\rightarrow$ 3000,00 EUR · 104 % = 3120,00 EUR

Ermittlung der **Verbrauchsabweichung** (= variable Istkosten − variable Sollkosten)

$\rightarrow$ 3500,00 EUR − 3120,00 EUR = 380,00 EUR

In der oben beschriebenen Situation wurden mehr Kosten verursacht als geplant. Diese Abweichung ist ausschließlich auf einen Mehrverbrauch (z. B. Treibstoff) zurückzuführen. Eine Beschäftigungsabweichung kann im Rahmen der reinen Grenzplankostenrechnung nicht ermittelt werden.

Für die Kostenkontrolle ist die Verbrauchsabweichung von besonderer Bedeutung. Durch ihre Ermittlung können Unwirtschaftlichkeiten aufgedeckt werden. Außerdem können diese in der Regel von den für die Kostenstellen Verantwortlichen beeinflusst werden.

Die ermittelten Grenzplankostensätze können in der Kalkulation eingesetzt werden. Sie bilden gemeinsam mit den geplanten Erlösen die Grundlage zur Ermittlung von Plan-Deckungsbeiträgen.

Der entscheidende Vorteil der Grenzplankostenrechnung liegt darin, dass die schwerwiegenden Mängel des Vollkostenrechnungssystems vermieden werden. Es wird der Erkenntnis Rechnung getragen, dass die fixen Kosten nach ihrer Proportionalisierung, also der Verrechnung auf einzelne Leistungseinheiten (Kostenträger), nicht mehr sinnvoll kontrolliert werden können, dass es also nur möglich ist, diese Kosten pro Periode für einzelne Kostenstellen zu überwachen.

Die Grenzplankostenrechnung ermöglicht also eine wirksame Kostenkontrolle und liefert bessere Kosteninformationen für die Vorbereitung unternehmerischer Entscheidungen. Gegen die Grenzplankostenrechnung werden allerdings auch immer wieder Argumente genannt, die sich vor allem gegen die Verwendung von Teilkosten in der Kostenrechnung richten.

Das wichtigste Argument gegen die Grenzplankostenrechnung lautet: Grenzkostenkalkulationen bergen die Gefahr von Preissenkungen, sodass langfristig die Kosten nicht gedeckt werden.

Auf diese Problematik wurde bereits in Teil II, Kapitel 7 eingegangen.

---

1 Die variablen Sollkosten und verrechneten Grenzkosten sind identisch, weil keine fixen Kosten berücksichtigt werden.

Zusammenfassung

Systeme der Plankostenrechnung

starre PKR	flexible PKR	Grenz-PKR
Eine Aufteilung in variable und fixe Kosten erfolgt nicht. Keine Anpassung an veränderte Beschäftigungsgrade möglich und kein Ausweis von Verbrauchsabweichungen.	Die Plankosten werden in ihre fixen und variablen Bestandteile zerlegt. Dadurch können die Sollkosten für verschiedene Beschäftigungsgrade ermittelt werden. Am Ende der Abrechnungsperiode können Verbrauchs-, Beschäftigungs- und Gesamtabweichungen ermittelt werden.	Es werden nur die variablen Kosten betrachtet. Die verrechneten Grenzkosten sind identisch mit den variablen Sollkosten. Es werden ausschließlich Verbrauchsabweichungen ermittelt. Die fixen Kosten werden als Block übernommen. Grenzplankostensätze sind besonders geeignete Kalkulationsgrößen.

Ablauf der Plankostenrechnung

Ermittlung der Plankosten, Planpreise, Planbeschäftigung, Planmengen

Durchführung der Plankostenrechnung

Kontrolle

| Preisabweichungen | Beschäftigungsabweichungen | Verbrauchsabweichungen |

1. Beurteilen Sie die starre Plankostenrechnung hinsichtlich ihrer Einsetzbarkeit zur Kostenkontrolle und als Grundlage für dispositive Aufgaben!

2. Erstellen Sie eine grafische Lösung zu den Beispiel-Situationen a) und b) des Abschnitts 8.3.1!

3. a) Führen Sie aufgrund der folgenden Angaben die Kostenkontrolle auf der Basis der starren Plankostenrechnung durch.

Kostenplan Juni 20..	Kostenstelle: Personalabteilung		Stellenleiter:
Planbeschäftigung: 500 Stunden **Istbeschäftigung: 490 Stunden**		**Kostenplaner:**	
Kostenart	Stunden	Plankostenverrechnungssatz	Gesamtkosten EUR/Periode	Istkosten EUR/Periode
...	...	...	...	...
Summe	500		11 700	11 800

b) Wie könnte man die Beschäftigungsabweichung hier ermitteln?

c) Welche Voraussetzung muss dafür erfüllt sein?

4. Beurteilen Sie die flexible PKR auf Vollkostenbasis im Hinblick auf die Wirksamkeit der Kostenkontrolle sowie hinsichtlich der Nutzung für dispositive Aufgaben!

5. Erstellen Sie eine grafische Lösung zu der Beispiel-Situation des Abschnitts 8.3.2!

6. a) Führen Sie aufgrund der folgenden Angaben die Kostenkontrolle auf der Basis der flexiblen Plankostenrechnung durch!

Kostenplan Juni 20..		Kostenstelle: 010 Reisebus				Stellenleiter:	
Planbeschäftigung: 7 500 km **Istbeschäftigung: 6 375 km**				**Kostenplaner:**			
Kostenart	km	Plankosten-verrech-nungssatz	variabler Plankosten-Verr.-satz	Gesamt-kosten EUR/Periode	variable Kosten EUR/Periode	Fixkosten EUR/Periode	Istkosten EUR/Periode
...	...	...	...	...	...	...	...
Summe	7 500			5 250,00	1 875,00		4 725,00

b) Ermitteln Sie die Gesamtabweichung, die Verbrauchsabweichung und die Beschäftigungsabweichung!

c) Stellen Sie die Ergebnisse grafisch dar!

7. Wie können Preisabweichungen ausgeschaltet werden?

8. a) Führen Sie aufgrund der folgenden Angaben die Kostenkontrolle auf der Basis der Grenzplankostenrechnung durch!

Kostenplan Juni 20..		Kostenstelle: 101 Reisebus		Stellenleiter:	
Planbeschäftigung: 5500 km Istbeschäftigung: 5600 km			Kostenplaner:		
Kostenart	km	Grenzplankostensatz	variable Plankosten EUR/Periode	variable Istkosten EUR/Periode	
...	...	...	...	...	
Summe	5500		3200,00	3600,00	

b) Warum kann hier keine Beschäftigungsabweichung ermittelt werden?

9. Vergleichen Sie die drei Systeme der Plankostenrechnung hinsichtlich ihrer

a) Kontrollergebnisse und

b) Eignung als Kalkulationsgrundlage!

10. Welche Abweichungsart ist für den Kostenrechner von besonderer Bedeutung? Begründen Sie Ihre Meinung!

9 Prozesskostenrechnung[1]

Die traditionellen Instrumente des betrieblichen Rechnungswesens können die seit Jahren steigenden Gemeinkosten nicht verursachungsgerecht abbilden und im Sinne einer Wirtschaftlichkeitskontrolle steuern. Insbesondere im Vermittlungsgeschäft ist der Gemeinkostenanteil enorm hoch. Mit der **Prozesskostenrechnung** wird in jüngster Zeit ein neuer Weg zur Gemeinkostenkontrolle und zur Kalkulation der Gemeinkosten beschritten. Die Prozesskostenrechnung verspricht eine wesentlich verbesserte Planung, Steuerung und Kontrolle der Gemeinkosten – vor allem in den indirekten Leistungsbereichen – sowie eine verursachungsgerechtere Verrechnung auf die Kostenträger zu gewährleisten.

9.1 Entstehungsursachen

Die Prozesskostenrechnung ist vor allem wegen der Schwachpunkte der traditionellen Kosten- und Leistungsrechnung entwickelt worden. Zum einen ist mit der herkömmlichen Schlüsselung der Kosten für die indirekten Leistungsbereiche (z.B. Verwaltung) keine effiziente Gemeinkostenkontrolle möglich, da sich die Budgetansätze weitgehend an Vergangenheitsdaten orientieren, ohne eine Überprüfung unter Wirtschaftlichkeitsgesichtspunkten vorzunehmen. Letzteres gilt ebenso für die Kostenrechnungssysteme auf Teilkostenbasis, die eine „Vernachlässigung" fixer (Gemein-)Kosten enthalten. Auf der anderen Seite muss festgestellt werden, dass die üblichen Verrechnungsbasen im Rahmen der Zuschlagskalkulation – Veranstaltungskosten und Fahrzeugkosten – die Gemeinkosten den Kostenträgern nicht verursachungsgerecht zuordnen können. Fehlentscheidungen können mit diesen Bezugsgrößen somit nicht vermieden werden.

Bei der Prozesskostenrechnung werden dagegen Aktivitäten (Tätigkeiten, Transaktionen, Prozesse) als kostentreibende Einflussfaktoren auf die Entstehung und Höhe der Gemeinkosten herausgestellt. Das gesamte betriebliche Geschehen wird als eine Abfolge von Aktivitäten gesehen, die die Produktion und den Vertrieb der Erzeugnisse und Dienstleistungen fördern. Die Prozesskostenrechnung versucht vor allem, eine höhere Transparenz in die indirekten Leistungsbereiche zu bringen.

9.2 Prüfkriterien für die Einführung

Vor der Einführung einer Prozesskostenrechnung ist zu überprüfen, ob gewisse Voraussetzungen gegeben sind.

Zunächst einmal ist abzuschätzen, welchen Personalaufwand und welche Kosten die Einführung und permanente Durchführung einer Prozesskostenrechnung verursachen wird. Als Untersuchungsbereiche sollten Kostenstellen ausgewählt werden, die relativ hohe Gemeinkosten aufweisen und in denen häufig wiederkehrende, gleichartige Tätigkeiten auftreten. Des Weiteren ist zu klären, ob genügend qualifizierte Mitarbeiter für die Einführung, Umsetzung und Auswertung der Prozesskostenrechnung vorhanden sind.

---

1 Entstanden in den USA unter der Bezeichnung „Activity Based Costing".

9.3 Verfahrensschritte im Überblick

Bei der Einführung einer Prozesskostenrechnung sind folgende Verfahrensschritte zu vollziehen:

(1) Tätigkeitsanalyse,

(2) Bestimmung von Bezugsgrößen,

(3) Ermittlung der Prozesskostensätze,

(4) Kalkulation mit Prozesskosten.

(1) Tätigkeitsanalyse

Ausgangspunkt der Prozesskostenrechnung ist eine Analyse der Tätigkeiten, die die Gemeinkosten verursachen bzw. die den vom Kunden gewünschten Nutzen stiften. Bei der Tätigkeitsanalyse geht es darum, die von den entsprechenden Kostenstellen (z.B. Verwaltung) zu verrichtenden Aufgabenkomplexe in einzelne Teilprozesse zu zerlegen. Es ist zu klären, welche Aufgaben bzw. Prozesse zwecks Erreichung der Unternehmensziele zwingend erledigt werden müssen und welche bisher verrichteten Tätigkeiten unnötig sind bzw. in einer anderen Form wirtschaftlicher ausgeführt werden können.

Bei der Tätigkeitsanalyse bieten sich die folgenden Erhebungsmethoden an:

➤ Dokumentenanalyse,

➤ Interviews mit standardisierten Fragebogen, wobei die Wahl der Antworten frei sein sollte,

➤ Selbstaufschreibung durch die betroffenen Mitarbeiter (Gefahr der Verfälschung!),

➤ Beobachtung durch einen „neutralen" Dritten über mehrere Tage (sehr aufwendig und schafft „Unruhe" unter den Mitarbeitern).

Sachlich zusammenhängende Teilprozesse sind zu Hauptprozessen zusammenzufassen. Voraussetzung für die Zusammenfassung von Teilprozessen zu einem Hauptprozess ist allerdings, dass für die Teilprozesse ein einheitlicher Kostenbestimmungsfaktor (= direkte Bezugsgröße = cost driver) gefunden werden kann. Hierin liegt in der praktischen Durchführung eine gewisse Problematik, da wegen der Einhaltung des Kostenverursachungsprinzips die Anzahl der Hauptprozesse nicht willkürlich eingeschränkt werden darf.

(2) Bestimmung von Bezugsgrößen (cost driver)

Im Rahmen der Tätigkeitsanalyse sind gleichzeitig Bezugsgrößen für die Kostenverursachung und -verrechnung zu suchen. Diese werden Kostentreiber (cost driver) genannt. Die Kostentreiber sollen sich optimalerweise proportional zu der mit der Aktivität verbunden Leistung verhalten. Außerdem ist bei der Wahl der Bezugsgröße auf die Wirtschaftlichkeit der Datenerfassung zu achten.

Für die Beschaffung von Reisevorleistungen bei einem Reiseveranstalter soll die Tätigkeitsanalyse folgende Tätigkeitsübersicht und die dazugehörigen Kostentreiber ergeben haben.

Kostenstelle: Einkauf	Hauptprozess: Beschaffung von Reisevorleistungen	
Teilprozesse (Aktivitäten)	Erläuterungen	Kostentreiber
Anfragen bearbeiten	Je nach den Wünschen der Kunden müssen verschiedene Anfragen an die Leistungsträger gerichtet werden.	Anzahl der Anfragen
Angebote bearbeiten	Aufgrund der eingehenden Angebote müssen Preise und Leistungen der Angebote überprüft werden.	Anzahl der Angebote
Kapazitäten disponieren	Kontingente müssen überprüft werden.	Anzahl der Vertragspartner
Kapazitäten buchen	Bestellung der benötigten Kapazitäten.	Anzahl der Buchungen
Einkauf leiten	Abteilung leiten	Gesamtwert der Kundenbuchungen

Die ersten vier Aktivitäten sind durch die Leistung bedingt. Man spricht von leistungsmengeninduzierten (lmi) Kosten. Die Leitung der Abteilung ist notwendig, aber in Bezug auf die ausgebrachte Leistung neutral. Man spricht hier von leistungsmengenneutralen (lmn) Kosten. Die Kosten werden prozentual in Bezug auf den Gesamtwert der Buchungen durch die Kunden zugeschlagen (proportionalisiert).

(3) Ermittlung der Prozesskostensätze

Ebenfalls während der Tätigkeitsanalyse müssen den Teilprozessen über detaillierte Zeitmessungen die entsprechenden Kosten zugeordnet werden. Wegen der hohen Personalintensität in den indirekten Leistungsbereichen genügt es in der Regel, die Personalkosten einer Kostenanalyse zu unterziehen. Die Sachkosten können, soweit sie hinsichtlich der Höhe nicht ins Gewicht fallen, anhand der Personalkosten als Schlüsselgröße verteilt werden. Ansonsten empfiehlt es sich, eine möglichst genaue Erfassung (z.B. durch Stichproben) der zeitlichen Beanspruchung von Sachmitteln, z.B. Nutzung von Arbeitsplatzrechnern je Teilprozess, durchzuführen.

Der Kostensatz für eine Aktivität (Prozesskostensatz) ergibt sich aus der Division der gesamten Kosten dieser Aktivität durch die Anzahl der Aktivitäten.

Der Prozesskostensatz kann z.B. wie folgt bestimmt werden:

Die Aktivität „Anfragen bearbeiten" verursacht monatliche Kosten von 3200,00 EUR. Es werden 800 Anfragen bearbeitet

→ **3200,00 EUR : 800 = 4,00 EUR Prozesskostensatz**

Für ein Reiseverkehrsunternehmen soll sich, aufbauend auf dem obigen Ergebnis der Tätigkeitsanalyse, bei der Ermittlung der Prozesskostensätze das folgende Bild ergeben:

Kostenstelle: Einkauf	Hauptprozess: Beschaffung von Reisevorleistungen			
Teilprozesse (Aktivitäten)	Kostentreiber	Prozess-menge	Prozess-kosten EUR	Prozess-kostensatz
		(pro Monat)		(EUR/Menge)
Anfragen bearbeiten	Anzahl der Anfragen	800	3 200,00	4,00
Angebote bearbeiten	Anzahl der Angebote	240	720,00	3,00
Kapazitäten disponieren	Anzahl der Vertragspart-ner	105	420,00	4,00
Kapazitäten buchen	Anzahl der Buchungen	330	660,00	2,00
Abteilung leiten	Buchungsvolumen	240 000	2 400,00	1 %

(4) Kalkulation mit Prozesskosten

Die Kalkulation einer Hotelbuchung für eine Reisegruppe von 10 Personen könnte nun das folgende Aussehen haben:

Teilprozess	Prozessmenge (Leistungsumfang)	Prozesskostensatz EUR	anteilige Prozesskosten EUR
Anfragen bearbeiten	1	4,00	4,00
Angebote bearbeiten	3	3,00	9,00
Kapazitäten disponieren	1	4,00	4,00
Kapazität buchen	1	2,00	2,00
Abteilung leiten	2 400,00 EUR	1 %	24,00
Prozesskosten			**43,00**

Dem Buchungsauftrag müssten also 43,00 EUR Prozesskosten angelastet werden.

9.4 Kritik

Die genau Analyse der Kosten, die mit der Einführung der Prozesskostenrechnung verbunden ist, gibt tiefere Einblicke in die Gemeinkostenstruktur des Betriebs und die Kostenverursachungen. Die Prozesskostenrechnung verbessert sicher die Kalkulationsergebnisse der Vollkostenrechnung. In der traditionellen Vollkostenrechnung wäre für obiges Beispiel ein Gemeinkostenzuschlagssatz angewendet worden, um die Gemeinkosten des Einkaufs dem Kostenträger zuzurechnen. Die Kalkulation mit Prozesskosten berücksichtigt die Kostenverursachung besser. Allerdings beinhaltet sie die gleichen Schwächen wie die traditionelle Vollkostenrechnung. Auch in der Prozesskostenrechnung werden fixe Kosten proportionalisiert. Daher eignen sich die Ergebnisse nicht zur Lösung kurzfristiger Entscheidungsprobleme. Sie sollte daher sinnvollerweise mit einer Teilkostenrechnung ergänzt werden.

20 Künzel, Thieß - ISBN 978-3-8120-0496-1

Zusammenfassung

➤ Die Prozesskostenrechnung geht in folgenden Schritten vor:
- Tätigkeitsanalyse zur Ermittlung von Haupt- und Teilprozessen
- Ermittlung von Kostentreibern (cost driver)
- Ermittlung von Prozesskostensätzen
- Kalkulation mit Prozesskosten

➤ Ziele der Prozesskostenrechnung sind,
- die im Gemeinkostenbereich (indirekter Leistungsbereich) erbrachten Leistungen als Basis für die Zuordnung von Kosten zu Kostenträgern zu verwenden und
- die Planung und Kontrolle von Gemeinkosten zu verbessern.

➤ Die Prozesskostensätze eignen sich nicht zur Lösung kurzfristiger Entscheidungsprobleme, weil es sich um Vollkostensätze handelt und Fixkosten proportionalisiert werden.

ÜBUNGSAUFGABEN

1. a) Beschreiben Sie die Zielsetzung der Prozesskostenrechnung!

   b) Welches Problem soll durch die Einführung einer Prozesskostenrechnung gelöst werden?

   c) Handelt es sich bei diesem Kostenrechnungssystem um eine Voll- oder Teilkostenrechnung? Begründen Sie Ihre Antwort!

2. In welchen Schritten wird die Prozesskostenrechnung durchgeführt?

3. Erklären Sie die Begriffe leistungsmengeninduziert und leistungsmengenneutral!

4. Warum eignen sich die Kalkulationsergebnisse auf der Basis von Prozesskostensätzen nicht zur Lösung kurzfristiger Probleme?

5. Ihnen liegen die folgenden Informationen vor:

Kostenstelle: Einkauf	Hauptprozess: Beschaffung von Reisevorleistungen			
Teilprozesse (Aktivitäten)	Kostentreiber	Prozess- menge/ Stück	Prozess- kosten EUR	Prozess- kosten- satz
		(pro Monat)		(EUR/ Menge)
Anfragen bearbeiten	Anzahl der Angebots- positionen	800	15 000,00	
Ware disponieren, wenn				
– Bestellpunkt erreicht ist	Anzahl dieser Waren	320	2 720,00	
– Zugang oder Abgang vorliegt	Anzahl dieser Waren	2 400	1 200,00	
Bestellungen auslösen	Anzahl dieser Waren, bei denen Bestellpunkt erreicht ist	1 600	3 000,00	
Termine verfolgen bei				
– normalen Bestellungen	Anzahl dieser Bestellungen	1 300	1 500,00	
– terminkritischen Bestel- lungen	Anzahl dieser Bestellungen	300	1 200,00	

a) Ermitteln Sie die Prozesskostensätze für die Teilprozesse! Für eine Warenart liegen folgende Informationen vor:

Teilprozess	Prozessmenge (Leistungsumfang)	Prozesskostensatz	anteilige Prozesskosten
Angebote bearbeiten	3		
Ware disponieren, wenn – Bestellpunkt erreicht ist	2		
– Zugang oder Abgang vorliegt	5		
Bestellungen auslösen	4		
Termine verfolgen bei – normalen Bestellun- gen	4		
– terminkritischen Bestellungen	1		
Prozesskosten			

b) Ermitteln Sie die Prozesskosten!

6. Vervollständigen Sie die folgende Tabelle, indem Sie den Prozessen geeignete Kostentreiber zuordnen:

Nr.	Hauptprozess	Kostentreiber
1	Kunden betreuen	
2	Kundenbesuche nachbearbeiten	
3	Auftragsabwicklung	
4	Gruppenreisen vermitteln	

7. Bringen Sie die folgenden Bestandteile der Prozesskostenrechnung in eine sinnvolle chronologische Reihenfolge:

Kalkulation mit Prozesskosten
Ermittlung der Hauptprozesskosten
Tätigkeitsanalyse
Bestimmung von Bezugsgrößen
Ermittlung der Teilprozesskostensätze

III. Den Jahresabschluss vorbereiten und auswerten (Lernfeld 11)

Zum Ende eines Geschäftsjahres ist laut HGB ein Jahresabschluss zu erstellen. Die Teile des Jahresabschlusses richten sich nach der Gesellschaftsform:

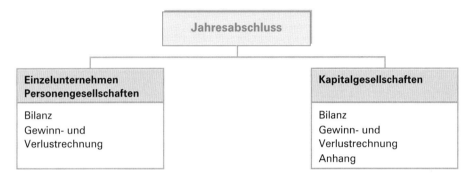

Der **Anhang** ergänzt die Bilanz und die Gewinn- und Verlustrechnung der Kapitalgesellschaften. Er gehört zum Jahresabschluss und enthält **Erläuterungen** einzelner Posten wie z.B. Bewertungsmethoden, die Entwicklung des Anlagevermögens, Aufgliederung der Umsatzerlöse usw. (§§ 284 – 288 HGB). Zusätzlich zum Jahresabschluss müssen Kapitalgesellschaften[1] einen **Lagebericht** aufstellen, in dem der **Geschäftsverlauf und die Lage** der Kapitalgesellschaft so darzustellen ist, dass ein den tatsächlichen Verhältnissen entsprechendes Bild vermittelt wird. Auch auf die Risiken der **künftigen Entwicklung** ist einzugehen.

Bevor der Jahresabschluss aufgestellt werden kann, müssen noch einige **Vorarbeiten** erledigt werden:

> **periodengerechte** Erfassung der Aufwendungen und Erträge (zeitliche Abgrenzung),
> **Bewertung** der Vermögensteile und der Schulden,
> **Abgleich** der Konten mit den Ergebnissen der Inventur,
> Abschluss der **Unterkonten** über die entsprechenden Hauptkonten.

Erst danach kann nach den **Grundsätzen ordnungsgemäßer Bilanzierung** der Jahresabschluss aufgestellt werden.

---

1 Ausgenommen kleine Kapitalgesellschaften (zur Abgrenzung der Größenmerkmale von Kapitalgesellschaften vgl. § 267 HGB).

1 Zeitliche Abgrenzung

§ 252 Abs.1 Ziffer 5 HGB: Aufwendungen und Erträge des Geschäftsjahrs sind unabhängig von den Zeitpunkten der entsprechenden Zahlungen im Jahresabschluss zu berücksichtigen.

Das bedeutet, dass Aufwendungen und Erträge richtig (periodengerecht) gebucht werden müssen. Sie müssen in dem Geschäftsjahr erfasst werden, dem sie wirtschaftlich zuzurechnen sind, und zwar unabhängig vom Zeitpunkt der Zahlung, denn nicht immer stimmen Zeitpunkt der Zahlung und Zeitpunkt der Erfolgsauswirkung überein.

1.1 Sonstige Forderungen und Sonstige Verbindlichkeiten

Aufwendungen und Erträge, die wirtschaftlich zum abzuschließenden Jahr gehören, bei denen es aber erst im neuen Jahr zu einer Ausgabe bzw. zu einer Einnahme kommen wird, werden zum Jahresabschluss auf den Konten

> „(1700) **Sonstige Verbindlichkeiten**" bzw.
>
> „(1480) **Sonstige Forderungen**"

bilanziert.

Das Konto „Sonstige Verbindlichkeiten" ist ein passives Bestandskonto, das Konto „Sonstige Forderungen" ein aktives. Beide werden entsprechend über das SBK abgeschlossen. Würde der Aufwand oder der Ertrag erst zum Zeitpunkt der Zahlung gebucht werden, dann wäre der Erfolg des abzuschließenden Jahres nicht richtig ausgewiesen.

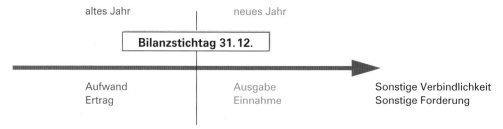

Beispiel für Sonstige Verbindlichkeiten:

Die Dezembermiete von 1 000,00 EUR wird von uns erst im Januar überwiesen.

Der Mietaufwand gehört wirtschaftlich in das abzuschließende Jahr. Die Ausgabe erfolgt aber erst im nächsten Jahr. So lange haben wir gegenüber unserem Vermieter eine Verbindlichkeit. Für eine periodengerechte Erfolgsermittlung muss der Aufwand in der Gewinn- und Verlustrechnung des alten Jahres erfasst werden. Deshalb ist am 31.12. eine zeitliche Abgrenzung über das Konto „(1700) Sonstige Verbindlichkeiten" vorzunehmen. Damit erhöhen sich die Aufwendungen auf der einen Seite und die Verbindlichkeiten auf der anderen.

1. Buchungssatz: Abgrenzung am 31.12.

Buchungssatz	Soll	Haben
(4100) Mietaufwendungen	1 000,00	
an (1700) Sonstige Verbindlichkeiten		1 000,00

2. Buchungssatz: Abschluss der Konten

Buchungssatz	Soll	Haben
(9200) GuV	1 000,00	
an (4100) Mietaufwendungen		1 000,00
(1700) Sonstige Verbindlichkeiten	1 000,00	
an (9300) SBK		1 000,00

1. Buchungssatz: Eröffnung des Kontos „(1700) Sonstige Verbindlichkeiten"

Buchungssatz	Soll	Haben
(9100) EBK	1 000,00	
an (1700) Sonstige Verbindlichkeiten		1 000,00

2. Buchungssatz zum Zeitpunkt der Zahlung: Überweisung der Miete

Buchungssatz	Soll	Haben
(1700) Sonstige Verbindlichkeiten	1 000,00	
an (1200) Bank		1 000,00

Kontenübersicht:

Soll	Mietaufwendungen	Haben	Soll	Sonst. Verbindlichkeiten	Haben
Sonst. Verb. 1 000,00	GuV	1 000,00	SBK 1 000,00	Mietaufw.	1 000,00

Soll	GuV	Haben	Soll	SBK	Haben
Mietaufw. 1 000,00				Sonst. Verb.	1 000,00

im neuen Jahr

Soll	Bank	Haben	Soll	Sonst. Verbindlichkeiten	Haben
	Sonst. Verb.	1 000,00	Bank 1 000,00		

Beispiel für Sonstige Forderungen:

Die Provision für die im Dezember vermittelten Pauschalreisen erhalten wir erst im Januar, 3 000,00 EUR.

In diesem Beispiel entsteht durch die bereits erbrachte Leistung (Vermittlung), die den Erfolg verändert, eine echte Forderung. Beides muss noch im alten Jahr erfasst werden, auch wenn die Zahlung erst im neuen Jahr erfolgt.

Buchungen im alten Jahr:

1. Buchungssatz: Abgrenzung am 31.12.

Buchungssatz	Soll	Haben
(1480) Sonstige Forderungen an (8100) EVM	3 000,00	3 000,00

2. Buchungssatz: Abschluss der Konten

Buchungssatz	Soll	Haben
(8100) EVM an (9200) GuV	3 000,00	3 000,00
(9300) SBK an (1480) Sonstige Forderungen	3 000,00	3 000,00

Buchungen im neuen Jahr:

1. Buchungssatz: Eröffnung des Kontos „(1480) Sonstige Forderungen" zum 01.01.

Buchungssatz	Soll	Haben
(1480) Sonstige Forderungen an (9100) EBK	3 000,00	3 000,00

2. Buchungssatz zum Zeitpunkt der Zahlung: Gutschrift der Provision auf dem Bankkonto

Buchungssatz	Soll	Haben
(1200) Bank an (1480) Sonstige Forderungen	3 000,00	3 000,00

Kontenübersicht:

Soll	EVM		Haben	Soll	Sonstige Forderungen		Haben
GuV	3 000,00	Sonst. Ford.	3 000,00	EVM	3 000,00	SBK	3 000,00

Soll	GuV		Haben	Soll		SBK	Haben
		EVM	3 000,00	Sonst. Ford.	3 000,00		

im neuen Jahr

Soll	Bank		Haben	Soll	Sonstige Forderungen		Haben
Sonst. Ford.	3 000,00					Bank	3 000,00

Sonstige Verbindlichkeiten und Sonstige Forderungen bezeichnet man als **„antizipative Posten"** (lat. anticipere = vorwegnehmen).

1.2 Aktive und Passive Rechnungsabgrenzung (ARA und PRA)

Werden Ausgaben und Einnahmen im laufenden Geschäftsjahr getätigt, die wirtschaftlich aber erst im neuen Jahr einen Aufwand oder Ertrag darstellen (Vorauszahlungen), müssen diese über die Konten

> „(0920) **Aktive Rechnungsabgrenzung**" bzw.
> „(0930) **Passive Rechnungsabgrenzung**"

korrigiert werden.

Auf dem aktiven Bestandskonto „(0920) Aktive Rechnungsabgrenzung" werden die abzugrenzenden Beträge für Aufwendungen gebucht, die zwar schon im alten Jahr zu Ausgaben führten, wirtschaftlich aber erst dem neuen Jahr zuzurechnen sind. Entsprechend bucht man auf dem passiven Bestandskonto „(0930) Passive Rechnungsabgrenzung"die abzugrenzenden Beträge für Erträge, die im alten Jahr zu Einnahmen führten, wirtschaftlich aber erst dem neuen Jahr zuzurechnen sind. Man bezeichnet diese Posten auch als **„transitorische Posten"** (lat. transire = hinübergehen), weil die bereits getätigte Zahlung erfolgsmäßig in das neue Jahr „hinübergeht".

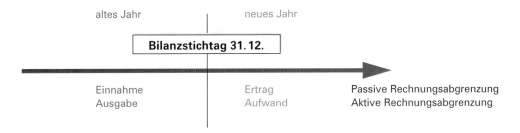

313

Beispiel für eine Passive Rechnungsabgrenzung:

Ein Kunde begleicht die Rechnung für eine von uns im Januar veranstaltete Tagesfahrt bei Buchung am 19. Dezember, 119,00 EUR.

Buchungen im alten Jahr:

1. Buchungssatz: Buchung und Bezahlung der Reise am 19.12.

Buchungssatz	Soll	Haben
(1000) Kasse	119,00	
an (8020) Erlöse eig. RV (Regelbesteuerung)		100,00
an (1720) USt[1]		19,00

2. Buchungssatz: Abgrenzung am 31.12.

Buchungssatz	Soll	Haben
(8020) Erlöse eig. RV (Regelbesteuerung)	100,00	
an (0930) Passive Rechnungsabgrenzung		100,00

Damit ist die Buchung auf dem Erfolgskonto „korrigiert" worden, da sie in die Erfolgsermittlung des abzuschließenden Jahres nicht hineingehört.

3. Buchungssatz: Abschluss des Kontos „(0930) Passive Rechnungsabgrenzung"

Buchungssatz	Soll	Haben
(0930) Passive Rechnungsabgrenzung	100,00	
an (9300) SBK		100,00

Buchungen im neuen Jahr:

1. Buchungssatz: Eröffnung des Kontos „(0930) Passive Rechnungsabgrenzung" zum 01.01.

Buchungssatz	Soll	Haben
(9100) EBK	100,00	
an (0930) Passive Rechnungsabgrenzung		100,00

2. Buchungssatz: Buchung des Ertrags zum 01.01.

Buchungssatz	Soll	Haben
(0930) Passive Rechnungsabgrenzung	100,00	
an (8020) Erlöse eig. RV (Regelbesteuerung)		100,00

---

1 Die auf einer Rechnung ausgewiesene USt wird dann fällig, wenn die Leistung erbracht wurde oder aber schon eine Zahlung auf eine noch nicht erbrachte Leistung stattgefunden hat. Da sie erfolgsneutral ist, wird sie nicht abgegrenzt.

Kontenübersicht:

Soll	Erlöse eig. RV		Haben	Soll	PRA		Haben
PRA	100,00	Kasse	100,00	SBK	100,00	Erl. eig. RV	100,00
=		=		=		=	

Soll	Kasse		Haben	Soll	SBK		Haben
Erl. eig. RV	119,00	SBK	119,00	Kasse	119,00	PRA	100,00
=		=				USt	19,00

Soll	USt		Haben
SBK	19,00	Kasse	19,00
=		=	

im neuen Jahr

Soll	Erlöse eig. RV		Haben	Soll	PRA		Haben
GuV	100,00	PRA	100,00	Erl. eig. RV	100,00	EBK	100,00
=		=		=		=	

Soll	GuV		Haben
		Erl. eig. RV	100,00

Beispiel für eine Aktive Rechnungsabgrenzung:

Die Gebäude-Versicherung für unser Geschäftshaus zahlen wir am 01.12. für ein Vierteljahr im Voraus, 150,00 EUR.

Hier gehört ein Teil der Zahlung vom 01.12. zum alten Jahr (für Dezember), ein anderer Teil zum neuen Jahr (für Januar und Februar). Abgegrenzt werden muss der Teil, der wirtschaftlich nicht ins abzuschließende Jahr gehört.

Buchungen im alten Jahr:

1. Buchungssatz: Bezahlung der Versicherung am 01.12.

Buchungssatz	Soll	Haben
(4310) Versicherungen	150,00	
an (1200) Bank		150,00

2. Buchungssatz: Abgrenzung am 31.12. (2/3 von 150,00 EUR)

Buchungssatz	Soll	Haben
(0920) Aktive Rechnungsabgrenzung	100,00	
an (4310) Versicherungen		100,00

Die Buchung auf dem Erfolgskonto ist um den Betrag „korrigiert" worden, der wirtschaftlich nicht in die Erfolgsermittlung des abzuschließenden Jahres hineingehört.

3. Buchungssatz: Abschluss des Kontos „(0920) Aktive Rechnungsabgrenzung" und des Kontos „(4310) Versicherungen"

Buchungssatz	Soll	Haben
(9300) SBK	100,00	
an (0920) Aktive Rechnungsabgrenzung		100,00
(9200) GuV	50,00	
an (4310) Versicherungen		50,00

Buchungen im neuen Jahr:

1. Buchungssatz: Eröffnung des Kontos „(0920) Aktive Rechnungsabgrenzung" zum 01.01.

Buchungssatz	Soll	Haben
(0920) Aktive Rechnungsabgrenzung	100,00	
an (9100) EBK		100,00

2. Buchungssatz: Buchung des Aufwandes zum 01.01.

Buchungssatz	Soll	Haben
(4310) Versicherungen	100,00	
an (0920) Aktive Rechnungsabgrenzung		100,00

Es muss also nicht immer der gesamte Rechnungsbetrag abgegrenzt werden, sondern nur der Teil, der wirtschaftlich nicht ins abzuschließende Jahr gehört.

Ebenso ist es aus Gründen der Zeitersparnis durchaus üblich, gleich bei der Zahlung eine entsprechende direkte Abgrenzung vorzunehmen. Der erste Buchungssatz würde dann lauten:

Buchungssatz	Soll	Haben
(4310) Versicherungen	50,00	
(0920) ARA	100,00	
an (1200) Bank		150,00

Zusammenfassung

Eine periodengerechte Erfolgsermittlung erfordert die zeitliche Abgrenzung von Aufwendungen und Erträgen zum Bilanzstichtag.

Vorgang im		Abgrenzung über	
alten Jahr	neuen Jahr	antizipative Posten	transitorische Posten
Aufwand	Ausgabe	Sonstige Verbindlichkeiten	
Ertrag	Einnahme	Sonstige Forderungen	
Ausgabe	Aufwand		Aktive Rechnungsabgrenzung
Einnahme	Ertrag		Passive Rechnungsabgrenzung

1. Bilden Sie die Buchungssätze der folgenden Geschäftsfälle

a) im alten Jahr,

b) zum Bilanzstichtag,

c) im neuen Jahr!

1. Wir überweisen den Handelskammerbeitrag für das letzte Quartal erst im Januar, 1 200,00 EUR.

2. Die Darlehenszinsen für Oktober bis März werden uns nachträglich am 31. März auf unserem Bankkonto gutgeschrieben, 660,00 EUR.

3. Die Hotelrechnung für eine selbst veranstaltete Reise im Dezember ist zum Bilanzstichtag noch nicht eingegangen, netto 2 300,00 EUR.

4. Die Januarmiete für ein von uns vermietetes Büro erhalten wir am 15. Dezember bar, 1 400,00 EUR.

5. Wir überweisen die Kfz-Steuern am 1. September halbjährlich im Voraus, 900,00 EUR.

6. Die Feuerversicherung für das Betriebsgebäude wird am 1. Oktober für ein Jahr im Voraus überwiesen, 1 600,00 EUR.

7. Wir überweisen die fälligen Hypothekenzinsen für November – Januar erst am 31. Januar, 1 050,00 EUR.

8. Die Dezember-Provision eines Reisebüros über 450,00 EUR netto überweisen wir erst im Januar. Die Provisionsabrechnung ist bereits am 29. Dezember erstellt worden.

2. Nennen Sie die Buchungssätze im alten Jahr! Gehen Sie von einer direkten Rechnungsabgrenzung aus!

1. Wir überweisen die Zinsen am 01.11. für ein
Vierteljahr im Voraus   1 800,00 EUR

2. Unser Mieter überweist am 01.12. die Miete für Dezember und
Januar   1 000,00 EUR

3. Am 01.04. überweisen wir die Kfz-Versicherung
für ein Jahr im Voraus   480,00 EUR

3. Am Bilanzstichtag ist das Bezugsgeld einer Fachzeitschrift für die Monate Oktober bis Dezember in Höhe von 33,00 EUR noch nicht überwiesen worden. Die Banküberweisung tätigen wir am 15.01. Bilden Sie die Buchungssätze, wenn

a) die Rechnung bereits am 27.12. eingeht,

b) die Rechnung erst am 04.01. eingeht!

4. Vervollständigen Sie folgende Tabelle:

Vorgang im		Abgrenzung über	
	neuen Jahr		transitorische Posten
	Ausgabe		
Ertrag		Sonstige Forderungen	
	Aufwand		
Einnahme			Passive Rechnungsabgrenzung

1.3 Rückstellungen

Rückstellungen bildet man für **Aufwendungen,** die wirtschaftlich zum abzuschließenden Geschäftsjahr gehören, deren **genaue Höhe und/oder Fälligkeit** zum Bilanzstichtag aber noch nicht feststehen. Das wesentliche Merkmal zur Unterscheidung von Sonstigen Verbindlichkeiten und Rückstellungen ist also die **Ungewissheit.**

Rückstellungen sind **Verbindlichkeiten,** also Passivposten, die mit ihrem Erfüllungsbetrag anzusetzen sind. Die Bildung oder Erhöhung einer Rückstellung führt zu einer Gewinnminderung, die Auflösung zu einer Gewinnerhöhung.[1]

Das Handelsrecht unterscheidet in § 249 HGB folgende **passivierungspflichtige Rückstellungen:**

> für **ungewisse Verbindlichkeiten** (z. B. zu erwartende Steuernachzahlungen, Jahresabschlusskosten, Prozesskosten, Schadensersatzansprüche, Garantieleistungen, Pensionsverpflichtungen),

> für **drohende Verluste aus schwebenden Geschäften** (Verbindlichkeit aus dem schwebenden Geschäft übersteigt den Wert der Gegenleistung, z. B. Währungsrisiken),

> für **unterlassene Aufwendungen für Instandhaltungen,** die im folgenden Geschäftsjahr innerhalb von **drei Monaten nachgeholt** werden,

> für **Gewährleistungen,** die **ohne rechtliche Verpflichtung** erbracht werden (Kulanzleistungen).

Das HGB unterscheidet für große Kapitalgesellschaften folgende Rückstellungen:

> Rückstellungen für Pensionen und ähnliche Verpflichtungen,
> Steuerrückstellungen,
> Sonstige Rückstellungen.

Bei kleinen und mittleren Kapitalgesellschaften reicht das Konto „Rückstellungen".

---

1 Rückstellungen nehmen künftigen Aufwand vorweg. Sie sind geeignet, um Bilanzpolitik zu betreiben. Bei guter Ertragslage kann mit ihnen der Bilanzgewinn gedrückt werden. Bei schlechter Ertragslage kann allerdings der Zwang, Rückstellungen zu bilden, unerwünscht sein.

Bildet man eine Rückstellung, wird immer folgender allgemeiner Buchungssatz gebucht:

Aufwandskonto an Rückstellungskonto

Der zu buchende Rückstellungsbetrag ist aufgrund von **Erfahrungswerten** zu **schätzen**. Fallen die Gründe für die Entstehung einer Rückstellung weg, ist die Rückstellung wieder **aufzulösen**. Da der geschätzte Rückstellungsbetrag selten mit der tatsächlichen Zahlung übereinstimmen wird, kann es bei der Auflösung der Rückstellungen zu Aufwendungen oder Erträgen kommen, die dann auf den Konten „**(4950) Periodenfremde Aufwendungen**" bzw. „**(8970) Erträge aus der Auflösung von Rückstellungen**" gebucht werden.

Beispiel: Für die Aufstellung des Jahresabschlusses rechnet das Reisebüro Baltic Reisen zum Bilanzstichtag mit Beratungskosten von netto 800,00 EUR. Im Februar geht die Rechnung ein, netto 700,00 EUR zuzüglich USt.

1. Buchungssatz: Bildung der Rückstellung

Buchungssatz	Soll	Haben
(4330) Rechts- und Beratungskosten	800,00	
an (0710) Sonstige Rückstellungen		800,00

2. Buchungssatz: Abschluss der Konten

Buchungssatz	Soll	Haben
(9200) GuV	800,00	
an (4330) Rechts- und Beratungskosten		800,00
(0710) Sonstige Rückstellungen	800,00	
an (9300) SBK		800,00

3. Buchungssatz: Überweisung der Rechnung

Buchungssatz	Soll	Haben
(0710) Sonstige Rückstellungen	800,00	
(1550) Vorsteuer	133,00	
an (1200) Bank		833,00
an (8970) Erträge aus der Auflösung von Rückstellungen		100,00

Zusammenfassung

Rückstellungen sind **Verbindlichkeiten** und werden für Aufwendungen gebildet, die zwar dem Grunde nach, nicht aber in **der Höhe und/oder der Fälligkeit** feststehen.

Der Rückstellungsbetrag ist mit dem Erfüllungsbetrag anzusetzen, wodurch sich bei der Auflösung der Rückstellung Aufwendungen oder Erträge ergeben können.

ÜBUNGSAUFGABEN

5. Entscheiden Sie, ob nach Maßgabe des § 249 HGB eine Rückstellung zum 31.12.2012 zu bilden ist! Bilden Sie die Buchungssätze und begründen Sie!

   Geschäftsfälle

   1. Aufgrund eines Liquiditätsengpasses nimmt Baltic Reisen eine im November 2012 notwendig gewordene Reparatur des Daches am Busdepot nicht vor. Diese Reparatur soll erst im Februar 2014 nachgeholt werden, Kosten ca. 19 500,00 EUR.

   2. Trotz intensiver Überprüfungen kann Baltic Reisen nicht ausschließen, dass vereinzelt ungenügende Reiseleistungen bei Veranstaltungen verkauft werden. Die betrieblichen Erfahrungen der letzten Geschäftsjahre zeigen, dass zur Mängelbeseitigung ca. 1,5 % des Umsatzes von zurzeit 3 200 000,00 EUR aufgewendet werden mussten.

   3. Im November 2012 findet im Reisebüro Baltic Reisen eine Betriebsprüfung durch das Finanzamt statt. Der Betriebsprüfer schätzt, dass sich eine Gewerbesteuernachzahlung auf ca. 5 500,00 EUR belaufen wird.

   4. Die Büromiete für den Monat Dezember 2012 in Höhe von 2 100,00 EUR bezahlt Baltic Reisen erst am 7. Januar 2013.

   5. Baltic Reisen veranstaltet eine Verwöhn-Pauschalreise nach Nizza. Leider unterlässt es der Veranstalter, im Katalog auf Bauarbeiten in unmittelbarer Nähe hinzuweisen. Der Rechtsanwalt von Baltic Reisen stellt fest, dass ein Verschulden des Betriebs vorliegt. Er schätzt am Ende des Jahres die Schadensersatzansprüche auf ca. 17 000,00 EUR.

   6. Eine dringend notwendige Reparatur des Kundenparkplatzes konnte wegen der schlechten Witterungsbedingungen nicht ausgeführt werden. Der Kostenvoranschlag beläuft sich auf ca. 26 300,00 EUR zuzüglich USt. Die Reparatur soll im Februar des neuen Jahres nachgeholt werden.

   7. Sachverhalt wie zuvor (Nr. 6) mit dem Unterschied, dass die Arbeiten erst im Juli beginnen sollen.

   8. Die Gewerbesteuer für das Jahr 2012 in Höhe von 6 900,00 EUR wird am 28.12.2012 überwiesen.

   9. Für einen laufenden Prozess rechnet Baltic Reisen mit Prozesskosten von 6 500,00 EUR.

   10. Baltic Reisen kauft am 10.12.2012 für seine Reiseboutique Handelswaren zum Festpreis von 15,00 EUR/Stück, Liefertermin 03.02.2013. Am 31. Dezember 2012 beträgt der Marktpreis des Artikels 10,00 EUR/Stück. Bei jedem Stück droht ein Verlust von 5,00 EUR.

21 Künzel, Thieß - ISBN 978-3-8120-0496-1

2 Bewertung der Vermögensteile und Schulden

2.1 Grundlagen

Nach dem HGB[1] soll ein Jahresabschluss unter Beachtung der Grundsätze ordnungs-mäßiger Buchführung ein den tatsächlichen Verhältnissen entsprechendes Bild der Ver-mögens-, Finanz- und Ertragslage eines Unternehmens abbilden. Dazu ist es notwendig, dass alle Vermögensteile und Schulden zum Bilanzstichtag bewertet (bilanziert) werden. Diese Bewertung hat nach bestimmten Grundsätzen zu erfolgen.

Bewertungsgrundsätze (§ 252 HGB)

1. **Grundsatz der Bilanzidentität** (Bilanzgleichheit): Die Eröffnungsbilanz eines Geschäftsjahres muss mit der Schlussbilanz des vorangegangenen Jahres völlig übereinstimmen.

2. **Grundsatz der Unternehmensfortführung** (Going-concern-Prinzip): Bei der Bewer-tung der Vermögensteile und der Schulden ist von einer Fortführung des Unter-nehmens auszugehen.

3. **Grundsatz der Einzelbewertung**: Die Vermögensteile und Schulden sind zum Abschlussstichtag grundsätzlich einzeln zu bewerten. Abweichend von diesem Grundsatz sind Vereinfachungsverfahren zugelassen (z.B. Gruppen- oder Ver-brauchsfolgenbewertung), wenn eine Einzelbewertung aus praktischen Gründen nicht durchgeführt werden kann oder zu einem nicht vertretbaren Arbeitsaufwand führt.

4. **Grundsatz der Vorsicht**: Vermögensgegenstände und Schulden sind vorsichtig zu bewerten. Das bedeutet, dass Vermögensteile eher niedriger und Schulden eher höher anzusetzen sind. Gewinne dürfen erst ausgewiesen werden, wenn sie tatsäch-lich durch Verkauf oder Entnahme entstanden (realisiert) sind (Realisationsprinzip). Dagegen sind noch nicht realisierte Verluste bei der Bilanzierung zu berücksich-tigen.[2] Alle vorhersehbaren Risiken und Verluste, die bis zum Abschlussstichtag entstanden sind, müssen berücksichtigt werden. Auch Umstände, die am Bilanz-stichtag bereits vorlagen, aber erst nach dem Stichtag, jedoch vor der Aufstellung der Bilanz, bekannt wurden, müssen berücksichtigt werden (sog. wertaufhellende Tatsachen). Nicht berücksichtigt werden dürfen Umstände, die nach dem Bilanz-stichtag eintreten, auch dann nicht, wenn die Bilanz noch nicht aufgestellt wurde.

5. **Grundsatz der Periodenabgrenzung**: Aufwendungen und Erträge sind dem Ge-schäftsjahr zuzurechnen, in dem sie wirtschaftlich verursacht wurden, unabhängig vom Zeitpunkt der entsprechenden Zahlung.

6. **Grundsatz der Stetigkeit der Bewertungsmethoden**: Grundsätzlich müssen einmal gewählte Bewertungsverfahren beibehalten werden, es sei denn, es gibt wirtschaft-lich vernünftige Gründe für einen Wechsel.

---

1 Nach dem Maßgeblichkeitsgrundsatz (§ 5 EStG) müssen sowohl eine Handelsbilanz als auch eine Steuerbilanz erstellt wer-den, wobei die Wertansätze der Handelsbilanz grundsätzlich maßgebend für die Steuerbilanz sind. Aus Vereinfachungs-gründen wird hier nur die Handelsbilanz betrachtet, aus der die Steuerbilanz abgeleitet wird.

2 Nicht realisierte Gewinne und noch nicht realisierte Verluste werden ungleich behandelt. Man spricht hier vom Imparitäts-prinzip (ungleich).

Die wichtigsten handelsrechtlichen **Bewertungsmaßstäbe** sind

➤ Anschaffungskosten

➤ Herstellungskosten

➤ Fortgeführte AK/HK

➤ Börsen- oder Marktpreis

§ 252 HGB Allgemeine Bewertungsgrundsätze

(1) Bei der Bewertung der im Jahresabschluss ausgewiesenen Vermögensgegenstände und Schulden gilt insbesondere Folgendes:

1. Die Wertansätze in der Eröffnungsbilanz des Geschäftsjahrs müssen mit denen der Schlussbilanz des vorhergehenden Geschäftsjahrs übereinstimmen.

2. Bei der Bewertung ist von der Fortführung der Unternehmenstätigkeit auszugehen, sofern dem nicht tatsächliche oder rechtliche Gegebenheiten entgegenstehen.

3. Die Vermögensgegenstände und Schulden sind zum Abschlussstichtag einzeln zu bewerten.

4. Es ist vorsichtig zu bewerten, namentlich sind alle vorhersehbaren Risiken und Verluste, die bis zum Abschlussstichtag entstanden sind, zu berücksichtigen, selbst wenn diese erst zwischen dem Abschlussstichtag und dem Tag der Aufstellung des Jahresabschlusses bekannt geworden sind; Gewinne sind nur zu berücksichtigen, wenn sie am Abschlussstichtag realisiert sind.

5. Aufwendungen und Erträge des Geschäftsjahrs sind unabhängig von den Zeitpunkten der entsprechenden Zahlungen im Jahresabschluss zu berücksichtigen.

6. Die auf den vorhergehenden Jahresabschluss angewandten Bewertungsmethoden sind beizubehalten.

(2) Von den Grundsätzen des Absatzes 1 darf nur in begründeten Ausnahmefällen abgewichen werden.

Der Grundsatz der Vorsicht (s. o.) ist einer der wichtigsten Bewertungsgrundsätze. Er dient der Kapitalerhaltung und damit dem Gläubigerschutz. Die konkrete Ausgestaltung zeigt sich in den folgenden Bewertungsprinzipien:

➤ Anschaffungswertprinzip,

➤ Niederstwert- bzw. Höchstwertprinzip,

➤ Imparitätsprinzip.

Anschaffungswertprinzip

Dieses Prinzip schließt Wertsteigerungen über die Anschaffungs- oder Herstellungskosten hinaus aus. Anschaffungs- oder Herstellungskosten bilden damit die oberste Grenze für die Bewertung von Wirtschaftsgütern in der Bilanz. Mit diesem Prinzip wird gleichzeitig sichergestellt, dass nur wirklich entstandene (realisierte) Gewinne ausgewiesen werden.

Beispiel: Ein Grundstück, das wir für 100 000,00 EUR erworben haben, hat inzwischen einen Wert von 120 000,00 EUR. Solange das Grundstück nicht zu 120 000,00 EUR verkauft wird und damit tatsächlich ein Gewinn von 20 000,00 EUR realisiert wird, darf es nur maximal mit den Anschaffungskosten, also mit 100 000,00 EUR, bilanziert werden.

Niederstwertprinzip

Das Niederstwertprinzip sagt aus, dass von zwei möglichen Wertansätzen (Tageswert und Anschaffungskosten) am Bilanzstichtag der niedrigere Wert auch bei einer **vorübergehenden** Wertminderung angesetzt werden **muss**. Es gilt uneingeschränkt für Gegenstände des Umlaufvermögens (strenges Niederstwertprinzip). Bei Gegenständen des Anlagevermögens gilt es nur für den Fall einer **dauerhaften** Wertminderung (gemildertes Niederstwertprinzip: Eine vorübergehende Wertminderung darf nur bei Finanzanlagen berücksichtigt werden).

Beispiel: Der Wert unseres für 100 000,00 EUR erworbenen Grundstücks sinkt wegen des Baus einer Autobahn in unmittelbarer Nähe dauerhaft auf 85 000,00 EUR. Obwohl der Verlust noch nicht tatsächlich realisiert ist, muss der niedrigere Wert für das Grundstück angesetzt werden. Nicht realisierte Verluste müssen aus Gründen der kaufmännischen Vorsicht ausgewiesen werden. Die Anwendung des Niederstwertprinzips kann durch die Unterbewertung von Vermögen zur Bildung stiller Reserven führen.

Höchstwertprinzip

Schulden müssen in der Bilanz mit ihrem Höchstwert angesetzt werden. Gibt es zum Bilanzstichtag zwei mögliche Wertansätze, ist der höhere anzusetzen. Damit führt die Anwendung des Höchstwertprinzips zu einem Ausweis nicht realisierter Verluste.

Beispiel: Buchung eines Hotels in den USA für eine von uns veranstaltete Reise zum Preis von 2 000,00 US-$ auf Ziel. Zum Bilanzstichtag hat sich der Wechselkurs von 1,00 US-$/EUR auf 0,95 US-$/EUR verringert.

Rechnungsbetrag: 2 000,00 EUR
Tageswert 31. 12.: 2 105,26 EUR

Zum 31. 12. muss diese Verbindlichkeit mit dem höheren Tageswert bilanziert werden.

Imparitätsprinzip

Die Anwendung des Anschaffungs-, Niederst- und Höchstwertprinzips führt zu einer ungleichen Behandlung von nicht realisierten Gewinnen und nicht realisierten Verlusten. Nicht realisierte Gewinne dürfen nicht ausgewiesen werden, nicht realisierte Verluste müssen ausgewiesen werden.

Zusammenfassung

Zum Bilanzstichtag müssen Vermögensgegenstände und Schulden nach den **Bewertungsgrundsätzen** des § 252 HGB bewertet werden. Zu den wichtigsten Grundsätzen gehören der Grundsatz

➤ der Bilanzidentität,

➤ der Unternehmensfortführung,

➤ der Einzelbewertung,

➤ der Vorsicht,

➤ der Periodenabgrenzung,

➤ der Stetigkeit der Bewertungsmethoden.

Der Grundsatz der **Vorsicht** findet seine konkrete Ausgestaltung im Anschaffungswert-, Niederst-, Höchstwert- und Imparitätsprinzip wieder.

ÜBUNGSAUFGABEN

1. Erläutern Sie
   al) Anschaffungswertprinzip,
   b) Niederstwertprinzip,
   c) Höchstwertprinzip,
   d) Imparitätsprinzip!

2. Mit welchem Wert sind folgende Vermögensgegenstände und Schulden zu bewerten? Begründen Sie!
   a) Ein Lkw, Listenpreis 150 000,00 EUR, Speziallackierung 2 000,00 EUR, Überführungskosten 900,00 EUR, Zulassungskosten 300,00 EUR (alle Preise sind Nettopreise), abzüglich 2 % Skonto.
   b) Ein Grundstück, Anschaffungskosten 225 000,00 EUR, mit einer dauerhaften Wertminderung von 25 000,00 EUR.
   c) Gleiches Grundstück mit einer Wertsteigerung von 25 000,00 EUR.
   d) Eine Währungsverbindlichkeit von 5000,00 US-$. Kurs bei Vertragsabschluss 0,85 US-$/EUR, Tageskurs am 31.12.
      da) 0,90 US-$/EUR und
      db) 0,80 US-$/EUR.

2.2 Bewertung von Forderungen

Die Wertbeständigkeit von Forderungen ist erst dann nachweisbar, wenn der Nennwert (Bruttorechnungsbetrag) tatsächlich eingegangen ist. Bis dahin besteht ein **Ausfallrisiko** einer Forderung. Im Reisebüro ist dieses Ausfallrisiko sehr gering, da die Reiseunterlagen im Allgemeinen erst ausgehändigt werden, wenn der Reisepreis bezahlt wurde. Außerdem wird das Ausfallrisiko durch Direktinkasso vermindert. Aber unter den Firmenkunden, an die auf Ziel verkauft wird, können sich immer einige „schwarze Schafe" befinden, die **nicht zahlungswillig oder -fähig** sind.

Zum Jahresabschluss muss deshalb **jede Forderung einzeln** auf ihre Echtheit und **Einbringlichkeit** hin überprüft werden. Notfalls sind Abschreibungen vorzunehmen, damit der niedrigere Wert (strenges Niederstwertprinzip) zum Bilanzstichtag angesetzt werden kann.

Hinsichtlich der **Einbringlichkeit** (wirtschaftlicher Wert) von Forderungen werden drei Arten unterschieden:

Einwandfreie Forderungen	Von einer Forderung ist nichts Nachteiliges bekannt. Allerdings gibt es auch bei einwandfreien Forderungen ein **allgemeines Ausfallrisiko,** das aufgrund von Erfahrungswerten der letzten 3 – 5 Jahre als Prozentsatz ermittelt wird.
Zweifelhafte Forderungen	Eine Forderung ist in ihrem Bestand gefährdet. Sie lässt sich voraussichtlich nur noch mit einem Teilbetrag oder gar nicht mehr realisieren. Gründe hierfür können z.B. Auskünfte von Banken und Geschäftsfreunden, erfolglose Mahnungen, Erlass eines Mahnbescheides sein. Eine zweifelhafte Forderung ist von den einwandfreien Forderungen buchhalterisch zu trennen. Sie darf nur mit **dem wahrscheinlich einbringlichen Nettobetrag** bilanziert werden. Solange der tatsächliche Ausfall nicht feststeht, darf die Umsatzsteuer noch nicht korrigiert werden.
Uneinbringliche Forderungen	Der Forderungsausfall steht endgültig fest, z.B. wegen Einleitung eines Insolvenzverfahrens, Vorliegen einer eidesstattlichen Versicherung, Verjährung der Forderung oder wegen nachgewiesener erfolgsloser Zwangsvollstreckung. Diese Forderungen müssen **voll abgeschrieben** werden und dürfen nicht mehr in die Schlussbilanz eingestellt werden. Die Umsatzsteuer muss berichtigt werden.

Der Grundsatz der Einzelbewertung gilt auch bei der Bewertung von Forderungen. Bei der Einzelbewertung wird jede Forderung einzeln überprüft und aus Gründen der Klarheit werden die zweifelhaften und uneinbringlichen Forderungen von den einwandfreien getrennt. Werden Forderungen ganz oder teilweise uneinbringlich, wird der Nettobetrag der Forderung direkt abgeschrieben und die Umsatzsteuer korrigiert, wenn der Ausfall abschließend feststeht.

Beispiel: Über das Vermögen unseres Firmenkunden Westphal KG wird am 17.09.20.. das Insolvenzverfahren eröffnet. Unsere Forderung beträgt 2975,00 EUR. Am 11.12. wird das Insolvenzverfahren mangels Masse eingestellt, die Forderung wird uneinbringlich.

1. Buchungssatz: Bei Eintritt der Zweifelhaftigkeit.

Buchungssatz	Soll	Haben
(1470) Zweifelhafte Forderung	2 975,00	
an (1400) Forderungen aus Lief. u. Leist.		2 975,00

2. Buchungssatz: Bei Eintritt der Uneinbringlichkeit werden die Forderungen direkt abgeschrieben.

Buchungssatz	Soll	Haben
(4880) Abschreibungen auf Forderungen	2 500,00	
(1720) USt	475,00	
an (1470) Zweifelhafte Forderung		2 975,00

Geht nachträglich eine Zahlung auf eine bereits abgeschriebene Forderung ein, muss der Umsatzsteueranteil aus dieser Zahlung an das Finanzamt abgeführt werden.

Beispiel: Wider Erwarten geht im nächsten Jahr eine Zahlung von 238,00 EUR einer bereits abgeschriebenen Forderung auf unserem Bankkonto ein.

Buchungssatz	Soll	Haben
(1200) Bank	238,00	
an (1720) USt		38,00
an (8950) Periodenfremde Erträge		200,00

Exkurs: Indirekte Abschreibung

a) Einzelwertberichtigung

Bei einer **direkt abgeschriebenen** Forderung wird das Aktivkonto Forderungen mit einem geminderten Wert ausgewiesen, obwohl die Forderung dem Grunde und der Höhe nach noch weiter besteht.

Will man die Forderung weiterhin **überwachen,** empfiehlt sich aus Gründen der Klarheit und Übersichtlichkeit die **indirekte** Methode: Die Forderung bleibt im Forderungsbestand in voller Höhe erhalten, die Abschreibung wird mithilfe eines **Wertberichtigungspostens** auf der Passivseite der Bilanz bewirkt. Der Wertberichtigungsposten ist, obwohl er auf der Passivseite der Bilanz ausgewiesen wird, kein eigenständiger Passivposten. Er gehört unauflöslich zu dem Forderungsbestand. In den zu veröffentlichenden Bilanzen von Kapitalgesellschaften dürfen zweifelhafte Forderungen und Wertberichtigungen nicht ausgewiesen werden. Es besteht die Verpflichtung zum aktivischen Ausweis.

1. Bewertung einer zweifelhaften Forderung durch Bildung einer Einzelwertberichtigung (EWB)

    BS: (4880) Abschreibungen auf Forderungen an EWB

2. Auflösung der EWB, wenn der tatsächliche Ausfall feststeht

    BS: (1200) Bank an (1470) Zweifelhafte Forderungen
      (1720) USt an (1470) Zweifelhafte Forderungen
      (1471) EWB an (1470) Zweifelhafte Forderungen

3. Buchung eines periodenfremden Aufwands oder Ertrags, wenn die EWB zu hoch oder zu niedrig war

    BS: (4950) Periodenfremde Aufwendungen an (1470) Zweifelhafte Forderungen

    oder: (1471) EWB an (8950) Periodenfremde Erträge

b) Pauschalwertberichtigung (PWB)

Dem allgemeinen Ausfallrisiko muss handelsrechtlich durch eine Pauschalwertberichtigung Rechnung getragen werden, Forderungen gegen die öffentliche Hand und besonders gesicherte Forderungen bergen kein Ausfallrisiko. Gegenwärtig darf ein Prozentsatz von 1 % der Netto-Forderungen ohne Nachweis angesetzt werden. Auch Pauschalwertberichtigungen werden aus Gründen der Übersichtlichkeit indirekt gebucht.

Zur Berechnung:

    Gesamtbestand der Forderungen
- Summe der zweifelhaften Forderungen
- Summe der uneinbringlichen Forderungen

= pauschal zu berichtigende Forderungen
- darin enthaltene USt

= Bemessungsgrundlage der Pauschalberichtigung

1. Bildung einer vorsorglichen PWB zum 31.12.

    BS: (4880) Abschreibungen auf Forderungen an (1472) PWB

2. Auflösung der PWB vom Vorjahr

    BS: (1472) PWB an (8840) Ertrag aus der Auflösung der PWB

Zusammenfassung

Zum Jahresabschluss muss **jede einzelne Forderung** hinsichtlich ihrer Einbringlichkeit geprüft werden. Man unterscheidet

- **einwandfreie,**
- **zweifelhafte** und
- **uneinbringliche** Forderungen.

Uneinbringliche Forderungen sind **direkt abzuschreiben.** Die Umsatzsteuer ist zu korrigieren. Geht nachträglich eine Zahlung auf eine bereits abgeschrieben Forderung ein, muss der Umsatzsteueranteil aus dieser Zahlung an das Finanzamt abgeführt werden.

Für das **allgemeine Ausfallrisiko** muss handelsrechtlich eine Pauschalwertberichtigung gebildet werden.

ÜBUNGSAUFGABEN

3. Das Reisebüro Baltic Reisen erstellt zum 31.12. folgende Debitorenliste

Debitor	Forderung in EUR	Bewertung
Meins, C.	10 400,00	einwandfrei
Prieß, G.	8 525,00	einwandfrei
Utermann, D	12 950,00	zweifelhaft, 50 % Ausfall
Falk, J.	21 300,00	einwandfrei
Schliecker, V.	3 950,00	uneinbringlich

Der Pauschalwertberichtigungssatz beträgt 1 %.

Mit welchem Betrag sind die Forderungen insgesamt zu bilanzieren?

4. Der Firmenkunde Lenke hat einen von uns veranstalteten Betriebsausflug noch nicht bezahlt. Unsere Forderungen belaufen sich auf brutto 3570,00 EUR. Im August meldet Lenke Insolvenz an. Im November wird das Insolvenzverfahren mangels Masse eingestellt. Im darauffolgenden Jahr geht unerwartet eine Zahlung von 595,00 EUR auf unserem Bankkonto ein.

Bilden Sie alle erforderlichen Buchungssätze!

3 Gewinnverteilung und Eigenkapitalzusammensetzung bei unterschiedlichen Unternehmensformen

3.1 Einzelunternehmen

Bei Einzelunternehmen ergeben sich keine Besonderheiten, da lediglich ein Eigenkapital-konto mit den Unterkonten Privat und GuV geführt wird. Die Salden des Privat- und des GuV-Kontos werden über das Eigenkapitalkonto abgeschlossen.

3.2 Offene Handelsgesellschaft (OHG)

Die Gesellschafter einer OHG **haften unbeschränkt,** also sowohl mit ihrer Kapitaleinlage als auch mit ihrem Privatvermögen. Jeder Gesellschafter hat ein **eigenes Eigenkapital-konto** und ein **eigenes Privatkonto.** Zu Beginn des Geschäftsbetriebes wird im Gesell-schaftsvertrag die Einlage (Anteil am Eigenkapital) jedes Gesellschafters festgelegt.

Am Ende des Geschäftsjahres wird der Gewinn oder Verlust ganz oder teilweise entspre-chend der Kapitalanteile verteilt. Die Verteilung ist entweder im Gesellschaftsvertrag ge-regelt oder richtet sich nach den gesetzlichen Vorschriften des § 121 HGB (Gewinn-verteilung: Verzinsung der Kapitaleinlage mit 4 %, Rest nach Köpfen; Verlustverteilung: alle Gesellschafter gleichmäßig). Vorab können Geschäftsführer Gewinnanteile für ihre Arbeitsleistung erhalten.

Beispiel: In einer OHG sind zwei Gesellschafter beteiligt. Die Kapitaleinlage von A beträgt 100 000,00 EUR, die von B 50 000,00 EUR. B erhält vorab für die Geschäfts-führung 15 000,00 EUR. Der Gewinn von 40 000,00 EUR wird nach den gesetz-lichen Vorschriften verteilt.

Gesellschafter	EK am Anfang des Jahres in EUR	Vorab-Anteil in EUR	4 % der Einlage in EUR	Rest in EUR	Gesamt-gewinn in EUR	EK am Ende des Jahres in EUR
A	100 000,00		4 000,00	9 500,00	13 500,00	113 500,00
B	50 000,00	15 000,00	2 000,00	9 500,00	26 500,00	76 500,00
	150 000,00	15 000,00	6 000,00	19 000,00	40 000,00	190 000,00

Buchungssatz	Soll	Haben
(9200) GuV	40 000,00	
(0801) an Eigenkapital A		13 500,00
(0802) an Eigenkapital B		26 500,00

3.3 Kommanditgesellschaft (KG)

Bei der KG unterscheidet man zwischen **Vollhaftern (Komplementäre)** und **Teilhaftern (Kommanditisten)**. Da Teilhafter nur mit ihrer Kapitaleinlage haften, verfügen sie im Gegensatz zu den Vollhaftern nicht über Privatkonten und **variable Kapitalkonten.** Das Kapitalkonto des Teilhafters ist ein **festes Kapitalkonto,** auf dem das im Handelsregister eingetragene Haftungskapital erhalten bleibt. Die Gewinnanteile der Teilhafter werden als **„Sonstige Verbindlichkeiten"** gebucht, die Verlustanteil als **„Sonstige Forderungen".**

Die Gewinnverteilung richtet sich ebenfalls, sofern keine vertragliche Regelung besteht, nach den gesetzlichen Bestimmungen des § 168 HGB. Voll- und Teilhafter erhalten eine Kapitalverzinsung von 4 %. Der Restgewinn wird in einem angemessenen Verhältnis verteilt. Am Verlust sind alle Gesellschafter in angemessenem Verhältnis beteiligt.

Beispiel: Angenommen der Gesellschafter A aus obigem Beispiel ist der Teilhafter und B ist der Vollhafter. Der Restgewinn soll im Verhältnis 2 : 1 entsprechend der Kapitaleinlage verteilt werden.

Gesellschafter	EK am Anfang des Jahres in EUR	Vorab-Anteil in EUR	4 % der Einlage in EUR	Rest in EUR	Gesamt-gewinn in EUR	EK am Ende des Jahres in EUR
A (Teilhafter)	100 000,00		4 000,00	12 666,67	16 666,67	100 000,00
B (Vollhafter)	50 000,00	15 000,00	2 000,00	6 333,33	23 333,33	73 333,33
	150 000,00	15 000,00	6 000,00	19 000,00	40 000,00	173 333,33

Buchungssatz	Soll	Haben
(9200) GuV	40 000,00	
(0802) an Eigenkapital B		23 333,33
(1790) an Sonst. Verbindl. gg. Gesellschafter		16 666,67

3.4 Kapitalgesellschaften

Das Eigenkapital einer Kapitalgesellschaft unterliegt folgender gesetzlich festgelegter Gliederung (§ 266 Abs. 3 HGB):

A. Eigenkapital

I. Gezeichnetes Kapital

II. Kapitalrücklage

III. Gewinnrücklagen:
  1. gesetzliche Rücklage
  2. Rücklage für eigene Anteile
  3. satzungsmäßige Rücklagen
  4. andere Gewinnrücklagen

IV. Gewinnvortrag/Verlustvortrag

V. Jahresüberschuss/Jahresfehlbetrag

➤ **Gezeichnetes Kapital:** Das ist das im Handelsregister eingetragene Haftungskapital. Bei der GmbH ist es das Stammkapital, bei der AG das Grundkapital. Ausgewiesen wird es stets zum Nennwert. Es ist nominell gebunden und bleibt solange konstant, bis es durch eine Kapitalerhöhung oder Kapitalherabsetzung verändert wird. Ausstehende Einlagen auf das gezeichnete Kapital sind auf der Aktivseite gesondert auszuweisen. Das Konto „Gezeichnetes Kapital" ist als **festes Eigenkapitalkonto** zu führen.

➤ **Kapitalrücklagen:** Bei der Ausgabe von Anteilen, Wandelschuld- und Optionsschuldverschreibungen sind oft Beträge zu zahlen, die den **Nennwert übersteigen.** Diese Agiobeträge (Aufgeld) sind der Kapitalrücklage zuzuführen.

➤ **Gewinnrücklagen:** Beträge, die im Geschäftsjahr oder in früheren Geschäftsjahren durch die Einbehaltung bzw. **Nichtausschüttung** von bereits versteuerten Gewinnen (25 % Körperschaftsteuer) gebildet worden sind. Dazu gehören gesetzliche Rücklagen, Rücklagen für eigene Anteile, auf Satzung beruhende Rücklagen und andere Gewinnrücklagen.

   – **Gesetzliche Rücklagen:** Aktiengesellschaften (nicht GmbHs) müssen so lange 5 % ihres Jahresüberschusses, abzüglich eines eventuellen Verlustvortrages, in die gesetzliche Rücklage einstellen, bis die gesetzliche Rücklage und die Kapitalrücklage zusammen 10 % des Grundkapitals ausmachen.

   – **Andere Gewinnrücklagen:** Über die gesetzliche Verpflichtung hinaus können AGs und GmbHs bis zur Hälfte des Jahresüberschusses in freiwillige Rücklagen einstellen. Diese Rücklagen sind nicht zweckgebunden.

   Rücklagen sind zusätzliches Haftungskapital. Sie stärken die Eigenkapitalbasis eines Unternehmens und werden im Verlustfall aufgelöst, bevor das Nominalkapital berichtigt werden muss.

➤ **Stille Rücklagen:** Im Gegensatz zu **offenen Rücklagen** (Kapital-, Gewinnrücklage) sind stille Rücklagen nicht aus der Bilanz ersichtlich. Sie entstehen durch Unterbewertung von Aktivposten und Überbewertung von Passivposten. Stille Reserven bewirken, dass das Eigenkapital in der Bilanz niedriger ausgewiesen wird, als es tatsächlich ist.

➤ **Gewinn-/Verlustvortrag:** Ergebnisvortrag aus früheren Jahren.

➤ **Jahresüberschuss/Jahresfehlbetrag:** Das ist das durch die Gewinn- und Verlustrechnung ermittelte Ergebnis des Geschäftsjahres. Der Jahresüberschuss kann zur Ausschüttung an Gesellschafter, zur Aufstockung der Rücklagen, zum Ausgleich eines Verlustvortrags aus Vorjahren oder zur Bildung eines Gewinnvortrags für das nächste Jahr verwendet werden.

Das Unternehmensergebnis kann in drei Varianten ausgewiesen werden, abhängig von der Art der Bilanzaufstellung:

1. Bilanzaufstellung vor Ergebnisverwendung:

> alle Erträge
> – alle Aufwendungen
> ───────────────
> = Jahresüberschuss/Jahresfehlbetrag

Das gesamte Jahresergebnis wird auf das Konto „Jahresüberschuss/Jahresfehlbetrag" gebucht. Dieses gehört zum Eigenkapital und wird erst im nächsten Jahr „verteilt".

2. Bilanzaufstellung nach teilweiser Ergebnisverwendung:

```
  alle Erträge
– alle Aufwendungen
───────────────────────────────────────────────
= Jahresüberschuss/Jahresfehlbetrag
+ Gewinnvortrag
– Verlustvortrag
+ Auflösung der Kapitalrücklage
+ Auflösung der Gewinnrücklage
– Einstellung in die gesetzlichen, satzungsmäßigen
  oder gesellschaftsvertraglichen Rücklagen
– Bildung einer Rücklage für eigene Anteile
───────────────────────────────────────────────
= Bilanzgewinn/ Bilanzverlust
```

Anstelle des Jahresüberschusses oder -fehlbetrages steht nach teilweiser Verwendung des Ergebnisses der **Bilanzgewinn bzw. Bilanzverlust** in der Bilanz. Das ist der Gewinn, über den die Hauptversammlung verfügen kann.

3. Bilanzaufstellung nach vollständiger Ergebnisverwendung:

```
  alle Erträge
– alle Aufwendungen
───────────────────────────────────────────────
= Jahresüberschuss/Jahresfehlbetrag
+ Gewinnvortrag
– Verlustvortrag
+ Auflösung der Kapitalrücklage
+ Auflösung der Gewinnrücklage
– Einstellung in die gesetzlichen, satzungsmäßigen
  oder gesellschaftsvertraglichen Rücklagen
– Bildung einer Rücklage für eigene Anteile
───────────────────────────────────────────────
= Bilanzgewinn/ Bilanzverlust
– Ergebnisausschüttung
– zusätzliche Einstellung in Gewinnrücklagen
───────────────────────────────────────────────
= Ergebnisvortrag auf neue Rechnung
```

Ist die Ergebnisverwendung vollständig abgeschlossen, gibt es in der Bilanz weder Jahresüberschuss noch Bilanzgewinn. Die Verbindlichkeiten gegenüber Anteilseignern werden als „Sonstige Verbindlichkeiten" ausgewiesen.

Beispiel: Eine GmbH erwirtschaftet einen Jahresüberschuss von 360 000,00 EUR, wovon im neuen Jahr 50 000,00 EUR der Gewinnrücklage zugeführt werden sollen. Aus dem Vorjahr ist ein Verlustvortrag von 90 000,00 EUR zu berücksichtigen. Die Gesellschafter erhalten eine Gewinnausschüttung (brutto) von 120 000,00 EUR.

Darstellung der Ergebnisverwendung:

Jahresüberschuss	360 000,00 EUR
− Verlustvortrag aus dem Vorjahr	90 000,00 EUR
− Einstellung in Gewinnrücklage	50 000,00 EUR
− Gewinnausschüttung	120 000,00 EUR
= Gewinnvortrag	100 000,00 EUR

Zusammenfassung

➤ **Einzelunternehmen** und **offenen Handelsgesellschaften** führen für jeden Gesellschafter ein variables Kapitalkonto und ein Privatkonto. Gewinn- und Verlustanteile werden unmittelbar auf dem EK-Konto gebucht.

➤ **Kommanditisten** haben nur ein **festes Kapitalkonto**. Gewinnanteile sind „Sonstige Verbindlichkeiten", Verlustanteile „Sonstige Forderungen".

Die Gliederung des Eigenkapitals bei **Kapitalgesellschaften** ist gesetzlich vorgeschrieben:

A. Eigenkapital

I. Gezeichnetes Kapital

II. Kapitalrücklage

III. Gewinnrücklagen:
 1. gesetzliche Rücklage
 2. Rücklage für eigene Anteile
 3. satzungsmäßige Rücklagen
 4. andere Gewinnrücklagen

IV. Gewinnvortrag/Verlustvortrag

V. Jahresüberschuss/ Jahresfehlbetrag

Rücklagen	
offene Rücklagen	**stille Rücklagen**
1. Kapitalrücklagen 2. Gewinnrücklagen − gesetzliche Rücklagen − Rücklagen f. eig. Anteile − satzungsmäßige Rücklagen − andere Gewinnrücklagen	1. Unterbewertung von Aktivposten 2. Überbewertung von Passivposten

1. In einer OHG mit einem Jahresgewinn von 90 000,00 EUR sind drei Gesellschafter mit folgenden Kapitalanteilen beteiligt: A 50 000,00 EUR, B 60 000,00 EUR und C 40 000,00 EUR. B ist Geschäftsführer und erhält vorab 10 000,00 EUR. Der Rest wird nach den gesetzlichen Bestimmungen verteilt. Während des Geschäftsjahres hat A 2 000,00 EUR und C 3 000,00 EUR für private Zwecke entnommen.

   Ermitteln Sie die Gewinnanteile und bilden Sie die Buchungssätze! Wie hoch ist das Eigenkapital jedes Gesellschafters zum Ende des Jahres?

2. Beantworten Sie folgende Fragen:
   a) Worin liegt der Unterschied zwischen offenen und stillen Rücklagen?
   b) Wie unterscheiden sich Rücklagen von Rückstellungen?
   c) Warum haben Teilhafter ein festes Kapitalkonto?
   d) Wie ist die gesetzliche Verteilung des Erfolges bei Kommanditgesellschaften geregelt?
   e) Wie lautet der Buchungssatz für den Verlustanteil eines Teilhafters?
   f) Wie ist das Eigenkapital bei Kapitalgesellschaften auszuweisen?

4 Auswertung des Jahresabschlusses

Der Jahresabschluss soll einen Einblick in die Finanz-, Vermögens- und Ertragslage eines Unternehmens gewähren. Um zu einer **Beurteilung** dieser zu gelangen und um Aufschlüsse über ihre **Entwicklung** zu erhalten, müssen die veröffentlichten Unternehmensdaten **aufbereitet** und **ausgewertet** werden. Diese aufbereiteten Zahlen dienen als **Entscheidungsgrundlage** und ermöglichen **Prognosen** über zukünftige Entwicklungen. Für die betriebswirtschaftliche Auswertung des Jahresabschlusses (auch **Bilanzanalyse und Bilanzkritik** genannt) eignen sich insbesondere **Kennzahlen,** deren Aussagekraft allerdings auch relativiert werden muss. So macht eine Analyse des Jahresabschlusses eigentlich nur Sinn, wenn sie über mehrere Jahre hinweg gemacht wird **(Zeitvergleich)** oder wenn ein Vergleich mit Unternehmen der gleichen Branche und ähnlicher Marktstellung **(Betriebsvergleich)** erfolgt.

4.1 Bilanzanalyse

4.1.1 Aufbereitung der Bilanz

Für eine Bilanzanalyse muss die Bilanz aufbereitet werden. Dies geschieht durch die Erstellung sogenannter **Strukturbilanzen.** Dazu müssen unter Umständen Bilanzpositionen umgruppiert, zusammengefasst, aufgespalten, ergänzt und bereinigt werden.

Vermögen			Strukturbilanz	Kapital	
Vermögensstruktur	in EUR	in %	Kapitalstruktur	in EUR	in %
I. Anlagevermögen			I. Eigenkapital		
II. Umlaufvermögen 1. Vorräte 2. Forderungen 3. liquide Mittel			II. Fremdkapital 1. langfristiges FK 2. kurzfristiges FK		

Die Feststellung des **Anlagevermögens** ist einfach, da es in der Bilanz bereits getrennt ausgewiesen ist.

Das **Umlaufvermögen** wird in drei Gruppen aufgeteilt:

> Vorräte: Betriebsstoffe, Waren usw.

> Forderungen: Forderungen aus Lieferungen und Leistungen, Forderungen gegenüber Mitarbeitern, aktive Rechnungsabgrenzungsposten usw.

> flüssige Mittel: Kassenbestand, Postgiro- und Bankguthaben, Schecks, diskontfähige Wechsel, Wertpapiere des Umlaufvermögens

Gezeichnetes Kapital, Rücklagen, Gewinn- oder Verlustvortrag und Jahresüberschuss oder -fehlbetrag werden zum Posten **Eigenkapital** zusammengefasst.

Beim **Fremdkapital** werden langfristiges (Hypotheken, Darlehen, langfristige Rückstellungen) und kurzfristiges FK (kurzfristige Rückstellungen, Bankschulden, Verbindlichkeiten aus Lieferungen und Leistungen, noch abzuführende Abgaben, Umsatzsteuer, passive Rechnungsabgrenzungsposten) unterschieden.

Absolute Zahlen werden in **Prozentzahlen** umgerechnet, wobei die Basis die Bilanzsumme ist.

Beispiel: Die Bilanz des Reisebüros Baltic Reisen soll als Strukturbilanz aufbereitet werden.

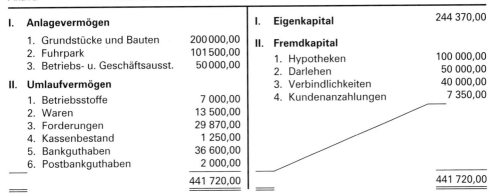

Aktiva	Bilanz des Reisebüros Baltic Reisen 31. Dez. .. in EUR		Passiva
I. Anlagevermögen		**I. Eigenkapital**	244 370,00
1. Grundstücke und Bauten	200 000,00	**II. Fremdkapital**	
2. Fuhrpark	101 500,00	1. Hypotheken	100 000,00
3. Betriebs- u. Geschäftsausst.	50 000,00	2. Darlehen	50 000,00
II. Umlaufvermögen		3. Verbindlichkeiten	40 000,00
1. Betriebsstoffe	7 000,00	4. Kundenanzahlungen	7 350,00
2. Waren	13 500,00		
3. Forderungen	29 870,00		
4. Kassenbestand	1 250,00		
5. Bankguthaben	36 600,00		
6. Postbankguthaben	2 000,00		
	441 720,00		441 720,00

Vermögen	Strukturbilanz			Kapital	
Vermögensstruktur	in EUR	in %	Kapitalstruktur	in EUR	in %
I. Anlagevermögen	351 500,00	79,6	I. Eigenkapital	244 370,00	55,3
II. Umlaufvermögen	90 220,00	20,4	II. Fremdkapital	197 350,00	44,7
1. Vorräte	20 500,00	4,6	1. langfristiges FK	150 000,00	34,0
2. Forderungen	29 870,00	6,8	2. kurzfristiges FK	47 350,00	10,7
3. liquide Mittel	39 850,00	9,0			
Gesamtvermögen	**441 720,00**	**100,0**	**Gesamtkapital**	**441 720,00**	**100,0**

4.1.2 Beurteilung der Bilanz (Bilanzkritik)

Aus der Strukturbilanz lassen sich Kennzahlen zur Beurteilung der

- Vermögensstruktur (Konstitution),
- Kapitalstruktur (Finanzierung),
- Investierung,
- Liquidität

bilden.

4.1.2.1 Beurteilung der Vermögensstruktur (Konstitution)

Die wichtigsten Bilanzkennzahlen, die das Verhältnis von Anlage- bzw. Umlaufvermögen zum Gesamtvermögen widerspiegeln, sind:

$$\text{Anlagenintensität} = \frac{\text{Anlagevermögen} \cdot 100}{\text{Gesamtvermögen}}$$

337

22 Künzel, Thieß - ISBN 978-3-8120-0496-1

$$\text{Umlaufintensität} = \frac{\text{Umlaufvermögen} \cdot 100}{\text{Gesamtvermögen}}$$

Diese Kennzahlen sagen etwas darüber aus, wie **anlagenintensiv** ein Unternehmen ist. Abhängig von der **Branchenzugehörigkeit** wird der Anteil an Anlage- und Umlaufvermögen sehr unterschiedlich sein. So werden Industriebetriebe im Gegensatz zu Handelsbetrieben einen sehr hohen Anteil an Anlagevermögen haben. Bei Reiseverkehrsunternehmen ist die Anlagenintensität davon abhängig, ob eigene Gebäude und ein eigener Fuhrpark (z. B. teure Reisebusse) vorhanden sind oder nicht. Das Umlaufvermögen wird dagegen eher gering sein, da in erster Linie Dienstleistungen erbracht werden.

In unserem Beispiel ist die Anlagenintensität von 79,6 % sehr hoch und die Umlaufintensität von 20,4 % eher niedrig. Das Reisebüro hat sowohl eigene Gebäude als auch eigene Fahrzeuge.

Grundsätzlich kann man Folgendes sagen: Je größer der Anteil des Umlaufvermögens ist, desto größer ist die **Flexibilität** des Unternehmens, denn je kurzfristiger Vermögen gebunden ist, desto größer ist die Anpassungsfähigkeit an **Beschäftigungs- und Strukturveränderungen.** Da Anlagen das Kapital längerfristig binden, kann ein damit verbundener hoher Fixkostenanteil zu einer starken Beschäftigungsabhängigkeit führen.

Sinkt im Zeitvergleich die Anlagenintensität, könnten die Ursachen dafür z. B. das Vorhandensein relativ alter Sachanlagen, die Durchführung einer großzügigen Abschreibungspolitik oder auch der Übergang zu verstärktem Anlagenleasing sein.

Eine steigende Anlagenintensität könnte z. B. zurückzuführen sein auf größere Investitionen in der Vergangenheit, langfristige Verschlechterung der Beschäftigungslage oder Rationalisierung der Lagerhaltung.

4.1.2.2   Beurteilung der Kapitalstruktur (Finanzierung)

Bei der Analyse der Kapitalstruktur erhält man Informationen über die Art, die Zusammensetzung und die Fristigkeit des Kapitals. Sie hilft Finanzierungsrisiken abzuschätzen.

$$\text{Eigenkapitalanteil} = \frac{\text{Eigenkapital} \cdot 100}{\text{Gesamtkapital}} \qquad \text{(Grad der finanziellen Unabhängigkeit)}$$

$$\text{Fremdkapitalanteil} = \frac{\text{Fremdkapital} \cdot 100}{\text{Gesamtkapital}} \qquad \text{(Grad der Verschuldung)}$$

Zur genauen Analyse bietet es sich an, zusätzliche Quoten für langfristiges und kurzfristiges Fremdkapital zu berechnen.

$$\text{Anteil des langfristigen Fremdkapitals} = \frac{\text{langfristiges Fremdkapital} \cdot 100}{\text{Gesamtkapital}}$$

$$\text{Anteil des kurzfristigen Fremdkapitals} = \frac{\text{kurzfristiges Fremdkapital} \cdot 100}{\text{Gesamtkapital}}$$

Folgende Aussagen können zur Eigen- und Fremdkapitalquote gemacht werden:

➤ Ein **hoher Eigenkapitalanteil** deutet auf eine geringe Abhängigkeit von Fremdkapitalgebern und damit auf eine hohe finanzielle Unabhängigkeit hin. Ein Unternehmen mit einer hohen Eigenkapitalausstattung ist kreditwürdiger.

➤ Je **höher der Fremdkapitalanteil** ist, desto höher sind die jährlichen Zinszahlungen, die erwirtschaftet werden müssen. Außerdem besteht ein größeres Liquiditätsrisiko für das Unternehmen, da das Fremdkapital i. d. R. zu einem bestimmten Zeitpunkt zurückgezahlt werden muss.

In unserem Beispiel liegt der Eigenkapitalanteil mit 55,3 % über dem Fremdkapitalanteil mit 44,7 %. Es liegt eine solide Finanzierung vor.

4.1.2.3 Beurteilung der Investierung

Die Kennzahlen der Investierung geben darüber Auskunft, inwieweit das Anlagevermögen durch Eigenkapital bzw. langfristiges Kapital gedeckt ist. Aus Risikoerwägungen wird empfohlen, Anlagevermögen prinzipiell durch langfristig zur Verfügung stehendes Kapital zu finanzieren **(goldene Bilanzregel)**. Diesen Überlegungen liegt der Grundsatz der **Fristengleichheit** zugrunde. Sichergestellt wird damit, dass im Falle einer Krise kein Anlagevermögen (Grundlage der betrieblichen Tätigkeit) veräußert werden muss, um kurzfristigen Tilgungsverpflichtungen nachzukommen. Die Anlagendeckung ist ein Maßstab der **finanziellen Stabilität**. Die Besonderheiten unterschiedlicher Branchen werden allerdings nicht berücksichtigt.

$$\text{Anlagendeckung I} = \frac{\text{Eigenkapital} \cdot 100}{\text{Anlagevermögen}}$$

$$\text{Anlagendeckung II} = \frac{(\text{Eigenkapital} + \text{langfr. Fremdkapital}) \cdot 100}{\text{Anlagevermögen}}$$

Im obigen Beispiel liegt die Anlagendeckung I bei 69,5 %, die Anlagendeckung II bei 112,2 %. Das bedeutet, dass das Anlagevermögen allein durch das Eigenkapital nicht gedeckt ist, wohl aber durch das langfristige Kapital.

4.1.2.4　Beurteilung der Liquidität

Unter Liquidität versteht man die **Zahlungsfähigkeit** eines Unternehmens, also die Möglichkeit des Unternehmens, seinen Zahlungsverpflichtungen nachzukommen. Reichen die liquiden Mittel nicht aus, um die kurzfristig fälligen Verbindlichkeiten zu tilgen, spricht man von **Zahlungsunfähigkeit** (Illiquidität). Dies führt oft zur Beendigung der unternehmerischen Tätigkeit. Zur Beurteilung der Liquidität werden **mehrere Grade** berücksichtigt:

$$\text{Liquidität 1. Grades} = \frac{\text{flüssige Mittel} \cdot 100}{\text{kurzfristiges Fremdkapital}} \qquad \textbf{Barliquidität}$$

Die **Liquidität ersten Grades** gibt für einen bestimmten **Stichtag** an, wie viel vom gesamten kurzfristigen Fremdkapital mit den vorhandenen **flüssigen Mitteln** bezahlt werden kann.

Diese Kennzahl ist **wenig aussagefähig,** da kurzfristiges Fremdkapital nicht nur aus flüssigen Mitteln, sondern auch aus den Zahlungseingängen bestehender Forderungen gedeckt werden kann. Auch eine kurzfristige Kreditaufnahme (Erhöhung liquider Mittel/Erhöhung kurzfristiger Verbindlichkeiten) oder der Verkauf von Forderungen (Factoring) verändern die Kennzahl.

$$\text{Liquidität 2. Grades} = \frac{(\text{flüssige Mittel} + \text{Forderungen}) \cdot 100}{\text{kurzfristiges Fremdkapital}}$$

Die **Liquidität zweiten Grades** bezieht die **Forderungen** ein und ist deswegen schon etwas aussagekräftiger.

$$\text{Liquidität 3. Grades} = \frac{\text{Umlaufvermögen} \cdot 100}{\text{kurzfristiges Fremdkapital}}$$

Am aussagekräftigsten für die Zahlungsfähigkeit und den Finanzierungsspielraum des Unternehmens ist die **Liquidität dritten Grades.** Hier wird das **gesamte Umlaufvermögen** im Verhältnis zu den kurzfristigen Verbindlichkeiten betrachtet. Je höher die Kennzahl über 100 liegt, desto leichter ist es für das Unternehmen, seinen Zahlungsverpflichtungen nachzukommen. Aber auch die Liquidität dritten Grades sagt nichts darüber aus, ob die Zahlungsfähigkeit jeden Tag gegeben ist, da auch diese Kennzahl **statisch** (stichtagsbezogen) ist. Fälligkeitstermine, sowohl für Forderungen als auch für Verbindlichkeiten, werden nicht berücksichtigt. Nur ein Finanzplan, in dem die Fälligkeitstermine der einzelnen Posten beachtet werden, kann genaue Aussagen über die Zahlungsfähigkeit eines Unternehmens machen.

In unserem Beispiel beträgt die Liquidität 1. Grades 84,2 %, die Liquidität 2. Grades 147,2 % und die Liquidität 3. Grades 190,5 %. Da zumindest beim Liquiditätsgrad 2 ein Deckungsgrad von 100 % erreicht werden sollte, kann man davon ausgehen, dass das Unternehmen seine Schulden relativ problemlos bezahlen kann.

Zusammenfassung

Aus den aufbereiteten Zahlen einer Bilanz lassen sich Kennzahlen bilden für

➤ die Vermögensstruktur (AV : UV)
➤ die Kapitalstruktur (EK : FK)
➤ die Investierung (EK : AV)
➤ die Liquidität (UV : kurzfristiges FK)

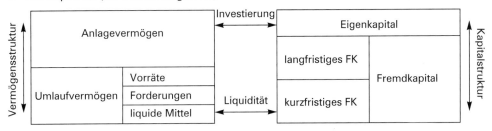

ÜBUNGSAUFGABEN

1. Beantworten Sie folgende Fragen:
   1. Was besagt die „goldene Bilanzregel"?
   2. Worin unterscheiden sich die verschiedenen Liquiditätsgrade?
   3. Was ist eine Strukturbilanz?
   4. Was versteht man unter langfristigem Kapital?
   5. Was versteht man unter Anlagendeckung?
   6. Wie beurteilen Sie einen hohen Anteil des Anlagevermögens am Gesamtvermögen?
   7. Welche Gefahren liegen in einem sehr hohen Fremdkapitalanteil?

2. Für zwei aufeinanderfolgende Jahre sind von einem Reisebüro folgende Bilanzwerte (in EUR) bekannt:

Aktiva	01	02	Passiva	01	02
Fuhrpark	50 000,00	100 000,00	Eigenkapital	80 000,00	95 000,00
BGA	30 000,00	20 000,00	Darlehen	20 000,00	50 000,00
Vorräte	5 000,00	8 000,00	Verbindlichkeiten	26 000,00	16 000,00
Forderungen	25 000,00	19 000,00	Kundenanzahlung	6 000,00	3 000,00
Bankguthaben	12 000,00	14 000,00			
Kassenbestand	10 000,00	3 000,00			

   a) Erstellen Sie für beide Jahre eine Strukturbilanz!
   b) Bilden Sie die Kennzahlen der Vermögens- und der Kapitalstruktur, der Investierung und der Liquidität und beurteilen Sie die Veränderungen!

341

4.2 Auswertung der Erfolgsrechnung

Aufgabe der Gewinn- und Verlustrechnung ist es, die **Höhe** und die **Quellen** des Erfolges sichtbar zu machen. Bezieht man die Zahlen der GuV-Rechnung in die Bilanzanalyse mit ein, lassen sich Aussagen über die **Wirtschaftlichkeit** und die **Rentabilität** des Unternehmens machen.

4.2.1 Beurteilung der Rentabilität

Ein Unternehmen arbeitet rentabel, „wenn sich der Einsatz des Kapitals gelohnt hat". Der Gewinn als absolute Zahl sagt allein noch nichts aus. Deshalb wird er im Rahmen der Rentabilitätsanalyse in Bezug auf **Eigenkapital, Gesamtkapital** oder auch **Umsatz** analysiert. Rentabilität ist ein wichtiger Maßstab für die **Ertragskraft** eines Unternehmens.

4.2.1.1 Eigenkapitalrentabilität

Die **Eigenkapitalrentabilität** (Unternehmer-Rentabilität) ermöglicht Aussagen über die Verzinsung des Eigenkapitals.

$$\text{Eigenkapitalrentabilität} = \frac{\text{Jahresüberschuss} \cdot 100}{\text{Eigenkapital}}$$

Für Einzelunternehmen und Personengesellschaften ist der Unternehmerlohn vorher vom Jahresüberschuss abzuziehen, damit diese Unternehmensformen mit Kapitalgesellschaften (Vorstands- und Geschäftsführergehälter haben den Jahresüberschuss bereits vermindert) vergleichbar sind.

> Eigenkapitalrentabilität
> − Zinssatz für langfristig angelegtes Kapital
> = Risikoprämie

Die Eigenkapitalrentabilität ist ausreichend, wenn der landesübliche Zinssatz für langfristig angelegtes Kapital zuzüglich einer angemessenen Prämie für das übernommene Risiko (Unternehmerwagnisprämie) erzielt wird.

Angenommen, der Jahresüberschuss beträgt 43 000,00 EUR und der landesübliche Zinssatz liegt bei 8 %, dann würde sich eine Eigenkapitalrentabilität von 17,6 % und eine Risikoprämie von 9,6 % ergeben.

4.2.1.2 Gesamtkapitalrentabilität

Da der Jahresüberschuss nicht nur durch das Eigenkapital, sondern auch durch das eingesetzte Fremdkapital erwirtschaftet wird, wird mit der **Gesamtkapitalrentabilität** eine Kennzahl ermittelt, die das gesamte eingesetzte Kapital berücksichtigt. Dazu müssen zum Jahresüberschuss die Fremdkapitalzinsen addiert werden, weil diese den Jahresüberschuss gemindert haben und vom Gesamtkapital erwirtschaftet werden müssen.

Die Gesamtkapitalrentabilität errechnet sich wie folgt:

$$\text{Gesamtkapitalrentabilität} \ = \ \frac{(\text{Jahresüberschuss} + \text{Zinsen}) \cdot 100}{\text{Gesamtkapital}}$$

Die Gesamtkapitalrentabilität eignet sich gut für einen Vergleich mit Konkurrenten, da hier die unterschiedlichen Kapitalstrukturen berücksichtigt werden.

Leverage-Effekt (Hebelwirkung): Die **Eigenkapitalrendite** kann durch zusätzliche Aufnahme von Fremdkapital bzw. durch Ersatz von Eigen- durch Fremdkapital **gesteigert** werden, solange der **Fremdkapitalzinssatz unter der Gesamtkapitalrendite** liegt. Daraus folgt, dass die Eigenkapitalrentabilität vom Verhältnis Eigen- zu Fremdkapital (Verschuldungsgrad), vom Fremdkapitalzins und der Gesamtkapitalrendite abhängt.

4.2.1.3 Umsatzrentabilität

Die Umsatzrentabilität gibt an, wie viel Prozent vom Umsatzerlös dem Unternehmen als Gewinn zufließen.

$$\text{Umsatzrentabilität} \ = \ \frac{\text{Jahresüberschuss} \cdot 100}{\text{Umsatzerlöse}}$$

Bewertungsprobleme durch ein zu niedrig ausgewiesenes Eigenkapital (stille Reserven) gibt es bei der Umsatzrentabilität im Gegensatz zur Eigen- und Gesamtkapitalrentabilität nicht.

4.2.2 Beurteilung des Cashflows

Der Cashflow (Kassen-, Geldzufluss) verdeutlicht die **Selbstfinanzierungskraft** eines Unternehmens, indem er Auskunft über die Mittel gibt, die im Geschäftsjahr erwirtschaftet wurden und nun zur Finanzierung von Investitionen, zur Schuldentilgung oder zur Gewinnausschüttung zur Verfügung stehen. Neben dem Jahresüberschuss werden die Aufwendungen berücksichtigt, die nicht zu Ausgaben geführt haben.

Der Cashflow ergibt sich (vereinfacht) wie folgt:

> **Jahresüberschuss/-fehlbetrag**
> + Abschreibungen
> + Erhöhungen von langfristigen Rückstellungen
>
> = **Cashflow**

Je höher der Cashflow ist, desto höher sind die finanziellen Möglichkeiten eines Unternehmens.

Die Aussagekraft des Cashflows wird verbessert, wenn man ihn zu bestimmten Größen in Beziehung setzt, also Kennzahlen bildet:

Die **Cashflow-Umsatzverdienstrate** gibt an, wie viel Prozent der Umsatzerlöse zur Finanzierung von Investitionen, zur Schuldentilgung und zur Gewinnausschüttung zur Verfügung stehen.

$$\text{Cashflow-Umsatzverdienstrate} = \frac{\text{Cashflow} \cdot 100}{\text{Umsatzerlöse}}$$

Die **Schuldentilgungsdauer** gibt an, wie lange es tendenziell dauert, bis die Schulden zu einem ausgewählten Stichtag durch die betrieblichen Einnahmeüberschüsse getilgt werden können. Die Kreditwürdigkeit eines Unternehmens ist umso größer, je kürzer die Schuldentilgungsdauer ist.

$$\text{Schuldentilgungsdauer} = \frac{\text{Fremdkapital}}{\text{Cashflow}}$$

Zusammenfassung

Kennzahlen der **Erfolgsanalyse** zeigen, wie rentabel oder wie wirtschaftlich ein Unternehmen gearbeitet hat.

Bei der **Rentabilitätsanalyse** setzt man den Jahresüberschuss ins Verhältnis zum Eigenkapital, zum Gesamtkapital oder zu den Umsatzerlösen. Hierbei ist es wichtig, **den Leverage-Effekt** zu beachten, da die Eigenkapitalrentabilität durch Aufnahme von Fremdkapital steigt, solange die Fremdkapitalzinsen unter der Gesamtkapitalrentabilität liegen.

Bei der **Cashflow-Analyse** erhält man Aussagen über die Ertragskraft, die Selbstfinanzierungskraft und die Kreditwürdigkeit eines Unternehmens.

ÜBUNGSAUFGABEN

3. Wie lautet das vereinfachte Berechnungsschema des Cashflows?

4. Für einen Reiseveranstalter liegen für drei aufeinanderfolgende Jahre folgende Daten in EUR vor:

	1. Jahr	2. Jahr	3. Jahr
Jahresüberschuss	250 000,00	300 000,00	310 000,00
Abschreibungen	65 000,00	70 000,00	90 000,00
Zuführung zu langfr. Rückstellungen	4 000,00	4 500,00	5 500,00
Umsatzerlöse	3 750 000,00	4 500 000,00	4 650 000,00

a) Ermitteln Sie den Cashflow und die Cashflow-Umsatzverdienstrate!

b) Beurteilen Sie die Veränderungen!

c) Was sagt der Cashflow aus?

5. Aus dem Jahresabschluss eines Reiseveranstalters liegen folgende Zahlen in EUR vor:

	1. Jahr	2. Jahr	3. Jahr
Eigenkapital	160 000,00	185 000,00	190 000,00
Fremdkapital	90 000,00	110 000,00	100 000,00
Jahresüberschuss	26 000,00	35 000,00	30 000,00
Umsatzerlöse	560 000,00	740 000,00	490 000,00
Zinsaufwendungen	4 500,00	6 000,00	5 400,00

a) Berechnen Sie für die drei Jahre die Eigenkapitalrentabilität!

b) Berechnen Sie für die drei Jahre die Gesamtkapitalrentabilität!

c) Berechnen Sie die Umsatzrentabilität für die drei Jahre!

d) Beurteilen Sie die Ertragslage des Unternehmens!

5 Beleggeschäftsgang Nr. 2

Die Firma Baltic Reisen hat die Buchführung für das Jahr 20.. noch nicht komplett erstellt. Es sind noch einige Geschäftsfälle zu buchen. Außerdem soll der vorläufige Jahresabschluss erstellt werden. Dazu müssen die entsprechenden Abschlussbuchungen vorgenommen werden.

Es gelten die Rahmendaten des 1. Beleggeschäftsgangs. Für das Jahr 20.. weisen die Sachkonten die folgenden Salden aus:

Summen- und Saldenliste der Sachkonten 21.12.20..			
Konto	Kontobezeichnung	Soll	Haben
0100	Grundstücke und Bauten	50 000,00	0,00
0230	Fahrzeuge	120 000,00	0,00
0250	Betriebs- und Geschäftsausstattung	25 000,00	0,00
0510	Darlehen	0,00	72 000,00
0800	Eigenkapital	0,00	122 000,00
1000	Kasse	1 200,00	0,00
1200	Bank	13 600,00	0,00
1400	Forderungen aus Lieferungen und Leistungen	3 700,00	0,00
1550	Vorsteuer 19 %	2 400,00	0,00
1570	Vorsteuer 7 %	210,00	0,00
1600	Verbindlichkeiten aus Lieferungen und Leistungen	0,00	15 900,00
1720	Umsatzsteuer 19 %	0,00	4 800,00
1725	Umsatzsteuer 7 %	0,00	840,00
1730	Noch abzuführende Abgaben – Finanzamt	0,00	0,00
1740	Noch abzuführende Abgaben – Sozialversicherung	0,00	0,00

Summen- und Saldenliste der Sachkonten 21.12.20..

Konto	Kontobezeichnung	Soll	Haben
1750	Noch abzuführende Abgaben – vermögenswirks. Leist.	0,00	0,00
1900	Privatkonto	24 000,00	0,00
3100	Verrechnung Touristik	5 600,00	0,00
3200	Verrechnung DB/BAHN-Werte	840,00	0,00
3300	Verrechnung sonstiger Beförderungsausweise	1 200,00	0,00
3400	Verrechnung Flugverkehr, steuerpflichtig	3 150,00	0,00
3410	Verrechnung Flugverkehr, steuerfrei	4 800,00	0,00
3700	Verrechnung sonstige Reiseverkehrsgeschäfte	2 120,00	0,00
4000	Löhne und Gehälter	74 500,00	0,00
4010	Aufwendungen eigene RV (§ 25 UStG)	54 000,00	0,00
4020	Aufwendungen eigene RV (§ 3a UStG, Regelbest.)	28 000,00	0,00
4050	Gesetzliche soziale Aufwendungen	14 350,00	0,00
4060	Vermögenswirksame Leistungen	495,00	0,00
4100	Raumkosten (Miete, Heizung etc.)	6 000,00	0,00
4200	Kommunikationskosten	7 120,00	0,00
4300	Bürosachkosten (Bürobedarf, Zeitschriften etc.)	2 150,00	0,00
4310	Steuern, Versicherungen, Beiträge, Gebühren	4 450,00	0,00
4320	Kfz-Kosten	36 250,00	0,00
4400	Werbekosten	1 215,00	0,00
4800	Abschreibungen auf Sachanlagen	0,00	0,00
4960	Zinsaufwendungen	4 000,00	0,00
5000	Aufwendungen für Hilfs- und Betriebsstoffe	750,00	0,00
5100	Aufwendungen für bezogene Waren (19 %)	9 000,00	0,00
5200	Aufwendungen für bezogene Waren (7 %)	2 000,00	0,00
5210	Erhaltene Nachlässe	0,00	0,00
6000	Hilfs- und Betriebsstoffe	750,00	0,00
6100	Warenvorräte (19 %)	1 000,00	0,00
6200	Warenvorräte (7 %)	500,00	0,00
7100	Umsätze Touristik	0,00	5 600,00
7200	Umsätze DB/BAHN-Werte	0,00	840,00
7300	Umsätze Sonstige Beförderungsausweise	0,00	1 200,00
7400	Umsätze Flugverkehr, steuerpflichtig	0,00	3 150,00
7410	Umsätze Flugverkehr, steuerfrei	0,00	4 800,00
7700	Umsätze Sonstige Reiseverkehrsgeschäfte	0,00	2 120,00
8010	Erlöse aus eigenen Veranstaltungen	0,00	139 600,00
8100	Erlöse Touristik Reisevermittlung	0,00	62 400,00
8800	Erlöse Warenverkauf (19 %)	0,00	29 000,00
8810	Erlöse Warenverkauf (7 %)	0,00	39 500,00
8960	Zinserträge	0,00	600,00
	Summe der Salden	**504 350,00**	**504 350,00**

Außerdem sind die folgenden **Abschlussangaben** (siehe auch Buchungsanweisungen auf S. 365) zu berücksichtigen:

Die Bestandsveränderungen an Hilfs- und Betriebsstoffen sowie bei den Waren werden per Inventurmethode ermittelt. Alle Einkäufe wurden direkt als Aufwand erfasst.

a) Hilfs- und Betriebsstoffe:
- Der Anfangsbestand betrug 750,00 EUR.
- Der Schlussbestand laut Inventur beträgt 1 000,00 EUR.

b) Warengruppe 1 (19 % USt)
- Der Anfangsbestand betrug 1 000,00 EUR.
- Der Schlussbestand laut Inventur beträgt 1 000,00 EUR.

Warengruppe 2 (7 % USt)
- Der Anfangsbestand betrug 500,00 EUR.
- Der Schlussbestand laut Inventur beträgt 1 000,00 EUR.

c) Abschreibungen auf
- Fahrzeuge 12 000,00 EUR
- Betriebs- und Geschäftsausstattung 1 500,00 EUR

d) Die Konten Verrechnungskonten der Klasse 3 und die Umsatzkonten der Klasse 8 sind abzuschließen.

Im Übrigen stimmen die Buchwerte mit den Inventurwerten überein.

Geschäftsfall 1:

Beleg 1

23558 Lübeck

Holstenstraße 1
Tel.: 0451 9445044
Fax: 0451 9445045
E-Mail: service@baltic.de

Herrn
K. Opsch

QUITTUNG   Datum: 20..-12-21

Auftr.-Nr.	Leistungsbeschreibung			Betrag in EUR
	Fahrkarte DB AG			250,00
	Hamburg – München			
	2. Klasse, Hin- und Zurück			
	Super-Sparpreis IC			
	Nettobetrag	MWSt 19 %		Rechnungsbetrag
				250,00 EUR

Betrag dankend erhalten

Die Umsatzsteuer wird im Namen und auf Rechnung des jeweiligen Verkehrs- und Leistungsträgers ausgewiesen.

Sitz/Registergericht: Lübeck, Amtsgericht Lübeck HRA 1271

Beleg 2

Direktion Hamburg

Die Bahn

Firma
Baltic Reisen
Holstenstr. 1
23558 Lübeck

Tel.: 040 455005
Fax: 040 455006

Kunden-Nr.: K276
Rechn.-Nr.: AR0212-45

RECHNUNG/BUCHUNGSBESTÄTIGUNG

Datum: 20..-12-21

Code	Leistungsbeschreibung	Menge	E-Preis in EUR	Gesamt in EUR
001234	ICE 2. Klasse			
	Hamburg – München		125,00	
	München – Hamburg		125,00	
	Zwischensumme			250,00
	– 5 % Provision aus 250,00 EUR			12,50
	– 19 % USt auf 12,50 EUR			2,38

Gesamtbetrag   235,12 EUR

Bankverbindung:
Deutsche Bank (BLZ 600 200 10) Konto-Nr. 20020020

Sitz/Registergericht: Hamburg, Amtsgericht Hamburg HRB 615

Geschäftsfall 2:

Beleg 3

23558 Lübeck

Holstenstraße 1
Tel.:   0451 9445044
Fax: 0451 9445045
E-Mail: service@baltic.de

Frau

Anne Bohnsack
Im Schlag 5
23611 Bad Schwartau

QUITTUNG   Datum: 20..-12-21

Auftr.-Nr.	Leistungsbeschreibung			Betrag in EUR
06/12	Anzahlung für Flugticket **Hamburg – Los Angeles** AMERICO lines **Vielen Dank für Ihre Buchung**			240,00
	Nettobetrag	MWSt 19%		Rechnungsbetrag
	EUR	EUR		**240,00 EUR**

Betrag dankend erhalten

Die Umsatzsteuer wird im Namen und auf Rechnung des jeweiligen Verkehrs- und Leistungsträgers ausgewiesen.

Sitz/Registergericht: Lübeck, Amtsgericht Lübeck HRA 1271

Beleg 4

Niederlassung Hamburg

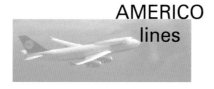

AMERICO AG · Bahnstraße 12 · 20221 Hamburg

Firma   Tel.: 040 500211-0
Baltic Reisen   Fax: 040 5002101
Holstenstr. 1
23558 Lübeck   Kunden-Nr.: C-10023
                                           Rechn.-Nr.:   I-C-10023/12

RECHNUNG/BUCHUNGSBESTÄTIGUNG   Datum: 20..-12-22

Code	Leistungsbeschreibung	Menge	E-Preis in EUR	Gesamt in EUR
A1 1054	Hamburg – LA 20..-05-17 8:30 Uhr	1	600,00	
A1 1065	LA – Hamburg 20..-05-31 11:00 Uhr	1	600,00	
				1 200,00

Bitte überweisen Sie   **Gesamtbetrag** 1 200,00 EUR

Bankverbindung:
Commerzbank (BLZ 310 300 10) Konto-Nr. 48048012

351

Beleg 5

23558 Lübeck

Holstenstraße 1
Tel.:   0451 9445044
Fax: 0451 9445045
E-Mail: service@baltic.de

Frau
Anne Bohnsack
Im Schlag 5
23611 Bad Schwartau

RECHNUNG

Datum: 20..-12-21
Re.–Nr. **K-05-51**
Bitte bei der Zahlung angeben!

Auftr.-Nr.	Leistungsbeschreibung			Betrag in EUR
K-05-51	Hin- und Rückflug			
	Hamburg – Los Angeles			
	mit AMERICO lines			1 200,00
	Serviceentgelt			30,00
	abzüglich Anzahlung			– 240,00
	Nettobetrag	MWSt 19 %		Restbetrag
				990,00 EUR

Zahlbar sofort!

Banken:

Postbank (BLZ 200 100 20) Konto-Nr. 68943
Sparkasse zu Lübeck (BLZ 230 501 01) Konto-Nr. 201262486

Sitz/Registergericht: Lübeck, Amtsgericht Lübeck HRA 1271

Beleg 6 (zu Geschäftsfall 1 und 2)

Kontonummer		Verwendungszweck/Buchungstext			Bankleitzahl	
201262486		Sparkasse zu Lübeck			230 501 01	
Buchungs-tag	Tag der Wertstellung	Verwendungszweck/Buchungstext	Buchungs-nummer			alter Kontostand
27.12.	1227	Überw. DB Re.-Nr. 0212-45	1542311	–		235,12
27.12.	1227	Gutschrift A. Bohnsack K-05-51	2323451	+		990,00
27.12.	1227	Überw. AMERICO Re.-Nr. I-C-10023/121542455	–			1 200,00
Nutzen Sie unser Online-Banking			27.12.20..	68		2
			Kontoauszug vom	Auszug		Blatt

Bitte beachten Sie die Hinweise auf der Rückseite
© BGG, Osnabrück

Geschäftsfall 3:

Beleg 7

23558 Lübeck

Holstenstraße 1
Tel.:   0451 9445044
Fax: 0451 9445045
E-Mail: service@baltic.de

An den
Segelverein Grömitz e.V.
Promenade 1
24212 Grömitz

RECHNUNG

Datum: 20..-12-23
Re.–Nr. **V-06-61**
Bitte bei der Zahlung angeben!

Auftr.-Nr.	Leistungsbeschreibung			Betrag in EUR
V-06-61	Tagesfahrt am 17.12.20..			
	Weihnachtsmarkt in Bremen			450,00
	Abfahrt 08:00 Uhr			
	Rückkehr 22:00 Uhr			
	jeweils Seglerheim			
	Nettobetrag	MWSt 19%		Restbetrag
	378,15 EUR	71,85 EUR		**450,00 EUR**

Zahlbar sofort!

Banken:

Postbank (BLZ 200 100 20) Konto-Nr. 68943
Sparkasse zu Lübeck (BLZ 23050101) Konto-Nr. 201262486

Sitz/Registergericht: Lübeck, Amtsgericht Lübeck HRA 1271

23 Künzel, Thieß - ISBN 978-3-8120-0496-1

Geschäftsfall 4:

Beleg 8

23558 Lübeck

Holstenstraße 1
Tel.:   0451 9445044
Fax: 0451 9445045
E-Mail: service@baltic.de

Herrn
Peter Paulsen
Skifreunde e. V.
23554 Lübeck

QUITTUNG   Datum: 20..-12-15

Auftr.-Nr.	Leistungsbeschreibung			Betrag in EUR
V-06-60	**Skireise nach Norwegen** 30 Teilnehmer vom 20.12. bis 30.12.20.. **Anzahlung** **Vielen Dank für Ihre Buchung**			4 800,00

Nettobetrag	MWSt 19%	Rechnungsbetrag
EUR	EUR	**4 800,00 EUR**

Betrag dankend erhalten

Die Umsatzsteuer wird im Namen und auf Rechnung des jeweiligen Verkehrs- und Leistungsträgers ausgewiesen.

Sitz/Registergericht: Lübeck, Amtsgericht Lübeck HRA 1271

Beleg 9 (siehe auch Anlage zur Margenberechnung)

23558 Lübeck

Holstenstraße 1
Tel.:   0451 9445044
Fax: 0451 9445045
E-Mail: service@baltic.de

Herrn
Peter Paulsen
Skifreunde e.V.
Morierstraße 13
23554 Lübeck

RECHNUNG

Datum: 20..-12-15
Re.–Nr. **V-06-60**

Bitte bei der Zahlung angeben!

Auftr.-Nr.	Leistungsbeschreibung	Reisepreis in EUR	Teilnehmer	Betrag in EUR
V-06-60	**Skireise nach Norwegen** Lillehammer im Reisebus 30 Teilnehmer vom 20.12. bis 30.12.20..			
	Reisepreis pro TN	1 600,00	30	48 000,00
	geleistete Anzahlung	160,00	30	4 800,00
	Nettobetrag	MWSt 19 %		Restbetrag
	EUR	87,11 EUR		**43 200,00 EUR**

Zahlbar sofort!

Banken:

Postbank (BLZ 200 100 20) Konto-Nr. 68943
Sparkasse zu Lübeck (BLZ 230 501 01) Konto-Nr. 201262486

Sitz/Registergericht: Lübeck, Amtsgericht Lübeck HRA 1271

Beleg 10

Radisson SAS Lillehammer Hotell
Turisthotellveien 7
N-2609 Lillehammer

Phone: + 47 61 28 60000
E-Mail: reservations.lillehammer@radissonsas.com

Radisson SAS · Turisthotellveien 7 · N-2609 Lillehammer

Firma
Baltic Reisen
Holstenstr. 1
23558 Lübeck

INVOICE

Date: 20..-12-17
Invoice-no **AR 3494-11**

Gruppe Paulsen	**pax**	**EUR**	**EUR**
9 Nächte, Vollverpflegung	30	833,33	25 000,00
Skipass	30	30,00	9 000,00
		total	**34 000,00**

Bank: Handelsbanken acc-no. 23450203

ECKEI REISEN

Firma
Baltic Reisen
Holstenstraße 1
23558 Lübeck

18055 Rostock
Hansestraße 2
Tel.:   021 454545
Fax: 021 454546
E-Mail: eckei@t-online.de
www.eckei-reisen.de

RECHNUNG

Kunden-Nr.: 10123
Re.-Nr.:   10123/12
Datum: 20..-12-18

Bezeichnung

Wir berechnen Ihnen:

Busreise nach Lillehammer, Norwegen, 20.12. – 30.12.20..
Gesamtstrecke 2000 km
davon im Gemeinschaftsgebiet 1200 km (steuerpflichtig)   6000,00 EUR
Nettobetrag 5017,24 EUR, Umsatzsteueranteil 982,76 EUR

davon im Drittland 800 km (steuerfrei)   4000,00 EUR

Bitte überweisen Sie   Gesamtbetrag: **10000,00 EUR**

Bankverbindung:
BfG Rostock (BLZ 620300 10) Konto-Nr. 98048012

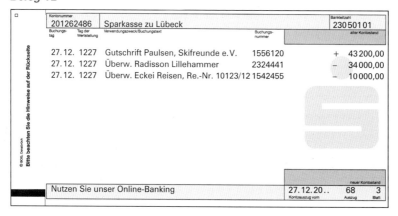

➤ **Anlage zu den Belegen 9 – 12**

Abrechnungsbogen für die Margenberechnung:

Reise: Norwegen   30 Personen   Reisebeginn: 20. 12. 20..

Reisevorleistungen	insgesamt	Gemeinschaftsgebiet	Drittland
Miete Bus	(100 %) 10 000,00 EUR	(60 %) 6 000,00 EUR	(40 %) 4 000,00 EUR
Hotel	25 000,00 EUR		25 000,00 EUR
Skipässe	9 000,00 EUR		9 000,00 EUR
gesamt	44 000,00 EUR	6 000,00 EUR	38 000,00 EUR
in %	100 %	**13,64 %**	**86,36 %**

Berechnung der Marge:

Reisepreis (30 · 1 600,00 EUR)	48 000,00 EUR	48 000,00 EUR	Reisepreis
– Reisevorleistungen	44 000,00 EUR	– 3 454,40 EUR	**EVA (steuerfrei)**
Gesamtmarge	4 000,00 EUR	= 44 545,60 EUR	
– steuerfreie Marge **(86,36 %)**	3 454,40 EUR	– 87,11 EUR	USt
Bruttomarge **(13,64 %)**	545,60 EUR (= 119 %)	= **44 458,49 EUR EVA (§ 25 UStG)**	
– darin enthaltene USt	87,11 EUR (= 19 %)		
Nettomarge	**458,49 EUR** (= 100 %)		

Beleg 12

Kontonummer		Bankleitzahl
201262486 Sparkasse zu Lübeck		230 501 01

Buchungs- tag	Tag der Wertstellung	Verwendungszweck/Buchungstext	Buchungs- nummer	alter Kontostand
27.12.	1227	Gutschrift Paulsen, Skifreunde e.V.	1556120	+ 43 200,00
27.12.	1227	Überw. Radisson Lillehammer	2324441	– 34 000,00
27.12.	1227	Überw. Eckei Reisen, Re.-Nr. 10123/12	1542455	– 10 000,00

Bitte beachten Sie die Hinweise auf der Rückseite

Nutzen Sie unser Online-Banking

	neuer Kontostand
Kontoauszug vom 27.12.20..	Auszug 68 Blatt 3

Geschäftsfall 5:

Beleg 13 (siehe auch Anlage zur Margenberechnung)

23558 Lübeck

Holstenstraße 1
Tel.: 0451 9445044
Fax: 0451 9445045
E-Mail: service@baltic.de

Herrn
Dieter Hecking
Ziegelstraße 25
23558 Lübeck

RECHNUNG

Datum: 20..-12-20
Re.–Nr. P-08-41
Bitte bei der Zahlung angeben!

Auftr.-Nr.	Leistungsbeschreibung	Reisepreis in EUR	Teilnehmer	Betrag in EUR
P-08-41	**14 Tage Südafrika, Kapstadt** vom 25.12.20.. bis 07.01.20..	2 500,00	1	2 500,00

Die Reiseunterlagen liegen bei!

Nettobetrag	MWSt 19 %	Restbetrag
EUR	EUR	**2 500,00 EUR**

Zahlbar sofort!

Banken:

Postbank (BLZ 200 100 20) Konto-Nr. 68943
Sparkasse zu Lübeck (BLZ 230 501 01) Konto-Nr. 201262486

Sitz/Registergericht: Lübeck, Amtsgericht Lübeck HRA 1271

Die Pauschalreise wird von insgesamt 10 Kunden gebucht. Erfassen Sie die Rechnungen als Sammelbuchung!

Beleg 14

Niederlassung Hamburg

AMERICO
lines

AMERICO AG · Bahnstraße 12 · 20221 Hamburg

Firma   Tel.:   040 500211-0
Baltic Reisen   Fax: 040 5002101
Holstenstr. 1
23558 Lübeck   Kunden-Nr.: C-10023
                                         Rechn.-Nr.:   I-C-10023/13

RECHNUNG/BUCHUNGSBESTÄTIGUNG   Datum: 20..-12-21

Code	Leistungsbeschreibung	Menge	E-Preis in EUR	Gesamt in EUR
A1 1234	Hamburg – Kapstadt 20..-12-20 09:45 Uhr	10	5 000,00	
A1 2431	Kapstadt – Hamburg 20..-01-07 08:00 Uhr	10	5 000,00	
				10 000,00

Bitte überweisen Sie   Gesamtbetrag: 10 000,00 EUR

Bankverbindung:
Commerzbank (BLZ 31030010) Konto-Nr. 48048012

OCEAN VIEW HOUSE

33 Victoria Road
Camps Bay/Bakoven
8005 Cape Town

Firma
Baltic Reisen
Holstenstr. 1
23558 Lübeck
Germany

Tel.:   0027-21-4381982
Fax: 0027-21-4382287
E-Mail: info@oceanview-house.com

INVOICE

Date: 20..-12-17
Invoice-no **AR20-834**

	pax	EUR	EUR
13 nights, single room	10	800,00	8 000,00
		total	**8 000,00**

Beleg 16

KRUGER NATIONAL PARK

33 Victoria Road
Camps Bay/Bakoven
8005 Cape Town

Firma
Baltic Reisen
Holstenstr. 1
23558 Lübeck
Germany

Tel.: 0027-21-6610200
Fax: 0027-21-6610201
E-Mail: info@krugerpark.za

INVOICE

Date: 20..-12-17
Invoice-no **AR11-wr-234**

	pax	EUR	EUR
Entrance fee	10	200,00	2 000,00
Day ticket			
		total	**2 000,00**

➤ **Anlage zu den Belegen 13 – 16**

Abrechnungsbogen für die Margenberechnung:

Reise: Südafrika   10 Personen   Reisebeginn: 25. 12. 20..

Reisevorleistungen	insgesamt	Gemeinschaftsgebiet	Drittland
Flug	10 000,00 EUR		10 000,00 EUR
Hotel	8 000,00 EUR		8 000,00 EUR
Besuch Krüger-Park	2 000,00 EUR		2 000,00 EUR
gesamt	20 000,00 EUR		10 000,00 EUR
in %	100 %		**100 %**

Berechnung der Marge:

	Reisepreis (10 · 2 500,00 EUR)	25 000,00 EUR
–	Reisevorleistungen	20 000,00 EUR
	Gesamtmarge (steuerfrei)	5 000,00 EUR

Geschäftsfall 6:

Beleg 17

Mahn Sportartikel GmbH

Großversand, Stiftstr. 1, 63065 Offenbach a.M.

Mahn GmbH · Stiftstr. 1 · 63065 Offenbach a.M.

Firma
Baltic Reisen
Holstenstr. 1
23558 Lübeck

Tel.: 0695 455005
Fax: 0695 455006

RECHNUNG

Kunden-Nr.: K 276
Rechn.-Nr.: AR 14855

Datum: 22.12.20..

Art.-Nr.	Bezeichnung	Menge	E-Preis EUR	Gesamt EUR
111	Thermo-Schlafsack „Polar"	5	40,00	200,00
201	Sonnenbrille „Traveller"	15	20,00	300,00

		500,00 EUR
19% MWSt		95,00 EUR
Endbetrag		**595,00 EUR**

Zahlbar innerhalb von 7 Tagen abzüglich 2% Skonto, 30 Tage netto Kasse

Geschäftsführerin:	Susanne Mahn
Bankverbindung:	Deutsche Bank (BLZ 600 200 10)
	Konto-Nr. 4501203
Sitz/Registergericht:	Offenbach am Main, Amtsgericht Offenbach am Main HRB 489

Beleg 18 a – d[1]

	Kontonummer		Bankleitzahl	
☐	201262486	Sparkasse zu Lübeck	230 50101	

Buchungs-tag	Tag der Wertstellung	Verwendungszweck/Buchungstext	Buchungs-nummer	alter Kontostand
28.12.	1228	Dauerauftrag Miete	3122455	− 1 200,00
28.12.	1228	Überw. Mahn GmbH, abzügl. Skonto	2324441	− 583,10
31.12.	1231	Lastschrift Kontoführungsgeb. 4/03	1542455	− 60,00
31.12.	1231	Gutschrift Habenzinsen	4151515	+ 12,80

Nutzen Sie unser Online-Banking

neuer Kontostand

31.12.20.. 70
Kontoauszug vom   Auszug   Blatt

Geschäftsfall 7:

Beleg 19

Gehaltsliste: Monat Dezember 20..

Name	Vorname	Steuer-klasse	Brutto-Gehalt	Zuschuss zu vwL	Steuern gesamt	AN-Anteil zur SV	verm.wirk-same Anl.	Auszah-lungsbetrag	AG-Anteil zur SV
Aldo	Mark	IV/1,5	2 000,00	15,00	420,00	360,00	40,00	1 195,00	360,00
Berg	Jana	III/1,0	2 200,00	15,00	295,00	396,00	40,00	1 484,00	396,00
Conrad	Tina	I	2 400,00	–	480,00	432,00	–	1 488,00	432,00
Dunst	Klaus	II/1	1 950,00	15,00	298,00	351,00	40,00	1 276,00	351,00
			8 550,00	45,00	1 493,00	1 539,00	120,00	5 443,00	1 539,00

---

1 Beleg 18 b gehört zum Beleg 17.

Buchungsanweisung für den Abschluss:

a)

BUCHUNGSANWEISUNG	Datum: 31.12. Beleg:			
	Soll		Haben	
	Konto	Betrag	Konto	Betrag
Bestandsveränderung: Hilfs- und Betriebsstoffe				

b)

BUCHUNGSANWEISUNG	Datum: 31.12. Beleg:			
	Soll		Haben	
	Konto	Betrag	Konto	Betrag
Bestandsveränderung: Warengruppe 1 Warengruppe 2				

c)

BUCHUNGSANWEISUNG	Datum: 31.12. Beleg:			
	Soll		Haben	
	Konto	Betrag	Konto	Betrag
Abschreibungen: 0230 Fahrzeuge 0250 Betriebs- und Geschäftsausstattung				

d)

BUCHUNGSANWEISUNG	Datum: 31.12. Beleg:			
	Soll		Haben	
	Konto	Betrag	Konto	Betrag
Abschluss der Verrechnungs- und Umsatzkonten				

I. Stichwortverzeichnis

24 Künzel, Thieß - ISBN 978-3-8120-0496-1

II. Vereinfachter Kontenrahmen für Reiseverkehrsbetriebe zu Ausbildungszwecken (in Anlehnung an den DRV-Kontenrahmen)

Kontenklasse 0
Anlage- und Kapitalkonten

0100	Grundstücke und Bauten
0230	Fahrzeuge/Fuhrpark
0250	Betriebs- u. Geschäftsausstatt. (BGA)
0260	GWG Sammelposten
0300	Finanzanlagen
0500	Hypotheken
0510	Darlehen
0700	Pensionsrückstellungen
0710	Sonstige Rückstellungen
0800	Eigenkapital
0920	Aktive Rechnungsabgrenzung
0930	Passive Rechnungsabgrenzung

Kontenklasse 1
Finanzkonten

1000	Kasse
1100	Postgiro
1200	Bank
1400	Forderungen aus Lief. u. Leist.
1470	Zweifelhafte Forderungen
1480	Sonstige Forderungen
1510	Ford. geg. Mitarbeitern (Vorschüsse)
1550	Vorsteuer 19 %
1570	Vorsteuer 7 %
1590	Wertpapiere d. Umlaufvermögens
1600	Verbindl. a. Lief. u. Leist.
1670	Kundenanzahlungen
1700	Sonstige Verbindlichkeiten
1720	Umsatzsteuer 19 %
1725	Umsatzsteuer 7 %
1730	Noch abzuführende Abgaben – Finanzamt
1740	Noch abzuführende Abgaben Sozialversicherung
1750	Noch abzuführende Abgaben – Vermögenswirksame Leistungen
1900	Privatkonto

Kontenklasse 2
Abgrenzungskonten

2000	Außerordentliche Aufwendungen
2600	Außerordentliche Erträge

Kontenklasse 3
Verrechnungskonten

3100	Verrechnung Touristik Reisevermittlung
3200	Verrechnung DB/BAHN-Werte
3300	Verrechnung sonstige Beförderungsausweise
3400	Verrechnung Flugverkehr, steuerpflichtig
3410	Verrechnung Flugverkehr, steuerfrei
3700	Verrechnung sonstige Reisebürogeschäfte

Kontenklasse 4
Betriebliche Aufwendungen

4000	Löhne und Gehälter
4010	Aufwendungen eigene RV (§ 25 UStG)
4020	Aufwendungen eigene RV (§ 3 a UStG, Regelbesteuerung)
4050	Gesetzliche soziale Aufwend.
4060	Vermögensw. Leistungen
4100	Raumkosten (Miete, Heizung etc.)
4200	Kommunikationskosten
4300	Bürosachkosten (Bürobedarf, Zeitschriften etc.)
4310	Steuern, Versicherungen, Beiträge, Gebühren
4320	Kfz-Kosten
4330	Rechts- u. Beratungskosten
4400	Werbekosten
4500	Vertretungskosten
4600	Reisekosten
4700	Reparatur u. Instandhaltung
4800	Abschreibungen a. Sachanlagen
4810	Abschreib. Sammelposten
4820	Außerplanmäßige Abschreib.
4880	Abschreibungen auf Forderungen
4900	Aufwendungen aus Kassendifferenzen
4910	Verluste aus Anlageabgängen
4950	Betriebs- u. periodenfremde Aufwendungen
4960	Zinsaufwendungen

Kontenklasse 5
Aufwendungen für Wareneinsatz

5000	Aufwendungen für Hilfs- und Betriebsstoffe
5100	Aufwendungen für bez. Waren 19 %
5110	Erhaltene Nachlässe 19 %
5200	Aufwendungen für bez. Waren 7 %
5210	Erhaltene Nachlässe 7 %

Kontenklasse 6
Vorräte

6000	Hilfs- und Betriebsstoffe
6100	Warenvorräte Steuersatz 19 %
6200	Warenvorräte Steuersatz 7 %

Kontenklasse 7
Umsatzkonten

7100	Umsätze Touristik Reisevermittlung
7200	Umsätze DB/BAHN-Werte
7300	Umsätze Sonstige Beförderungsausweise
7400	Umsätze Flugverkehr, steuerpflichtig
7410	Umsätze Flugverkehr, steuerfrei
7700	Umsätze sonstige Reisebürogeschäfte

Kontenklasse 8
Erlöskonten

8010	Erlöse aus eig. Reiseveranstaltungen § 25 UStG
8020	Erlöse aus eig. Veranstaltungen (Regelbesteuerung)
8030	Erlöse aus eig. Veranstalt. steuerfrei
8100	Erlöse Touristik Reisevermittlung
8200	Erlöse DB/BAHN-Werte
8300	Erl. sonst. Beförderungsausweise
8400	Erl. Flugverkehr, steuerpflichtig
8401	Erl. Flugverkehr, 25 %
8402	Erl. Flugverkehr, 5 %
8410	Erl. Flugverkehr, steuerfrei
8700	Erl. sonst. Reisebürogeschäfte
8730	Erträge a. Kassendifferenzen
8750	Sonst. betriebliche Erträge
8800	Erlöse Warenverkauf 19 %
8805	Erlösschmälerungen 19 %
8810	Erlöse Warenverkauf 7 %
8815	Erlösschmälerungen 7 %
8850	Mieterträge
8900	Erlöse aus Anlageabgängen
8910	Erträge aus Anlageabgängen
8920	Entnahme von sonstigen Gegenständen u. Leistungen
8950	Betriebs- u. periodenfremde Erträge
8960	Zinserträge
8970	Erträge aus der Auflösung von Rückstellungen

Kontenklasse 9
Abschlusskonten

9100	Eröffnungsbilanz
9200	Gewinn- und Verlustkonto
9300	Schlussbilanzkonto